사회계약론
Du contrat social

J. J.루소 지음　정성환 옮김

홍신문화사

사회계약론

contents

사회계약론

— 정치적 권리의 제원리

머리말

이 소론은 내가 지난날 자기 힘을 측정함 없이 획책하고, 훨씬 전에 내동댕이쳐 버렸던, 더 큰 하나의 작품에서 간추린 것이다. 이미 되어 있는 부분에서 약간의 단편을 뽑아낸다면 다음과 같은 것들이 제일 중요하며, 또 사상에 물물 가치가 가장 적은 것은 아닌 것같이 나로서는 생각된다. 나머지 부분은 이제는 없어져 버렸다.

제1편

나는 인간을 있는 그대로의 것으로서, 또 법률은 있을 수 있는 것으로서 다루는 경우, 시민 세계의 정당하고 확실한 어떤 정치상의 법칙이 있을 수 있는지 어떤지를 살펴보고 싶다. 나는 정의와 유용성(有用性)이 결코 분리되지 않도록 하기 위해, 권리가 용납하는 일과 이해가 명령하는 일을 이 연구에서 항상 결합하도록 노력할 것이다.

나는 내 주제의 중요성을 증명하지 않고 본제에 들어간다. 정치에 관해 글을 쓰니 '당신은 군주인가, 아니면 입법자인가.' 하고 묻는 사람이 있을지도 모른다. 나는 대답하리라, '그렇지는 않다. 또 그렇지 않기 때문에 정치에 관해 붓을 드는 것이다.' 라고. 만일 내가 군주나 입법자였다면, 해야 할 일을 지껄이기 위해 시간을 낭비하지는 않을 것이다. 해야 할 일을 실행하거나, 아니면 침묵을 지킬 것이다.

자유로운 국가의 시민으로 태어나, 더구나 주권자의 일원으로서 나의 발언이 공공 정치에 아무리 약간의 힘밖에 갖지 못한다 할지라도, 투표권을 갖는다는 것만으로 나는 정치를 연구해야 한다는 의무를 충분히 짊어지고 있는 것이다. 다행히 나는 여러 정부에 관해 고찰할 때마다 내가 내 나라의 정부를 사랑해야 하는 새로운 이유를 항상 찾아내게 된다.

1. 제1편¹의 주제

인간은 자유로운 존재로 태어났다. 그럼에도 불구하고 곳곳에서 사슬에 얽매여 있다. 자기가 다른 사람들의 주인이라고 생각하고 있는 것 같지만, 사실은 그 사람들 이상으로 노예인 것이다.² 어떻게 하여 이런 변화가 생겼을까? 나는 그것을 알지 못한다. 무엇이 그것을 정당화할 수 있을까? 나는 이 문제를 풀 수 있다고 믿는다.

만일 내가 힘밖에, 또 거기에서 나오는 결과밖에 생각하지 않는다면, 나는 다음과 같이 말할 것이다. 어떤 인민이 복종을 강요당하고, 또 복종하고 있는 동안은 그것도 좋다. 인민이 구속을 벗어날 수 있고 그것을 뿌리치는 일이 빠르면 빠를수록 더더욱 좋다. 왜냐하면 그때 인민은 지배자가 인민의 자유를 빼앗은 것과 같은 권리에 의해 자기 자신의 자유를 회복하는 것이므로 인민은 자유를 되찾는 자격이 주어지거나, 아니면 인민으로부터 자유를 빼앗는 자격은 원래 없었다는 것이 되거나 둘 중의 하나이기 때문이다. 사회질서는 모든 다른 권리의 기초가 되는 신성한 권리이다.³ 그러나 이 권리는 자연으로부터 유래하는 것은 아니다. 그것은 약속에 입각하는 것이다. 그것을 논하기 전에 나는 지금 한 말을 명확하게 해두어야만 한다.

---

1 《제네바 초고(草稿)》에는 '1. 제1편의 주제' 앞에 '인류의 일반 사회에 관해'라는 긴 논술이 있다. 그 속에서 루소는 디드로에게 답하면서 자연권의 이론을 공박하고 있다.
2 이 같은 일련의 사상은 《에밀》 제2편의 다음과 같은 글에 표현되어 있다.
  "지배 자체는, 그것이 세론에 굴복할 때도 여전히 예속적인 것이다. 왜냐하면 당신은 피치자의 의견에 따라 지배하고 있지만, 그 사람들의 의견에 의존하고 있기 때문이다. 그들을 당신 마음에 들도록 이끌기 위해서는 당신이 그들의 마음에 들도록 행동해야 한다."
3 "국가 안에서 사회계약은 모든 권리의 기초가 된다."고 하는 글을 참조하라.

2. 최초의 사회에 대해

모든 사회 속에서 가장 오래되고 또 유일하게 자유로운 것은 가족이라는 사회이다. 그런데 자식들이 아버지에게 결부되어 있는 것은, 자기들을 보존하는 데 아버지를 필요로 하는 동안뿐이다. 이 필요성이 사라지자마자 이 자연의 결부는 풀린다.

자식들은 아버지에게 복종하는 의무가 면제되고, 아버지는 자식들을 돌봐줄 의무가 면제되어, 이 양자는 다시 독립하게 된다. 만일 그들이 여전히 결합해 있더라도, 그것은 이미 자연적인 것이 아니라 의지에 입각해서이다. 그러므로 가족 자체도 약속에 의해서 유지되고 있다.

양자에게 공통된 이 자유는 인간 본성의 결과이다. 인간의 최초 율법은 자기보존을 꾀하는 일이고, 그 첫째의 배려는 자기 자신에 대한 배려이다. 그리고 인간은 이성(理性)의 연령이 됨과 동시에 그만이 자기보존에 적당한 여러 가지 수단의 판정자가 되고, 그럼으로써 자기 자신의 주인이 된다.

때문에 가족은, 이를테면 정치사회의 최초의 모델이다. 지배자는 아버지에 해당되고, 인민은 자식들에 해당된다. 그리고 양자가 다같이 평등하고 자유롭게 태어났으므로, 자기 자신에게 보탬이 되는 것이 아니라면 그 자유를 양도하지 않는다. 다만 다른 점은, 가족에게 있어서 자식에 대한 아버지의 보살핌을 보충하는 것은 자식들에 대한 사랑이지만, 국가에 있어서는 지배자는 인민에 대해 사랑을 갖지 않으므로 지배하는 기쁨이 이것을 대신한다는 점이다.

그로티우스는 인간의 모든 권력이 피지배자를 위해 존재한다는 것을 부정한다.[4] 즉 그는 노예제도를 예로 들고 있다. 그의 추리 방법은 사실에 의해 권리를

---

4 그로티우스, 《전쟁과 평화의 법》 참조.

세우는 일이다. 더 합리적인 방법을 사용할 수도 있지만,* 그렇게 하면 폭군의 비위를 거스르게 될 것이다.

그러므로 그로티우스에 따르면, 모든 인간이 1백 명 정도의 인간에게 종속하고 있는지, 아니면 2백 명 정도의 인간이 모든 인간에게 종속하고 있는지 의심스럽게 된다. 그리고 그의 저서 전체로 미루어 보건대, 그는 전자의 의견에 기울어져 있는 것 같다. 홉스의 생각 역시 그러하다. 그렇다면 인류는 몇몇 가축의 무리로 나뉘어지고, 그 무리에는 각각 주인이 있으며, 그 주인은 가축을 잡아먹기 위해 지키고 있는 셈이 된다.

목자(牧者)가 그의 가축보다 뛰어난 본성을 가지고 있는 것과 마찬가지로, 인간의 목자도 또한 그 인민보다 뛰어난 본성을 가지고 있다. 이런 식으로 이론을 전개하여, 황제 칼리굴라는 이 유추(類推)에서 '국왕이 신이거나, 아니면 인민이 짐승'이라는 교묘한 결론을 끌어냈다고 필론[5]이 전하고 있다.[6] 이 칼리굴라의 추리는 홉스 및 그로티우스의 그것과 전적으로 일치한다. 아리스토텔레스 역시 이들보다 먼저, 인간은 결코 태어나면서부터 평등한 것은 아니며, 어떤 자는 노예가 되기 위해, 또 다른 자는 주인이 되기 위해 태어난다고 말했던 것이다.[7]

아리스토텔레스의 이러한 주장은 옳았다. 그러나 그는 결과를 원인과 뒤바꿔

---

* "공법(公法)에 관한 학자적인 여러 연구는 종종 예로부터의 악습의 역사에 불과할 때가 있다. 그리고 지나치게 연구하면 그 목적에서 벗어나 버리게 된다(이웃 나라와의 관계에 있어서의 프랑스의 이익에 관한 견해), 다르장송 후작 지음)." 그로티우스가 한 일이 바로 이것이다.

5 필론(Philon, 기원전 25?~서기 50?), '알렉산드리아의 필론'이라 불렸던 그리스·유태 철학의 대표적 사상가. 39~40년에 로마로 가서, 로마 황제의 종교로 개종하라는 명령을 받은 유태인을 위해 황제 칼리굴라에게 탄원했으나 실패했다.

6 《느샤텔 초고》에는 다음과 같은 단편이 있다.
"칼리굴라는, 짐승의 무리를 거느리는 것은 짐승이 아니고 인간이므로, 인간을 통치하는 것은 인간이 아니고 바로 신이어야 한다고 말했다. 칼리굴라의 말이 옳다. 자기 자신의 의지를 맹목적으로 한 인간에게 따르게 하는 것은 짐승만이 하는 일이다(필론, 《사절(使節)》에서)."

7 아리스토텔레스, 《정치론》 제1편 제5장 참조.

생각하고 있었던 것이다. 노예상태 속에서 태어난 모든 인간은 노예가 되기 위해 태어난 것이다. 세상에 이보다 더 확실한 일은 없다. 노예는 그들의 쇠사슬 속에서 모든 것, 거기에서 벗어나고 싶다는 욕망마저도 잃어버린다. 그들이 그 복종을 감수하고 있는 것은, 오디세우스의 동료가 돼지가 되어 기뻐하고 있었던 것과 다름이 없다.* 그러니 만일 본성으로부터의 노예가 있다면, 그것은 자연에 역행하여 지난날 노예라는 것이 있었기 때문이다. 폭력이 최초의 노예들을 만들어 내고, 그들의 무기력이 그것을 영구화할 것이다.

나는 아담 왕이나 노아 황제에 관해서도 전혀 말하지 않았다. 노아는 사투르누스의 자식들이 한 것과 마찬가지로 세계를 분할한 세 사람의 위대한 왕의 아버지인데, 이 세 사람과 사투르누스의 자식들과는 동일하다고 생각하는 사람도 있었다. 나는 내가 취한 조심스런 태도에 대해 사람들에게 감사를 받을 것으로 기대하고 있다. 왜냐하면 나도 이런 군주들 중의 한 사람이고, 모름지기 그 본가 계열의 자손일지도 모르며, 여러 모로 자격을 따져보면 내가 인류의 정당한 왕이 되어 있을지도 모르기 때문이다.[8]

어찌되었든, 아담은 로빈슨 크루소가 그의 섬의 주권자였던 것처럼, 그가 유일한 주민인 한, 세계의 주권자였다는 데·이의를 제기하지는 못한다. 그리고 이 제국으로서 유리했던 점은, 왕은 왕좌에 앉아 반란·전쟁·음모 등을 두려워할 필요가 없었다는 것이다.

---

* 플루타르코스의 소론, '짐승은 이성을 사용할 것' 참조.

8 아담은 인간의 시조를, 노아는 '노아의 홍수'의 주인공을 가리킨다. 노아의 아들 셈, 함, 야벳에게서 인류의 세 인종이 갈라져 나왔다고 한다. 또 사투르누스는 로마 신화의 신인데, 그리스 신화의 크로노스에 해당되며, 그 아들 주피터는 그를 왕위에서 내쫓아 그들 스스로가 우주를 분할했다고 한다. 루소가 여기서 말하고자 하는 것은 필머의 가부장권설(家父長權設)—군주는 인류의 시조 아담의 후계자이므로, 누구든지 인정해야 하는 부권에 의해 인민을 지배한다는 설—에 대한 풍자이다. 인류의 세 인종이 모두 노아의 자손인 이상, 루소도 그 직계 자손인지도 모른다. 따라서 그도 왕으로서의 권리를 주장할 수 있다는 것이다.

3. 가장 강한 자일지라도

　아무리 강한 사람이라 하더라도 자기에 대한 복종을 의무로 바꾸지 않는 한, 영원히 주인일 수 있을 만큼 결코 강한 것은 아니다. 여기서 가장 강한 자의 권리라는 것이 문제가 되는데, 이 권리는 언뜻 보기엔 조롱하는 듯이 보이지만, 실제로는 원리로서 확립되어 있는 것이다. 그러나 이 말은 영원히 설명이 불가능한 것일까? 폭력은 하나의 물리적인 힘이다. 그 작용에서 결과적으로 어떤 도덕적인 것이 생길 수 있을지 나로서는 알 수가 없다. 폭력에 굴복하는 것은 어쩔 수 없는 행위이지만, 의지에 따른 행위는 아니다. 그것은 최대한 신중을 기한 행위인 것이다. 어떤 의미로 그것이 의무일 수 있을까?

　잠시 이 권리라고 하는 것이 존재한다고 가정해 두자. 나는 거기에서 결과적으로 얻어지는 것은 그저 영문을 알 수 없는 공허한 일에 지나지 않는다고 말하고 싶다. 왜냐하면 권리를 만드는 것이 힘이라면, 그 즉시 결과는 원인과 함께 변해 버리기 때문이다. 즉 최초의 힘을 이겨낸 더 강한 힘은 모두 전자의 권리를 물려받는 것이다. 불복종에 대해서도 벌이 가해지지 않는다면, 사람들은 복종하지 않아도 합법적으로 있을 수 있다. 그리고 가장 강한 자가 항상 올바른 이상, 문제는 자기가 가장 강한 자가 되는 일이다. 그런데 힘이 없어지면 무너져 버리는 것 같은 권리란 대체 어떤 것일까? 만일 힘 때문에 복종해야 한다면, 의무 때문에 복종할 필요는 없다. 또 만일 사람들이 이젠 복종을 강요당하지 않게 된다면, 더 이상 복종의 의무는 없어진다. 그러므로 이 권리라는 말이 힘에 부가하는 것은 아무것도 없다는 것을 알 수 있다. 이 말은 여기서는 전혀 무의미한 것이다.

　권력자에게는 복종하라는 말이 만일 '힘에 굴복하라.' 는 의미라면 그 교훈은 좋지만, 부질없는 것이다. 그 교훈을 어기는 것 같은 일이 절대로 생기지 않는다는 것은 내가 보증한다. 모든 권력은 신에게서 비롯된다. 그것은 나도 인정한다.

그러나 모든 질병 역시 신에게서 비롯된다. 그렇다면 의사에게 보여서는 안 된다는 말이 되는 것일까? 만일 내가 숲속에서 강도의 습격을 받았다면, 힘 때문에 지갑을 내주어야 할 뿐 아니라, 지갑을 감출 기회가 있을 때도 양심적으로 지갑을 내줄 의무가 있는 것일까?

왜냐하면 결국 그가 가지고 있는 권총 역시 하나의 권력이기 때문이다. 그러니 힘은 권력을 낳지 않으며, 또 사람들은 정당한 권리 이외의 것에는 복종할 의무가 없다는 것을 인정하자. 그러므로 항상 나의 최초의 문제[9]로 돌아가게 되는 것이다.

4. 노예상태에 대해[10]

어떤 인간도 자기 동료에 대해 자연적인 권위를 갖는 것은 아니며, 또 힘이 어떤 권리도 산출하는 것이 아닌 이상, 인간 사이의 정당한 모든 권위의 기준으로서는 약속만이 남게 된다.

어떤 개인이 자기의 자유를 양도하고 스스로 어떤 주인의 노예가 될 수 있다면, 어찌하여 인민 전체가 그 자유를 양도하여 신민(臣民)이 될 수 없겠느냐고 그로티우스는 말하고 있다.[11] 여기에는 설명이 필요한 애매한 말이 많이 있다. 그러나 양

---

9 이 '최초의 문제'란 제1편의 문제 제기를 가리킨다.
10 이 장과 앞의 장에 관해서는 《제네바 초고》 제1편 제5장 및 《전쟁 상태》와 비교하라. 《느샤텔 초고》에는 다음과 같은 주가 있다.
　"사회계약에서의 노예제도의 연역에 관해서는 《아테네》 제6편 196쪽 이하를 보라."
11 "자기가 예속하고 싶다고 생각하는 인간에게 개인적으로 예속하는 일은 각자의 자유이다. 그러나 그렇다고 하여 한 국민이 임의의 한 인물에게 자신의 지배권―자신을 지배하는 권리―을 조금도 망설임 없이 맡길 권리가 있다고 생각해도 좋은 이유가 어디에 있을까(그로티우스, 《전쟁과 평화의 법》 1의 3의 8)."

도한다는 말만을 고찰해 보자. 양도한다는 것은, 주거나 또는 판다는 뜻이다. 그런데 다른 사람의 노예가 되는 인간은 자기 자신을 주는 것이 아니라, 적어도 자기 자신의 생활 수단을 얻기 위해 자기 자신을 파는 것이다. 그러나 인민이 무엇 때문에 자기를 팔겠는가?

국왕은 그 신민들에게 생활 수단을 마련해 주기는커녕 도리어 자기 자신의 생활 수단을 오로지 신민들에게서 끌어내고 있는 것이다. 그리고 라블레에 의하면, 국왕은 약간의 것으로 생활을 해서는 안 된다고 하였다. 그러고 보면 신민들은 그들의 소지품까지 빼앗긴다는 조건으로 그 몸을 바치는 것일까? 나는 보존해야 할 것으로서 그들에게 무엇이 남는지를 알지 못한다.

전제군주(專制君主)는 그의 신민에게 사회의 안녕을 확보해 준다고 말하는 사람도 있을 것이다. 그러나 그의 야심이 신민에게 끌어들이는 전쟁, 그의 엄청난 탐욕, 그의 대신들의 어려운 문제 등이 신민들의 불화가 빚어내는 것 이상의 괴로움을 준다면, 신민들은 무엇을 얻을 수 있을까? 만일 그 안녕 자체가 신민들이 겪는 비참의 하나라면, 그들은 무엇을 얻을 수 있을까? 사람은 감옥 속에서는 편안히 살 수 있다. 그렇다고 해서 감옥이 쾌적하다고 할 수 있을까? 키클로페스의 동굴에 갇힌 그리스인들은 잡아먹힐 차례가 되기 전까지는 거기서 편안히 살았던 것이다.[12]

한 인간이 아무런 대가도 없이 자기 몸을 다른 사람에게 양도한다는 것은 너무도 어이없는 일이므로, 그것은 상상이 불가능하다. 그 같은 행위는 사려분별을 잃은 그저 광적인 행위인 것이다. 그와 똑같은 일을 인민 전체에 관해 말하는 것은, 인민을 미치광이로 간주하는 일이다. 그런데 광기에서는 어떤 권리도 생겨나지

---

12 오디세우스가 항해 도중 키클로페스 족의 거인 폴리페모스에게 잡혀서 동굴 속에 갇혔으나, 거인의 눈을 찔러 죽음을 면했을 때의 일을 말한다.

않는다.

　설령 각자가 자기 자신을 남에게 양도한다 하더라도, 자기 자식들까지 양도하지는 못한다. 아이들은 인간으로서, 또 자유로운 존재로서 태어난다. 그들의 자유는 그들의 것이며, 그들 이외의 누구도 그것을 자기 마음대로 처분할 권리를 갖지 못한다.[13]

　자식들이 이성적인 연령에 도달할 때까지 아버지는 그들을 대신하여 그들의 생존과 행복을 위해 여러 가지 조건을 마련할 수는 있다. 그러나 돌이킬 수 없는 방법으로 무조건 그들을 남에게 넘겨 버리지는 못한다. 왜냐하면 그런 증여는 자연의 목적에 어긋나며, 아버지로서의 권리를 넘어선 것이기 때문이다. 그러니 어떤 전제정부(專制政府)가 정당한 것이기 위해서는 한 세대마다, 인민이 자주적으로 그것을 인정하거나 거부할 수 있는 일이 필요할 것이다. 그러나 그렇게 되면 그 정부는 더 이상 전제적인 것은 아닐 것이다.

　자기 자신의 자유의 포기, 즉 인간으로서의 자격과 인류의 권리와 의무마저 포기하는 사람에겐 어떤 보상도 주어지지 않는다. 이 같은 포기는 인간의 본성과 서로 용납하지 않는다. 그리고 의지로부터 자유를 완전히 빼앗아 버리는 것은, 행위로부터 도덕성을 완전히 빼앗아 버리는 일이다. 요컨대 약속할 때 한편엔 절대적인 권리를 주고, 다른 한편엔 무제한의 복종을 강요하는 것은 공허하고 모순된 약속인 것이다.

　만일 어떤 사람에게 모든 것을 요구할 수 있다면, 그 사람에게서 어떤 구속도 받지 않을 것은 명백하지 않을까? 그리고 보상도 주지 않고 교환도 하지 않는다는 이 조건만으로 그 약속 행위는 무효하지 않을까? 왜냐하면 나의 노예는 나에

---

13 "실제로 그들 자신만이 노예로 전락할 뿐 아니라, 그들의 자손도 영원히 비단 같은 운명을 감수해야 하는 것이다(그로티우스, 《전쟁과 평화의 법》 3의 7의 2)."

대해 어떤 권리도 갖지 못하는데, 그에게 있어 권리란 '나에 대한 그의' 권리가 되며, 그것은 아무 의미도 없는 말이기 때문이다.

그로티우스와 그밖의 사람들은 노예권이라는 것의 또 다른 기원을 전쟁에서 끌어낸다.[14] 그들에 따르면, 이긴 자는 진 자를 죽일 권리를 가지고 있으므로, 진 자는 자유를 대가로 하여 자기 생명을 도로 사들일 수 있다. 즉 이것은 어느 쪽에도 이득이 되므로, 더욱 정당한 약속이라는 것이다. 그러나 진 자를 죽일 권리 등과 같은 것이 결코 전쟁 상태에서 나오는 것이 아님은 명백하다.

사람들이 그 원시적 독립을 보존하여 살아 있는 동안, 그들은 평화상태와 전쟁 상태를 만들기에 충분할 만큼 단순한 상호관계를 가지고 있지 않으므로, 이 사실만으로도 그들은 자연 그대로이며, 결코 적은 아니다.

전쟁이 일어나는 것은 물체와의 관계에서일 뿐, 사람과 사람과의 관계에서는 아니다. 따라서 개인적 전쟁, 즉 사람과 사람의 전쟁이라는 것은 고정된 소유권이 없는 자연상태에서도 있을 수 없고, 모두 것이 법의 권위 아래에 있는 사회상태에서도 있을 수 없다.

개인간의 다툼·결투·싸움 등은 전쟁상태를 만들 수 있는 행위는 결코 아니다. 그리고 프랑스 왕 루이 9세의 '칙령(勅令)'[15]에 의해 공인되고, '신의 평화' 선언[16]에 의해 정지된 사전(私戰)에 관해 말하면, 그것은 봉건제도의 악용이었던 것이다. 봉건제도는 다른 무엇보다도 더 어리석으며, 자연법의 여러 원칙과 모든 좋은 정치에 어긋나는 제도이다. 그러므로 전쟁은 사람과 사람과의 관계가 아닌 국가와 국가와의 관계이며, 거기에서 개인은 인간으로서가 아니고, 시민으로서조차

---

14 그로티우스, 《전쟁과 평화의 법》 3의 7의 5 참조.
15 루이 9세(재위 1226~1270)가 귀족들간의 다툼을 끝내고자, 무력을 사용하기 전에 40일 동안의 휴전 기간을 지키도록 명령한 칙령.
16 1035년 갈리아의 사교(司敎)들이 귀족들의 다툼을 중단시키기 위해 공표한 선언.

도 아니며,* 다만 병사로서 우연하게도 적이 되는 것이다. 조국의 구성원으로서가 아니라 조국을 지키는 자로서 서로 적이 되고 있는 것이다. 요컨대 저마다의 국가가 적으로 삼을 수 있는 것은 다른 여러 국가뿐이며, 사람들을 적으로 삼지는 못한다. 왜냐하면 다른 성질의 것 사이에서는 어떤 진실한 관계도 성립될 수 없기 때문이다. 이 원리는 어떤 시대에도 인정되고 있는 여러 규칙에, 또 모든 문명 국민의 관행에 그야말로 일치하고 있는 것이다. 선전(宣戰)이라는 것은 권력자에 대해서보다도 차라리 그 신민에 대한 경고인 것이다. 군주에 대해 전쟁 개시를 선언하지 않고, 신민에게서 물건을 빼앗거나 죽이거나 또는 감금하는 외국인은, 국왕이건 개인이건, 또 인민이건 간에 적이 아니라 강도이다. 전쟁 중일 때조차 올바른 군주는 적국의 공유재산은 모두 몰수해 버리지만, 개인의 생명과 재산은 존중한다. 즉 자기 권리를 기초로 삼는 권리를 존중하는 것이다. 전쟁의 목적은 적국의 격파이므로, 그 방위자가 무기를 손에 쥐고 있는 한 이를 죽일 권리가 있다. 그

---

* 전쟁에 관한 법을 세계의 어느 국민보다 잘[17] 이해하고 존중한 로마 인은 이 점에 관해 매우 세심한 주의를 기울여서, 적과 싸울 명백한 의도를 지니고, 또 일정한 적을 가리켜서 입대하는 것이 아니라면 의용병으로서 참전하기를 용납하지 않았다. 소(小) 카토는 포피리우스[18] 휘하에서 처음으로 전장에 나갔지만, 그 군단이 개편되었을 때 대(大) 카토는 포피리우스에게 서신을 보내 다음과 같이 말했다. "내 아들이 당신 밑에서 계속 복무하기를 원하신다면, 그에게 입대 맹세를 하게 해야 합니다. 왜냐하면 최초의 맹세는 무효가 되었으므로, 그는 이젠 적에 대해 무기를 가지지 못하기 때문입니다." 그리고 같은 카토는 그 아들에게도, 이 새로운 맹세를 하기 전까지는 전투하지 말도록 써보냈다. 나는 사람들이 크루디움[19]의 포위, 그밖에 여러 가지의 사실을 들어 나에게 반박할 수 있다는 것을 알고 있다. 그러나 나로서는 법과 관습을 인용하고 있는 것이다. 로마 인은 자기들의 법을 어기는 일이 가장 드물었던 인민이다. 그들은 그만큼 훌륭한 법을 가지고 있는 유일한 인민인 것이다.

17 이 '보다 잘'이라는 말은 1782년판의 편자 페이르우가 미처 보지 못하고 탈락된 채로 그 후의 여러 판에서도 그대로 답습되어 온 것을, 《느샤텔 초고》에서 보충한 것이다.

18 기원전 173년부터 158년까지 로마의 집정관이었던 포피리우스 라에누스를 말한다. 원로원의 명령으로 시리아 왕 안티오코스에게 사절로 파견되었을 때, 왕이 교섭을 뒤로 미루려 하자 포피리우스는 왕 주위에 하나의 원을 그려놓고, 이 원에서 발을 내딛기 전에 대답하라고 위협하여 끝내 왕을 굴복시킨 일로 유명하다.

19 에트루리아의 도시. 기원전 391년 갈리아 인이 침입하자, 그루디움과 갈리아의 화평을 조정하기 위해 파견된 로마의 사절은, 목적을 달성하는 데 실패하여 전투가 시작되었을 때 여기에 참전했다. 이것이 갈리아 인의 로마 진군을 결정하게 한 원인이었다고 한다.

러나 무기를 버리고 항복하는 것은 적 또는 적의 도구이기를 포기한 것이며, 다시 단순한 인간으로 돌아갔으므로, 이젠 그 생명을 빼앗을 권리가 없다. 때로는 국가의 구성원을 한 사람도 죽이지 않고 국가를 멸망시키는 수도 있다. 전쟁은 그 목적을 달성하기 위해 필요치 않은 어떤 권리도 주지 않는다. 이 원리는 그로티우스의 것은 아니다. 이것은 시민의 권위에 입각하는 것은 아니며, 사물의 본성에서 생기고 이성에 입각하는 것이다.

정복의 권리에 관해 말하면, 그것은 가장 강한 자의 법 이외에 어떤 기초도 갖지 않는다. 만일 승전(勝戰)한 국민에게 패전한 국민을 학살할 권리를 결코 주는 것이 아니라면 승자가 갖고 있지도 않은 이 권리가 패자를 노예로 삼는 권리의 기초가 될 수 없음은 당연하다. 사람을 죽이는 권리를 가지는 것은 적—무기를 버리지 않기 때문에—을 노예로 만들 수 없을 때뿐이다. 그러므로 적을 노예로 만드는 권리는, 적을 죽이는 권리에서 생기는 것은 아니다. 즉 적의 자유를 대가로 하여 그것에 대해 누구든지 권리를 가지고 있지 않은 그의 생명을 사게 하는 것은 부정한 거래이다. 살생의 권리를 노예로 만드는 권리 위에 세우고, 노예로 만드는 권리를 살생의 권리 위에 세우는 일은 분명히 순환논법에 빠져 있다는 증거가 아닐까? 가령 모든 것을 죽인다는 이 무서운 권리를 인정한 경우에도 여전히 말하고 싶다. '전쟁에 의한 노예와 정복된 인민은 그 주인에 대해 강제되어 있는 한, 복종을 한다고 말하는 이외에 전혀 어떤 의무도 갖지 않는다.'고. 이긴 자가 생명의 대가로 자유를 빼앗는 것은 은혜를 베푸는 것이 아니다. 무익하게 진 자를 죽이는 대신 유익하게 죽인 것이다. 따라서 이긴 자는 패배한 자에 대해 힘 이외에 어떤 권리도 얻은 것이 아니며, 뿐만 아니라 그들 사이에는 이전과 마찬가지로 전쟁상태가 계속되고 있고, 그들의 관계 자체가 그 효과인 것이다. 전쟁의 권리를 행사하고 있는 한, 어떤 평화조약도 상정되지 않는다. 그들은 하나의 약속을 맺었다고 말한다. 그럴지도 모른다. 그러나 그 약속은 전쟁상태를 없애기는커녕 전쟁

상태의 지속을 상정하고 있는 것이다. 이렇게 사물을 어떤 방향으로 생각해 보더라도 노예에 대한 권리는 무효한 것이다. 왜냐하면 그것은 불법일 뿐 아니라 어리석고 무의미한 일이기 때문이다. 노예와 권리, 이 두 말은 모순되고 있다. 그것들은 서로 용납하지 않는다. 한 사람 대 한 사람인 경우에도, 한 사람 대 전인민의 경우에도 다음과 같은 대사는 언제까지나 어리석은 일일 뿐이다.

"나는, 너와의 사이에 부담은 모두 네가 짊어지고 이익은 모두 내 것이 되는 약속을 맺으리라. 또 그 약속을, 나는 내가 좋아하는 동안만 지키고, 그리고 너는 내가 좋아하는 동안만 지키는 것이다."

5. 항상 최초의 약속으로 거슬러 올라가야 하는 일

가령 내가 지금까지 반대해 온 일을 모두 인정하더라도, 전제정치를 지지하는 자의 입장이 그 때문에 조금이라도 좋아지지는 않을 것이다. 다수자를 억누르는 일과, 하나의 사회를 다스리는 일 사이에는 항상 큰 차이가 있게 마련이다. 뿔뿔이 흩어져 있는 사람들이 잇따라 한 인간의 노예가 되어 간다고 치고, 그들이 몇 명이든 나는 거기에서 한 사람의 국민과 노예들밖에 보지 못한다. 인민과 그 지도자는 보이지 않는다. 그것은 집합이라고는 할 수 있지만, 결합은 아니다. 거기에는 공공의 재산도 없고, 정치체(政治體)도 없는 것이다. 이 '주인이 되는' 인간이 설령 세계의 절반을 노예화한다고 하더라도 역시 하나의 사사로운 인간에 지나지 않는다. 그의 이해(利害)는 다른 사람들의 이해에서 동떨어져 있으므로 역시 개인적인 이해일 따름이다. 만일 이 당사자가 죽게 되면 그 사후의 제국은 뿔뿔이 흩어져서 연결이 없는 채 남겨질 것이다. 마치 떡갈나무가 불타 버리면 한 무더기의 재가 되어 무너져 버리는 것처럼.

인민은 자기를 왕에게 바칠 수 있다고 그로티우스는 말한다. 때문에 그로티우스에 따르면, 인민은 자기를 왕에게 바치기 이전에 이미 인민인 셈이다. 이 증여 행위 자체가 시민으로서의 행위인 것이다. 그것은 공중의 의결을 전제로 하고 있다. 때문에 인민이 그것에 의해 왕을 선택하는 행위를 조사하는 것이 좋을 것이다. 왜냐하면 이 행위는 필연적으로 왕을 선택하는 행위에 우선하는 것이며, 이것이야말로 사회의 진정한 기초가 되기 때문이다.

만일 먼저 있어야 할 약속이 되어 있지 않다면, 선거가 만장일치가 아닌 한, 소수자는 다수자의 선택에 따라야 한다는 의무는 대체 어디에 있는 것일까? 주인을 가지고 싶어하는 백 명의 사람들이, 주인 따위는 없어도 된다는 열 명의 사람들을 대신하여 표결할 권리는 대체 어디에서 나오는 것일까? 다수결의 법칙은 약속에 의해 정해진 것이며, 또 적어도 한 번만은 만장일치가 있었음을 전제로 하는 것이다.

6. 사회계약에 대해

나는, '사람들은 자연상태에서 생존하는 일을 방해하는 여러 가지 장해가 그 저항력에 의해, 각 개인이 자연상태에 머무르기 위하여 사용할 수 있는 힘을 극복하기에 이르는 지점에까지 도달했다.'고 상정(想定)한다. 그때는 이 자연상태는 이미 존속할 수 없게 된다. 그리고 인류는 만일 생존 방법을 바꾸지 않으면 망할 것이다. 그런데 인간은 새로운 힘을 산출하지는 못하고, 단지 이미 있는 힘을 결합하고 방향 지을 수 있을 뿐이므로, 생존하기 위해 취할 수 있는 수단이란, 집합함으로써 저항을 이겨낼 수 있는 힘의 총화를 만들어 내어 그것을 유일한 원동력으로 삼고 일률적으로 움직이게 하는 일 이외에는 이젠 아무것도 없다.

이 힘의 총화는 많은 사람들의 협력에 의해서밖에 생기지 못한다. 그런데 각자의 힘과 자유는 생존을 위한 가장 중요한 수단이고 보면, 사람들은 자기 자신을 해치는 일 없이, 또 자기 자신에 대한 배려의 의무를 게을리하는 일 없이 어떻게 힘과 자유를 구속할 수 있을까? 나의 주제로 되돌아가서 생각하면, 이 어려움은 다음과 같은 말로 표현할 수 있다.

'각 구성원의 몸과 재산을 공동의 힘으로 지키고 보호하는 결합의 한 형식을 찾아낼 것. 이전과 마찬가지로 자유로울 것.'

이것이야말로 근본적인 문제이고, 사회계약이 그것에 일종의 해결책을 준다.

이 계약의 여러 조항은 행위의 성질에 의해 매우 명확하게 정해져 있으므로, 조금이라도 수정하면 공허하고 무효한 것이 되어 버릴 것이다. 때문에 이 조항은 모름지기 정식으로 공포된 적은 한 번도 없었을 것이지만, 어디에서나 같은 내용으로 암묵(暗默) 속에 받아들여지고 시인되고 있었다.—사회계약이 깨어지고 그래서 각자가 자기 자신의 최초의 원리로 돌아가, 계약에 입각한 자유를 잃고 그 때문에 버린 자연의 자유를 되찾기까지는.

이 여러 조항은 바르게 이해하면 모든 것이 다음의 유일한 조항에 귀착한다. 즉각 구성원들이 그 모든 권리와 함께 자신을 공동체 전체에 전면적으로 양도한다는 것이다. 왜냐하면 각자가 자기 자신을 고스란히 양도해 버리면 모든 사람들의 조건은 같아지며, 또 모든 사람들은 조건이 같은 이상 어느 누구도 남의 조건을 무겁게 하는 일에 관심을 갖지 않을 것이기 때문이다.

게다가 이 양도는 망설임 없이 행해지므로 결합은 최대한 완전하고, 어느 구성원도 이젠 아무것도 요구하지 않는다. 만일 특정한 사람들의 손에 어떤 권리가 주어진다면, 그들과 공중(公衆) 사이에 서서 심판할 수 있는 공통의 상위자(上位者)는 아무도 없기 때문에 각자는 어떤 점에서 자기 자신의 재판관이어서, 이내 모든 일에 관해 재판관이 되기를 주장할 것이다. 그렇게 되면 자연상태가 존속될 것이고, 또 결합은 필연적으로 압제적이 되거나, 공허한 것이 될 것이다.

요컨대 각자는 자기 자신을 모든 사람들에게 양도하고, 그러면서도 누구에게도 자기를 양도하지 않는다. 그리고 자기가 양도하는 것과 같은 권리를 받지 않는 어떤 구성원도 존재하지 않으므로, 사람은 잃는 모든 것과 동등한 가치의 것을 손에 넣고, 또 소유하고 있는 것을 보존하기 위한 보다 많은 힘을 손에 넣는다. 그러므로 만일 사회계약에서 그 본질적이 아닌 것을 제거하면, 그것은 다음과 같은 말에 귀착한다는 것을 알 수 있을 것이다.

'우리들 각자는 몸과 모든 힘을 공동의 것으로서 일반 의지의 최고의 지도하에 둔다. 그리고 우리는 각 구성원을 전체의 불가분의 일부로서, 일괄로서 받아들이는 것이다.'

이 결합 행위는 즉시 각 계약자의 특수한 자기를 대신하여, 하나의 정신적이고 집합적인 단체를 만들어 낸다. 그 단체는 집합에서의 투표자와 같은 수의 구성원으로 이루어진다. 그것은 이와 같은 행위에서 통일과 공동의 자아, 그리고 생명과 의지를 받는다. 이와 같이 모든 사람들의 결합에 의해 형성되는 이 공적인 인격은, 지난날에는 도시국가(Cité)*라는 이름을 갖고 있었지만 지금은 공화국(Ré

---

* 이 말의 참된 의미는 근대인 사이에서는 거의 상실되어 가고 있다. 근대인의 대부분은 도회를 도시국가로, 또 도회의 주민을 시민으로 잘못 알고 있다. 그들은, 가옥은 도회를 만들지만 시민은 도시국가를 만든다는 것을 모른다. 이 같은 잘못 때문에 카르타고 인은 지난날 많은 희생을 치러야 했다. 나는 시민(Cives)이라는 칭호가 어떤 군주의 신민에게 주어졌다는 글을 읽어본 적이 없다. 고대에서는 마케도니아 인, 우리 시대에서는 영국인이 다른 인민보다도 더 자유에 가깝지만, 그들에게조차 이 칭호는 주어지지 않았던 것이다. 프랑스 인만이 이 시민이라는 이름을 매우 가벼운 마음으로 사용하고 있다. 왜냐하면 그들의 사전을 찾아봐도 알 수 있는 것처럼, 시민이라는 말의 참된 의의를 전혀 모르기 때문이다. 만일 그렇지 않다면 이 말을 마음대로 사용함으로써 대역죄를 저지르게 될 것이다. 이 명사는 프랑스 인들 사이에서는 덕(德)을 나타내는 것이며, 권리를 나타내는 것은 아니다. 보댕이 우리 제네바의 시민과 부르주아에 관해 말하려 했을 때, 그는 한쪽을 다른 것과 뒤바꿈으로써[20] 크게 착각을 했다. 달랑베르는 이 점에 관해 잘못을 저지르지 않아 《백과전서》 '제네바'에서 우리 시에 사는 사람들의 네 가지 신분(외국인도 포함시켜 다섯 가지 신분조차도)—그중의 두 가지 신분만이 공화국을 구성하지만—을 명확하게 구별했다. 내가 아는 한, 다른 어떤 프랑스 인 저자라 할지라도 시민이라는 말의 진정한 의미를 이해하지 못한다.

publique) 또는 정치체(Corps politique)라는 이름을 가지고 있다. 그것은 수동적으로는 구성원으로부터 국가(Etat)라고 불리고, 능동적으로는 주권자(Souverain)라 불리며, 동일한 종류의 것과 비교할 때에는 권력체(Puissance)라 불린다. 구성원에 관해 말하면, 집합적으로는 인민(Peuple)이라는 이름을 갖지만, 개체로는 주권에 참가하는 것으로서는 시민(Citoyens), 국가의 법률에 복종하는 것으로서는 신민(Sujets)이라고 불린다. 그러나 이런 용어는 종종 혼동되어 한쪽이 다른 쪽으로 오용된다. 다만 이런 용어가 정확한 의미로 사용될 때, 그것들을 구별하는 방법을 알아두는 것으로 충분하다.

7. 주권자에 대해

이러한 사회계약의 공식에서 다음과 같은 일을 알게 된다. 즉 결합 행위는 공공과 개개인 사이의 상호약속을 포함하는 일과 또 각 개인은 이를테면 자기 자신과 계약하고 있으므로, 이중의 관계로서 — 개개인에 대해서는 주권자의 구성원으로서, 주권자에 대해서는 국가의 구성원으로서 — 약속하고 있는 일이다. 그러나 누구도 자기 자신과 맺은 약속에는 책임이 없다는 민법의 규칙은 여기서는 적용될 수 없다. 왜냐하면 자기 자신에 대해 의무를 짊어지는 일과, 자기가 그 일부분을 이루고 있는 전체에 대해 의무를 짊어지고 있는 일 사이에는 아주 큰 차이가 있기 때문이다.

그리고 또 여기서 주의해야 할 일이 있다. 즉 신민 한 사람 한 사람은 (앞에서 말

---

20 "제네바 시민은 시평의원일 수도, 25인 소위원회의 위원일 수도 없다. 그러나 부르주아는 둘다 될 수 있다(보댕, 《국가론》 제1편 제6장 53쪽)."
여기서 루소는 시민과 부르주아라는 말은 바꿔 놓아야 한다고 지적했다.

한 것처럼) 두 가지의 다른 관계에 의해 고찰되지만, 그 관계에 입각하여 모든 신민을 주권자 자신에 대해 의무짓는 공공의 의결(사회계약)은 그 이유를 역이용하여 주권자를 주권자 자신에 대해 의무짓지는 못한다는 점과 주권자가 스스로 범할 수 없는 법률을 자기에게 부과하는 일은 정치체의 본질을 어기는 것이라는 사실이다. 주권자는 단 하나의, 더구나 동일한 관계에 의해서밖에 자기 자신을 생각할 수가 없으므로, 그때 ― 주권자가 자기 자신과 계약을 맺는 경우 ― 는 자기 자신과 계약하는 개개인의 경우와 마찬가지가 된다. 때문에 어떤 종류의 기본법(헌법)도, 사회계약조차도 전인민이라는 단체에 의무를 짊어지게 하는 일은 없고, 또 짊어지게 할 수도 없다는 것은 명백하다. 그러나 이것은 이 단체가 사회계약을 어기지 않는 일에 관해서도 다른 단체와 약속을 할 수가 없다는 의미는 결코 아니다. 왜냐하면 외부의 것에 대해서는 이 단체도 단순한 하나의 존재, 하나의 개인이 되기 때문이다.

그러나 정치체 또는 주권자는 그 존재를 사회계약의 신성함에서만 끌어내므로, 그 최초의 행위, 즉 사회계약을 어기는 것 같은 일에도, 예컨대 자기 자신의 일부분을 양도하거나[21] 또는 다른 주권자에게 복종하는 것 같은 일에 자기를 의무짓는 일은 결코 할 수 없다. 다른 정치체에 대해서조차도 할 수 없다. 정치체나 주권자의 존재를 가능하게 한 그 계약을 깨뜨리는 일은 자멸(自滅)이나 다름없다. 그리고 무(無)란 어떤 것도 빚어내지 않는다.

이 다수자가 이렇게 통합하여 하나의 단체를 형성한 후에는, 그 단체를 공격하지 않고서는 구성원의 한 사람도 해치지 못한다. 그 구성원으로 하여금 고통을 느끼게 하는 일 없이 그 단체를 해치는 일은 더더욱 하지 못한다. 이렇게 의무와 이

---

21 프랑스 혁명 중에 총독 정부는 여기에 기술된 원칙에 입각하여, 네덜란드를 일부 할양하는 것조차 거부했다.

해가 다같이 계약 당사자의 쌍방이 서로 돕도록 강제한다. 그리고 이 동일한 사람들이 앞에서 말한 이중의 관계 아래 그것에 입각하는 온갖 편의를 결집하도록 애써야 한다.

그런데 주권자는 그것을 구성하고 있는 개개인으로만 이루어지는 것이므로, 그들의 이익에 어긋나는 이익을 가지고 있지도 않고, 또 가지지도 못한다. 따라서 주권자의 권력은 신민에 대해서는 어떤 보증도 필요로 하지 않는다. 왜냐하면 정치체가 그 모든 구성원을 해치기를 원하는 것에 대해서는 불가능하기 때문이다. 그리고 단체가 개개인으로서의 어떤 구성원도 해치지 못한다는 것은 후에 설명하고자 한다. 주권자는 그것이 존재한다는 이유만으로 주권자로서 가져야 할 모든 것을 항상 갖추고 있는 것이다.

그러나 신민이 주권자를 대하는 경우에는 사정이 다르다. 이 경우에는 주권자가 신민의 충성을 확보하는 방법을 찾아내지 못하는 한, 신민은 약속을 지키는 일이 공공의 이익일지라도, 그렇게 할 것이라고 주권자에게 보증할 아무것도 없다.

실제로 각 개인은 인간으로서는 하나의 특수의지를 갖는데, 그것은 그가 시민으로서 가지고 있는 일반의지에 어긋나거나, 혹은 그것과 다른 것이다.

그의 특수한 이익은 공공의 이익과는 전혀 다른 것처럼 그에게 말을 건네는 수도 있다. 그의 절대적인, 그리고 본래 독립한 존재는 그로 하여금 그가 공공에 대해 짊어지고 있는 어떤 것(그것을 되돌려주는 일)을 단지 기부하는 일처럼 생각하게 하는 일이 있을지도 모른다. 그것을 되돌려주지 않음으로써 남이 받는 모든 손실은, 그것을 되돌려주는 일이 그에게 부담이 되는 일에 비하면 지극히 적은 셈인 것이다.

그리고 그는 국가를 구성하는 정신적 인격을, 그것이 하나의 인간은 아니라는 이유에서 머리로 생각해 낸 것으로 간주하고, 신민의 의무를 다하려고는 하지 않고 시민의 권리를 누릴 것이다. 이 같은 부정(不正)이 진행되면 정치체의 멸망을 초래하게 된다.

따라서 이 계약은, 사회계약이 공허한 법규가 되는 것을 방지하기 위해 누구든지 일반의지에서 복종을 거부하는 자는 모든 단체에 의해 그것에 복종하도록 강제된다는 약속을 암암리에 내포하고 있다. 그리고 이 약속만이 다른 약속에 효력을 줄 수 있는 것이다. 이것은 시민은 자유롭게 되도록 강제된다는 일 이외의 어떤 일도 의미하고 있지 않다. 왜냐하면 그런 일이야말로 각 시민을 조국에 바치게 함으로써 그를 모든 개인적 종속에서 보호하는 조건이고, 정치기구의 구성과 운영을 빚어내는 조건이며, 시민으로서의 여러 가지 약속을 합법적인 것으로 하는 유일한 조건이기 때문이다. 이 조건이 없으면 시민으로서의 여러 가지 약속은 불합리한 압제적인 것이 되며, 무서워해야 할 악용에 빠지기 쉽게 될 것이다.

8. 사회상태에 대해

자연상태에서 사회상태에의 추이는 인간 속에 매우 주목할 만한 변화를 가져온다. 인간의 행위에 이어 본능을 정의(正義)에 의해 바꿔 놓고, 지금까지 결핍되어 있던 도덕성을 그 행동에 주는 것이다. 그때 비로소 의무의 목소리가 육체의 충동과 교대하여 권리가 욕망과 교대하고, 인간은 그때까지는 자기 일만을 생각하고 있었으나 이제는 다른 원리에 의해 움직이며, 자기 자신의 기호(嗜好)에 묻기 전에 이성에 거론할 수밖에 없도록 되어 있는 것을 깨닫는다.

이 상태에서 그는 자연에서 얻고 있던 많은 이익을 잃지만, 그 대신 더 많은 이익을 얻게 되며, 그의 능력은 단련되어 발달하고, 그의 사상은 넓어지고 감정은 고차원적이 되며, 그의 영혼 전체가 놓여진다. 만일 이 새로운 상태의 악용이 그를 빠져 나온 원래의 상태 이하로 타락시키는 일이 거의 없다면, 원래의 상태에서 그를 영원히 동떨어지게 하여, 열등동물로부터 지적 존재, 즉 인간이 되게 한 이 행복한 순간을 끊임없이 축복할 게 틀림없다.[22]

이 대차 계산의 전체를, 쉽게 비교할 수 있는 말로 요약해 보자. 사회계약에 의해 인간이 잃는 것은 그의 자연적 자유와 그의 마음을 끌면서도 그가 입수할 수 있는 모든 것에 대한 무제한의 권리이며, 인간이 획득하는 것은 시민적 자유와 그가 가지고 있는 모든 것에 대한 소유권이다. 이 벌충에 관해 그릇된 판단을 내리지 않기 위해서는 개개인의 힘 이외에 제한을 갖지 않는 자연적 자유를, 일반의지에 의해 제약되고 있는 시민적 자유에서 명확하게 구별하는 것이 필요하다. 그리고 최초에 차지한 자의 권리, 즉 선점권(先占權)이나 또는 폭력의 결과인 점유(占有)를, 법률상의 권리 없이는 성립될 수 없는 소유권에서 명확하게 구별하는 것이 필요하다

이와 같은 것 이외에 또 우리는 인간으로 하여금 자신의 진정한 주인이 되게 하는 유일한 것, 즉 도덕적 자유도 인간이 사회상태에서 획득하는 것 속에 포함시킬 수 있을 것이다. 왜냐하면 단순한 욕망을 충동에 따르는 일은 노예상태이고, 스스로 부과한 법률에 따르는 일은 자유의 경계이기 때문이다. 그러나 이 점에 관해 나는 이미 너무 많이 말했고, 또 자유라는 말의 철학적 의미는 나의 당면한 과제는 아니다.

9. 토지 지배권에 대해

공동체가 형성된 순간에 자기를 공동체에 양도한다. 즉 자기 자신과 자기가 가

---

22 《제네바 초고》 제1편 제2장 참조.

지고 있는 재산까지도 포함한 자기의 모든 힘을, 그때 실제로 있는 그대로의 상태로 양도한다. 이 행위에 의해 점유는 소유자가 바뀜으로써 성질이 변하는 일도 없고, 주권자의 수중에서 소유가 되는 일도 없다. 그러나 도시국가의 힘은 개인의 힘과는 비교가 되지 않을 만큼 크므로, 공공에 의한 점유 또한 사실상 매우 움직이기 어려운 것이다.

그러나 개인의 점유보다 더한층 정당한 것은 아니다. 적어도 외국인에 대해서는. 왜냐하면 국가는 그 구성원에 대해 국가 내에서는 모든 권리의 기초가 되는 사회계약으로써 그들의 모든 재산을 지배할 수 있지만, 다른 나라에 대해서는 국가가 개인에게서 물려받은 선점권으로써만 이를 지배할 수 있는 데 지나지 않기 때문이다.

선점권은 가장 강한 자의 권리보다도 더한층 진실한 것이기는 하지만, 진정한 권리가 되기 위해서는 소유권의 확립을 기다려야 한다. 사람은 누구든지 선천적으로 자기에게 필요한 모든 것에 대해 권리를 가지고 있다. 그러나 그를 어떤 재산의 소유자가 되게 하는 적극적 행위가 그를 나머지의 모든 것으로부터 몰아낸다.

그의 몫이 정해진 이상, 그는 그것으로 만족해야 한다. 공동체의 재산에 대해서는 이젠 아무 권리도 없는 것이다. 자연상태에 있어 매우 약하던 선점권이 모든 시민에게 존중할 만한 것이 되는 것은 이상과 같은 이유 때문이다. 이 권리에 있어 우리가 존중하는 것은 타인에게 속하는 것이라기보다는, 차라리 자기에게 속하지 않은 것이다.

일반적으로 어떤 토지에 대한 선점권을 정당한 것이 되게 하기 위해서는 다음과 같은 여러 조건이 필요하다. 첫째, 그 토지에 이미 살고 있는 자가 아무도 없어야 한다. 둘째, 생존하기 위해 필요한 넓이의 토지만을 점거해야 한다. 셋째, 공허한 형식이 아니라 노동과 경작에 의해 점유해야 한다. 왜냐하면 이 세 번째야말로 소유의 유일한 특징이며, 법률상의 권한이 없는 경우에도 타인이 존중을 받을 만한 것이기 때문이다.

실제로 필요한 노동에 입각하여 선점권을 인정한다는 것은, 이 권리의 범위를 무제한 확대하는 일이 아닐까? 이 권리에 한계를 주지 않고 끝내게 할 수 있을까? 공유지에 발을 들여놓는 것만으로 그곳의 주인이라고 이내 주장할 수 있을까? 다른 사람들을 이 고장에서 한순간 쫓아낼 힘이 있다는 것만으로, 그들이 언젠가 그곳으로 되돌아올 권리를 빼앗아 버릴 수 있을까? 한 사람 또는 한 국민이 드넓은 영토를 독점하여, 전인류로부터 이것을 빼앗는 일이 어떻게 가능할까? 그것은 허용할 수 없는 횡령에 의하는 수밖에 없다. 그것은 자연이 인간에게 공동의 것으로서 준 주거와 음식을 나머지 전인류에게서 빼앗기 때문이다.

뉴네즈발바오[23]가 해안에 상륙하기만 하고 카스티야 왕의 이름으로 태평양과 남아메리카를 점유했을 때, 그렇게 함으로써 모든 국민에게서 토지를 빼앗고, 세계의 모든 군주를 이곳에서 몰아내는 데 충분했을까? 이런 방법으로 이 같은 의식이 잇따라 행해졌으나, 그것은 그다지 유효한 것은 아니었다. 그리하여 가톨릭의 왕(스페인 왕)은 자신의 궁전 안에 머문 채 전세계를 한 번에 점유했다고 주장하고, 다만 그 후에 다른 군주들이 그 이전에 점령해 버린 영토를 그의 제국에서 떼어 놓기만 하면 되었을 것이다.

개개인의 토지가 합해지고 접속한 토지가 어떻게 공공의 영토가 되며, 또 주권의 권리가 어떻게 신민으로부터 그들이 차지하는 토지에까지 점위를 넓혀서 사람에 대한 권리인 동시에 물건에 대한 권리가 되는가는 이로써 명백해진다. 이 일이 점유자를 한층 더 강하게 주권에 의존시키고, 또 그들의 힘 자체를 오히려 주권에 대한 '충실한 보증이 되도록 하는 것이다. 이러한 이익을 고대의 군주들이 충분히

---

23 발보아의 오기인 듯하다. 스페인의 탐험가(1475~1517)로 태평양을 발견했다.

느끼고 있었다고는 생각되지 않는다.

　그들은 스스로 페르시아 인의 왕, 스키타이 인의 왕, 또는 마케도니아 인의 왕 등이라고 자칭하는 것만으로, 자기를 그 국왕의 주인이라기보다는 인민들의 지배자라고 생각하고 있었던 듯싶다. 오늘날의 군주는 더 영리하게 영국·프랑스·스페인 군주의 왕이라 자칭하고 있다. 그들은 이런 영토를 장악함으로써 충분히 확실하게 그 주민을 지배할 수 있는 것이다.

　이 양도에 있어 특이한 일은, 개개인으로부터 재산을 받는 경우, 공동체는 그들에겐 그것을 빼앗는 것이 아니라 오히려 그들에게 그 합법적인 것으로 보증하고 나서 횡령을 진정한 권리로, 향유를 소유권으로 바꿀 뿐이라는 점이다. 이렇게 되면 점유자는 공공재산의 보관자로 간주되고 그들의 권리는 국가의 모든 구성원으로부터 존중되며, 외국에 대해서는 국가의 총력에 의해 뒷받침되는 것이므로 공공의 이익도 되며, 또 그들 자신에겐 더 큰 이익이 되는 양도에 의해, 이를테면 그들이 주기만 한 것을 고스란히 손에 넣은 셈이 되는 것이다. 이 역설은 나중에 말하겠지만, 같은 땅에 대한 주권자가 지니는 권리와 소유자가 지니는 권리를 구별함으로써 쉽사리 설명되는 것이다.

　또 사람들이 무언가를 점유하기 전에 우선 결합하고, 구성원 모두에게 충분할 정도의 토지를 점령하여 이것을 공동으로 향유하거나, 혹은 상호간에 평등하게, 아니면 주권자에 의해 정해진 비율에 따라 나눠 갖는 경우도 생길 수 있다. 그것이 어떤 방법에 의해 입수되건, 각 개인이 자기 자신의 땅에 대해 가지는 권리는 항상 공동체가 토지 전체에 대해 가지고 있는 권리에 종속한다. 만일 이런 일이 없으면 사회의 결합에는 안정성이 없고, 주권의 행사에는 진실성이 없게 될 것이다.

　나는 모든 사회조직의 기초로서 도움이 될, 분명한 일을 한마디 말하고, 본장 및 본편을 매듭짓고자 한다. 이 기본 계약은 자연적 평등을 파괴하는 것이 아니라, 반대로 자연적으로 인간 사이에 존재가 가능한 육체적 불평등 대신에 도덕 상·법률상의 평등으로 바꿔 놓는 것이라는 점과, 또 인간은 체력과 정신에 있어서 불평등일 수 있지만 약속에 의해, 또 권리에 의해 모두 평등하게 된다는 것이다.

제2편

1. 주권은 양도할 수 없는 것

전편에서 명백해진 여러 원칙에서 첫째로 생기는, 그리고 가장 중요한 결과는 국가를 만든 목적, 즉 공공의 행복에 따라 국가의 여러 가지 힘을 지도할 수 있는 것은 일반의지뿐이라는 사실이다. 왜냐하면 개개인의 이해의 대립이 사회의 설립을 필요로 했다면, 그 설립을 가능하게 한 것은 이 같은 개개인의 이해의 일치이기 때문이다. 그런 여러 가지 이해 속에 있는 공통적인 것이야말로 사회의 굴레를 형성하는 것이다. 그리고 모든 이익이 일치하는 공통점이 없다면, 어떤 사회도 모름지기 존재할 수 없을 것이다. 그런데 사회는 오로지 이 공통의 이해에 입각하여 다스려지지 않으면 안 되는 것이다.

그러므로 나는 말한다. "주권이란 바로 일반의지의 행사이므로 절대로 양도할 수 없으며 또 주권자란 바로 집합적 존재이므로, 이 집합적 존재 자체에 의해서밖에 대표될 수 없다."고. 권력은 양도될 수도 있을 것이다. 그러나 의지는 그렇게 할 수 없다.

실제로 어떤 특수의지가 일반의지와 일치하는 것은 불가능하지 않더라도, 적어도 이 일치가 어디까지나 계속된다는 것은 불가능하다. 왜냐하면 특수의지는 그 성질상 차별 쪽으로 기울고, 일반의지는 평등 쪽으로 기울기 때문이다. 그 같은 일치가 설사 항상 있을 것이라고 하더라도, 그 일치를 보증하는 것이 있다는 등의 일은 더더욱 불가능한 일이다. 일치의 존재, 그것은 인위적인 결과가 아닌 우연의 결과일 것이다. 주권자는 이렇게 말할 수는 있다. '나는 이러이러한 사람이 원하고 있는 일, 혹은 적어도 원한다고 그 사람이 말하고 있는 일을 실제로 원하고 있다.' 라고. 그러나 '이 사람이 내일 원할 일 역시 나도 원할 것이다.' 라고는 말하지 못한다. 왜냐하면 의지가 미래의 일에 관해 스스로 쇠사슬에 얽매이게 한다는 것은 어리석은 일이고, 의지를 작용시키는 당사자가 자기 이익에 어긋나는 일을 승낙한다는 것은 무릇 의지가 하는 일이 아니기 때문이다. 때문에 만일 인민이 복종할 것을 간단하게 약속하면, 이 행위에 의해 주권자로서의 인민은 해체되고 인민으로서의 자격을 상실하는 것이다. 지배자가 생긴 순간에 이미 주권자는 없다. 그리고 이내 정치는 파괴되는 것이다. 이것은 결코 지배자의 명령이 일반의지로서 통용될 수 없다는 것을 의미하는 것은 아니다. 자유롭게 그 명령에 반대할 수 있는 주권자, 즉 인민이 굳이 반대하지 않는 한, 이 같은 경우에는 전체의 침묵에서 당연히 인민의 동의를 추측해야 한다. 이것을 더 자세히 설명하자.

2. 주권은 분할할 수 없는 것

주권은 양도될 수가 없다는 이유로 주권은 분할할 수 없다. 왜냐하면 의지는 일반적*이거나 그렇지 않거나 간에 그것은 인민 전체의 의지이거나 혹은 일부분의 의지일 뿐이기 때문이다. 전자의 경우에는 이 의지의 표명은 주권의 한 행위이며 법률이 된다. 후자의 경우에는 특수의지이거나 행정기관의 하나의 행위에 지나지

---

* 의지가 일반적이기 위해서는, 의지가 만장일치의 것이라는 사실은 항상 반드시 필요하지는 않다. 그러나 모든 표가 헤아려지는 것은 필요하다. 형식상으로서의 제외는 모두 일반성을 파괴한다.

않으며, 그것은 고작해야 하나의 법령에 지나지 않는다.

그런데 우리 나라의 정치학자들은 주권을 그 원리에 있어 분할할 수가 없으므로, 그 대상에 있어 분할하고 있다. 그들은 주권을 힘과 의지로, 입법권과 집행권으로, 과세권(課稅權)·사법권(司法權)·교전권(交戰權)으로, 국내 행정권과 외국과의 조약 체결권으로 분할하고 있다. 때로는 이 모든 부분을 혼동하고, 또 때로는 이것들의 여러 가지 부분을 긁어 모아서 만들어진 가공의 존재로 간주하고 있다. 그것은 많은 몸—눈밖에 가지지 않은, 팔밖에 가지지 않은, 혹은 발밖에 가지지 않은 몸에서 인간을 만드는 것과 같다. 일본의 마술사가 구경꾼들의 눈앞에서 어린이의 몸을 분해하여 그 손발을 잇따라 공중에 던져 올리면, 그것들이 모두 모여서 온전한 어린이가 되어 다시 떨어져 내린다고 한다. 우리나라의 정치학자들의 마술도 거의 이 같은 것이다. 그들은 시장에 내놓아도 부끄럽지 않은 이상한 힘에 의해 사회라고 하는 몸을 분해한 후, 어떻게 해서인지는 모르지만 그 작은 조각을 긁어모으는 것이다.

이 같은 오류는 주권에 관한 정확한 개념이 만들어져 있지 않은 데서, 또 주권에서만 비롯되는 것을 주권의 일부라고 잘못 생각한 데서 생긴다. 그래서 예컨대 선전(宣戰)과 강화의 행위는 주권의 행위로 간주되고 있었다. 그러나 그것은 잘못된 생각이다. 왜냐하면 이전 행위의 어느 것도 법률이 아니라 법률의 하나의 적용에 지나지 않으며, 법률을 어떻게 적용해야 하는가를 결정하는 특수한 행위이기 때문이다. 이것은 나중에 법률(loi)이라는 말에 대한 관념이 결정되면 명백해질 것이다.

마찬가지로 주권이 분할되어 있는 다른 경우를 살펴보면, 주권이 분할되어 있다고 생각하고 있는 경우는 모두 우리가 잘못을 저지르고 있다는 것을 알게 될 것이다.

이 점에 관한 정확성의 결여가, 정치적 권리에 관해 저술가들이 스스로 세운 원리에 입각하여, 국왕과 인민의 권리를 판단하려고 했을 때, 그 판단에 얼마나 많은 모호함을 주었는지 짐작도 하지 못할 것이다. 그로티우스의 저서 제1편 제3장 및 제4장을 보면, 이 학자와 역자 바르베라크[1]가 자기들의 의견으로서는 너무 지나치게 말하거나 너무 적게 말하는 일과, 그들이 조성해야 할 이해관계를 해치게 됨을 두려워한 나머지 얼마나 억지를 써서 혼란에 빠져 있는가를 알 수 있다.

자기 조국에 불만을 품은 그로티우스는 프랑스에 망명했다. 그리고 루이 13세의 총애를 받기 위해 자기의 책을 왕에게 바쳤는데, 거기서 그는 인민의 모든 권리를 빼앗아 그것을 왕에게 바치기 위해서 온갖 기교를 다 부렸던 것이다. 이것은 또 바르베라크의 기호에도 맞았던 모양이어서, 그는 그것을 번역한 책을 영국 왕 조지 1세에게 바치고 있다. 그런데 불행하게도 제임스 2세의 추방—그는 이것을 양위(讓位)라 부르고 있다—은 그로 하여금 윌리엄 왕을 찬탈자가 되지 않게 하고자 붓을 굽히거나 빗나가게 하는 일을 어쩔 수 없이 하게 했다. 만일 이 두 사람의 저작자가 진정한 원리를 채용하고 있었더라면 모든 문제는 사라지고, 그들은 시종일관할 수 있었을 것이다. 그러나 그때는 그들은 기운 없이 진리를 말하고, 인민의 환심을 사려고만 했을 것이다. 그런데 진리는 부를 가져오게 하는 것은 아니며, 또 인민은 대사나 교수의 지위나 연금을 주지는 않는 것이다.[2]

---

1 프랑스의 법학자(1674~1744)로서, 낭트 칙령이 나온 뒤 프랑스를 떠나 베를린·로잔·그로닝겐 등에서 교수를 역임했다. 로크와 푸펜도르프의 흐름을 받아, 푸펜도르프의 반역(反譯) 및 그것에의 서문과 역주로 명성을 얻었다. 또 그로티우스의 반역도 했으나, 국제법상의 입장으로서는 그로티우스에게 많은 반론(反論)을 제기했다.

2 루소가 말하고자 하는 바를 이해하는 데 필요한 점만을 말한다면, 그로티우스는 네덜란드의 법학자로서 지난날 로테르담 시의 연금 수령자였고, 정변 때문에 프랑스에 망명한 후에도 루이 13세로부터 3천 루블의 연금을 받고 있었다(그러나 이것은 리슐리외에 의해 몰수되었다). 또 스웨덴 국왕을 섬긴 후에는 약 10년 동안 프랑스 주재 스웨덴 공사를 지냈다. 이 장의 말미에서 루소는, 인민은 그들을 사절로도 교수로도 여기지 않고 연금도 주지 않는다고 말하고 있는데, 대사나 연금은 그로티우스에 대한 루소의 풍자이고, 교수의 지위는 바르베라크에 대한 풍자인 것이다.

3. 일반의지는 잘못을 저지를 수 있을까

위의 말에서 일반의지는 항상 바르고 항상 공공의 이익을 지향한다고 결론지을 수 있다. 그러나 인민의 결의가 항상 동일한 정당성을 지닌다고는 결론 지을 수 없다. 사람은 항상 행복을 원하지만, 항상 행복을 분간할 수 있는 것은 아니다. 인민은 부패되는 일은 결코 없지만, 때로는 기만을 당하는 수가 있다. 그리고 인민이 나쁜 일을 원하는 듯이 보이는 것은 그 같은 경우뿐이다.

전체의지와 일반의지 사이에는 때론 상당히 차이가 있는 법이다.[3] 후자는 공동의 이익만을 바라지만, 전자는 자기 자신의 이익을 바란다. 그것은 특수의지의 총화(總和)에 지나지 않는다. 그러나 이런 특수의지에서 상쇄(相殺)하는 과부족을 제외하면,* 그 차이의 총화로서 일반의지가 남게 된다.

인민이 정보를 충분히 가지고 심의할 때, 만일 사전에 어떤 편파적인 이익을 담합하지 않는다면 그 결의는 항상 좋은 것임에 틀림없다. 그러나 도당이나 부분적 단체가 큰 단체를 희생양으로 만들어진다면, 이런 단체의 각각의 의지는 그 구성원에 관해서는 일반의지가 되지만, 국가에 관해서는 특수의지가 된다. 그 경우에는 이미 사람들의 수만큼의 투표자가 있는 것이 아니라, 단체의 수만큼의 투표자가 있을 뿐이라고 말할 수 있다. 의견 차이의 수는 보다 적어지고, 보다 적게 일반적인 결과를 가져온다. 마침내는 이런 단체의 하나가 매우 커져서 다른 모든 단체

---

* 다르장송 후작은, "각자의 이해관계는 각각 다른 원리를 지닌다. 두 개의 개별적인 이해관계는 제삼자의 이해관계와 대립함으로써 비로소 합치한다."고 말했다.[4] 그는 여기에 '모든 사람들의 이해관계는 각자의 이해관계와 대립함으로써 비로소 합치한다.'고 덧붙일 수도 있었을 것이다. 만일 이해관계가 대립되지 않는다면 공동의 이익을 생각할 필요가 없을 것이다. 공동의 이익은 결코 장애에 부딪히지 않으며, 모든 것은 저절로 진행하여 정치의 기술도 필요없게 될 것이다.

3 초고에서는 "일반의지가 전체의지인 경우는 드물다."라고 되어 있다.
4 다르장송, 《프랑스의 통치에 관한 고찰》 제2장 참조.

를 압도하게 되면, 그 결과는 이미 여러 가지 약간의 차이의 총화가 아닌, 단 하나 뿐인 차이가 된다. 그렇게 되면 이젠 일반의지는 존재하지 않고, 또 우세를 차지 하는 의견은 특수의지일 뿐이다.

때문에 일반의지가 충분히 표명되기 위해서는 국가 내부에 부분적 사회가 존재 하지 않고, 각각의 시민이 자기 자신의 의견만을 말하는 것이 중요하다.* 위대한 리쿠르고스의 독특하고 숭고한 제도는 바로 이것이었다. 만일 부분적 사회가 존 재한다면, 솔론과 누마와 세르비우스[5]가 했던 것처럼 이 수를 증가시켜 그 사이에 생기는 불평등을 방지해야 한다. 이런 신중성만이 일반의지를 항상 명백하게 하 고, 인민이 스스로를 속이지 않기 위해 유효한 것이다.

4. 주권의 한계에 대해

만일 국가 또는 도시국가가 바로 정신적인 인격이고 그 생명이 구성원의 결합 속에 성립된다면, 또 국가의 배려 중에서 제일 중요한 것은 자기보존의 배려라고 한다면, 국가는 각 부분을 전체에게 가장 편리하도록 움직이고 배치하기 위해 보 편적이며 강제적인 힘을 가져야 한다. 마치 자연이 각각의 인간에게 그 손발의 모 든 것에 대한 절대적인 힘을 주고 있는 것처럼, 사회계약도 정치체에 그 모든 구 성원에 대한 절대적인 힘을 주는 것이다. 그리고 이 힘이야말로 일반의지에 의해

---

* 마키아벨리는, "분열에는 국가에 유해한 것과 유익한 것이 있다는 것은 진실이다. 도당이나 당파가 거느리고 오는 분열은 국가에 유해하고, 도당이나 당파가 없이 유지되는 분열은 유익하다. 그러므로 어떤 국가의 창설자도 국가 내의 적대에 대해 대비하지 못하는 이상, 그는 적어도 도당이 생기지 않 게 대비해야 한다((피렌체사(史)) 제7편)."고 말한다.

5 리쿠르고스, 솔론, 누마, 세르비우스 등은 모두 그리스와 로마의 전설적인 입법자.

지도되는 경우, 이미 말한 바와 같이 주권이라고 일컬어지게 되는 것이다. 그러나 우리는 이 공공의 인격 외에 이것을 구성하고 있는 사인(私人)들을 생각해야 한다. 그리고 후자의 생명과 자유는 본래 전자와는 분리된 것이다. 그래서 시민들과 주권자와의 저마다의 권리를 구별하고,* 또 시민들이 신민으로서 해야 할 의무를 인간으로서 받아야 할 자연권으로부터 충분히 분리하는 일이 문제가 된다.

사회계약에 의해 각자가 양도하는 능력·재산·자유는 모두 그 사용이 공동체로서 불가결한 전체의 부분에 한정된다는 것은 인정하고 있다. 그렇지만 어느 정도 불가결한가를 결정하는 것은 주권자뿐이라는 사실도 또한 인정해야 한다.[6]

시민은 주권자가 요구하면 그가 국가에 할 수 있는 최대한의 봉사를 즉시 제공할 의무가 있다. 그러나 주권자측에서도 공동체로서 불필요한 부담은 결코 신민에게 부과하지 못한다. 아니, 그런 일은 생각할 수조차 없다. 왜냐하면 이성의 법칙 아래 있어서도 자연법칙의 경우와 마찬가지로 원인이 없이는 어떠한 일도 일어나지 않기 때문이다.

우리를 사회체에 결부시키고 있는 약속은, 이 약속이 상호적이기 때문에 구속적인 것이다. 그리고 그 약속은 우리가 그것을 수행함으로써 남을 위해 일하면, 반드시 또 자기 자신을 위해서도 일하는 것이 될 수밖에 없다고 하는 성질의 것이다. 왜 일반의지가 항상 옳으며, 또 왜 모든 사람들이 저마다 개개인의 행복을 항상 원하는가? 무릇 사람인 이상 이 저마다의 개개인이라는 말을 자기 일이라 생각하고, 또 전부를 위해 투표하는 경우에도 자기 자신을 생각지 않을 수 없기 때문이 아닐까? 이것은 다음과 같은 일을 증명한다. 즉 권리의 평등 및 여기에서 생

---

* 주의 깊은 독자 여러분은 이것은 모순이라고 너무 성급하게 나를 비난하지 말아 주기를 바란다. 말이라는 것은 빈약하므로, 나는 용어의 모순을 피할 수가 없었다. 그러나 잠시 기다려 주기를 바란다.

6 "그렇지만……." 이하의 이 한정은 초고에서는 생략되어 있다.

기는 정의의 관념은 각 개인이 자기 일을 먼저 하게 되며, 따라서 그것은 인간의 본성에서 나온다는 것과, 또 일반의지는 그것이 정말 일반적이기 위해서는 그 본질에 있어서와 마찬가지로 그 대상에 있어서도 일반적이어야 한다는 것을. 그리고 일반의지는 전체 사람에게서 생겨 전체 사람에게 적용되어야 한다는 것과, 일반의지는 어떤 개인적인 특정한 대상을 향할 때는 그 본래의 올바름을 잃어버린다는 것을. 왜냐하면 그런 경우에는 우리는 자기와 무관한 것에 관해 판단하므로, 우리를 이끄는 공평에 관한 진정한 원리를 전혀 갖고 있지 않기 때문이다.

사실 미리 정해진 일반적인 약속에 의해 규정되어 있지 않은 점에 관해 개별적인 사실 또는 권리가 문제로 되자마자, 사건은 소송이 되어 버린다. 이것은 이해관계를 가지는 개개인이 한쪽 당사자이고, 공중이 다른 당사자인 소송인 것이다. 그러나 거기에는 따라야 할 법도 없고, 판결을 내려야 할 재판관도 보이지 않는다. 이 경우, 일반의지가 명확한 판결에 따르려 하는 것은 어리석은 일일 것이다. 이 판결이란 당사자의 한쪽이 내리는 결정 이외의 어떤 것일 수도 없고, 따라서 그것은 다른 한쪽으로서는 개별적인 대상을 가진 경우에는 그 성질을 바꾸어, 일반적인 것으로서는 인간과 사실에 관해서 판단을 내리지 못하는 것이다.

예를 들면 아테네의 인민이 그 지배자를 임명하거나 해임하고, 어떤 사람에게 명예를 주고 다른 사람에게 벌을 주며, 또 많은 개별적인 명령에 의해 정부의 모든 행위를 무차별적으로 행하는 경우, 인민은 이미 본래의 의미에서의 일반의지를 가지고 있지 않았다. 인민은 이미 주권자로서가 아니라 행정관으로서 행동했던 것이다.[7] 이런 생각은 일반의 견해를 어기고 있는 것같이 보일 것이다. 그러나 내 생각을 설명할 시간을 주기 바란다.

이상과 같이 설명해 온 일에서 의지를 일반적인 것으로 하는 것은 투표의 수보

---

7 《정치경제론》에서 루소는 아테네의 민주정에 대한 그의 비판을 다른 이유에 의거하고 있다.

다도 오히려 투표를 일치시키는 공통의 이해라는 점이 이해되어야 한다. 왜냐하면 이 제도에 있어서 각자는 남에게 부과하는 조건에 필연적으로 자기도 따르기 때문이다. 공공의 결의에 공평한 성격을 주는 이익과 정의와의 훌륭한 조화라는 성격을 부여한다. 그런데 대체로 개별적인 일을 논의하는 경우에는 재판관의 행동 원리와 당사자의 행동 원리를 일치시켜서 같은 것이 되게 하는 공통의 이해가 존재하지 않으므로, 이 공평은 사라져 버리는 것이다.

어느 쪽에서 원리대로 거슬러 올라가더라도 항상 같은 결론에 도달한다. 즉 사회계약은 시민 사이에 평등을 확립하고, 그래서 시민은 모두 같은 조건으로 서로 약속을 하며, 또 모두 같은 권리를 즐기게 된다. 그러므로 계약의 성질상 주권의 모든 행위, 즉 모든 일반의지의 정당한 행위는 모든 시민을 평등하게 의무 지우거나 혹은 혜택을 준다. 따라서 주권자는 국가체만을 인정하고 이것을 구성하는 개인에게 차별을 두지 않는다. 그럼 주권의 행위란 본래 무엇일까? 그것은 상위자와 하위자와의 약속이 아닌 정치체와 구성원 각자와의 합법적인 약속이다. 그것은 일반적인 행복만을 대상으로 삼기 때문이다. 또한 흔들림 없는 약속이다. 왜냐하면 공공의 힘과 최고의 권력을 보증으로 하기 때문이다. 신민이 이 같은 약속에만 따르는 한, 그들은 누구에게도 복종하지 않고 자기 자신의 의지에만 복종할 수 있는 것이다. 주권자와 시민의 저마다의 권리가 어디까지 미치는가를 묻는 일은, 시민들이 어느 정도까지 자기 자신에 대해, 즉 각자가 전체에 대해, 전체가 각자에 대해 약속할 수 있는가를 묻는 일이다.

여기서 알 수 있는 것은, 주권은 아무리 절대적이고 아무리 신성 불가침하다고 하더라도 일반적인 약속의 한계를 넘지 않으며, 또 넘을 수 없다는 것, 그리고 모든 사람들은 이런 약속에 의해 그에게 남겨져 있는 최대한의 그의 재산과 자유를 십분 사용할 수 있다는 것이다. 따라서 주권자는 어떤 신민에게 다른 사람 이상의 부담을 부과할 권리를 갖지 않는다. 왜냐하면 그런 경우에는 일은 개별적으로 되어, 주권자의 권한은 거기까지는 미치지 못하기 때문이다.

이런 구별이 일단 인정된 이상, 개인이 사회계약으로 인하여 자기가 가지고 있던 권리를 포기하게 되었다는 생각은 잘못된 것임을 알게 될 것이다. 실제로 이 계약의 결과 그들이 얻은 지위는 이전의 지위보다 나아진 셈이다. 그들은 권리를 양도한 것이 아니라 유리한 조건으로 교환한 것에 지나지 않음을 알게 된다. 즉 불확실하고 위태로운 생활을 보다 좋고 보다 확실한 다른 생활로, 자신의 독립을 자유로, 타인을 해치는 권리를 자기 자신의 안전으로, 타인에 의해 타파될 염려가 있는 힘을 사회의 권리로 바꾼 데 지나지 않는다. 그들이 국가에 바친 생활 그 자체도 국가에 의해 끊임없이 보호된다. 그리고 그들이 국가를 지키기 위해 목숨을 거는 경우, 그들은 국가에서 얻은 것을 국가에 되돌려주는 데 지나지 않는 게 아닐까? 그것은 자연상태에서 피할 수 없는 싸움을 하고, 자신의 생존에 필요한 것을 생명을 걸고 지키고 있었을 때는 더 자주 보다 많은 위험 속에 행하고 있었던 일이 아닐까? 모든 사람들은 필요하다면 조국을 위해 싸워야 한다. 그러나 누구든지 자기 자신을 위해 싸울 필요는 결코 없다. 우리들의 안전이 박탈당하자마자 우리 자신을 위해 무릅써야 할 위험, 그 위험의 일부를 우리들에게 안전을 주는 자를 위해 무릅쓰는 것은 한층 더 이득이 되는 일이 아닐까?

5. 삶과 죽음의 권리에 대해

개개인이 자기 자신의 생명을 마음대로 처분하는 권리를 전혀 가지지 않는데, 어찌하여 자기들이 갖고 있지도 못한 이 권리를 주권자에게 이전시킬 수 있느냐고 묻는 사람이 있다. 이 문제는 어렵게 생각되지만, 그것은 문제를 제기하는 방법이 잘못되었기 때문이다. 누구든지 자기 생명을 지키기 위해서라면 생명의 위험을 무릅쓸 권리를 가지고 있다. 화재 현장을 벗어나기 위해 창문에서 뛰어내린 사람은 자살의 죄에 해당된다고 말한 사람이 있었을까? 또 배에 오를 때 이미 모든 위험을 알고 있었다고 하여, 폭풍 속에서 죽은 사람에게 자살의 죄를 씌운 사람이 지난날 있었을까?

사회계약은 계약 당사자의 생명 보존을 목적으로 한다. 목적을 원하는 자는 또한 수단도 원한다. 그리고 이런 수단은 약간의 위험과 약간의 손해가 뒤따르게 마련이다. 남을 희생시키면서 자기 자신의 생명을 보존하려고 하는 사람은, 필요한 경우엔 또 남을 위해 자신의 생명을 내던져야 한다. 그런데 시민은 법에 의해 위험을 무릅쓰기를 요구받았을 때, 그 위험에 관해 언급하지는 못한다. 그리고 통치자가 시민을 향해 '네가 죽는 것이 국가에 도움이 된다.'고 말할 때, 시민은 죽어야 한다. 왜냐하면 이런 조건에서 그는 오늘날까지 안전하게 살아왔고, 또 그의 생명은 비단 자연의 혜택뿐만이 아니라 국가의 조건부 선물이기 때문이다.

범죄자에게 부과되는 사형도 거의 같은 관점으로 고찰될 수 있다. 살인한 사람에게 사형선고를 내리도록 승낙한 것은 우리가 그와 같은 살인자에게 희생되지 않기 위해서인 것이다. 이 계약에 즈음하여 우리는 자기 자신의 생명이 좌우된다고 생각하기는커녕, 생명을 보장받는 일만을 생각한다. 그때 계약 당사자들 중에 자기가 목매어 죽게 되리라고 예상하는 자가 한 사람이라도 있으리라고는 생각되지 않는다.

그리고 사회적 권리를 침해하는 악인은 모두 그 범죄 때문에 조국에의 반역자, 배신자가 되는 것이다. 그는 법을 침해함으로써 조국의 일원이기를 그만두고, 또 조국에 대해 전쟁을 일으키게 되는 것이다. 그러므로 국가의 보존과 그 자신의 보존은 양립할 수 없는 것이 된다. 두 가지 중의 하나가 멸망해야 한다. 그리고 죄인을 사형에 처하는 것은 시민으로서보다도 오히려 적으로서이다. 그를 재판하는 일과 판결을 내리는 일은, 그가 사회계약을 어겼다는 것, 따라서 그가 이제는 국가의 일원이 아니라는 데 대한 증명 및 선고인 것이다. 그런데 그는 적어도 국내에 살고 있다는 사실에 의해 자기를 그 국가의 일원으로 간주하고 있었으므로, 그는 계약을 어긴 자로서 추방에 의해 격리되거나, 혹은 공중의 적으로서 죽음에 의해 격리되어야 한다. 왜냐하면 그런 적은 도덕적 인격이 아닌 단순한 인간인 것이며, 그런 경우에는 전쟁의 권리는 패배한 자를 죽이게 되기 때문이다.

그러나 범죄자의 처형은 개별적인 행위라는 말을 듣게 될지도 모른다. 아닌게 아니라 그렇다. 때문에 이 판결은 결코 주권자에게 속하는 것이 아니며, 주권자가 타인에게 부여할 수는 있지만, 그 자신은 행사할 수 없는 권리이다. 내 생각은 모두 일관하고 있지만 한꺼번에 전부를 설명할 수는 없다.

게다가 형벌이 많은 것은, 정부가 약하거나 나태에 빠져 있다는 증거이다. 어떤 일에 소용되게 할 수 없을 정도의 악인은 결코 없다. 살려두는 것만으로도 위험한 사람을 별도로 하면, 본보기로라도 죽일 권리는 누구도 갖지 못한다.

특사(特赦)의 권리, 또는 법에 의해 정해지고 재판관에 의해 선고된 형벌에서 죄인을 벗어나게 하는 권리는 재판관 및 법 위에 있는 자, 즉 주권자에게만 속하는 것이다. 더구나 이 일에 관한 주권자의 권리는 충분히 명백한 것이 아니고, 이 것을 행사하는 경우는 매우 드물다. 잘 다스려지고 있는 국가에서는 형벌이 적다. 특사가 많이 시행되기 때문이 아니라 범죄자가 적기 때문이다. 국가가 쇠퇴할 때 생기는 많은 범죄자는, 범죄자들이 형벌을 받지 않아도 되는 일의 보증이 된다. 로마 공화국의 시대에는 원로원도 집정관도 특사를 시도한 적이 없었다. 인민조차도 그것을 하지 않았다. 단, 그들은 때로 스스로의 판결을 취소하는 일은 있었다. 특사가 많다는 것은 머지않아 범죄가 특사를 필요로 하지 않게 되는 것을 보여 주는 일이며, 그것이 어떻게 되리라는 점은 누구나 알 수 있는 일이다. 그러나 나는 내 마음이 속삭여서 펜을 멈추어야 함을 느낀다. 이런 문제를 논하는 일은 올바른 사람에게 맡기자. 결코 잘못을 저지른 적이 없고, 그 자신을 위해서는 아직까지 한 번도 특사의 필요성을 가져본 적이 없는 사람에게.

6. 법에 대해[8]

사회계약에 의해 우리는 존재와 생명을 정치체에 부여했다. 이제 입법에 의해 정치체에 운동과 의지를 부여하는 일이 문제이다. 왜냐하면 정치체를 만들고 결합하는 이 최초의 행위는, 정치체가 스스로를 보존하기 위해 해야 할 일에 관해서는 아직 아무것도 결정하지 않기 때문이다.

질서에 적합한 좋은 일이라는 것은 사물의 본성에 의해, 또 인간의 약속으로부터 독립하여 그러한 것이다. 모든 정의는 신에게서 오며, 신만이 정의의 원천이다. 그러나 만일 우리가 정의를 이처럼 높은 곳에서 받는다는 것을 알고 있었다면, 우리에게는 정부도 법도 필요하지 않았을 것이다. 확실히 이성에서만 나오는 일종의 보편적 정의라는 것이 있다. 그러나 우리들 사이에 받아들여지기 위해서는 이 정의는 상호적이어야 한다. 사물을 인간에 빗대어 고찰해 보면 자연이 제재를 가해 주지는 않으므로, 정의의 율법은 인간들 사이에서는 효과가 없다. 선량한 사람이 만인과 함께 정의의 율법을 지키려고 할 때, 그와 함께 그것들을 지킬 자가 한 사람도 없다면, 이 법은 악한 사람에게는 행복을, 선량한 사람에게는 재앙을 주는 데 지나지 않는다. 그러므로 권리를 의무에 결부시키고, 또 정의를 그 본래의 대상에 되돌아가게 하기 위해서는 약속과 법률이 반드시 있어야만 한다. 모든 것이 공유(共有)인 자연상태에 있어서는, 나는 내가 아무것도 약속하지 않았던 사람들에 대해서는 아무런 의무도 없으며, 나에게 불필요한 것만을 남의 것으로

---

8 "이 문제는 아주 새로운 것이다. 그러므로 법의 정의는 이것으로 되어야 한다(《에밀》 제5편)."

인정한다. 그러나 사회상태에 있어서는 그렇지 않다. 거기서는 모든 권리가 법에 의해 규정되어 있다.

그렇다면 법이란 대체 무엇일까? 이 말에 형이상학적인 개념만을 결부시키고 만족하는 한, 언제까지 이론을 따지고 있어도 이야기는 조금도 통하지 않을 것이다. 또 자연의 법이 무엇인지 그 때문에 더욱 잘 알게 되지는 않을 것이다.[9]

나는 이미 개별적인 대상에 관해서는 일반의지란 있을 수 없다고 말했다. 실제로 이 개별적인 대상은 국내에 있거나, 아니면 국외에 있다. 만일 그것이 국외에 있다면 그 대상과 관계가 있는 하나의 의지는 국가와의 관계에 있어 결코 일반적일 수는 없다. 또 만일 이 대상이 국내에 있다면, 그것은 국가의 한 부분을 이루고 있다. 그때는 전체와 그 부분과의 사이에 하나의 관계가 성립되며, 그 관계는 부분을 하나로 하고, 전체에서 이 같은 부분을 뺀 것을 다른 것으로 하는, 두 개의 분리된 것을 만드는 것이다. 그러나 전체에서 한 부분을 뺀 것이 결코 전체는 아니다. 그리고 이 관계가 계속되는 한 이미 전체는 없고, 불평등한 두 부분만이 있을 뿐이다. 거기에서 한쪽 의지는 다른 것과의 관계에 있어서도 결코 일반적이지 않다는 결론이 나온다.

그러나 전인민이 그들 전체를 대상으로 법을 규정할 경우에는 오직 인민 자신의 문제만을 생각하게 된다. 그리고 그때 어떤 관계가 형성되더라도 그것은 대상 전체에 대한 관점의 차이에서 생기는 것이지 결코 전체에 어떤 분열이 있다는 것은 아니다. 그 경우 법이 적용되는 대상도 법을 규정하는 의지와 마찬가지로 일반적이다. 내가 법이라고 부르는 것은 이 행위인 것이다.

법의 대상은 항상 일반적이라고 내가 말하는 경우, 그 의미는 법은 신민들을 한 몸으로 하고, 또 행위를 일반적인 것으로서 생각하는 것이며, 결코 인간을 개인으

---

9 이것은 분명히 몽테스키외를 염두에 두고 한 말이다(《법의 정신》 제1편 제1장).

로서 생각하는 것은 아니다. 때문에 법은 특권의 존재를 결정하는 일은 충분히 할 수 있지만, 누구를 지명하여 특권을 부여하지는 못한다. 또 법은 시민을 여러 계급으로 나누고 저마다의 계급에 들어갈 자격을 지정하는 일조차도 할 수 있지만, 누구누구는 들어갈 수 있다고 지명하지는 못한다. 또 법은 왕정과 세습을 정할 수는 있지만 왕을 선출하지는 못하며, 왕가(王家)를 지명하지도 못한다. 한마디로 말하면, 개별적인 대상에 관계하는 기능은 일체 입법권에 속하지 않는 것이다.

이런 생각에 입각하여 알 수 있는 것은, 법이 일반의지의 행위에 속하는 이상 입법의 권한은 누구의 직분이냐고 묻고, 군주도 국가의 일원인 이상 법을 초월할 수 있느냐 그렇지 않느냐고 묻고, 누구든지 자기 자신에 대해 부정하는 일이 없는 이상 법이 부정할 수 있느냐 그렇지 않느냐고 묻고, 또 법이 우리들의 의지를 기록한 것인 이상 우리가 자유로우면서 법을 따르고 있는 것은 무엇 때문이냐고 묻는 따위의 일은 이제는 불필요하다는 것이다.

그리고 법은 의지의 보편성과 대상의 보편성을 하나로 하고 있는 이상, 누구든 한 인간이 자기만의 권력으로 명령한 일은 법이 아니라는 것을 알 수 있다. 주권자조차 개별적 대상에 따라 명령한 일은 이미 법이 아니라 명령이며, 주권자의 행위가 아닌 행정기관의 행위임을 알 수 있다.

그래서 나는 법에 의해 다스려지는 국가는, 행정의 형식이 어떤 것이든 모두 공화국이라 부른다. 왜냐하면 국가가 법에 따라 다스려질 때에만 공공의 이익이 우선하며, 공공의 일이 경시되지 않기 때문이다. 합법적인 정부는 모두 공화적이다.* 정부란 무엇인가에 대해서는 나중에 설명하기로 한다.

---

* 이 말은 귀족정이나 또는 민주정만을 의미하고 있는 것은 아니며, 일반적으로 일반의지, 즉 법에 의해 이끌어지는 모든 정부를 의미하고 있다. 합법적이기 위해서는 정부는 주권자와 혼동되어서는 안 되며, 주권자의 대리인이어야만 한다. 이 경우, 군주정조차 공화적이 된다. 이것은 다음 편에서 밝혀질 것이다.

법은 본래 사회적 결합의 여러 조건 이외에 아무것도 아니다. 법을 따르는 인민이 그 제정자가 되어야 한다. 사회의 여러 조건을 규정하는 일은 결합하는 사람들에게만 속하는 일이다. 그러나 그들은 사회의 조건을 어떻게 규정할까? 그것은 돌연한 영감에 의한 만장일치에 의할까? 정치체는 그 의지를 표명하기 위한 기관을 가지는 것일까? 누가 그 같은 법령을 작성하고, 미리 공표하기 위해 필요한 선견지명을 정치체에 줄까? 또 정치체는 어떻게 필요한 순간에 그 법령을 발표할까? 시야가 흐려진 대중은 무엇이 자기들을 위하게 되는지를 거의 알지 못하므로, 자기가 원하는 일을 모르는 수가 종종 있다. 그 같은 대중이 어떻게 입법조직과 같은 어려운 큰 사업을 스스로 실행할 수 있을까? 인민은 내버려 두어도 항상 행복을 원한다. 그러나 내버려 두어도 인민은 항상 행복을 안다고는 할 수 없다. 일반의지는 항상 옳지만, 그것을 이끄는 판단은 항상 계몽되고 있는 것은 아니다.[10] 일반의지로 하여금 대상을 있는 그대로의 모습으로, 때로는 일반의지로 보여야 할 모습으로 보게 하며, 그것이 추구하는 바른길을 제시하고, 개별의지의 유혹으로부터 일반의지를 지키고, 장소와 시기가 잘 보이게 하여 목적이 뚜렷한 이익의 매력과, 멀리 눈에 보이지 않는 재앙의 위험을 비교 계산하게 해야 한다. 개인은 행복이 무엇인지 알지만, 이것을 물리친다. 공중은 행복을 원하지만, 이것을 인정하지 않는다. 쌍방에게 똑같이 인도하는 자가 필요한 것이다. 개인인 경우에는 그 의지를 이성에 일치시키도록 강제해야 하며, 공중인 경우에는 그들이 원하는 일을 가르쳐 주어야 한다. 그러면 공중을 계몽한 결과 사회체 속에서의 오성(悟性)과 의지와의 일치가 생기고, 거기에서 여러 부분의 정확한 협력과 전체의 최대의 힘이라는 결과가 생긴다. 이런 점에서야말로 입법자의 필요성이 나오는

---

10 초고에서는 "그것을 이끄는······." 이하의 부분은 다음과 같이 되어 있다. "그것—일반의지—을 수정하는 일은 전혀 문제가 되지 않지만, 그러나 적당히 그것을 묻고 마칠 줄 알아야 한다."

것이다.

7. 입법자에 대해

여러 국민에 적합한, 사회에 관한 최상의 규칙을 찾아내기 위해서는 뛰어난 지성이 필요하다. 그 지성은 인간의 모든 정열을 잘 알고 있음에도 불구하고 그 어느 것도 움직여지지 않고, 우리들의 성질을 속속들이 알고 있음에도 불구하고 그것과 어떤 관계를 갖지 않고, 스스로의 행복이 우리들에게 독립한 것임에도 불구하고 우리들의 행복을 위해 기꺼이 마음을 쓰고, 마지막으로 시대의 진보 저편에 광명을 준비하면서도 하나의 세기에서 일하고 다음의 세기에서 즐길 수 있는 그런 지성이어야 한다.* 사람들에게 법을 주는 데에는 신(神)들이 필요할 것이다.[11]

칼리굴라가 이 문제에 관해 한 것과 같은 추리를 플라톤은 권리 문제에 관해, 그의 저서 《정치가론(政治家論)》[12]에서 그가 추구하는 정치가나 또는 왕자(王者)를 정의하기 위해 사용하고 있다. 그러나 위대한 군주가 희귀한 인간이라는 것이 사실이라면, 위대한 입법자는 어떨까? 입법자가 정해 준 모범에 군주는 따르기만 하면 되는 것이다. 입법자는 기계를 발명하는 기사이고, 군주는 이 기계를 조립하

---

* 인민은 그 입법이 쇠퇴하기 시작할 때 비로소 유명해진다. 리쿠르고스의 제도가 그리스의 다른 지방에 알려지기까지 얼마나 많은 세기 동안 스파르타 인들의 행복이 이 제도에 의해 보전되었는지, 그 기간은 알 수 없는 것이다.

11 좀 다르지만, 1767년 7월 26일자로 미라보에게 보낸 편지에 "나는 전제 군주가 신일 수 있기를 바란다."고 되어 있는 것과 비교하라.

12 플라톤, 《정치가론》 제10~13장, 제29~32장. '법률론'이라고 되어 있는 것은 '국가론'을 의미한다고 간주하는 것이 자연스러울 것이다. 루소가 한때 이 두 논문을 혼동했다는 것은 있을 수 있는 일이다.

여 운전하는 직공에 불과하다. 몽테스키외는, "사회의 발생에 즈음해서 제도를 만드는 것은 공화국의 지배자들이지만, 나중에는 그 제도가 공화국의 지배자들을 만든다."[13]라고 말하고 있다.

어떤 인민에게 제도를 주기 위해 획책하는 사람은 이를테면 인간성을 바꾸는 힘이 있어, 그 자체로 하나의 완전하고 고립된 전체를 이루는 각 개인의 보다 큰 전체의 부분으로 바꾸고, 그 개인의 생명과 존재의 원천을 거기에서 받게 할 수 있으며, 인간의 뼈대를 바꾸어 더 강하게 할 수 있어야 한다. 또 우리들 모두가 자연에서 받은 신체적이며 독립적인 존재를 부분적이며 정신적인 존재로 바꿔 놓을 수 있다는 확신을 가진 사람이어야 한다. 한마디로 말하면 입법자는 인간에게서 그 자신에게 지금까지 없었던 힘, 다른 사람들의 도움을 빌리지 않고서는 사용할 수 없는 힘을 주어야 하는 것이다. 자연에 의해 주어진 이 같은 힘이 죽어서 무(無)로 되는 정도에 따라 새로 얻은 힘은 더욱더 크고 영속적인 것이 되며, 그 제도 또한 더욱더 확실하고 완전한 것이 된다. 그러므로 각각의 시민이 다른 것 전부를 의지하지 않고서는 무이므로 아무것도 할 수 없고, 또 전체에 의해 얻은 힘이 모든 개인의 자연의 힘 전부를 합친 것과 같거나, 혹은 그보다 클 때 입법은 그것이 도달할 수 있는 최대한의 완성점에 있다고 말할 수 있다.

입법자는 모든 점에서 국가에 있어 뛰어난 사람이다. 그는 그 재능에 의해 뛰어나야 하지만, 그 직무에 의해서도 역시 그렇다. 그의 직무는 행정권도 아니고 주권도 아니다. 공화국을 만드는 이 직무는 그 헌법에는 포함되지 않는다. 그것은 인간 시계와는 조금도 공통점이 없는 특별하고 우월한 기능이다. 왜냐하면 만일 사람들을 지배하는 자가 법을 지배해서는 안 된다면, 법을 지배하는 자 역시 사람

---

13 《로마인 성쇠 원인론(盛衰原因論)》 제1장. 여기에 루소가 인용한 한 절은 몽테스키외의 저서 제1판 (1734)에는 없고, 그 후의 판에 나오는 것이다.

들을 지배해서는 안 되기 때문이다. 만일 그렇지 않으면 그의 법은 입법자의 정념의 하인이 되어, 대부분의 경우 입법자의 부정을 영속화하는 데 지나지 않을 것이다. 그리고 그의 특수한 견해가 그의 작품(법)의 신성함을 해치는 것을 결코 피할 수 없을 것이다.

리쿠르고스는 그 조국에 법을 주었을 때 먼저 왕위를 버렸다. 그리스의 대부분의 도시에서는 그 법의 제정을 외국인에게 맡기는 것이 관례였다. 근대 이탈리아의 여러 공화국은 종종 이 관습을 모방했다. 제네바의 공화국도 이 관습을 모방하여 잘되었다.* 로마는 가장 번영했던 시대에 그 내부에 전제의 온갖 범죄가 부활하여 당장이라도 망할 것같이 되었다. 그것은 같은 사람들의 수중에 입법권과 주권이 집중되도록 했기 때문이었다.

그러나 십인관(十人官)[14]이라 할지라도 그들만의 권위에 의해 법을 성립시키는 권리를 주장할 만큼 뻔뻔스럽지는 않았다. 그들은 "우리가 당신들에게 제안하는 것은 당신들의 동의 없이는 아무것도 법으로 제정될 수가 없다. 로마 인이여, 당신들 자신이 당신들의 행복을 빚어낼 법의 제정자가 되라."고 인민에게 말했다.

그러니 법률을 제정하는 자는 어떤 입법권도 가지지 않으며, 또 가져서도 안 된다. 그리고 인민 자신도 설혹 그것을 원하더라도 이 양보할 수 없는 권리를 버리지는 못한다. 왜냐하면 기본계약에 의하면 개개인을 구속하는 것은 일반의지뿐이며, 개별의지가 일반의지와 일치한다는 것은, 개별의지를 인민의 자유로운 투표에 맡긴 후에 비로소 확인할 수 있는 일이기 때문이다. 나는 이 점에 대해 이미 설

---

* 칼뱅을 신학자로밖에 생각지 않는 사람들은 그의 천분의 넓이를 잘 모른다. 그가 크게 이바지한 우리 제네바의 현명한 여러 법령의 편찬은 저서 《강요(綱要)》와 같은 정도의 명예를 그에게 준다. 시간의 흐름과 함께 우리들의 신앙에 어떤 혁명이 초래되건, 조국과 자유와의 사랑이 우리들 사이에서 사라져 버리지 않는 한, 이 위인의 기억은 우리들의 축복의 표적이 되기를 결코 그만두지 않을 것이다.

14 12동판법(十二銅版法)을 작성하기 위해 로마에 배치된 10명의 행정관.

명했지만 그것을 되풀이하는 것은 쓸데없는 일이 아니다.

이리하여 입법이라는 작업 속에서는 양립하기 어려울 것같이 보이는 두 가지를 동시에 찾아볼 수 있다. 인민의 힘을 초월한 기획과, 이것을 수행하기 위한 권위가 그것이다.

또 하나 주의해야 할 어려움이 있다. 현자들이 인민에게 인민의 언어가 아니라 그들 자신의 언어로 말한다면, 그들의 말은 이해되지 못할 것이다. 그러나 인민의 언어로 표현할 수 없는 관념은 매우 많다. 너무나 일반적인 견해, 너무나 동떨어진 대상은 모두 인민의 손이 닿지 못하는 것이다. 각 개인은 자기 자신의 개별적 이해에 관계가 있는 것이 아니면 어떤 정부 안(案)도 좋아하지 않으므로, 양법(良法)의 영속적인 부자유에서 얻어질 게 틀림없는 이익을 인정하려고는 하지 않는다. 갓 태어난 인민이 정치의 건전한 격률(格律)을 좋아하고 국시(國是)의 근본 규칙을 따르기 위해서는 결과가 원인으로 되는 일, 제도의 산물이어야 할 사회적 정신이 그 제도 자체를 관장하는 일, 그리고 사람들이 법이 생기기 전에 법에 의해 되어야 할 이상적인 인간이 되어 있는 일 등이 필요할 것이다. 이리하여 입법자는 힘도 이치도 사용할 수가 없으므로, 필연적으로 다른 질서에 속하는 권위에 의지한다. 그 권위는 폭력을 사용하는 일 없이 이끌고, 이치를 제쳐 놓고 이해시킬 수 있는 것 같은 것이다.

이것이 바로 모든 시대를 통해 건국자들이 어쩔 수 없이 하늘의 도움을 의지하고, 그들 자신의 영지(領地)를 신들의 것으로서 찬양했던 이유이다. 그것은 인민이 자연의 법칙을 따른 것과 마찬가지로 국가의 법률을 따르고, 인민의 형성과 국가의 형성 속에 같은 힘이 작용하는 것을 인정하며, 자유로운 마음으로 복종하여 공공의 행복의 명예를 순순히 받아들이게 하기 위해서였던 것이다.

이 숭고한 이성은 보통 사람들의 손이 닿지 못하는 곳에 있지만, 입법자는 그 이성의 결정을 불사의 것(신들)의 입에서 나온 것처럼 하여, 인간의 사려에 의해서는 움직일 수 없는 사람들을 신의 권위에 의해 끌어갔던 것이다.* 그러나 신이 말하게 하거나, 자기는 신의 대변자라고 선언하여 믿게 하는 것은 어느 누구나 할 수 있는 일은 아니다. 입법자가 지니는 위대한 영혼이야말로 그의 사명을 증명해야 할 진정한 기적이다. 어떤 사람이라도 석판에 글씨를 새기고 신탁(神託)을 매수하여 신적인 것과 접촉하는 것처럼 위장하고, 새를 훈련시켜서 자기 귀에 속삭이게 하고, 그밖에 인민을 속이는 비열한 수단을 찾아내는 일은 할 수 있다. 지금 말한 것 같은 지혜밖에 없는 자일지라도 어쩌면 한 무리의 어리석은 자들을 모을 수는 있을지 모른다. 그러나 결코 국가를 건설하지 못할 것이며, 그의 무법한 일은 그와 함께 마침내 몰락해 버릴 것이다. 공허한 위신은 한때뿐인 굴레밖에 만들지 못한다. 굴레를 영속적인 것이 되게 하는 것은 영지뿐이다. 영원히 몰락하지 않는 유태인의 법,**15** 10세기 동안 세계의 절반을 지배해 온 이스마일의 아들**16**의 법은 이것을 명령해, 사람들이 위대했음을 오늘날에도 여전히 말해 주고 있다. 그리고 거만한 철학과 맹목적인 당파심이 이런 위인을 행운의 사기꾼으로밖에 보지 않는 데 비해, 진정한 정치가는 이런 사람들이 세운 제도 속에 영속적인 큰 사업을 통괄하는 그 위대하고 강력한 천재를 찬양하는 것이다.

위에서 말한 모든 일에서 워버턴**17**과 함께 정치와 종교가 우리들 사이에서는 공

---

* 마키아벨리는 이렇게 말한다. "어떤 국민도 신을 의지하지 않고 특별한 법을 공포한 경우는 없다는 것은 진실이다. 왜냐하면 그렇게 하지 않았더라면 그 법은 받아들여지지 않았을 것이기 때문이다. 현자에게는 인정을 받더라도, 다른 사람들을 납득시킬 정도로는 분명하지 않은 많은 이점이 그런 법률에는 존재하는 것이다〈티투스 리비우스론〉 제1편 제10장)."

15 단편 〈유태인〉을 보라. '거만한 철학' 이라는, 볼테르의 《마호메트》에 대한 비웃음이다.
16 이슬람교의 교조 마호메트을 가리킨다.
17 워버턴의 《모세의 신의 사절》(1738), 특히 제2편 5, 6과 그의 팸플릿 〈교회와 국가의 동맹〉(1736) 참조. 워버턴(1698~1776)은 영국의 신학자로서, 글로스터의 사교였다. 포프의 《인간론》을 둘러싼 논쟁에서 그의 변호자가 되었던 포프의 친구이다. 그는 또 정통파의 신학을 지켜서 흄, 볼테르 등과도 격렬한 논쟁을 계속했다.

통의 목적을 지닌다고 말할 것은 아니며, 오히려 여러 국가의 기원에 있어서는 종교가 정치의 도구로서 쓸모가 있다고 결론을 내려야 한다.

8. 인민에 대해

건축가가 큰 건물을 세우기 전에 토지를 관찰하거나 정보를 수집하여, 그것이 무게를 견딜 수 있을지 어떨지를 살피는 것처럼, 현명한 입법자는 그 자체로서는 나무랄 데 없는 법률을 작성하는 일부터 시작하는 것이 아니라, 인민이 그 법률을 받아들이는 데 적합한지 어떤지를 검토한다. 플라톤이 아르카디아 인과 키레나이 인에게 법률을 주는 데 거부한 것은 이 때문인데, 그는 이 두 인민이 부유하여 평등성을 받아들이지 않음을 알고 있었던 것이다. 또 크레타섬에서 완벽한 법률과 성악(性惡)한 인간을 볼 수 있는 것도 이 때문이며, 미노스가 규율을 준 것이 바로 이미 악덕에 물든 인민이었던 것이다.

이 지상에서는 훌륭한 법률 등은 결코 견딜 수 없을 것 같은 국민이면서도 번영을 누린 경우가 무수히 많다. 설령 그것—훌륭한 법률을 만드는 일—을 할 수 있는 국민이라도, 그렇게 한 것은 그들이 종속한 저 기간 중의 짧은 동안에 지나지 않았다. 인민은 많은 경우 인간(의 일생)과 마찬가지로 유순한 것은 청년기뿐이고, 나이가 들면 고칠 수도 없게 된다. 한번 관습이 정해지고 편견이 뿌리를 내렸을 때, 그것을 개혁하려고 하는 것은 위험하고 헛된 시도이다. 재앙을 제거해주고자 해도 인민은 손길이 닿는 것조차 견딜 수 없어 한다. 그것은 마치 의사의 모습을 보기만 해도 전율하는 어리석고 겁 많은 환자와 비슷하다.

그것은 다음과 같은 일을 부정하는 것은 아니다. 어떤 종류의 병이 사람들을 혼란에 빠지게 하고 과거의 기억을 빼앗기도 하는 것처럼, 국가가 존속하는 동안에는 때로는 격렬한 시기가 있다. 그때는 어떤 종류의 발증(發症)이 개개인에 대해 하는 것과 같은 작용을 혁명이 인민에게 가하기도 한다. 그때는 과거에 대한 공포가 과거를 망각하게 하는 역할을 하며, 국가는 내란에 의해 불타면서도 이를테면 그 재 속에서 되살아나, 죽음의 꿈속에서 되살아나 젊음의 힘을 되찾는 수가 있다. 이것이야말로 리쿠르고스 때의 스파르타이고, 타르퀴니우스(家) 이후의 로마이며, 또 우리(근대국가)들 사이에서는 폭군을 추방한 후의 네덜란드와 스위스의 모습이었다.

그러나 이런 일은 드물다. 그것은 예외였고, 그 이유는 항상 그 국가의 특수한 체제 속에서 찾아볼 수 있다. 이 같은 예외적인 일은 같은 인민에게 두 번 다시 일어날 수 없을 것이다. 왜냐하면 인민이 스스로 자유로워질 수 있는 것은 인민이 단지 미개한 동안의 일이고, 시민의 활력이 소모되었을 때는 이미 그런 일을 할 수 없기 때문이다. 활력이 소모되는 경우에는 동란이 인민을 파괴하는 일은 가능해도, 혁명이 인민을 재건하지는 못한다. 그리고 인민을 결합하는 그 쇠사슬이 전달된 순간 인민도 뿔뿔이 흩어져서 존재하지 않게 되는 것이다. 그렇게 된 후 인민에게 필요한 것은 지배자일 뿐 해방자는 아니다. 지유로운 인민 여러분은 이 원칙을 기억해 두도록 하라. 사람은 자유를 얻을 수는 있지만, 그러나 자유는 결코 되찾아지는 것은 아니라는 점을.

청년은 유년일 수 없다. 인간에 있어서와 마찬가지로 국민에 있어서도 청년, 아니면 성숙의 시기가 있고,[18] 국민을 법에 따르게 하려면 이 시기를 기다려야 한다. 그러나 하나의 인민이 성숙했음을 알 수 있는 일은 항상 쉽다고는 할 수 없다. 그

---

18 "청년은……." 이하의 부분은 1762년판에서 "인간에 있어서와 마찬가지로 국민에 있어서도 성숙의 시기가 있다."라고 짧게 되어 있다. 1782년판 이후 지금처럼 되었다. 편자 페이르우는 이 정정을 루소 자신이 주석으로 기술한 어느 원고에선가 채용했을 게 틀림없다. 본문에 있어서는 주석의 추가는 별도로 하고, 이 이외에는 하나의 정정밖에 없다. 그것은 다음의 패러그래프의 처음에 있다.

리고 만일 성숙의 시기를 넘어서면 일은 실패로 끝나는 것이다. 어떤 인민은 태어나면서부터 규율을 따르게 할 수 있지만, 다른 인민은 10세가 지나도 그렇게 되지 않는다. 러시아 인은 영원히 진정으로 시민화하는 일은 없을 것이다. 그것은 그들이 너무 빨리 시민화했기 때문이다. 표트르 대제(大帝)는 모방의 재능은 있었지만 진실한 천재, 창조하고 무에서 일체를 만들어 내는 재능은 가지고 있지 못했다. 그가 한 일 중 몇몇은 좋았으나, 대부분은 적절하지 못한 것이었다. 그는 인민이 미개하다는 것은 알았지만, 인민이 시민화할 수 있을 정도로는 성숙해 있지 않음을 알지 못했다. 그는 인민을 전쟁의 고난에 익숙해지도록 하는 것만이 필요한 시기에 그들을 개화하려고 했던 것이다. 그는 우선 러시아 인으로 만드는 일부터 시작해야 할 시기에, 갑자기 독일인이나 영국인으로 만들려고 했다. 그는 그의 신민에 대해, 그들이 현실적으로 그렇게 되어 있지도 않는데 이미 되어 있다고 생각하게 함으로써, 그들이 될 수 있었을 것을 영원히 차단해 버렸던 것이다.

프랑스의 교사는 이와 같은 방법으로 학생들을 교육하기 때문에, 학생은 소년 시절에 한때 눈에 띄기는 해도 결국 훌륭한 어른은 되지 못하는 것이다. 러시아 제국은 장차 유럽을 정복하려고 할 것이지만, 오히려 자기가 정복될 것이다. 러시아의 신민 혹은 이웃 사람인 타타르 인이 러시아의 지배자가 되고, 우리들의 지배자도 될 것이다. 이 변혁은 나에게 필연적으로 보인다. 유럽의 국왕들은 모두 일치하여 이를 촉진하는 데 애쓰고 있는 것이다.

9. 인민에 대해(계속)

자연이 균형잡힌 인간의 신장에 한계를 정해 놓고, 그것을 넘으면 거인이나 난쟁이밖에 되지 못하게 한 것처럼, 국가의 최량의 체제에 있어서도 역시 마찬가지로 국가가 지닐 수 있는 크기에 한계가 있다. 그래서 너무 커서 충분히 통치를 할 수 없다거나, 너무 작아서 혼자 힘으로 유지할 수 없는 일은 생기지 않게 되어 있다. 모든 정치체 속에는 넘을 수 없는 힘의 극대(極大)가 있지만, 국가는 종종 너무 확대하여 그것을 훨씬 넘어 버린다. 사회의 굴레는 길어질수록 느슨해진다. 그리고 일반적으로 작은 나라는 큰 나라보다 비례적으로 보다 강하다.

많은 이유가 이 원칙을 증명한다. 우선 보다 긴 지렛대의 끝에 놓으면 보다 무거워지는 것처럼, 행정은 거리가 멀어지면 보다 어려워진다. 또 행정은 단계의 늘어남에 따라 그 대가가 비싸진다. 즉 우선 각 도시가 자체의 행정을 가지고 인민이 그 비용을 지불하며, 각 지구도 자체의 행정을 가지고 역시 그 비용을 인민으로 하여금 지불하게 한다. 다음에 각 주와 태수령(太守領), 총독령 등의 규모가 큰 행정구역이 있고, 위로 올라감에 따라 항상 대가는 더 비싸게 지불되어야 하며, 그것이 또한 항상 불행한 인민의 부담이 된다. 마지막으로 최고 행정이 와서 모든 것을 짓눌러 버린다. 이 정도로 많은 무거운 자에 겹쳐져서 신민들의 힘을 계속 쥐어짜고 있는 것이다. 그들은 이 온갖 질서에 의해 보다 잘 통치되기는커녕, 위에 오직 한 사람밖에 없는 경우보다도 오히려 불충분한 통치를 받고 있다. 더구나 비상시에 대처할 자력은 거의 남겨져 있지 않다. 그리고 의지해야 할 때 국가는 항상 파멸 상태에 직면해 있는 것이다.

그것이 전부는 아니다. 정부가 법률을 지키게 하고 직권 남용을 막고 악습을 바로잡으며, 먼 곳에서 일어나기 쉬운 반란의 기도를 막기 위한 힘과 민첩함이 약해질 뿐만 아니라, 인민이 결코 보는 일이 없는 지배자에 대해, 그들의 눈에는 세계와도 같은 조국에 대해, 그들로서는 그 대부분이 낯선 사람들인 동족에 대해 품은 애정이 감소하는 것이다. 다른 습속을 가지고 상반되는 풍토에서 생활하며, 같은 형태의 정부가 동일한 법률을 그토록 많은 다른 지방에 적합하도록 하는 것은 불가능한 일이다. 그렇다면 저마다 다른 법률에서는, 같은 지배자 아래에서 끊임없이 교통하며 생활하고 있어 서로 왕래하고 통혼(通婚)을 하며, 더구나 서로 다른 관습을 따르며 자기들의 가산이 확실히 자기 것인지 결코 알지 못하는 인민 사이에 말썽과 분쟁이 생기게 할 뿐이다. 최고 행정의 중심지라는 같은 장소에 모인 서로 모르는 많은 사람들 속에서는, 재능은 묻히고 덕행은 알려지지 않으며, 악덕은 징계되지 않는다. 지배자들은 정무에 파묻혀 자기 눈으로는 아무것도 보지 않는다. 국가를 통치하는 것은 지위가 낮은 관리들이다. 요컨대 멀리 떨어져 있는 그 많은 관리들은 중앙의 권력에서 벗어나려 하거나 혹은 기만하려고 하기 때문에, 권력을 유지하기 위해 필요한 조치로 모든 공무가 가득 채워진다. 인민의 행복을 위한 조치 등은 이제는 여지가 없고, 중앙에 무슨 일이 있을 때 자신을 지키기 위한 조치도 거의 취하지 못하게 된다. 이렇게 하여 자신의 체제에 비해 지나치게 큰 정치제는 자기 자신의 무게에 짓눌려서 쇠망하는 것이다.

다른 한편 국가는 견실성을 갖기 위해, 또 피할 수 없는 동요와 자기 자신을 떠받치는 데 필요한 노력에 견디기 위해 일정한 기반을 가지고 있어야 한다. 왜냐하면 모든 인민은 데카르트의 소용돌이처럼 일종의 원심력을 가지고 그것에 의해 서로 부딪치며, 이웃 인민을 희생시켜 가면서 확대해 가려는 경향이 있기 때문이다. 그래서 약한 자들은 이내 병탄(倂呑)될 염려가 있다. 또 어떤 인민도 다른 모든 인민과 일종의 균형상태에 들어가, 압력이 어디에서든지 대개 유사하도록 하는 것이 아니라면 거의 자신을 유지하지 못한다.

이상으로 우리는 국가의 규모가 확대되는 이유와 축소되는 이유가 있음을 알았다. 양자 사이에 국가를 유지하는 데 가장 유리한 비율을 찾아내는 일은 정치가로서는 비범한 수단인 것이다. 일반적으로 말할 수 있는 것은, 전자의 이유는 외적이고 상대적인 것에 지나지 않으므로, 이것을 내적이고 절대적인 후자의 이유에 따르게 해야 한다는 것이다. 건전하고 강한 체제야말로 무엇보다도 첫째로 추구되어야 하는 것이다. 그리고 큰 영토가 가져다주는 자원보다도, 좋은 정무에서 생기는 활력에 의지해야 한다.

그런데 우리는 정복의 필요성이 국가 체제 속에 끌어넣어져 있고, 자신을 유지하기 위해서는 끊임없이 팽창하는 수밖에 없도록 만들어져 있는 여러 국가를 보아 왔다. 모름지기 이런 국가는 이 훌륭한 필요성을 스스로 축복하고 있었을 것임에 분명하다. 그러나 그것은 번영의 종국과 함께 벗어날 수 없는 몰락의 시기를 보여 주고 있었던 것이다.

10. 인민에 대해(계속)

정치체의 크기는 두 가지 방법으로 측정할 수 있다. 즉 영토의 넓이에 의한 방법과 인민의 수에 의한 방법이다. 그리고 이 두 개의 양(量)의 상호간에는 국가가 진실로 가져야 할 크기를 주는 데 적당한 관계가 있다. 국가를 만드는 것은 인민이고, 인민을 부양하는 것은 토지이다. 그러므로 이 관계는 토지가 그 인민을 유지할 수 있을 만큼 있어야 한다는 것과, 토지가 부양할 수 있을 만큼의 인민이 있어야 함을 의미한다. 일정한 수의 인민에게서 최대의 힘을 찾아볼 수 있는 것은, 이 균형이 유지되었을 때이다. 왜냐하면 토지가 너무 넓으면 그것을 지키는 데에도 어려움을 겪고, 경작은 잘 되지 않으며, 더구나 작물은 남아돈다. 이것은 자위전쟁(自衛戰爭)의 원인이다. 또 토지가 너무 좁을 때는 부족한 생산량을 보충하기 위해서 이웃 나라들에 의존하게 된다. 이것은 침략전쟁의 원인이다.

무역과 전쟁 중 어느 한 쪽을 선택할 수밖에 없는 모든 인민은 본래 약한 것이다. 그들은 이웃 나라를 의지하고 큰 사건을 기대한다. 그들은 항상 짧고 불확실한 생존을 가질 뿐이다. 그들은 정복에 나서 환경을 바꾸거나, 혹은 정복되어 무로 돌아가거나 한다. 그들은 아주 작아지거나 커지지 않고서는 자유를 유지하지 못한다.

영토의 면적과 인구수와의 사이에 서로를 만족시키는 일정한 관계를 숫자로 산출하지는 못한다. 그 이유는 지질과 풍요로움의 정도, 작물의 성질과 풍토의 영향 등에 차이가 있기 때문이고, 또한 그 토지에 사는 사람의 기질에도 차이가 있기 때문이다. 그들 중의 어떤 사람은 비옥한 토지에 살면서 소비를 적게 하고, 또 다른 사람은 척박한 토지에 살면서 많이 소비한다. 또 고려해야 할 것은 여성의 출산과 인구에 대한 토지 조건의 좋고 나쁨, 입법자가 자기 자신이 만드는 제도에 의해 이런 일에 협력을 기대할 수 있는 분량 등이다. 때문에 입법자는 자기 자신의 판단을 눈앞의 것이 아니라 예견되는 것에 입각해야 하며, 인구의 현장보다도 인구가 자연히 도달해야 할 상태에 주의를 돌려야 한다.

마지막으로 지역의 특수한 사정에 따라 필요하다고 생각되는 것 이상으로 많은 토지의 소유를 요구하거나, 혹은 허용하는 경우가 수없이 있다. 때문에 산악 국가에서는 사람들이 토지에 넓게 분포되어 살 것이다. 산악 국가에서는 자연의 산물, 즉 삼림이나 목장 등은 그다지 손댈 것이 없고, 경험에 따르면 여자들은 평지에서보다 다산(多産)하며, 또 경사진 넓은 토지는 작물 생산에 있어 필수적인 수평지를 조금밖에 주지 않는다. 이와 반대로 해변에서는 불모지와 다름없는 바위와 모래 사이에서조차 사람들의 밀집이 가능하다. 왜냐하면 거기서는 수산물의 채취가 토지의 산물을 보충할 수 있기 때문이다. 또 해적을 물리치기 위해서라도 사람들은 더욱더 밀집해 있어야 한다. 게다가 식민지를 개척하여 주민을 다른 곳으로 옮기기도 보다 쉬운 것이다.

법을 제정할 때는 여기에 또 하나의 조건을 덧붙여야 한다. 그것은 다른 어떤 조건의 대신이 될 수도 없고 만약 이것이 없으면 다른 모든 조건이 무의미해진다. 이 조건은 바로 인민이 충족한 생활과 평화를 즐겨야 한다는 것이다. 왜냐하면 국가가 질서를 세우는—사회계약을 맺는—시기는 군대가 편성되는 때와 마찬가지로 정치체가 저항하기에 가장 어렵고, 가장 파괴되기 쉬운 순간이기 때문이다. 사람은 완전한 무질서의 시기에 오히려, 각자가 자기 지위 때문에 골치를 앓고 있어 전체의 위험에 대해 전혀 생각지 않는 시기보다 더 강할지도 모른다. 이 위기에 전쟁·기근·반란이 발발하면 국가는 반드시 붕괴되고 만다.

이 같은 혼란기에 세워지는 정부가 많지 않았다고 말하는 것은 아니다. 그러나 이 경우 국가를 파괴하는 것은 이런 정부 자체인 것이다. 찬탈자는 항상 이러한 혼란기를 불러일으키거나, 또는 이 시기를 틈타 인민이 냉정할 때는 결코 받아들이지 않을 파괴적인 법을, 공중(公衆)의 공포심에 편승하여 통과시키는 것이다. 건국의 시기를 택하는 문제는, 입법자와 폭군의 행위를 구별할 수 있도록 하는 가장 확실한 여러 특징 중 하나이다.

그럼 입법에 적합한 것은 어떤 인민일까? 기원이나 이해 또는 약속의 어떤 일치에 의해 이미 맺어져 있지만, 법의 진정한 멍에가 아직 부착되지 않은 인민, 단단히 뿌리를 내린 관습도 미신도 갖지 않은 인민, 갑작스런 침입에 의해 짓눌릴 염려가 없고, 또 이웃 나라의 항쟁에 휘말리지 않고 혼자 힘으로 그 이웃 나라에 저항할 수 있으며, 또는 한 나라를 눌리치기 위해 다른 나라와 서로 도울 수 있는 인민, 그 모든 구성원이 다른 구성원 한 사람 한 사람을 잘 알고 있고, 견디기 어려운 큰 부담을 다른 사람에게 떠넘기는 일이 없는 인민, 다른 인민의 도움 없이 지낼 수 있고 다른 모든 인민도 역시 그것 없이 지낼 수 있는 인민,* 부자도 가난

---

* 만일 두 이웃 나라 중 한 국가가 다른 국가 없이는 존속할 수 없다면, 그것은 전자로서는 매우 괴로운 일인 동시에 후자로서는 매우 위험한 상황일 것이다. 이런 경우에 현명한 국민은 신속하게 다른 나라를 이 같은 의존에서 해방되도록 했을 것이다. 멕시코 제국에 둘러싸여 있는 트라스칼라 공화국은 멕시코 인들로부터 소금을 사는 것보다, 아니 공짜로 얻기보다 소금 없이 지내는 쪽을 선택했다. 현명한 트라스칼라 인은 이 은혜 속에 숨어 있는 함정을 꿰뚫어봤던 것이다. 그들은 이렇게 하여 그들의 자유를 보전했다. 그리고 대제국에 포함되었던 이 작은 나라는 마침내 이 대제국의 멸망 원인이 되었던 것이다.

뱅이도 아니고 자급자족할 수 있는 인민, 요컨대 고대 인민의 견실함과 근대 인민의 유순함을 아울러 지닌 인민이야말로 바로 그런 인민이다. 입법을 어렵게 하는 것은 새로 만들어야 할 것보다도 오히려 파괴해야 할 것들이다. 그리고 그 성공이 매우 드문 것은 사회 욕구에 결부된 자연의 단순함을 발견하지 못하기 때문이다. 사실 이런 조건이 모두 갖춰진다는 것은 쉬운 일은 아니다. 그러므로 입법이 잘 조직된 국가는 찾아보기 힘들다.

유럽에는 입법이 가능한 나라가 아직 하나 있다. 그것은 코르시카 섬이다. 이 인민이 그들의 자유를 되찾고 지킬 수 있었던 불굴의 용기는, 그들에게 그 자유를 오래오래 유지하는 길을 제시하고도 남을 것이다. 나는 어쩐지 이 작은 섬이 언젠가 유럽을 깜짝 놀라게 할 것이라는 예감이 든다.[19]

11. 입법의 여러 가지 체제에 대해

모든 사람들의 최대의 선은 모든 입법체제의 궁극 목적이어야 하지만, 그것이 정확하게 무엇으로 이루어져 있느냐고 묻는다면, 우리는 그것이 두 가지 중요한 목적, 즉 자유와 평등에 귀착한다는 것을 알게 될 것이다. 여기서 자유를 꼽는 이유는, 모든 개별적인 종속은 그것만 국가라고 하는 정치체에서 힘이 감소됨을 의미하기 때문이며, 평등을 꼽는 이유는, 자유는 평등 없이는 지속될 수 없기 때문이다.

시민적 자유가 무엇인지에 대해서는 이미 언급했다. 평등에 관해서는, 이 말을

---

19 이 같은 판단이 코르시카 인으로 하여금 2년 후에 그들의 개혁을 시도할 때, 루소의 원조를 요청하게 했던 것이다. 거기에서 루소의 《코르시카 헌법 초안》(1765)이 탄생했다.

권력과 재산 정도의 절대적 동일로 이해해서는 안 된다. 즉 권력, 그것이 폭력의 정도로까지는 결코 높아지지 않고, 또 항상 지위와 법에 입각해서만 행사된다는 것으로, 그리고 재산에 관해서는 어떤 시민도 그것으로 다른 시민을 살 수 있을 만큼 풍족하지는 않으며, 또 어떤 사람도 어쩔 수 없이 자기 몸을 팔 만큼 가난하지는 않음을 의미하는 것으로 이해해야 한다.* 이것은 강자(强者) 쪽에서는 재산과 세력, 약자(弱子) 쪽에서는 탐욕과 선망에 대해 저마다 조심스러움을 전제로 한다.

이 평등은 실제로는 존재할 수 없는, 머릿속에서만의 공상이라고 사람들은 말한다. 그러나 평등의 남용이 피하기 어렵다고 해서 그것을 규제하는 일까지 불필요한 것이 될까? 사물의 힘은 항상 평등을 파괴하는 경향이 있다는 바로 그 이유에 의해, 입법의 힘은 항상 평등을 유지하도록 작용해야 한다.

그러나 모든 좋은 제도의 일반적인 목적인 이 두 가지는 저마다의 나라에서 지리적인 상황과 주민들의 기질에서 생기는 여러 가지 관계에 의해 수정되어야 한다. 그리고 바로 이런 관계에 입각하여 각 주민에게 그 자체로서는 모름지기 최고의 것은 아닐지라도, 그것을 사용하도록 예정되어 있는 국가로서는 최고 제도의 특수한 체계를 안겨 주어야 한다. 예컨대 토지가 수확이 적고 불모지나 다름없거나, 혹은 너무 좁으면 주민들을 공업과 수공업에 주력시켜 그 생산물을 부족한 식료품과 교환해야 한다. 반대로 국가가 비옥한 평야와 풍족한 구릉을 차지하고 있는데 주민이 부족하다면, 모든 배려를 인구를 증가시키는 농업에 두어야 하고 수

---

* 그러므로 국가에 안정성을 부여하고자 한다면 양극단을 될 수 있는 한 접근시켜야 한다. 백만장자와 걸인을 모두 인정해서는 안 된다. 이 두 가지 신분은 본래 불가분의 관계에 있지만, 다같이 공공의 행복에 유해하다. 한쪽에서는 폭정(暴政)의 선동자가 생기고, 다른 한쪽에서는 폭군이 생긴다. 공적인 자유의 거래가 행해지는 것은 항상 그들 사이에서이다. 하나는 이것을 사고, 다른 하나는 이것을 판다.[20]

20 《산에서 온 편지》 제9 참조.

공업을 배척해야 한다. 그것은 영토의 어느 지점에 그 나라가 가지고 있는 얼마 안 되는 주민을 집중시킴으로써, 그 나라의 인구를 더 감소시키는 역할을 할 뿐이다.* 만일 한 국민이 길고 편리한 해안선을 차지하고 있다면, 바다를 배로 덮고 상업과 항해를 하는 게 좋다. 그 국민은 짧지만 눈부신 생활을 할 것이다. 또 배가 접근할 수 없는 바위만으로 이루어진 해안이라면 야만적인 어식(魚食) 상태에 머물러 있게 하는 것이 좋다. 사람들은 보다 조용한, 모름지기 보다 좋은, 확실히 보다 행복한 생활을 할 것이다.

한마디로 말하면, 모든 나라에 공통된 원칙을 제외하고는 각각의 국민은 그 자신만의 특별한 방법으로 원칙을 만들고, 그 입법을 그들에게만 해당하는 고유한 것으로 하는 어떤 원인을 가지고 있는 것이다. 이런 까닭에 지난날의 헤브라이인, 또 가까이는 아랍인들은 종교를 가졌고, 아테네 인들은 문학을, 카르타고와 티로스는 상업을, 로도스는 항해를, 스파르타는 전쟁을, 그리고 로마는 덕(德)을 주요한 목적으로 삼았던 것이다. 《법의 정신》의 저자는 많은 실례를 통해, 어떤 기술에 의해 입법자가 이런 갖가지 목적에 각각 합당한 제도를 이끄는가를 제시했다.

국가의 체제를 견고하고 영속적인 것으로 만드는 일은 자연의 여러 관계와 법 사이에 조화가 유지되도록 하고, 따라서 항상 같은 일에 관해 서로 협력하며 법이 이른바 자연의 여러 관계를 확실하게 하고 그것과 동조하여 그것을 바르게 되도

---

* 다르장송 후작은, "해외 무역의 어떤 부분은 왕국 전반으로서는 피상적인 이익밖에 가져오지 않는다. 그것은 약간의 개인과 도시를 부유하게 할 수는 있지만, 국민 전체는 그것으로 아무것도 얻을 수 없고, 인민의 생활은 조금도 좋아지지 않는다."[21] 라고 말했다.

21 여기서 루소가 인용하고 있는 다르장송의 《고찰》중 1절은, 다음과 같다. "금은을 희생시켜서 획득되는 상업상의 한 부분은, 일반적인 왕국에는 거짓의 이익밖에 얻게 하지 않는다. 그것은 이미 풍족하게 살고 있는 약간의 도시나 또는 개인만을 부유해지게 하는 데 불과하다(리에즈판 17쪽)."

록 하는 일이다. 그러나 만일 입법자가 그 목적을 그르쳐서 사물의 자연에서 생기는 원칙과는 다른 원리를 받아들인다면, 즉 한쪽은 예속 상태로, 다른 한쪽은 자유로 향하고, 한쪽은 재부로, 다른 한쪽은 인구 증가로, 또 한쪽은 평화로, 다른 한쪽은 정복으로 향하려고 한다면, 법은 어느새 약해지고 국가의 체제는 변하며, 또 국가는 끊임없는 분쟁에 시달릴 것이다.—국가가 파괴되고 변하여 극복할 수 없는 자연이 다시 그 지배를 회복하기까지는.

12. 법의 분류

전체에 질서를 주기 위해서는, 즉 공공체에 좋은 형식을 주기 위해서는 여러 가지 관계를 살펴야 한다. 첫째로 자기 자신에게 작용하는 모든 정치체의 행위, 즉 전체의 전체에 대한 관계, 바꿔 말하면 국가에 대한 주권자의 관계이다. 그리고 이 관계는, 나중에 언급하겠지만, 그 중간의 여러 가지 관계로 이루어져 있다.

이 관계를 규제하는 여러 법은 정치법이라 불리고 또 근본법이라고도 불리지만, 이런 법이 현명한 경우에는 근본법이라 부르는 것도 정당할 것이다. 왜냐하면 만일 각각의 국가에 있어 이것에 질서를 주는 좋은 방법이 하나밖에 없다면, 그것을 발견한 인민은 그것을 굳게 지켜야 하기 때문이다. 그러나 기존의 질서가 나쁜 경우에는, 그것이 잘되는 것을 방해하는 법을 왜 근본법이라고 생각해야 하는 것일까? 더구나 언제 어떤 경우에도 인민은 자기 자신의 법을—그것이 최선인 경우에조차—항상 자유롭게 고칠 수 있는 것이다. 왜냐하면 설혹 인민이 스스로 자기 자신에게 해를 끼친다고 할지라도, 이것을 방해할 권리를 가진 사람은 아무도 없기 때문이다.

두 번째 관계는 정치체 구성원 상호간의 관계와 또는 구성원과 전체와의 관계이다. 구성원 상호간의 관계일 때는 그리 중요하지 않지만, 구성원과 전체와의 관계는 매우 중요하다. 그 결과 각 구성원은 다른 모든 구성원으로부터 완전히 독립하여 정치체에 전적으로 의존하게 해야 한다. 이것은 항상 같은 수단에 의해 달성된다. 왜냐하면 국가의 힘만이 그 구성원의 자유를 만들어 낼 수 있기 때문이다. 이 두 번째 관계에서 민법이 생긴다.

사람과 법 사이에는 세 종류의 관계를 생각할 수 있다. 즉 위법행위와 형벌에 대한 관계이다. 이 관계가 형법의 제정을 빚어내는데, 형법은 근본적으로는 법의 특별한 종류라기보다 오히려 다른 모든 법의 보장이다.

이 세 종류의 법에 제4의 법, 즉 모든 법 중에서도 가장 중요한 법이 덧붙여진다. 이 법은 대리석이나 강판(鋼板)에 새겨지는 것이 아니라, 시민들의 생각 자체에 새겨져 있다. 이것이야말로 국가의 진정한 헌법을 이루는 것으로 나날이 새로운 힘을 얻어 다른 법이 낡거나 효력이 없을 경우에 다시 생명을 불어넣거나 또는 이것을 대신하여 인민으로 하여금 그 건국 정신을 잃지 않게 하며, 모르는 사이에 권력의 힘을 습관의 힘으로 바꿔 놓는 것이다. 이것은 습속 및 관습, 특히 여론이다.

현재의 정치가들에게 잘 알려져 있지 않은 법의 이 부분이야말로 실제로는 모든 법의 성패를 장악하는 것이다. 위대한 입법자는 개개의 규칙만을 생각하고 있는 것처럼 보일 때조차도 은밀히 여기에 마음을 쓰고 있다.

각각의 규칙은 아치의 궁상부(弓狀部)에 불과한데, 여론은 그 형성이 훨씬 완만하지만 결국 아치의 근간을 이루는 것이기 때문이다.

이런 여러 종류의 법 중에서 정부의 형태를 제정하는 정치법만이 나의 문제와 관계가 있다.

제3편

정부의 여러 가지 형태에 관해 논하기 전에, 아직도 충분히 설명되지 않은 정부라는 말의 정확한 의미를 확정하고자 한다.

1. 정부 일반(政府一般)에 대해

독자에게 미리 양해를 구한다. 이 장은 마음을 차분하게 가라앉히고 읽어야 한다. 주의를 기울이려고 하지 않는 독자를 이해시키는 방법을 나는 모르기 때문이다.

어떤 자유로운 행위에도 그것을 산출하기 위해 협력하는 두 가지 원인이 있다. 하나는 정신적 원인, 즉 행위를 하려고 결심하는 의지이고, 다른 하나는 물리적 원인, 즉 이 행위를 실행하는 힘이다. 내가 어떤 목적물을 향해 걸어가는 경우, 첫째로 내가 그곳에 가기를 원하는 의욕과, 둘째로 내 발이 나를 그곳으로 이끄는 일이 필요하다. 중풍 환자가 달리기를 원한다 해도, 또 발이 빠른 사람이라도 달리려고 생각지 않는다면 두 사람 다 원래의 장소에 머물러 있을 수밖에 없다. 정치체에도 이 같은 원동력이 있다. 거기에도 마찬가지로 힘과 의지가 구별된다. 후자는 '입법권' 이라 불리고, 전자는 '집행권' 이라 불린다. 이 두 가지의 협력 없이는 아무것도 할 수 없고, 또 아무것도 해서는 안 된다.

이미 말한 바와 같이 입법권은 인민에 속하며, 또 인민 이외의 것에 속할 수는 없다. 이와 반대로 이미 확정된 원리에 의해 집행권은 입법자나 혹은 주권자로서의 인민 일반에는 속할 수 없는 것임을 쉽게 알 수 있다. 왜냐하면 이 집행권은 특수한 행위에서만 이루어지는 것이고, 특수한 행위는 법률 그 자체의 영역 밖에 있으며, 따라서 그 모든 행위가 법률로 되지 않을 수 없는 주권자의 영역 밖에 있기 때문이다.

그러므로 공공의 힘으로서는 이 힘을 결집하여 그것을 일반의지의 지도에 의해 움직이고, 국가와 주권자와의 연락을 위해 애쓰며, 인간에 있어 영혼과 육체와의 결합이 행하는 일을, 말하자면 공인(公人)에 있어 행하는 적당한 대리인이 필요하다. 이것이 국가에 있어서의 정부의 존재 이유이며, 이 정부는 부당하게도 주권자와 혼동되고 있지만, 정부는 주권자의 집행인에 지나지 않는 것이다.

그럼 정부란 무엇인가? 그것은 신민과 주권자 사이의 상호 연락을 위해 설치되고, 법률의 집행과 시민적·정치적 자유의 유지를 임무로 하는 하나의 중개단체이다.

이 단체의 구성원은 '행정관' 혹은 '왕', 즉 '지배자'라는 이름을 가진다. 그리고 이를 통틀어 '통치자'라는 이름을 가진다.* 그러므로 한 인민이 통치자에게 복종하는 행위는 결코 계약이 아니라고 말하는 사람들의 주장은 지극히 타당하다. 이 행위는 전적으로 위임이나 혹은 고용에 지나지 않으며, 그 경우 통치자는 주권자의 단순한 관리(官吏)로서 주권자로부터 위임받은 권력을 주권자의 이름으로 행사하고 있는 것에 불과하다. 따라서 주권자는 이 권력을, 필요하다고 생각할 때는 제한하고 변경함으로써 되찾을 수 있다. 왜냐하면 이 같은 권리를 양

---

* 이리하여 베네치아에서는 통령(doge)이 참석하고 있지 않을 때도 그 원로원(collége)을 통치자 전하(sénénissime prinee)라 불렀던 것이다.

도하는 일은 사회체의 본성과 양립하지 않으며, 사회적 결합의 목적에도 어긋나기 때문이다.

그래서 나는 집행권의 합법적 행사를 '통치' 또는 '최고 행정'이라 부르고, 이 행정을 맡은 사람 또는 단체를 '통치자' 또는 '행정관'이라 부른다.

정부에는 중개적인 여러 가지 힘이 있어, 그 여러 관계가 전체와의, 혹은 주권자와 국가의 관계를 형성하고 있다. 이 후자의 관계는 연비례(連比例)[1]의 외항(外項)의 관계로 표시할 수 있고, 그 비례중항(比例中項)이 정부이다. 정부는 주권자로부터 명령을 받아 그것을 인민에게 전한다. 그리고 국가가 균형을 잘 유지하기 위해서는 모든 것을 조정하고 나서, 정부 그 자체의 평방 혹은 2승(二乘)과, 한 면에서는 주권자이고 다른 면에서는 신민인 시민의 평방 혹은 2승이 같아야 한다.

그리고 이 3항의 어느 하나를 바꾸면 이내 비례가 무너져 버릴 것이다. 만일 주권자가 통치를 하려고 생각하거나, 또는 행정관이 법을 제정하려 하거나, 혹은 신민이 복종하기를 거부하면 무질서가 질서를 대신하고, 힘과 의지는 더 이상 협력하여 작용하지 않게 된다. 이리하여 국가는 무너지고, 전제정체나 부성부상태에 빠진다. 요컨대 어떤 비례에도 비례중항은 하나밖에 없으므로 하나의 국가에 있어서도 좋은 정부는 하나밖에 있을 수 없다. 그러나 많은 일 때문에 인민의 여러 가지 관계가 변하는 경우도 있을 수 있으므로, 여러 가지 정부가 갖가지 인민에게

---

1 루소는 주권자와 인민과 정부와의 관계를 연비례로 표시하려 하고 있는데, 그 당부(當否)는 별도로 하고, 이 점에 그의 독창성이 있는 것은 부인할 수 없다. 주권자를 S, 인민을 P, 정부를 G로 하여 항식(恒式)을 만들면, $S:G=G:P$, 즉 $S \times P = G^2$이 된다. 비례의 중항(中項)은 정부이고, 그 자승이 주권자와 인민과의 적(積)과 같으므로, 주권자와 인민의 관계가 변하면 정부의 힘도 변해야 할 것이라는 것이다. 숫자로 예시하면, 가령 주권자를 1로 하고 인민을 16으로 했을 때, 정부의 힘은 16, 즉 4이다. 이제 인민의 힘이 증대해 64가 되었다면, 정부의 힘은 64, 즉 8이어야 한다. 이렇게 인민의 힘이 증대함에 따라 정부의 힘도 증대하지 않으면, 국가의 안전은 유지될 수 없다는 것이 루소의 주장인 것이다.

적당할 수 있을 뿐 아니라, 같은 인민으로서 시대가 달라지면 그것에 적당한 여러 가지 정부가 있을 수 있는 것이다.

이 두 가지 비례외항을 지배하는 여러 가지 관계를 납득시키기 위해 나는 더 설명하기 쉬운 한 관계로서 인민의 수를 예로 들고자 한다.

한 국가가 1만 명의 시민으로 이루어져 있다고 가정하자. 주권자는 집단으로서, 그리고 일체로서밖에 생각할 수 없지만, 각자는 신민으로서의 자격에 있어서는 한 개인으로 간주된다. 그러므로 주권자와 신민과의 비율은 1만 대 1이다. 바꿔 말하면, 국가의 각 구성원은 주권에 완전히 복종하고 있는데, 주권의 1만 분의 1의 몫밖에 가지지 않는 것이다. 인민이 10만 명인 경우에도 신민으로서의 지위에는 변화가 없다. 그리고 각자는 한결같이 법의 전적인 지배를 받는다. 그런데 각 신민의 투표권은 10만 분의 1의 힘으로 감소하고, 법률의 제정에 끼치는 영향은 10분의 1이 된다. 그래서 신민으로서는 항상 하나이지만, 주권자의 비율(주권자가 신민에 대해 가지는 비율)은 시민의 수에 따라 커진다. 따라서 국가가 커짐에 따라 자유는 더욱더 줄어들게 된다.

비율이 커진다는 것은, 비율이 1대 1의 관계에서 더욱더 멀어진다는 의미이다. 따라서 기하학에서 말하는 의미로서의 비율이 커지면 커질수록 보통 의미로서의 관계는 한결 작아진다. 전자에 있어서는 비율은 양(量)에 의해 생각되고, 지수(指數)에 의해 계산된다. 후자에 있어서는 관계는 동일성에 의해 생각되고 유사(類似)에 의해 추정된다.

그런데 개별의지의 일반의지에 대한 비례, 즉 습속의 법률에 대한 비례가 작아지면 작아질수록, 억제하는 힘을 확대시켜야 한다. 그래서 좋은 정부이기 위해서는 인민의 수가 많아질수록, 그것에 비례하여 정부의 힘을 강해지게 해야 한다.

다른 한편, 국가가 커지면 공권(公權)을 잡고 있는 사람들은 권력을 남용하고 싶은 유혹에 사로잡히며 또 그렇게 하는 수단도 좀더 많이 가지므로, 정부는 인민을 억압하는 힘을 좀더 많이 가져야 하며, 주권자는 또 주권자대로 정부를 억압하는 힘을 더 강해지게 해야 한다. 나는 지금 여기서 절대적인 힘에 대해서가 아니라, 국가의 온갖 부문의 상대적인 힘에 대해서 말하는 것이다.

이 두 가지 관계로 보아 주권자와 통치자와 인민 사이의 연비례는 제멋대로의 착상이 아니라, 정치체의 본질에서 나오는 필연적인 결과인 셈이 된다. 그리고 외항의 하나, 즉 신민으로서의 인민은 불변하며 또 하나의 것으로서 표시되므로, 복비(複比)가 증감할 때마다 단비(單比)도 마찬가지로 증감하며, 그 결과 비례중항이 변하게 된다. 따라서 정부의 체제는 유일하고 절대적인 것이 아니며, 국가의 크기가 다르면 그만큼 성질이 다른 정부가 있을 수 있다는 것이 명백해진다.

만일 이 이론을 비웃고 누군가 비례중항을 찾아내어, '정부라는 단체를 만들기 위해서는, 당신의 의견에 따르면 오직 인민의 수의 제곱근을 찾아내는 것만으로 충분하다.'고 말한다면, 나는 다음과 같이 대답할 것이다. 나는 여기서는 인민의 수를 한 예로 들었을 뿐이다. 때문에 내가 말하는 비례는 사람수만으로 계산되는 것이 아니라, 일반적으로 무수한 원인에 의해 구성된 작용의 분량에 의해 계산되는 것이다. 그리고 극히 간단히 설명하기 위해 내가 기하학의 용어를 일시적으로 빌려 썼다고 해서, 기하학적인 정확성은 정신적인 분량인 경우에는 꼭 들어맞지 않음을 모르는 것은 아니라고.

정부는 정부를 포함한 큰 정치체의 축소이다. 그것은 몇 가지 속성을 지닌 정신적 인격이고, 주권자처럼 능동적이며 국가처럼 수동적이기도 하여, 다른 같은 관계로 분해할 수도 있다. 그 결과 거기에서 하나의 새로운 비례가 생긴다. 그리고 관청의 순위에 따라 그 속에 다시 다른 비례가 생긴다. 이리하여 끝내는 분할할 수 없는 하나의 비례중항, 즉 단 한 사람의 우두머리 혹은 최고의 관리에 도달하는데, 이것은 이 급수(級數)의 한가운데에 위치하여 분수급수와 정수급수 사이의 한 단위로서 표시할 수 있다.

우리는 이렇게 항을 무턱대고 늘리지 않고, 정부를 인민 및 주권자와는 다르며, 양자를 매개하는 국가 내의 새로운 단체로 생각하는 데 멈추자. 국가와 정부, 이 두 단체에는 다음과 같은 본질적인 차이가 있다. 즉 국가는 그 자체로서 존재하는데, 정부는 주권자가 없으면 존재하지 않는다. 때문에 통치자의 지배적인 의지는 일반의지나 혹은 법이며, 또 그래야 한다. 통치자의 힘은 통치자에게 집중된 공공의 힘에 지나지 않는다. 정부가 스스로 어떤 전제적인 방자한 행위를 하려고 하자마자 전체의 결합이 느슨해지기 시작한다. 마침내 통치자가 주권자의 의지보다도 더 적극적인 개별의지를 갖게 되고, 그리하여 이 개별의지에 복종시키기 위해 그 수중에 있는 공공의 힘을 사용하기에 이른다. 그 결과 이를테면 법률상과 사실상의 두 주권자가 있게 되고, 그 즉시 사회결합은 소멸하고 정치체는 해체될 것이다.

그러나 정부라는 단체가 국가라는 단체에서 구별되는 하나의 존재, 즉 현실적인 존재로서 하나의 생명을 지니기 위해서는, 또 정부의 모든 구성원이 일치하여 행동하고, 그것이 만들어진 목적에 따를 수 있기 위해서는 특수한 자아, 그 구성원에 공통된 감수성, 자기보존으로 향하려고 하는 하나의 힘, 하나의 고유한 의지가 정부에 필요하다. 이 특수한 존재는 다음과 같은 것을 전제로 한다. 즉 회의, 평의회, 토의하고 결정하는 권한, 여러 가지 권리, 권한, 특권. 그리고 이런 것들은 오로지 통치자에 속하며, 행정관의 지위를, 그것이 어려운 것일수록 한결 더 명예로운 것이 되게 한다. 어려움은 이 종속하는 전체(즉 정부)를 전체(즉 국가) 속에서 질서짓는 방법에 있다. 즉 정부의 기구를 강화함으로써 전반적인 기구가 손상되지 않게 하는 일, 또 정부가 자기보존을 위한 특수한 힘을 국가 유지를 위한 공공의 힘에서 항상 구별하는 일, 한마디로 말하면 인민을 정부의 희생이 되게 하는 것이 아니라, 항상 스스로 인민을 위해 정부를 희생시키는 일이다.

그리고 정부라는 인위적인 단체는 다른 인위적인 단체(즉 국가)의 산물이며, 말하자면 차용한 종속적인 생명밖에 갖지 않는다. 그러나 그렇다고 해서 그것이 어느 정도 힘차고 민첩하게 행동하여, 말하자면 어느 정도 혈기 왕성한 건강을 즐길 수 없는 것은 아니다. 끝으로, 정부는 그 성립 목적에서 아주 벗어날 수는 없더라도, 구성 방식에 따라서는 어느 정도 그 목적에서 떨어질 수는 있다.

이런 모든 차이에서 정부와 국가라는 단체 사이에 없어서는 안 되는 여러 가지 관계가 생긴다. 그것은 이 같은 국가에 변화를 초래하는 우연적인 특수한 관계에 입각하여 정해져야 한다. 왜냐하면 그 자체로서는 최고의 정부도, 그 비율이 자기가 속하는 정치체(즉 국가)의 결함에 따라 변경되지 않으면 최악의 것이 되는 수가 종종 있기 때문이다.

2. 정부의 여러 형태를 구성하는 원리에 대해[2]

위에서 말한 이런 차이의 일반적인 원인을 설명하기 위해서는 내가 이미 국가와 주권자를 구별한 것과 마찬가지로, 통치자와 정부를 구별하지 않으면 안 된다.

행정관의 단체는 다수의 구성원, 혹은 소수의 구성원에 의해서도 만들 수 있다. 이미 말한 바와 같이 신민에 대한 주권자의 비례는 인민의 수가 많을수록 그만큼 크다. 그리고 명백한 유추에 의해 우리는 행정관에 대한 정부의 관계에 대해 같은 말을 할 수 있다.

그런데 정부의 총력은 항상 국가의 총력이므로 절대로 변하지 않는다. 그래서 다음과 같이 된다. 즉 정부가 정부 자체의 구성원에 대해 그 힘을 사용하는 일이 많으면 많을수록, 인민 전체에 작용하기 위한 힘은 조금밖에 남지 않는 것이다.

---

2 이 장 및 다음 장은 《복정부론(複政府論)》(발췌 및 비판)의 본판 1권 397~422쪽과 비교하라.

그러므로 행정관이 많으면 많을수록 그만큼 정부는 약해진다. 이 원칙은 기본적인 것이므로 그것을 더 밝히도록 힘써 보자.

우리는 행정관의 인격 속에 본격적으로 다른 세 가지 의지를 구별할 수 있다. 첫째는 개인의 고유의지인데, 그것은 자기 자신의 특수한 이익만을 추구한다. 둘째는 행정관의 공동의지로서, 오직 통치자의 이익만을 추구한다. 이것은 단체의지라고도 부를 수 있는데, 정부에 대해서는 일반의지가 되지만, 정부를 그 부분으로 하는 국가에 대해서는 특수의지가 된다. 셋째는 인민의 의지나 또는 주권자의 의지인데, 그것은 전체로 생각된 국가에 대해서도, 전체의 부분으로 생각된 정부에 대해서도 마찬가지로 일반의지가 된다.

완전한 입법에 있어서는 개별적 또는 개인적 의지는 완전히 없어야 한다. 그리고 정부의 고유한 단체의지는 극히 종속적이어야 한다. 그리고 그 결과 일반의지나 또는 주권자의 의지는 항상 우월적이고, 또 모두 다른 의지를 규율하는 유일한 것이어야만 한다.

반대로 자연의 질서를 따르면, 이런 여러 가지 의지는 자기 자신에게 집중함에 따라 한결 더 활동적이 된다. 이리하여 일반의지는 항상 가장 약하고 단체의지는 두 번째가 되며, 개별의지는 모든 것 중에서 제1위가 된다. 따라서 정부의 각 구성원은 첫째 자기 자신이고, 다음에는 행정관이며, 마지막으로 시민이라고 할 수 있는데, 이 순서는 사회질서가 요구하는 것과는 상반된다.

정부 전체가 단 한 사람의 수중에 있다고 가정하자. 그때는 개별의지와 단체의지는 완전히 결합되며, 따라서 단체의지는 최고의 힘을 가지게 된다. 그런데 힘의 행사는 의지의 강도에 의존하며, 또 정부의 힘의 절대량은 결코 변하지 않기 때문에, 그 결과 가장 강력한 정부는 단 한 사람의 정부가 되는 셈이다.

반대로 만일 정부에 입법권을 부여하고, 또 만일 통치자를 주권자로 하거나, 시민들을 모두 행정관으로 한다면, 그때는 단체의지는 일반의지와 혼동되어 일반의지 이상의 활동은 하지 않게 되고, 그리하여 개별의지로 하여금 마음대로 그 권력을 휘두르게 할 것이다. 이렇게 하여 정부는 항상 동일한 절대적인 힘을 가지면서, 그 상대적인 힘 또는 활동력을 최소한도까지 감소시킬 것이다.

이런 관계는 이론의 여지가 없다. 그리고 다른 면에서의 고찰도 이런 관계를 확증하는 데 도움이 된다. 예컨대 각각의 행정관은 자신이 속해 있는 단체, 즉 정부 속에서는 각 시민이 자신이 속해 있는 단체, 즉 국가 속에서 그러한 것보다도 한층 더 능동적이라는 것, 따라서 개별의지는 주권자의 행위보다도 정부의 행위에 있어 훨씬 큰 영향을 끼칠 것은 분명하다. 왜냐하면 각개의 행정관은 거의 항상 정부의 어떤 직무를 위탁받고 있는데, 시민 한 사람 한 사람으로서는 주권의 어떤 직무도 갖고 있지 않기 때문이다. 게다가 국가가 커짐에 따라 국가의 힘은 영토의 넓이에 비례하여 커지지 않더라도 더욱더 증대한다. 그러나 국가의 크기가 같다면, 설사 행정권의 수가 늘어난다 하더라도 그것에 의해 정부가 보다 큰 힘을 갖게 되지는 않는다. 왜냐하면 정부의 힘은 국가의 힘이고, 국가의 힘의 양은 항상 일정 불변하기 때문이다. 그래서 정부의 상대적 힘 또는 활동력은 감소할 뿐이고, 그 절대적 힘이나 실력은 조금도 증가할 수 없다.

그리고 또 정무를 위탁받는 사람들의 수가 증가함에 따라 정무의 처리는 더욱 완만해진다는 것, 지나치게 조심하면 기회를 잡지 못하게 되어 행운을 놓쳐 버린다는 것, 또 지나치게 생각하면 생각한 결과를 잃게 되는 경우가 많다는 것도 확실하다.

나는 지금 행정관의 수가 증가함에 따라 정부의 힘이 약해진다는 것을 증명했다. 또 그전에 나는 인민의 수가 증가하면 증가할수록 인민에 대한 억압력을 더욱더 증대시켜야 한다는 것을 증명했다. 그러므로 행정관 대 정부의 비례는, 신민 대 주권자의 비례와 상반되어야 한다. 즉 국가가 커지면 커질수록 정부는 더욱 작아져야 하는 것이다. 인민의 수의 증가에 비례하여 통치자의 수가 감소하는 것처럼.

그런데 여기서 내가 말하고 있는 것은 정부의 상대적인 힘에 관해서이며, 그 힘의 정당성에 관해서는 아니다. 왜냐하면 반대로 행정관의 수가 늘어나면 늘어날수록 단체의지는 더욱더 일반의지에 접근하지만, 이와 반대로 단 한 사람의 행정관 아래에서는 이 같은 단체의지는 이미 말했듯이 바로 개별의지에 불과하기 때문이다. 이처럼 어느 쪽으로 기울어도 일장일단(一長一短)이 있는 것이어서, 정부의 힘과 의지는 항상 상반되는 관계에 있다. 그러므로 양자가 국가에 있어 가장 유리한 비례를 보전하는 점을 결정하도록 하는 일이 입법자의 기량인 것이다.

3. 정부의 분류

앞의 장에서 왜 정부를 구성하고 있는 사람수에 따라 정부의 여러 가지 종류나 또는 형태가 구별되는지를 밝혔다. 여기서는 그 분류가 어떻게 행해지는가를 살펴보기로 한다.

우선 첫째로 주권자는 정부를 인민 전체나 또는 최대 다수의 인민에게 위임하여, 단순한 개인으로서의 시민의 수보다도, 행정관인 시민의 수가 많아지게 할 수 있다. 이 같은 정체는 '민주정(民主政)'이라는 이름으로 불린다.

다음으로, 주권자는 정부를 소수의 인민의 손에 제한하며, 행정관의 수보다도 단순한 시민의 수가 많아지게 할 수도 있다. 이 같은 정체는 '귀족정(貴族政)'이라 불린다.

끝으로, 주권자는 정부 전체를 단 한 사람의 행정관의 손에 집중시켜서, 다른 모든 행정관들은 그들의 권력을 이 한 사람의 행정관으로부터 물려받게 할 수 있다. 이 제3의 정체는 가장 보편적인 정체로서, '군주정(君主政)' 또는 '왕정(王

政)'이라 불린다.

이 세 가지 정체는 모두, 혹은 적어도 최초의 두 정체는 여러 가지 정도의 차이를 지닐 수 있고, 그 범위도 상당히 넓다는 데 주의해야 한다. 왜냐하면 민주정은 모든 인민을 포함할 수도 있고, 혹은 인민의 절반(밖에 포함하지 않는 데)까지 줄어들 수도 있기 때문이다. 귀족정은 역시 인민의 절반(을 포함하는 것)부터, 그 수는 정할 수 없지만 매우 소수의 인원(밖에 포함하지 않는 것)까지 있을 수 있다. 왕정에조차 어느 정도 구분의 여지가 있다. 스파르타에는 헌법에 따라 항상 두 사람의 왕이 있었다. 또 로마제국에는 동시에 여덟 명이나 되는 황제가 있었으나, 그럼에도 불구하고 제국이 분열되어 있었다고는 말할 수 없었을 것이다. 이렇게 어떤 한 점에서 저마다의 정체는 다음 정체와 뒤섞이는 것이다. 그리고 명칭은 셋밖에 없지만 실제로는 정부는 국가가 가지고 있는 시민의 수와 같은 정도의 온갖 형태를 가질 수 있다는 것을 알 수 있다.

그뿐이 아니다. 동일한 정부도 어떤 점에서는 여러 부분으로 세분(細分)되어, 어떤 부분은 어떤 방법으로, 다른 부분은 다른 방법으로 지배될 수 있으므로, 그 결과 이 세 정체의 결합에서 많은 혼합 정체가 생기고, 그 각개가 거기에 포함되는 모든 단일 정체의 작용에 의해 배가(倍加)할 수 있다. 가장 좋은 정체에 관해서는 어느 시대에나 크게 논의되었지만, 그 경우 어느 정체도 어떤 경우에는 최선이고, 다른 경우에는 최악의 것이라는 점은 고려되지 않는다.

만일 여러 국가에서 최고 행정관의 수가 시민의 수에 역비례해야만 하는 것이라면, 일반적으로 민주정은 작은 나라에 적합하고, 귀족정은 중간 정도의 나라에 적합하며, 군주정은 큰 나라에 적합하다는 것이 된다. 이 규칙은 앞에서 말한 원리에서 이내 끌어내어진다. 그러나 예외가 생기려 하는 무수한 사정을 어떻게 헤아릴 수 있겠는가.

4. 민주정에 대해

법률을 만드는 사람은 그 법률을 어떻게 집행하고, 어떻게 해석해야 하는지를 누구보다도 잘 알고 있다. 그래서 그 집행권이 입법권과 결합해 있는 제도보다 더 좋은 제도는 있을 수 없는 것처럼 생각된다. 그러나 집행권과 입법권이 결합해 있다는 사실이 이 경우의 정체(민주정)를 어떤 점에서는 불충분한 것이 되게 한다. 왜냐하면 구별되어야 할 것이 구별되어 있지 않고, 통치자와 주권자가 완전히 동일 인격일 뿐이므로, 이를테면 정부 없는 정부를 만들고 있는 셈이기 때문이다.

법률을 만드는 사람들이 그것을 집행하는 일과, 인민의 단체가 일반적인 일을 고려하는 데 태만하고 특수한 일에 주의를 돌리는 것은 좋지 않다. 공적인 일에 사적인 이해가 영향을 끼치는 것만큼 위험한 일은 없고, 입법자가 사적인 일로 부패하기보다는, 정부가 법률을 남용하는 편이 오히려 폐해가 적다. 그렇게 된 경우—입법자가 부패한 경우—에는, 국가는 그 근본에서 손상된 셈이므로 모든 개혁이 불가능해진다. 정부를 악용하지 않는 인민이라면 결코 독립도 악용하지 않을 것이며, 항상 잘 통치하는 인민이라면 통치를 받을 필요도 없게 될 것이다.

민주정이라는 말의 의미를 엄밀하게 해석한다면, 진정한 민주정은 지금까지 존재하지 않았고, 앞으로도 결코 존재하지 않을 것이다. 다수자가 통치하고, 소수자가 통치를 받는다는 것은 자연의 질서에 어긋난다. 인민이 공무를 처리하기 위해서 끊임없이 모인다는 것은 상상할 수도 없다. 그리고 공무를 처리하기 위해 위원회를 설립하는 일은 통치의 형태를 바꾸지 않고서는 불가능하다는 것은 명백하다.

실제로 나는 다음과 같은 일을 원칙으로 제시할 수 있다고 생각한다. 정부의 직무가 다수의 관청에 분할되는 경우, 가장 인원수가 적은 관청이 머지않아 최대의 권위를 가지게 될 것이다. 일을 처리하기가 용이하기 때문에 그렇게 되는 것이다.

게다가 민주정이라는 정부 형태는, 결부시키기 어려운 얼마나 많은 일들을 전제로 하고 있는 것일까? 첫째로 아주 작은 국가에서는 인민을 쉽게 모을 수 있고, 또 각 시민은 다른 모든 시민을 알 수 있어야 한다. 둘째로 풍속이 극히 단순하여 많은 사무와 까다로운 논의를 생략할 수 있어야 한다. 셋째, 인민의 지위와 재산이 대체로 평등해야 한다. 그렇지 않으면 권리와 권위에서의 평등이 오래 지속되는 일은 기대할 수 없다. 마지막으로, 사치가 극히 적거나 또는 전혀 없어야 한다. 왜냐하면 사치는 부유함의 결과이거나 또는 부를 필요로 하는 것이기 때문이다. 사치는 부자도 가난뱅이도 동시에 부패시킨다. 즉 부자는 재산에 의해, 가난뱅이는 물욕에 의해 부패시킨다. 사치는 조국을 유약함과 허영에 팔아넘긴다. 사치는 모든 시민을 국가에서 빼앗아 어떤 시민을 다른 시민의 노예로 만들고, 또 모든 시민을 편견의 노예가 되게 한다.

바로 이 때문에 어느 유명한 저술가는 '덕(德)'을 공화국의 원칙으로 삼았다.[3] 이런 모든 조건은 덕이 없이는 존속할 수 없기 때문이다. 그러나 이 탁월한 천재도 필요한 구별을 해두지 않았기 때문에 종종 정확성을 잃고, 때로는 명석함을 잃고 있다. 그리고 주권은 어느 곳에서나 마찬가지여서 정체 여하에 따라, 물론 정도의 차이는 있더라도, 동일한 원리가 잘 조직된 모든 국가에 존재해야 한다는 것을 깨닫지 못했다.

민주정이나 혹은 인민 정치만큼 내란·내분이 일어나기 쉬운 정체는 없다는 것을 덧붙여 두자. 왜냐하면 민주정만큼 격렬하게, 더구나 끊임없이 정체가 변하기 쉬운 것은 없고, 그 존속을 위해 경계와 용기가 요구되는 것은 없기 때문이다. 특히 이 정체에 있어서 시민은 실력과 인내로서 무장하고, 폴란드 의회에서 어느 유

---

3 몽테스키외, 《법의 정신》 제3편 제3장 참조.

명한 주지사(知事)*가 "나는 노예의 평화보다도 위험한 자유를 선택한다."라고 한 말을 날마다 마음속으로 외쳐야 한다.

만일 신(神)들로 이루어진 인민이 있다면, 그 인민은 민주정을 택할 것이다. 그러나 이만큼 완전한 정부는 인간에게는 적합하지 않다.

5. 귀족정에 대해

귀족정에는 뚜렷이 다른 두 가지 정신적 인격, 즉 정부와 주권자가 있다. 따라서 두 가지 일반의지가 있는 셈인데, 하나는 모든 신민으로서의 일반의지이고, 다른 하나는 행정에 관여하는 자로서의 일반의지이다. 그러므로 정부는 그 뜻대로 내정을 관리할 수는 있지만, 인민에 대해서는 주권자, 즉 인민 그 자체의 이름으로밖에 말하지 못한다. 이 점을 결코 잊어서는 안 된다.

최초의 사회는 귀족들에 의해 통치되고 있었다. 가부장(家父長)들이 공적인 일을 서로 토의했고, 젊은이들은 순순히 경험의 권위 앞에 복종하였다. 사제·장로·원로원·연장자 등의 이름은 여기에서 생긴 것이다.

북아메리카의 미개인들은 지금도 여전히 이 같은 정치를 하고 있고, 잘 다스려지고 있다.

---

* 포스낭(포젠)주의 지사로 폴란드 왕 로렌 공(公)의 아버지이다.[4]

4 이 말은 폴란드 왕 스타니슬라스 레진스키의 아버지가 아닌 조부의 것으로서, 마블 리가 인용하고 있다(《폴란드론》 제1권 제6장, 전집 제8권 52쪽). 루소는 이 말을 스타니슬라스의 《폴란드의 통치에 관한 고찰》(1749. 프랑스어판 출판)에서 인용했을 게 틀림없다. 이것은 또 《친절한 철학자의 전집》(1763. 제2권 182쪽)에도 나와 있는데, 여기서는 스타니슬라스의 아버지의 말로 되어 있다. 루소는 《산에서 온 편지》 제9에서는 이 전집에서 인용하고 있다(본판 제92권 274쪽 참조).

그러나 제도의 불평등이 자연의 불평등보다 심화됨에 따라 재산이나 권력*이 나이보다 중요시되기에 이르렀고, 이리하여 귀족정은 선거제로 바뀌었다.

드디어 권력이 재산과 함께 아버지로부터 아들에게 상속되기에 이르자, 귀족 가문이 생기고 정부는 세습이 되어, 20세의 젊은 원로원 의원조차 생기게 되었던 것이다. 그러므로 귀족정에는 세 가지 종류가 있다. 자연적인 것과 선거에 의한 것, 그리고 세습적인 것이다. 자연적인 것은 소박한 인민에게 적합하고, 세습적인 것은 모든 정치 중에서 최악의 것이며, 선거에 의한 귀족정이 최선의 정치로서 이 것이야말로 본래 의미의 귀족정이다.

귀족정에는 두 가지 권력—주권과 행정권—이 뚜렷이 구별되는 장점 외에 정부의 구성원을 선택한다는 장점이 있다. 왜냐하면 인민정부인 경우에는 모든 시민이 태어나면서부터 행정관이 되지만, 귀족정인 경우에는 행정관을 소수의 사람들로 한정하며, 더구나 선거에 의하지 않고서는 행정관이 될 수 없기 때문이다.** 성실·지식·경험 등으로 선출하고 그 사람에게 공적인 존경을 바치는 갖가지 이유가, 이 선거라는 방법에 의해 장래 선정(善政)의 새로운 보증이 되는 것이다.

---

* 고대인들은 'Optimates'라는 말을 '가장 선량한 사람'의 의미가 아니라, '가장 권력이 있는 사람'이라는 의미로 사용하였음은 명백하다.[5]

** 행정관의 선거형식을 법률로 규정하는 것은 매우 중요하다. 왜냐하면 이 선거를 통치자의 의지에 맡기는 경우, 베네치아의 베른 공화국에서 일어났던 것처럼 세습적 귀족정에 빠지는 것을 피할 수 없기 때문이다. 이리하여 전자는 훨씬 이전에 국가로서 해체되어 버렸다. 그러나 후자는 그 원로원이 매우 현명하기 때문에 유지되고 있다. 이것은 극히 명예로우면서도 매우 위험한 예외이다.[6]

5 《느샤텔 초고》는 이 주석에 대한 추가로서 다음과 같은 글이 있다. "소수의 권력자가 지배권을 장악하고, 시민들이 국가에 공헌한 정도에 따라 좋은 시민으로 불리거나 나쁜 시민으로 불린다는 것이 아니라, 거부(巨富)를 옹립하고 나쁜 일에는 뛰어난 재주를 가지는 인간이, 그때그때를 속여 가기 때문에 선량한 시민으로 통하고 있는 동안은……(살루스티우스, 《역사 단편》 제1편. 1874. 데르팡판 159쪽)." 이것은 현재 제네바 도서관에 있는 다베르네본(本)에 곁들여진 것이다. 본판만은, 이것이 루소의 필적이라고는 생각되지만, 아주 확언할 수는 없다고 기술하고 있다.

6 베른에 관한, 이만큼 호의적이 아닌 루소의 견해로서는 《폴란드론》 제11장 4278쪽을 보라.

게다가 (귀족정에서는) 집회(의 소집)가 한결 용이하고 모든 일은 더욱 잘 토의되며, 보다 질서 있고 신속히 처리된다. 국가의 신용은 이름없고 멸시당하는 군중에 의해 통치될 때보다는 존경받는 원로원 위원들에 의해 통치될 때 더 잘 유지된다. 한마디로 말하면 그들 자신의 이익을 위해서가 아니라 다수자의 이익을 위해 정치한다는 것이 확실한 경우에는, 가장 현명한 사람들이 대중을 지배하는 것이 가장 자연스럽고 가장 훌륭한 일이다. 공연히 정부의 기관을 증가시킬 필요도 없고 선출된 1백 명의 사람으로도 훌륭하게 처리할 수 있는 일을 2만 명의 사람들에게 시킬 필요는 없다. 그러나 귀족정에서는 '정부'의 이익을 위해 공권력을 일반의지의 규칙에 따라 작용시키는 일이 적어지고 다른 불가피한 경향에 의해 집행권의 일부가 법률의 테두리를 벗어나기 쉽다는 점에 주의해야 한다.

귀족정의 독특한 장점은, 훌륭한 민주정에서처럼 법의 집행이 공공의 의지로 금방 표출될 정도의 작은 나라와, 그만큼 소박하고 정직한 인민이 필요하지 않다는 점이다. 또 인민을 다스리기 위해 각지에 흩어져 있는 행정관을 각각 그 임지에서 주권자처럼 행세하여 우선 독립하고, 마침내는 주인이 되어 버릴 가능성이 있을 만큼 큰 나라일 필요도 없다.

그러나 귀족정은 인민정치보다 덕의 필요성이 적다고는 하지만 역시 그것은 부유한 사람의 절제와 가난한 사람의 만족과 같은 독특한 덕을 필요로 한다. 왜냐하면 엄격한 평등은 귀족정에서 제자리를 찾지 못한 것처럼 생각되기 때문이다. 스파르타에 있어서조차 완전한 평등은 지켜지지 못했던 것이다.

그리고 이 귀족정치가 재산의 불평등을 어느 정도 용납한다고 하더라도, 그것은 일반적으로 공적인 일의 처리가 자기의 모든 시간을 바칠 수 있는 사람들에게 맡겨지기 때문이다. 아리스토텔레스가 말한 것처럼 부유한 사람이 항상 선출되기 때문은 아니다.[7] 반대로 가난한 사람들이 선출됨으로써, 인간의 가치에는 재산보다도 더 중요한 것이 있다는 가르침을 인민에게 주는 것이다.

6. 군주정에 대해[8]

　지금까지 우리는 통치자를 법의 힘에 의해 결합되고, 국가 속에서 집행권을 위임받은 정신적이며 집합적인 인격으로 생각해 왔다. 그러나 지금 우리는 법률에 따라 권력을 행사하는 권리를 가진 오직 한 사람의 자연인, 즉 실재 인간의 손에 집중된 경우를 생각하지 않으면 안 된다. 이것을 군주 혹은 왕이라 불린다.

　한 집합체가 한 개인을 대표하고 있는 다른 여러 정체와는 반대로, 군주정에서는 한 개인이 하나의 집합 존재를 대표한다. 때문에 통치자를 구성하는 정신적 통일은 이 경우 동시에 육체적 통일이기도 하며, 이 통일 속에는 다른 정체라면 법률이 몹시 고심해서 결합할 모든 직능이 자연히 결합되어 있는 것이다.

　그래서 인민의 의지와 통치자의 의지, 국가 공공의 힘과 정부의 특수한 힘이 모두 동일한 원동력으로 움직여져서, 국가기관의 모든 명령권이 동일한 사람의 손에 장악되어 모든 것이 같은 목적을 향해 움직여 가는 것이다. 거기에는 서로 해치는 것 같은 상반하는 운동은 전혀 없다. 그러므로 군주정만큼 적은 노력을 가지고 커다란 작용을 일으키게 하는 어떤 종류의 제도도 상상할 수 없다.

　가만히 해안에 앉은 채 어렵지 않게 큰 배를 띄운 아르키메데스[9]는, 방안에서 광대한 나라를 통치하며, 언뜻 보기에는 움직이지 않는 듯하지만 모든 것을 움직이고 있는 솜씨 좋은 군주를 나에게 연상시킨다.

---

7 아리스토텔레스, 《정치론》 제3편 10~13장, 제4편 9, 11, 12장을 보라. 그러나 루소는 아리스토텔레스를 정확하게 표현하고 있지 않다.

8 이 장은 《영구 평화론》 및 《복정부론》과 비교해라.

9 시칠리아의 시라쿠사의 과학자. 그의 "나에게 발판을 달라, 그러면 지구도 움직이리라."라는 말은 지렛대의 원리를 표현하는 것으로서 유명한데, 루소가 여기서 언급하고 있는 것은 이 말을 둘러싼 전승(傳承)에 입각하고 있다. 전승에 따르면 시라쿠사의 왕 히에론이 그의 말의 실례를 보이라고 명령했을 때, 아르키메데스는 짐을 가득 실은 큰 배를 해안에 두고, 지렛대를 응용한 기계로 이것을 진수하게 했다고 한다.

그렇지만 이보다 강력한 정부는 없다고 하더라도, 동시에 이만큼 개별의지가 힘을 가지고 용이하게 다른 의지를 지배하는 정부도 없다. 아닌게아니라 모든 것이 같은 목적을 향해 움직여 간다. 그러나 이 목적은 결코 공공의 행복이라고 할 만한 것은 아니다. 그리고 통치의 힘 그 자체가 오히려 끊임없이 국가를 해치게 되는 것이다.

국왕들은 절대적이기를 바라고 있다. 그러기 위해서는 인민들로부터 사랑을 받는 것이 최고의 방법이라고 사람들은 멀리서 국왕들에게 외치고 있다. 이 격률은 매우 아름답고, 어떤 점에서는 진실하기조차 하다. 그러나 불행하게도 궁정에서는 이런 말은 항상 일소에 부쳐질 것이다. 인민의 사랑에서 생기는 권력은 확실히 가장 큰 권력이다. 그러나 그것은 불확실하고, 조건부의 권력이다. 왕들은 결코 그런 권력으로는 만족하지 않을 것이다. 아무리 훌륭한 국왕이라도, 지배자로서의 지위를 고수하면서 마음이 내키면 악인일 수 있기를 원하고 있다. 정치의 설교가들은, 인민의 힘은 곧 국왕의 힘이니, 국왕의 최대의 이익은 인민이 번영하고 인구수가 늘어나면 강해지는 것이라고 국왕들에게 말할 것이지만, 그것은 무의미한 일이다. 국왕들은 그 말들이 거짓말임을 잘 알고 있다. 국왕의 개인적 이익은, 첫째로 인민이 약하고 가난하여 결코 국왕에게 반항을 할 수 없는 일이다. 하긴 나도 고백하지 않을 수 없지만, 인민이 항상 완전히 복종하고 있다고 가정한다면, 인민의 힘은 왕의 힘이므로 그를 이웃 나라의 왕들에 대해 위압적이도록 하기 위해, 그때는 인민의 힘이 강한 것이 왕의 이익으로 된다. 그러나 이 이익은 2차적이고 종속적이며, 또 이 두 가지 가정은 양립할 수 없는 것이므로, 왕들이 언제든지 직접 자기에게 가장 유리한 격률을 택하는 것은 당연하다. 이것은 사무엘[10]이 헤브라이인에게 강조했던 바요, 마키아벨리가 증거를 들어 밝혔던 바이다. 마키

---

10 사무엘은 헤브라이의 예언자. 〈사무엘 상〉 8장 11~18절 참조.

아벨리는 국왕들에게 가르치는 체하면서 인민에게 중대한 교훈을 주었던 것이다. 마키아벨리의 《군주론》은 공화파의 보전(寶典)이다.*

우리는 이미 일반적인 관계에서, 군주정은 큰 나라에 밖에 적합하지 않음을 보아 왔다. 이것은 군주정 자체를 다시 더 자세히 살펴보면 더욱 명백해질 것이다. 국가 행정을 맡은 사람의 수가 많아질수록 통치자와 시민과의 간격은 더욱 좁혀져 평등에 가까워지며, 그리하여 민주정이 되면 이 비율은 1, 즉 일치하게 될 것이다. 이 간격은 정부가 소수인이 됨에 따라 증대하여, 정부가 단 한 사람의 수중에 들어갈 때 그 최대한도에 이른다. 이때는 통치자와 인민과의 사이에 매우 큰 거리가 존재하게 되고, 국가에는 결합이 없어진다. 이 결합을 만들기 위해서는 중간 계층이 필요하고, 그것을 채우기 위해 왕에게는 유력자 및 귀족이 필요하다. 그런데 이런 것들이 작은 나라에는 완전히 부적합해서 이런 계층이 나라를 파멸로 이끄는 것이다.

그러나 큰 나라가 잘 통치된다는 것도 어렵지만, 한 사람이 그것을 잘 통치하는 것은 훨씬 더 어려운 일이다. 더구나 국왕이 대리인을 둘 때 어떤 일이 일어나는가는 주지하는 바이다.

군주정을 항상 공화정보다 못한 것이 되게 하는 근본적인 결점은, 공화정에 있어 여론은 그 직무를 훌륭하게 수행하는 견식이 있고 능력이 있는 인물 이외의 사람을 좀처럼 높은 자리에 앉히지 않지만, 이와 반대로 군주정에서 입신출세하는

---

* 마키아벨리는 성실한 사람이고 좋은 시민이었다. 그러나 메디치가(家)와 결합되어 있었기 때문에, 조국의 압제 속에서 자유에의 그의 사랑을 숨기지 않으면 안 되었다. 그가 한 저주해야 마땅한 영웅의 선택만을 살펴보더라도, 그의 은밀한 의도는 상당히 명백한 것이다. 그리고 그의 저서인 《군주론》의 격률과, 《티투스 리비우스론》·《피렌체사(史)》의 격률을 대조해 보면 이 심원한 정치가가 지금까지 피상적인, 또는 부패한 독자밖에 가지고 있지 않았음을 알 수 있다. 로마의 궁정은 그의 저서를 엄금했다. 그도 그럴 것이, 그가 가장 명확하게 묘사한 것은 로마의 궁정이었기 때문이다.[11]

11 이 주석은 1782년판에 처음으로 편자(編者)에 의해 붙여졌다.

자의 대부분은 소인배, 협잡꾼, 음모가라는 데에 있다. 그들은 잔재주로 궁정에서 요직을 차지할 수는 있지만 일단 요직에 앉게 되면 자신의 무능을 민중에게 폭로하는 데 도움이 될 뿐이다.

인민은 그 선택을 그르치는 일이 왕보다 훨씬 적다. 그래서 군주정의 대신들 가운데서 재능 있는 인물이 드문 것은, 공화 정부의 수뇌에 어리석은 자가 드문 것과 마찬가지이다. 때문에 어쩌다가 운 좋게 하늘이 만든 통치자가 역대의 대단한 관리자들 때문에 거의 무너지려는 상태에 놓인 군주정에서 정부를 지배할 때는, 그가 생각해 내는 여러 가지 수단에 몹시 놀라게 되며, 그의 그 업적이 그 나라의 역사에 획을 긋는 것이 된다.**12**

군주국이 잘 통치되기 위해서는 국력과 영토의 크기가 통치자의 능력에 맞아야 한다. 정복은 통치에 비하면 훨씬 쉬운 일이다. 적당한 지렛대가 있으면 한 손가락으로 세계를 움직일 수도 있지만, 세계를 떠받치기 위해서는 헤라클레스의 어깨가 필요하다. 아무리 작은 나라라 하더라도 군주의 인품은 항상 나라의 크기에 비해 적은 법이다. 반대로 극히 드문 일이지만, 군주에 비해 나라가 너무 작은 경우는 더더구나 통치는 잘 되지 못한다. 왜냐하면 통치자는 항상 큰일을 도모하여 인민의 이익을 잊고, 또 재능을 남용함으로써 인민을 불행하게 만들기 때문이다. 그것은 통치자의 무능력 때문에 인민을 불행하게 만드는 것과 다르지 않다. 말하자면 통치자가 바뀔 때마다 그 능력에 따라 왕국이 넓어지거나 줄어드는 일이 필요해지는 것이다. 이와 반대로 귀족정에 있어서는 원로원의 능력에

---

12 이 장구(章句)는 책을 인쇄하는 중에 루소가 추가한 것이다. 앞의 장구의 끝에 있었던 33행은 삭제되었다(1762년 1월 6일의 레이에게 보낸 편지를 보라). 이 추가는 분명히 말미에 있는 '하늘이 만든 통치자의 한 사람'인 슈와주르에 대한 고려에서 주로 덧붙여진 것이다. 그렇다면 이것은 전혀 쓰여지지 않는 편이 좋았다. 왜냐하면 슈와주르는 저서의 의도를 잘못 생각하고, 장구의 조금 앞에 있는 '소악당'의 한 사람이 그 자신이라고 상상했기 때문이다. 《고백록》 11편, 전집 9권, 7~8쪽, 24~25쪽, 또 1768년 3월 27일의 슈와주르에게 보낸 편지, 전집 12권 76~77쪽을 보라.

보다 확실한 한계가 있으므로 국가는 일정한 한계를 가질 수 있어 통치는 잘되는 것이다.

군주정에서 나타나는 가장 두드러지는 결점은 다른 두 정부 형태에 있어서 끊임없이 계속되는 이 통치자의 부단한 연속이 없다는 점이다. 국왕이 죽으면 다른 국왕이 필요해지는데 이 국왕의 선거는 위험한 틈을 남기게 된다. 이 선거 기간은 극심한 혼란을 부른다. 시민이 욕심이 없고 완전하지 않은 한—그것은 군주정에서는 거의 있을 수 없는 일이지만—술책과 부패가 뒤섞인다.

국가를 돈으로 사들인 자도 이번에는 스스로 국가를 팔지 않을 수 없고, 강자에게 강탈당한 금전을 약자에게 전가시키지 않고서는 견디지 못한다. 이런 통치 아래에서는 모든 것이 금전에 의해 좌우될 것이다. 그러니 이런 국왕 아래에서의 평화는, 그 자리가 비어 있을 때보다도 더 나쁘다.

이러한 폐단을 막기 위해 어떤 일이 행해졌는가? 우선 왕위가 일정한 가족에게 세습되도록 만들어졌다. 그리고 왕위 계승의 순서를 정하여, 왕이 죽었을 때 일어날 모든 분쟁을 막았다. 즉 선거의 폐단을 없애는 대신 섭정이라는 다른 불편한 제도를 만들어 현명한 통치 대신 외견뿐인 평정을 택했던 것이다. 훌륭한 왕의 선거를 두고 분쟁을 일으키기보다는 어린이와 불구자와 저능한 인간을 통치자로 모시는 쪽을 택했던 것이다. 그리하여 어느 쪽을 택해야 할 상황에 직면했을 때 대부분이 자기에게 불리한 쪽을 선택했다는 것을 깨닫지 못했다. 디오니소스가 자기 아들의 불미한 행위를 꾸짖어 "내가 그런 짓을 하던가?" 하고 말했을 때, 그의 아들이 "없었습니다. 하지만 할아버지는 왕이 아니었습니다."라고 한 대답[13]이야말로 실로 당연한 말이었다.

남에게 명령하도록 교육된 인간도, 모든 주의 사정에 영향을 받아 정의와 이성

---

13 플루타르코스, 《왕 및 위대한 장군의 금언록》 22절 참조.

을 잃어버리게 된다. 어린 군주에게 통치술을 가르치는 것은 무척 어렵다고 한다. 그러나 이 교육이 보탬이 된다고는 생각되지 않는다. 복종하는 법을 가르치는 것부터 시작하는 편이 차라리 낫다. 역사에 이름을 남긴 가장 위대한 왕들은 결코 통치하기 위한 교육을 받지 않았다. 통치라는 학문은 아무리 공부를 해도 전혀 정통하지 못하는 학문이고, 명령보다도 복종에 의해서 그것을 더 잘 익힐 수 있다. 왜냐하면 "선한 일과 악한 일을 구별하는 가장 편리하고 손쉬우며 빠른 방법은, 다른 왕을 모실 때 그 일을 자기 자신이 기뻐하는지 어떤지를 생각해 보는 일이기 때문이다."[14]

이 (통치자) 연속이 없는 데서 빚어지는 또 하나의 결과는 군주정의 무정견(無定見)이다. 군주정에서는 통치자인 왕이나, 혹은 그를 대신해서 통치하는 사람의 성격에 따라 어떤 때는 일정한 계획에 따르고, 다른 때는 다른 계획에 따르기 때문에 장기적으로 보면 일정한 목적도 일관된 방침도 갖지 못한다. 이처럼 일관성이 없는 정책은 국가를 끊임없이 동요시키지만, 통치자가 항상 동일한 귀족정과 민주정의 정부에서는 이런 사태는 발생하지 않는다. 그러나 일반적으로 군주정의 궁정에는 책략이 많고 공화정의 원로원에는 보다 현명하고, 또 공화국은 보다 일관성과 지속성을 지니고 목적을 향해 나아간다. 이와는 반대로 군주국에서는 모든 각료와 대부분의 국왕은 그들의 선임자에 대해 정반대의 일을 하므로, 내각이 바뀔 때마다 국가가 무너진다.[15]

그리고 이 지속성이 없다는 것에서 군주정을 주장하는 정치가들이 즐겨 사용하는 궤변에 대한 해답이 도출된다. 이 궤변은 비단 국정을 가정(家政)에 비유하고, 그리하여 군주를 가장에 비유할 뿐 아니라 ― 이 잘못에 대해서는 이미 반론을 했

---

14 타키투스, 《역사》 제1편 16장. 이 말은 가르바가 피소와 결연(結緣)을 할 때 한 것이다.
15 루소가 《복정부론》에 단 주석과 비교하라. 본판 제1권 410쪽 참조.

거니와 ─ 더 나아가 행정관(국왕)에게 필요한 모든 덕을 그가 갖추고 있으며 또 항상 이상적인 군주가 되었다고 가정하는 일이다. 이 가정으로 미루어 보면, 군주 정은 분명히 다른 어떤 정부 형태보다도 바람직한 것이 된다. 왜냐하면 군주정은 의심할 여지 없이 가장 강력한 정부이고, 또 그것이 제일 좋은 정부가 되기 위해서는 오직 일반의지와 보다 잘 맞는 단체의지만 있으면 되기 때문이다.

그렇지만 만약 플라톤이 말한 것처럼[16] 하늘이 만든 국왕이라는 것이 매우 희귀하다면, 자연과 우연이 협력하여 이 인물을 왕위에 오르게 하는 일이 그렇게 자주 있을까? 또 왕에 대한 교육이, 이 교육을 받는 사람을 반드시 부패시킨다면, 지배자가 되도록 교육을 받은 인간들에게서 무엇을 기대해야 할까? 그러므로 군주정과 훌륭한 국왕에 의한 정치를 혼동하는 것은, 스스로 자기 자신을 속이는 일이다. 군주정 그 자체가 무엇인지를 알기 위해서는, 그것이 무능하거나 또는 악한 왕 아래에서 생각해야 한다. 왜냐하면 군주란 무능하거나 악한 사람이 되어서 왕위에 오르거나, 아니면 왕위에 오류으로써 그렇게 되어버리기 때문이다.

우리 저술가들은 이런 문제점을 간과한 것은 아니지만, 적어도 그것을 걱정하는 일은 없었다. 불평하지 않고 복종하는 수밖에 없다. 또 신이 노하여 악한 국왕을 준 것이니 천벌이라 생각하고 참고 따라야 한다고 그들은 말한다.

이 주장은 확실히 훌륭한 것이지만, 이러한 말은 설교대에서 하는 편이 더 잘 어울리지 않을까? 환자에게 기적을 예언하고, 그저 인내를 권하는 일밖에 하지 않는 의사를 어떻게 생각하면 좋을까? 악한 정부 아래에서는 참고 견뎌야 한다는 것은 누구든지 알고 있다. 문제는 좋은 정부를 발견하는 일이 아니겠는가.

---

16 플라톤, 《정치가론》 참조.

7. 혼합 정부에 대해

정확하게 말하면 단일형태의 정부라는 것은 존재하지 않는다. 한 사람의 우두머리도 많은 관리들이 있어야 하고, 인민의 정부도 한 사람의 우두머리가 있어야 한다. 그래서 집행권의 분할에 있어서는 항상 다수에서 소수에의 단계가 있다. 그렇지만 거기에는 어떤 때는 다수자가 소수자를 의존하고, 또 어떤 때는 소수자가 다수자를 의존한다는 차이가 있다.

때로는 집행권이 분할되어 있는 수가 있다. 혹은 영국의 정부에서처럼 그 구성 부분이 상호 의존의 관계에 있는 경우와 폴란드에서처럼 각 부분의 권한이 독립해 있지만 불완전한 경우 등이 그렇다. 이러한 형태는 좋지 않다. 왜냐하면 정부 내에 통일성이 없고, 국가 내부의 연결고리가 없기 때문이다.

단일정부와 혼합정부는 어느 쪽이 더 좋을까? 정치가들 사이에서 격렬하게 논의된 문제이지만, 내가 이미 모든 정체에 관해 말했던 것과 같은 답변을 해야 한다.

단일정부는, 그것이 단일이라는 이유만으로 가장 좋다. 그러나 집행권이 충분히 입법권에 속해 있지 않은 경우, 바꿔 말하면 주권자에 대한 통치자의 관계가, 통치자에 대한 인민의 관계보다 강한 경우에는 정부를 분할하여 이 불균형을 바로잡아야 한다. 왜냐하면 그렇게 함으로써 그 모든 부분은 인민에 대한 권위는 감소하지 않으면서도 그 분할에 의해 각 부분은 주권자에 대해 압력이 약해지기 때문이다.

이러한 불균형은 양자를 중개하는 행정관을 설정함으로써 피할 수 있다. 그 행정관은 두 개의 권력이 균형되게 하여, 각자의 권리를 유지하는 데 도움이 되는 것이다. 그때의 정부는 혼합되어 있는 것이 아니라 조절되어 있는 것이다.

이와 반대의 불균형도 같은 방법으로 개선할 수 있다. 즉 정부가 너무 방만할 때는 집정관을 설정하여 그 힘을 집중시킬 수 있는 것이다. 이것은 모든 민주정체에서 행해지고 있다. 앞의 경우에, 정부를 분할한 것은 정부의 힘을 약화시키기 위해서이고, 뒤의 경우에는 그것을 강화시키기 위해서이다. 왜냐하면 강함과 약함의 양극단은 모두 단일정부에서 발견되지만, 이와 달리 혼합정부는 중위(中位)의 힘을 주기 때문이다.

8. 모든 통치형태가 모든 국가에 적합하지는 않다[17]

자유란 어떤 풍토에서나 열매를 맺는 것은 아니므로, 모든 국민이 이것을 차지하지는 못한다. 몽테스키외가 세운 이 원칙은 생각하면 할수록 진리라는 느낌이 든다. 이에 반대하면 할수록 잇따라 새로운 증거가 나와서 이 원칙을 더욱 더 확실해지게 하는 결과가 된다.

세상의 모든 정부에 있어서 공인(公人)은 소비하기만 하고 아무것도 생산하지 않는다. 그럼 이 소비되는 물자는 어디서 오는 것일까? 구성원의 노동에서 온다. 공공의 필수품을 만들어 내는 것은 개개인의 잉여(剩餘)이다. 그래서 시민 상태라는 것은 사람들의 노동이 그 필요 이상의 것을 산출하는 한도에서 존속할 수 있는 것'이다.

그런데 이 잉여 생산물은 세계 각국 어디든지 동일하지는 않다. 어떤 나라에서는 상당히 많고, 또 다른 나라에는 전혀 없고, 또 어떤 나라들에서는 반대로 부족하기도 하다. 이 관계는 토지의 풍요로움, 토지가 요구하는 노동의 종류, 그 생산물의 성장, 주민의 체력, 주민이 필요로 하는 소비의 많고 적음 및 이 관계를 구성

---

17 이 장은 '풍토'에 관한 단편과 대비된다. 본판 제1권 410쪽 참조.

하는 다른 온갖 유사한 관계에 의해 정해지는 것이다.

다른 한편에서는 모든 정부가 성질이 동일하지는 않다. 매우 탐욕스러운 정부, 혹은 그렇지 않은 정부가 있다. 이 차이는, 공공의 세금은 정부가 세금 부담자들에게서 멀어지면 멀어질수록 무거워진다고 하는 다른 원칙에 입각한다. 이 부담의 경중(輕重)은 과세의 양에 의해서가 아니라, 과세가 그것을 낸 사람들의 손에 돌아오기 위해 걸어야 하는 도정(道程)의 장단(長短)에 의해 측정되어야 한다. 이 유통이 잘되면 납세의 많고 적음 등은 문제가 아니어서, 인민은 항상 부유하며 재정은 항상 건전하다.

이와 반대로 인민이 지불하는 세액이 아무리 적더라도, 그 소액의 세가 꾸준히 지불되기만 하고 그들의 손에 되돌아오지 않는다면, 결국 인민의 재산은 고갈되고 말 것이다. 따라서 국가는 결코 부강해지는 일이 없고, 인민은 항상 가난할 수밖에 없다.

그러므로 인민과 정부와의 거리가 멀어질수록 조세는 무거워진다는 결론이 생긴다. 이리하여 민주정에서는 인민의 부담이 제일 가볍고, 귀족정에서는 그 부담이 많으며, 군주정에서는 제일 무거운 부담을 짊어진다. 때문에 군주정은 번영을 누리고 있는 인민에게만 적합하다. 귀족정은 규모나 부에 있어서 중간 정도의 나라에 적합하고, 민주정은 가난한 작은 나라에 적합하다. 실제로 이런 것을 생각하면 생각할수록 자유국가와 군주국가와의 차이점을 확실히 알게 된다. 전자는 모든 것이 공동의 이익을 위해 사용되고, 후자는 공공의 힘과 개개인의 힘이 상대적이어서, 한쪽이 증가하면 다른 한쪽은 감소하게 된다. 요컨대 전제정체는 인민을 행복하게 하기 위해 통치하는 것이 아니라, 인민을 통치하기 위하여 인민을 비참하게 만드는 것이다.

이상과 같이 각각의 풍토에는 저마다 자연적 원인이라는 것이 있어, 이 풍토에 맞는 정부의 형태를 정하고, 또 어떤 주민이 이 풍토에 적합한가도 말할 수 있는 것이다.

노동에 맞는 생산물을 내지 못하는 불모지는 개간되지 않고 황폐해진 채로 있거나, 아니면 기껏해야 야만인이 살 뿐이다. 사람들의 노동이 필수품밖에 생산하지 못하는 토지에는 미개인만이 살게 틀림없다. 그런 토지에서는 어떤 정치도 불가능할 것이다.

노동 이상의 생산물을 만들어 내기는 하지만 썩 비옥하지 못한 토지는 자유로운 인민에게 적합하다. 토지가 풍요로워 적은 노동에도 많은 생산물을 낳는 곳에서는 군주정에 의해 통치되기를 바란다. 그리고 인민의 과잉 생산물은 왕실의 사치에 의해 낭비된다. 왜냐하면 과잉물은 개개인에 의해 낭비되기보다도 정부에 흡수되는 편이 낫기 때문이다. 물론 여러 가지 예외가 있다. 그러나 그 예외 자체가 이 규칙을 명확한 것이 되게 한다. 왜냐하면 그런 예외인 경우에는 마침내 혁명이 일어나 사물을 자연의 질서에 되돌릴 것이기 때문이다.

우리는 항상 일반적인 법칙과 그 법칙의 결과에 변경을 가져올 수 있는 특수한 원인을 구별하자. 남쪽 나라들이 모두 공화국이 되고, 북쪽 나라들이 모조리 전제국이 되었다고 하더라도, 여전히 풍토의 기후 작용에 의해 전제정체는 따뜻한 나라에 적합하고, 미개상태는 추운 나라에 적합하며, 그 중간지대에 좋은 정체가 적합하다는 것은 진리이다. 그리고 또 그 원칙에 동의는 해도 적용에는 다른 논리가 있을 수 있다. 즉 추운 나라들 중에도 매우 많은 수확을 거두는 나라가 있고, 따뜻한 나라들 중에도 황폐한 땅을 가진 나라가 있다고 할 수 있다. 그러나 이런 문제는 여러 각도에서 살펴보지 않는 사람들에게만 존재하는 것이다. 즉 이미 지적한 것처럼 노동 · 체력 · 소비 등등의 여러 관계를 고려해야 한다.

면적이 같은 두 지방에서 수확량을 한쪽은 5를, 다른 쪽은 10을 생산한다고 가정하자. 만일 전자의 주민이 4를 소비하고, 후자의 주민이 9를 소비한다면, 전자의 잉여 생산은 5분의 1이고, 후자의 그것은 10분의 1이다. 따라서 양자의 잉여의 비율은 생산물의 비율의 반대이므로, 5밖에 생산하지 않는 지방이 10을 생산하는 지방의 두 배의 잉여를 낳게 된다.

그러나 여기서 문제가 되는 것은, 생산이 두 배라는 점은 아니다. 일반적으로 추운 나라가 따뜻한 나라와 동등한 수확량을 거둔다고 주장하는 사람은 없을 것이다. 그러나 같다고 하자. 그리고 영국과 시칠리아를, 폴란드와 이집트가 각각 그 생산고에 있어서 같다고 하자. 이집트보다 더 남쪽에는 아프리카와 인도 등 여러 나라를 생각할 수 있겠지만, 폴란드보다 더 북쪽에는 아무것도 없다. 그런데 이 같은 생산량에 대해, 경작에 있어서는 얼마나 차이가 있는가. 시칠리아에서는 그저 흙을 뒤집기만 해도 충분한데, 영국에서는 토지를 경작하는 데 얼마나 많은 손길이 필요한가. 그런데 같은 양의 생산물을 얻는 데 사람의 노력이 더 필요한 곳에서는, 그 잉여물은 필연적으로 적을 것이다.

그뿐 아니라, 따뜻한 나라에서는 같은 인원수라도 그 소비는 훨씬 적다는 것을 생각하기 바란다. 기후 조건으로 보아, 따뜻한 나라에서 건강을 유지하기 위해서는 음식을 절제해야 하는 것이다. 열대지방에서 자기 나라에서와 같은 생활을 하려고 하는 유럽인은 모두 이질이나 소화불량으로 죽고 만다.

샤르댕은, "우리는 아시아 인에 비하면 육식동물이고 이리다. 페르시아 인의 소식(小食)은 그 나라가 그다지 경작되지 않은 탓이라고 말하는 사람이 있다. 그러나 나는 반대로, 페르시아에 우리 고장만큼 식료품이 풍부하지 않은 것은, 그 주민이 우리들만큼 그것을 필요로 하지 않기 때문이라고 생각한다."라고 하면서 "만일 그들의 소식이 식량 부족의 결과라면, 가난한 사람들만 소식을 할 것이다. 그런데 실제로는 모든 사람들이 다 적게 먹는다. 또 각 지방의 토지의 비옥도에 따라 많이 먹는 곳도 있고 소식을 하는 곳도 있을 테지만, 실제로는 이 왕국의 어디에서나 모두 소식을 하고 있다.

페르시아 인은 그들의 생활방식을 크게 자랑하는데, 그것이 기독교의 생활방식보다 얼마나 훌륭한지는 그들의 혈색을 보면 충분히 알 수 있다고 말하고 있다. 확실히 페르시아 인은 혈색이 좋고 피부는 아름답고 부드러우며 윤기가 흐른다. 이와 반대로 페르시아의 지배하에 있는 아르메니아 인은 유럽풍의 생활을 하고 있는데, 그 혈색은 나쁘고 부스럼투성이이며 비만하여 매우 둔중하다."[18]라고 말하고 있다.

적도에 가까울수록 사람들은 소식을 한다. 그들은 거의 고기를 먹지 않는다. 쌀·옥수수·수수·조, 그리고 타피오카가 그들의 주식이다. 인도 여러 나라에서는 하루의 식비가 1수밖에 들지 않는 사람들이 수백만이나 살고 있다.

우리는 같은 유럽에서도 북쪽 주민과 남쪽 주민 사이에 현저한 식욕의 차이가 있음을 본다. 스페인은 독일인이 먹는 한 끼의 음식으로 1주일이나 살아갈 수 있을 것이다. 다식을 하는 나라들에서는 역시 먹고 마시는 쪽으로 사치를 한다. 영국에서는 육류를 가득 늘어놓은 식탁에 사치가 나타나며, 이탈리아에서는 설탕과 꽃으로 사람을 대접한다.

의복에도 그 같은 차이가 있다. 계절의 변화가 많은 풍토에서는 질이 좋고 간소한 옷을 입지만, 오로지 장식을 위해 옷을 입는 지방에서는 실용보다는 화려하고 아름다운 것을 찾는다. 거기서는 의복 자체가 하나의 사치인 것이다. 나폴리에서는 금빛이 번쩍이는 옷에 양말을 신지 않은 사람들이 포지리포[19]로 산책하는 것을 볼 수 있다. 주택에 있어서도 마찬가지이다. 대기의 피해를 전혀 두려워하지 않아도 될 때, 주택은 호화롭고 장엄한 것에만 초점이 놓인다. 파리와 런던에서는 따뜻하고 기분좋게 지낼 수 있는 주거가 요구된다. 그런데 마드리드에서는 호화로운 객실은 있지만, 방에는 창문이 없고, 침실은 헛간과 다름없다.

---

18 샤르댕, 《페르시아 여행기》 제3권 76쪽, 83~84쪽 참조.
19 나폴리의 유원지.

따뜻한 나라의 음식은 다른 곳보다 훨씬 실질적이고 영양이 풍부하다. 그것이 세 번째 차이인데, 이것은 두 번째 차이점에 필연적으로 영향을 끼친다. 이탈리아에서는 왜 그렇게 야채를 많이 먹을까? 그곳의 야채가 질이 좋고 영양분이 많으며 맛있기 때문이다. 프랑스에서는 물만으로 야채를 재배하기 때문에 전혀 영양 보충이 되지 않아, 식탁에서는 푸대접을 받고 있다. 그렇다고 이것을 재배하는 데 있어서 보다 작은 토지로 되는 것은 아니며, 적어도 같은 정도의 노력은 기울여져 있다.

이미 실험이 끝난 일이지만, 바르바리의 밀은 프랑스의 밀보다 못하지만, 밀가루는 훨씬 많이 난다. 그런 프랑스의 밀도 북쪽의 밀보다는 밀가루가 많이 난다. 그러니 일반적으로 적도에서 극지로 향하는 같은 방향에서 이와 같은 관계를 보게 된다고 추측할 수 있다. 그런데 같은 분량의 생산물에서 보다 적은 양의 식량밖에 수확이 되지 않는다는 것은 명백한 불이익이 아닐까?

이 같은 여러 가지 고찰에 하나를 더 덧붙일 수 있다. 이것은 이상과 같은 고찰에서 나오는 것이며, 동시에 그것들을 확인하는 것이기도 하다. 따뜻한 나라는 추운 나라에 비해 그다지 많은 주민을 필요로 하지 않음에도 불구하고 보다 많은 주민을 먹여 살릴 수 있다는 것이다. 이 사실이 몇 배의 잉여물을 생산해 내고, 항상 전제정체를 위해 유리하게 작용하는 것이다.

일정한 수의 주민이 드넓은 땅에 살고, 그 토지가 넓으면 넓을수록 반란은 일어나기 어려워진다. 왜냐하면 신속하게 은밀히 일을 꾸미기가 불가능하기 때문이며, 또 정부가 항상 용이하게 음모를 알아차려 연락을 끊어 버릴 수 있기 때문이다. 그러나 많은 사람들이 밀집해 있으면 있을수록 정부가 주권자의 권리를 빼앗는 것은 어려워진다.

즉 반란의 우두머리들은 궁정회의에서의 왕처럼 안전하게 그들의 밀실에서 협의하며, 또 군중은 군대가 진영에 모이는 것처럼 신속하게 광장에 모일 수 있다.

때문에 압제적인 정부로서는 먼 곳에서 지배하는 편이 유리하다. 즉 수중에 넣은 거점의 도움으로, 마치 지렛대처럼 멀어짐에 따라 그 힘이 증대하는 것이다.* 이와 반대로 인민의 힘은 집중하지 않으면 발휘되지 못한다. 그것이 멀리 퍼질 때는 지상에 흩뿌려진 화약가루가 한 알씩밖에 불이 붙지 않는 것처럼, 연기가 되어 꺼져 버린다. 이처럼 인구가 적은 나라는 압정에 가장 적합한 나라이다. 사나운 짐승은 황야에서만 지배자인 것이다.[21]

9. 좋은 정부의 특징에 대해

어떤 정부가 절대적으로 제일 좋은 정부냐고 묻는다면, 그것은 결정할 수 없는 일이므로 해결할 수 없는 문제를 제기하는 것이다. 만일 원한다면, 이 문제는 각 인민의 절대적 상황과 상대적 상황과의 온갖 배합의 수와 같은 정도의 답을 가지고 있다고 말할 수 있을 것이다.

그러나 만일 어떤 특정한 인민이 잘 통치되고 있는지, 혹은 나쁘게 통치되고 있는지를 알 수 있는 특징이 무엇인가 하는 질문이 나온다면, 그것은 별개의 일이므로, 실제적으로 답변할 수 있을 것이다.

---

* 이것은 내가 전에(제2편 9. 인민에 대해(계속)) 대국의 불편에 관해 한 말과 모순되지 않는다. 왜냐하면 거기서는 그 구성원에 대한 정부의 권위가 문제였고, 여기서는 인민들에 대한 그 힘이 문제이기 때문이다. 분산한 정부의 구성원은, 멀리서 인민에게 작용하기 위해서는 지점(支點)으로서 정부에 도움이 된다. 그러나 이전 구성원 자신에게 직접 작용하기 위한 지점을 정부는 전혀 갖지 못한다. 그리하여 한쪽의 경우에는 지렛대의 길이가 그 약점이 되고, 다른 경우에는 그 힘이 된다.[20]

20 이 주석은 인쇄 중에 추가되었다. 1762년 2월 18일의 레이에게 보낸 편지를 보라.

21 아마 루소는 디오게네스 라에르티우스의 다음과 같은 말을 마음속에 간직하고 있었던 것 같다. 그는 그것을 초고 7842 속에 적어넣고 있다(35쪽). "타레스는, '최악의 맹수는 압제자이고, 최악의 가축은 아첨꾼이다.'라고 말했다."

그런데 각자 제멋대로 그것을 해결하려 하기 때문에 문제는 해결되지 않는 것이다. 인민은 공공의 평화를, 개개인은 각자의 자유를 자랑한다. 전자는 재산의 안전을, 후자는 신체의 안전을 원한다. 또 전자는 가장 좋은 정부가 가장 엄밀한 정부이기를 요구하고, 후자는 가장 관대한 정부이기를 주장한다. 전자는 범죄의 처벌을, 후자는 그 예방을 요구한다.

전자는 이웃 나라가 두려워하게 되기를 바라고, 후자는 이웃 나라에 무시되기를 차라리 원한다. 전자는 화폐가 유통하고 있으면 만족을 하고, 후자는 인민이 빵을 얻기를 요구한다. 이런 점과 이와 유사한 점에서 의견이 일치했더라도, 그것에 의해 문제의 해결이 한결 촉진될 것인가? 정신적인 것의 양[22]을 측정하는 정확한 척도는 없으므로, 특징에 관해 의견이 일치하더라도 어떻게 평가에 관해 일치가 얻어질 것인가?

나로서는 이렇게 단순한 특징을 남이 무시하거나, 혹은 그것에 관한 의견이 일치하지 않을 만큼 악의를 품고 있는 것에 의아함을 느낀다. 정치적 결합의 목적은 무엇일까? 그것은 그 구성원의 보호와 번영이다. 그럼 그들이 보호되고 번영을 누리고 있음을 보여 주는 가장 확실한 특징은 무엇일까?

그것은 그들의 인원수이고 인구이다. 따라서 논쟁의 표적이 된 이 특징을 다른 곳으로 찾으러 갈 필요는 없다. 다른 모든 조건이 같다면, 외부로부터의 방책·귀화(歸化)·식민 등에 의존하지 않고 시민이 더 번식하며 증가해 가는 정부야말로 가장 좋은 정부이다. 또 인민의 수가 감소하고 쇠잔해 가는 정부는 가장 나쁜 정부이다. 통계자 여러분, 이제부터는 여러분이 할 일이다. 계산하고 측정하고 비교

---

22 버크의 《성찰》의 다음과 같은 글─그것에 대해 페인이 졸렬하게 비웃고 있다─과 비교하라. "정치의 논리의 하나는 계산의 원리이다. 즉 그것은 진정한 도덕의 단위를 형이상학적 혹은 수학적으로가 아니라, 도덕적으로 더하거나 나누거나 하는 일이다(전집 제1권 404쪽)."

하라.*

10. 정부의 악폐와 그 타락의 경향에 대해

개별 의지가 끊임없이 일반 의지에 대항하여 작용하는 것과 마찬가지로, 정부
는 끊임없이 주권에 대항하려고 애쓴다. 이 노력이 증대함에 따라 국가 조직은 더

---

* 사람들은 인류의 번영에 있어 찬양할 만한 여러 세기를 같은 원칙에 입각하여 판단해야 한다. 사람
들은 문예가 진흥되는 기미가 보인 세기를, 그 문화의 은밀한 목적을 통찰하는 일 없이, 그 불행한
결과를 살펴보지 않고 너무 지나치게 칭찬해 왔다. "그리고 그것은 실상 '그들의' 예속의 한 부분이
었음에도 불구하고, 무지한 사람들 사이에서는 'Humanitas(인간성, 고전문학)'라 불리고 있었던 것이
다."[23] 우리는 많은 저작의 갖가지 격률 속에, 저자들로 하여금 그렇게 말하게 하고 있는 비천한 이
해를 결코 보지 않는 것일까? 그렇다. 저자들이 어떻게 말하든, 한 나라는 그 광휘에도 불구하고 인
구가 감소할 때는 모두 잘되어 가고 있다고 말하는 것은 사실이 아니다. 그리고 한 시민이 10만 리
브르의 연금을 가지고 있는 것만으로는, 그 세기가 모든 세기의 최상의 것이라고 말하는 데에 충분
하지 않은 것이다.[24] 외견뿐인 안온함이라든가 지배자들의 평정함 같은 것보다도 오히려 전국민, 특
히 제일 다수를 차지하는 신분의 안락에 주목해야 한다. 우박은 몇 군데의 군(郡)을 휩쓸지만, 기근
을 초래하는 일은 거의 없다. 소란이나 내란은 지배자들에게 곧 위협을 주지만, 그러나 인민의 진정
한 불행은 아니다. 인민은 그들에게 압제를 가하는 사람과의 싸움이 벌어지고 있는 동안은 잠시 쉴
수조차 있다. 인민의 항구적 상태에서야말로 그들의 참된 번영이나 또는 재액이 생기는 것이다. 모
든 것이 멍에 아래 짓눌린 채로 있게 될 때, 이때야말로 모든 것이 쇠퇴하고, 이때야말로 지배자들은
마음대로 그들을 파괴하고 "외톨이가 되어 이것을 평화라고 부르는 것이다"[25] 귀인들의 다툼이 프랑
스 왕국을 소란스럽게 할 때, 그리고 파리의 보좌 사제가 품속에 단도를 감추고 고등법원에 출두했
을 때,[26] 그 일은 프랑스 인민이 정직하고 자유로운 안락 속에 행복하게 살며 그 인구가 증가하는 것
을 방해하지 않았다. 지난날 그리스는 가장 잔혹한 전쟁이 벌어지는 동안 번영했다. 피는 강물을 이
루어 흘렀지만, 전국토는 인간으로 넘치고 있었다. 마키아벨리는 다음과 같이 말했다. "살인 · 추방 ·
내란의 소용돌이 속에서 우리 공화국은 보다 강해져서, 그 시민의 덕과 습속과 독립은 나라를 강화
하는 효과를 가졌던 것처럼 생각된다. 그것은 모든 언어상의 불화가 나라를 약해지게 하는 효과를
가졌던 일에 비길 것이 아니다."[27]라고. 약간의 동란은 영혼에 활력을 준다. 그리고 진실로 인류를 번
영케 하는 것은 평화보다도 오히려 자유이다.[28]

23 타키투스, 《아그리콜라》 제21장 참조.
24 여기서는 볼테르를 비웃는 것이다.
25 타키투스, 《아그리콜라》 제30장 참조.
26 이것은 레스를 말한다. 그의 《각서(覺書)》 제3편을 보라. 레스(1613~1679)는 프롱드의 난 당시 보좌
　 사교로서, 난의 지도자의 한 사람이었다. 그후 1651년에 추기경, 1654년에는 파리의 대사교가 되었
　 으나, 마자랭에 대한 반대를 계속하여 바스티유에 갇혔다가 탈옥하여 망명하고, 마자랭이 사망한
　 후에야 비로소 루이 14세와 화해했다.
27 마키아벨리, 《피렌체사》의 한 절을 자유역(自由譯)한 것.
28 주석은 인쇄 중에 붙여졌다. 1762년 2월 18일, 레이에게 보낸 편지를 보라.

욱더 악화된다. 그리고 그 경우, 통치자의 의지에 저항하여 그것과 균형을 유지하는 단체의지는 달리 존재하지 않으므로, 머지않아 통치자가 마침내 주권자를 압박하여 사회계약을 파기할 때가 올 것이 틀림없다. 이것이야말로 마치 노쇠와 죽음이 끝내 인간의 신체를 파괴하는 것과 같은 것으로, 정치체의 탄생부터 꾸준히 그것을 파괴하려는 불가피한 내재적인 악이다. 정부가 타락하는 데에는 일반적으로 두 가지 길이 있다. 즉 정부가 축소되는 경우와 국가가 해체되는 경우이다.

정부가 축소되는 경우는 그 구성원의 수가 다수자에게서 소수자에게로 옮겨갈 때, 즉 민주정에서 귀족정으로, 귀족정에서 군주정으로 옮겨갈 때이다. 이것은 정부의 자연적인 경향이다.* 만일 반대로 정부 구성원의 수가 소수에서 다수로

---

* 베네치아 공화국이 후미의 작은 섬에서 서서히 형성되고 발전해 간 경과는 이 변천의 두드러진 한 예이다. 더구나 놀랍게도 베네치아인은 그때부터 1천 2백 년 이상이나 지났는데도 1198년의 세라르리 콘시리오(의회의 종결)로 시작된 제2기의 상태에 지금도 여전히 머물러 있는 모양이다. 그래서 고대의 통령(統領)에 관해 베네치아인은 비난을 받고 있지만, 그러나 이것은 《베네치아 자유사》[29]가 어떻게 말하고 있든 베네치아의 주권자가 아니었다는 것은 이미 명백해져 있다. 사람들은 반드시 나의 의견에 반대할 것이다. "군주정에서 귀족정으로, 귀족정에서 민주정으로 옮겨간 로마 공화국은 이것과 정반대의 길을 더듬지 않았는가."라고. 그러나 나의 견해는 많이 다르다. 로물루스가 최초로 세운 정부는 혼합정부였지만, 이내 전제정부로 타락해 버렸다. 마치 갓난아기가 성년이 되는 날을 기다리지 않고 죽는 것처럼, 국가가 특수한 원인에 의해 조사(早死)한 것이다. 타르퀴니우스의 추방이야말로 참으로 공화국의 탄생을 알리는 한 시기였다. 그러나 로마는 맨 처음엔 항구적인 정체를 취하지 않았다. 왜냐하면 귀족계급을 폐지하고 있지 않기 때문에 일은 아직 절반밖에 행해져 있지 않았던 것이다. 이렇게 하여 합법적 통치형태 속에서는 최악의 세습 귀족제가 끊임없이 민주정과 마찰을 일으키고, 따라서 정체는 항상 불안과 동요를 계속하고 있었는데, 마키아벨리가 밝힌 바와 같이[30] 그 정체는 호민관 제도가 세워졌을 때 비로소 확정되었던 것이다. 그때 처음으로 진정한 정부가 탄생하고, 진정한 민주정이 수립되었던 것이다. 그렇게 되자 인민은 단지 주권자일 뿐 아니라 동시에 행정관이고 사법관이기도 했다. 원로원은 정부의 힘을 조절하거나 혹은 집중시키기 위한 하부 관청에 지나지 않게 되었다. 그리고 집정관 자체조차 귀족이고 최고의 관리이며, 전시에는 절대권을 가진 사령관이기는 했으나, 로마에서는 인민의 의장에 지나지 않았다. 그런데 그후 정부는 자연의 추세에 따라 귀족정으로 강하게 기울어지게 되었다. 귀족은 자멸하고, 귀족정은 베네치아와 제노바에서처럼 귀족의 단체 안에서는 행해지지 않고 귀족과 평민으로 이루어진 원로원이라는 단체 안에서 행해졌다. 뿐만 아니라 호민관이 실권을 찬탈하기 시작하면서부터는 호민관들의 단체 안에서조차 귀족정이 행해졌던 것이다. 왜냐하면 명칭은 아무리 달라져도 실물은 전혀 달라지지 않으므로, 인민이 자기를 대신하여 통치하는 지배자를 가지고 있는 이상, 그것들이 어떤 이름으로 불리건 그것은 역시 귀족정인 것이다. 귀족정의 악폐에서 내란이 생기고, 삼두정치(三頭政治)가 생겼던 것이다. 그리고 실라, 율리우스 카이사르, 아우구스투스가 사실상 진짜 군주가 되고, 마침내 티베리우스의 전제정치하에 국가는 해체되었다. 그러나 로마의 역사는 결코 나의 원칙을 깨뜨리는 것이 아니며, 오히려 이것을 확정하는 것이다.

옮겨간다면, 정부가 이완된 것이라고 말할 수 있다. 그러나 이 같은 역행은 불가능하다.

사실 정부가 그 형태를 바꾸는 것은, 그 힘이 다하여 종래의 형태를 유지할 수 없을 만큼 약해진 경우뿐이다. 그런데 만일 정부의 지배 범위가 더 확대함으로써 테가 헐거워지면 그 힘은 사라져 버리고, 정부의 수명은 더욱더 줄어든다. 그러므로 용수철(힘)이 약해짐에 따라 그것을 고쳐서 바싹 죄어야 한다. 그렇지 않으면 그것에 의해 떠받쳐지고 있는 국가는 멸망해 버릴 것이다.

국가가 해체되는 데는 두 가지 경우가 있다.

첫째로 통치자가 법률에 따라 국가를 다스리지 않고 주권을 빼앗는 경우이다. 그때는 현저한 변화가 이루어진다. 왜냐하면 정부가 축소되는 것이 아니라 국가가 축소되기 때문이다. 즉 큰 나라가 해체되고 거기에 따라 그 속에 또 다른 국가—정부의 구성원만으로 구성되고, 남은 인민으로서는 이제는 그들의 지배자나 혹은 참주(僭主)일 뿐인 국가—가 형성되는 것이다. 따라서 정부가 주권을 탈취하자마자 사회계약은 깨어지고, 일반 시민은 모두 당연히 그들의 자연적 자유에 복귀하여, 복종을 강요당하기는 해도 의무지워지지는 않게 된다.

둘째로, 정부의 구성원이 단체로만 행사해야 할 권력을 개별적으로 탈취하는 경우에도 이 같은 일이 생긴다. 이것도 역시 명백한 법률 위반이며, 그리고 이것이 일으키는 혼란은 더욱 크다. 이 경우에는, 이를테면 행정관과 같은 수의 왕이 생기고, 국가는 정부와 마찬가지로 분할되어 멸망하거나 또는 형태를 바꾼다.

국가가 해체될 경우 정부의 악폐는, 그것이 어떤 것이든 '아나키(무정부 상태)'

---

29 이것은 베네치아에 대한 신성 로마 황제의 영유권을 지지하기 위해 쓰여진 익명의 저서이다. 여기서 루소는 주권자라는 말을, 그에게 고유한 엄밀한 의미로 사용하고 있다.
30 마키아벨리, 《티투스 리비우스론》 제1편 제4장. 루소는 마키아벨리의 말에 대해 다소 무리한 이론을 펴고 있다.

라는 공통된 이름으로 불린다. 이것을 구분하면, 민주정은 '중우(衆愚)정치'로, 귀족정은 '과두(寡頭)정치'로 타락한다. 덧붙이면, 왕정은 '참주정치'로 타락한 다고 말할 수 있지만, 이 말은 애매하여 설명이 필요하다.

통속적인 의미로 참주(tyram)란 정의와 법률을 무시하고 폭력으로써 지배하는 국왕이며, 보다 정확한 의미로는 아무런 권리 없이 왕권을 가로채는 개인을 말한 다. 그리스인은 이 참주라는 말을 이렇게 이해하고 있었다. 그들은 좋은 왕, 나쁜 왕의 구별 없이, 그 권리가 합법적이지 않은 자를 참주라고 이름지었다.* 이렇게 '참주'와 '찬탈자'는 같은 의미를 가진 두 가지 말이다.

다른 것에 다른 이름을 주기 위해 나는 왕권의 찬탈자를 '참주', 주권의 찬탈자 를 '전제군주'라고 부른다. 참주란 법을 침범하여 왕권을 빼앗는 자이지만, 통치 할 때는 법을 따른다. 전제군주란 법 자체를 초월한 자이다. 그래서 참주는 전제 군주가 아닐 수도 있지만, 전제군주는 항상 참주이다.

11. 정치체의 멸망에 대해

이(앞장에서 말한) 같은 일이야말로, 가장 잘 조직된 정부로서도 자연스러워서 불가피한 경향이다. 스파르타와 로마조차도 멸망했는데 어떤 국가가 영원히 존재 하기를 바랄 수 있을까? 그러니 만일 영구히 존재하는 제도를 만들기를 원한다

---

* "왜냐하면 지난날 자유를 향유하고 있던 국가에서 영속적인 권력을 행사하는 사람은 모두 참주라 간 주되고, 또 그렇게 불렸기 때문이다(코르넬리우스 네포스, 《미르티아데스전》 제8장)." 아닌게아니라 아리스 토텔레스는 참주와 국왕을 구별하여, 전자를 자기 이익을 위해 통치하는 자, 후자를 신민의 이익을 위해서만 통치하는 자로 간주했다(《니코마코스 윤리학》 제8권 제10장). 그러나 일반적으로 그리스의 문필 가가 '참주'라는 말을 다른 의미로 풀이한 사상은 특히 크세노폰의 《히에론》에 보이지만, 이것을 접 어 두고 아리스토텔레스가 구별한 바에 따르면, 세계가 시작된 이후로 아직 한 사람의 국왕도 없었 다는 것이 될 것이다.

면, 그것이 영원히 존재하게 되리라고 생각해서는 안 된다. 성공하기 위해서는 불가능한 말을 시도해서는 안 되고, 또 무릇 인사(人事)가 지닐 수 없는 견실성을 인간의 사업에 주려고 하는 등 자만해서도 안 된다.

정치체는 인간의 신체와 마찬가지로 태어났을 때부터 죽어가는 것이며, 그것은 자체 속에 파괴의 원인을 간직하고 있다. 그러나 정치체와 신체는 다같이 체제에 강약(强弱)이 있어, 그것에 따라 그 존속 기간의 길고 짧음이 있을 수 있다. 인간의 체제는 자연이 만든 것이고, 국가의 조직은 인간이 만든 것이다. 인간의 생명을 연장시키는 일은 인력으로써는 불가능하다. 그러나 될 수 있는 대로 좋은 체제를 국가에 부여함으로서, 국가의 생명을 될 수 있는 대로 연장시키는 것은 인력으로써만 가능하다. 아무리 좋은 제도를 가진 국가라도 결국에는 멸망하겠지만, 뜻밖의 사건이 갑작스런 멸망을 가져오지 않는다면 좋은 제도를 가진 국가는 다른 국가보다도 더 오래 존속할 것이다.

정치체의 생명의 원천은 주권에 있다. 입법권은 국가의 심장이고, 집행권은 모든 부분에 운동을 주는 국가의 뇌수이다. 뇌수가 마비되어 버려도 개인은 여전히 존재할 수 있다. 바보가 되어도 목숨은 이어진다. 그러나 심장의 기능이 정지함과 동시에 동물은 죽어 버린다.

국가는 법률에 의해 존속하고 있는 것이 아니라, 입법권에 의해 존속하고 있는 것이다. 어제의 법률은, 오늘은 강제력을 잃는다. 그러나 침묵은 암묵의 승인을 의미한다. 주권자가 법률을 폐지할 수 있는데도 그것을 폐지하지 않는 경우에는, 그는 끊임없이 그 법률을 확인하고 있는 것으로 간주된다. 주권자가 한번 이렇게 바란다고 선언한 일은, 모두 취소하지 않는 한 항상 그것을 바라고 있는 셈이 되는 것이다.

그럼 사람들이 오래된 법률을 그토록 존경하는 이유는 무엇일까? 그것은 오래되었다고 하는 그 자체 때문이다. 옛사람들의 예지가 빼어났던 것이 아니라면, 낡은 법률을 그렇게 오래 존속하지는 못했을 것이라고 인정하지 않았더라면, 그는 그것을 천 번이나 취소했을 것이다. 잘 조직된 모든 국가에서 법률이 약해지기는커녕 끊임없이 새로운 힘을 얻고 있는 것은 이 때문이다.

오래된 것을 좋다고 생각하고 싶어하는 마음이 나날이 그것을 한결 더 존중해야 하는 것으로 만든다. 이와 반대로 법률이 오래됨에 따라 힘을 잃는 곳에서는 모두 그 일 자체가, 이젠 입법권이 없고 국가가 멸망해 간다는 사실을 증명하고 있는 것이다.

12. 주권은 어떻게 하여 유지되는가

주권자는 입법권 이외의 어떤 힘도 가지지 않으므로, 법에 의해서밖에 행동하지 못한다. 더구나 법은 일반의지의 정당한 작용이기 때문에, 인민은 집회했을 때만 주권자로서 행동할 수 있는 것이다. '인민의 집회라니, 터무니없는 공상이다!'라고 말할지도 모른다. 아닌게아니라 오늘날에는 공상이다. 그러나 2천 년 전에는 그렇지 않았던 것이다. 인간의 본성이 변한 것일까?

정신적인 일에 있어서, 가능성의 한계는 우리가 생각하는 것만큼 한정되어 있는 것이 아니다. 한계를 좁히고 있는 것은 우리들의 나약함·악덕·편견이다. 비열한 인간은 위대한 인물이 있다는 것을 결코 믿지 않는다. 천한 노예는 '자유'라는 말을 듣기만 해도 비웃는다.

지금까지 이룬 일을 바탕으로 이제부터 할 수 있는 일을 잘 생각해 보자. 고대 그리스의 여러 나라들에 대해서는 말하지 않으리라. 그러나 로마 공화국은 위대한 국가였고, 로마 시는 위대한 도시였다고 생각한다. 최후의 인구조사에서 무기를 가진 40만의 시민이 로마에 있었다. 또 예속민·외국인·여자·어린이·노예를 제외하고 4백만 이상의 시민이 있었다.

이 수도(로마)와 그 주변의 수많은 인민이 자주 집회를 가지는 것은 얼마나 어려운 일이었을까 하고 상상할 것이다. 그런데 로마의 인민이 집회를 하지 않았던 주는 거의 없었고, 일주일에 몇 번이나 집회를 가졌었다. 로마의 인민은 주권자로서의 권리뿐 아니라, 정부의 여러 권리 중 일부도 행사했다. 그들은 여러 종류의 문제나 사건을 해결했다. 그리고 이 인민 전체가 공공의 광장에서는 자주 시민인 동시에 행정관이었다.

여러 국민의 초기 시대로 거슬러 올라가면, 대부분이 마케도니아와 프랑크 같은 군주정부에서조차도 (로마에서와) 같은 집회를 하였음을 알 수 있을 것이다. 그것은 어떻든 이 (로마의) 의심할 수 없는 사실만으로도 온갖 문제에 해답을 주는 것이다. '현존의 것에서 가능한 것으로' 하고 논하는 것은 건전한 방법이라고 생각된다.

13. 주권은 어떻게 하여 유지되는가(계속)[31]

인민의 집회가 일련의 법률을 승인함으로써 국가의 헌법이 정해졌다고 그것으로 충분하다고는 말할 수 없다. 또한 영구적인 정부를 설립하거나 단 한 번씩 행정관의 선거 방법을 마련했다고 해서, 그것으로 충분하다고도 말할 수 없다. 뜻밖의 사태가 발생하면 필요로 하는 특별한 집회 외에, 누구도 폐지할 수 없고 연기할 수 없는 정기적인 집회가 필요하다.

---

31 이 장 및 제3편 이하의 장에서는, 루소는 제네바의 사건을 깊이 주목하고 있었다. 《산에서 온 편지》 제6, 본편 제2권 202~206쪽 참조.

즉 인민이 일정한 날에 법에 의해 합법적으로 소집되며, 그러기 위해서는 특별히 다른 어떤 소집 절차도 필요로 하지 않는 집회이다.

그러나 오직 이 날만 합법적이 되는 이런 집회 이외의 모든 인민의 집회는 비합법적인 것으로 간주되어야 한다. 단, 소집을 위해 설정된 행정관에 의해, 미리 정해진 형식에 따라 소집된 것은 예외이다. 또한 비합법적인 집회에서 행해진 일은 모두 무효이다. 왜냐하면 집회의 명령 자체가 법에 기초한 것이어야 하기 때문이다.

합법적인 집회 개최 횟수의 많고 적음에 관해서는 많은 일을 고려해야 하므로, 그 점에 관해 정확한 원칙을 제시할 수는 없을 것이다. 다만 일반적으로 말할 수 있는 것은, 정부의 힘이 크면 클수록 주권자도 그만큼 자주 자신의 의지를 표명해야 한다는 점이다.

하나뿐인 도시라면 그것으로 좋을지도 모르지만, 국가가 많은 도시를 거느리고 있는 경우에는 어떻게 해야 할까? 그때는 주권을 분할해야 할까, 아니면 주권을 단 하나의 도시에 집중시키고, 다른 모든 것을 거기에 종속시켜야 할까 물을지도 모른다.

어느 쪽도 좋지 않다고 나는 대답한다. 첫째로, 주권은 단일하며, 그것은 분할할 경우 파괴하지 않고서는 넘기지 못한다. 둘째로, 하나의 도시는 하나의 국민과 마찬가지로 다른 도시에 합법적으로 종속시키지 못한다. 왜냐하면 정치체의 본질은 복종과 자유의 조화에 있고, '인민'과 '주권자'라는 말은 방패의 양면으로, '시민'이라는 한마디에 결합되어 있기 때문이다.

그리고 또 나는 다음과 같이 말한다. 여러 개의 도시를 하나의 도시 국가에 결합시키는 것은 옳지 못하다. 그런 결합을 원하면서도, 거기에서 발생하는 불편을 피할 수 있다고 자만해서는 안 된다. 작은 나라만을 원하는 것에 반대하기 위해 큰 나라의 폐해를 끄집어낸들 무슨 소용이 있으랴. 그러나 큰 나라에게 저항할 충분한 힘을 어떻게 작은 나라에 줄 것인가? 그것은 지난날 그리스의 여러 도시가 페르시아의 대왕에 저항했던 것처럼, 또 최근에는 네덜란드와 스위스가 오스트리아의 왕가에 저항했던 것처럼[32] 하면 된다.

그러나 국가를 적당한 한계에까지 축소하는 일이 불가능하더라도 하나의 방법이 남겨져 있다. 그것은 수도를 인정하지 않는 일이다. 즉 정부의 소재지를 각 도시에 번갈아 옮기고, 회의를 그곳에서 여는 것이다.[33]

국내의 인구를 평균하여 국토의 곳곳에 동일한 권리를 정한 다음 그곳에 부와 생명이 모여들도록 하는 것이 좋다. 그러면 국가는 가장 강해지는 동시에 가장 잘 통치될 것이다. 도시의 성벽은 농가를 부수어 그 석재에 의해 만들어진다는 것을 기억해 두는 것이 좋다. 수도에 솟아 있는 궁전을 볼 때마다 나는 한 지방의 집들이 파괴되는 광경을 보는 것처럼 느껴진다.

14. 주권은 어떻게 하여 유지되는가(계속)

인민이 주권을 지닌 단체로서 합법적으로 집회를 가짐과 동시에 정부의 재판권과 집행권이 중지되어, 최하층의 인민의 신체도 최상급의 행정관의 신체와 마찬가지로 신성불가침한 것이 된다. 왜냐하면 대표되는 자가 스스로 나가 있는 곳에서는 이미 대표자는 존재하지 않기 때문이다.

로마의 민회(民會)에서 일어난 소동의 대부분은 그 규칙을 모르거나 무시한 데 원인이 있었던 것이다. 이 (인민의 집회의) 경우 집정관은 인민의 의장에 지나지

---

32 즉 '연합'에 의해서이다.
33 루소, 《코르시카 헌법 초안》 본판 제2권 312~327쪽 참조.

않고 호민관은 단순한 대변자일 뿐이며,* 따라서 원로원도 없는 것이나 다름없는 것이었다.

통치자가 실재적인 권력자를 인정하거나 혹은 인정해야 하는 이 권한 정지 기간은, 항상 통치자에게는 무서운 존재였다. 또 정치체의 방패요 정부의 제어기관인 이 인민의 집회는, 어느 시대에도 통치자들이 두려워하는 바였다. 때문에 그들은 시민들이 이러한 집회를 열지 못하게 온갖 배려와 반대, 방해와 감언(甘言)을 아끼지 않았다. 인민이 탐욕스럽고 나태하고 소심해서 자유보다도 평안을 좋아할 때는, 증가하는 정부의 힘에 오래 견디지 못한다. 그래서 (정부측의) 압력이 끊임없이 증가함에 따라 주권은 결국 소멸한다. 또 도시국가의 대부분이 그 수명을 다 채우지 못한 채 몰락하고 만다.

그러나 주권과 전제정부 사이에 때로는 중간의 힘이 끼여드는 수가 있으므로, 이에 대해 말해야겠다.

15. 대의원 또는 대표자

일단 공공의 직무가 시민들의 주요한 일로 여겨지지 않고 또 시민들이 자기 자신의 신체보다 자신의 지갑을 털어 일을 처리하기에 이르자마자, 국가는 이미 멸망 앞에 놓여 있는 것이다. 싸움터로 나가야만 할 때 그들은 군대에 돈을 주고 집에 남아 있으며, 회의에 참석해야 할 때 대의원을 지명하고 자기는 집에 남는다. 나태와 금전으로 인해 그들은 마침내 조국을 노예상태에 몰아넣기 위해 군대를

---

* 오늘날 영국 의회에서 이 명칭에 주어져 있는 것과 유사한 같은 의미로 나는 사용하고 있다. 이 두 가지 직무는 비슷하므로, 설령 모든 권한이 정지되었을 때라도 집정관과 호민관은 마찰을 되풀이했을 것이다.

사들이고, 또 조국을 팔아넘기기 위해 대의원을 가지기에 이르는 것이다.

'상업과 공예(工藝)에 법석을 떨거나, 무턱대고 이익을 탐하거나, 연약하여 안락을 좋아하는 것은 그들이 국가에 직접 헌신하기보다 돈으로 대신하려고 하기 때문이다. 그들이 이윤의 일부를 내놓는 것은 더 큰 이익을 챙기기 위함이다. 돈으로 해결하는 자는 머지않아 쇠사슬에 얽매이게 될 것이다. '재정'이라는 용어는 노예의 말이어서, 도시국가에서는 알지 못하는 것이다. 정말로 자유로운 나라에서는 시민은 자기 손으로 모든 일을 하고, 아무것도 돈으로 해결하려 하지 않는다. 자기 의무를 피하기 위해 돈을 지불하기는커녕, 돈을 지불하고서라도 자기 의무를 스스로 다하려고 할 것이다. 일반적인 의견과는 크게 다르지만, 나는 부역(賦役)을 하는 것이 조세보다도 자유를 어기는 일이 보다 적다고 믿고 있다.[34]

국가가 잘 조직될수록 시민은 사적인 일보다 공적인 일을 중요시한다. 사적인 일은 공적인 일보다 그 중요성이 훨씬 떨어진다고도 말할 수 있다. 왜냐하면 공통의 행복이 각 개인의 행복에 보다 큰 부분을 제공하게 되므로, 개인이 개별적인 배려에 대해 구해야 하는 것은 보다 적어지기 때문이다. 잘 운영되고 있는 도시국가에서는 누구든지 집회에 자진하여 참석하지만, 나쁜 정부 아래에서는 집회에 참석하기 위해 움직이는 것을 좋아하지 않는다. 왜냐하면 거기서 행해지는 일에 누구도 관심을 갖지 않고, 거기서는 일반의지가 지배하지 않을 것이 예견되며, 또 마지막으로 자기 집 일을 하느라고 분주하기 때문이다. 좋은 법률은 더욱더 좋은 법률을 만들지만, 나쁜 법률은 한층 더 나쁜 법률을 만든다. 나랏일에 관해 '나와 무슨 관계가 있는가?'라는 말을 한다면 그 국가는 이미 망한 것이라고 생각해야 한다.

조국애의 감퇴, 사적인 이익을 추구하는 활동, 국가의 광대함, 정복, 정부의 악

---

34 루소, 《코르시카 헌법 초안》 본판 제2권 339쪽과 비교하라.

폐 등이 인민 집회에 있어 인민의 대의원 또는 대표자라는 방식을 생각해 내게 했다. 어떤 나라에서는 인민들을 제3의 신분으로 불리고 있다.[35] 이렇게 되면 두 가지 신분의 특수 이익이 제1과 제2의 지위에 놓이게 되고, 공공의 이익은 제3의 자리밖에 차지할 수 없게 된다.

주권은 이양될 수 없다는 것과 동일한 이유로 인해 주권은 대표될 수도 없다. 주권은 본질적으로 일반의지 속에 존재한다. 더구나 일반의지는 그 자체이거나 아니면 다른 것이기 때문이며, 거기에 중간이란 결코 없다. 따라서 인민의 대의원은 일반의지의 대표자가 아니며, 대표자일 수도 없다. 그들은 인민의 고용인일 뿐이다.

그들은 무슨 일이든 결정적인 행동을 하지 못한다. 인민이 스스로 승인한 것이 아닌 법률은 모두 무효이며, 절대로 법률이 아니다. 영국 인민이 자유로운 것은 의원을 선거하는 동안만의 일이고, 의원이 선출됨과 동시에 노예가 되어 무로 돌아가 버린다. 자유로운 짧은 기간에 그들이 자유를 어떻게 사용하였는지를 살펴보면, 그들이 자유를 잃는 것은 당연함을 알 수 있다.

대표라는 개념은 근세에 생긴 것이다. 그것은 봉건정치에, 즉 인간이 타락하고 인간이라는 이름이 치욕 속에 있었던 그 더럽고 어처구니없는 정치에 유래하고 있다. 고대의 공화국에서는, 아니 군주국에서조차 인민은 결코 대표자를 가지지 않았고, 사람들은 이 말을 알지도 못했던 것이다.

로마에서 호민관은 극히 신성시되고 있었음에도 불구하고, 그것이 인민의 역할을 가로챌 수 있으리라고는 상상하지도 못했다. 또 호민관은 인민정치의 그토록 많은 사람들 속에 있으면서, 거기에서의 단 하나의 결의일지라도 직권에 의해 통과시키고자 기도한 자는 없었다. 하긴 인민이 많기 때문에 혼란이 일어

---

35 프랑스를 가리킨다. 시에이에스의 유명한 팸플릿 〈제3의 신분이란 무엇인가〉(1789)를 보라.

날 수도 있었다는 것도 고려해 두어야 한다. 그것은 그라쿠스 형제[36]의 시대에 일어났던 일로도 알 수 있지만, 그때는 시민의 일부가 지붕 위에서 투표를 했던 것이다.

권리와 자유가 전부인 곳에서는 약간의 불편은 아무것도 아니다. 이 현명한 인민 아래에서는 모든 것에 정당한 조치가 취해졌다. 인민은 호민관조차 굳이 하지 않았던 일을 그들의 선구경리(先驅警吏)[37]가 하도록 해 두었지만, 그 경리들이 인민을 대표하기를 원하고 있는 것이 아닐까 하는 염려는 전혀 하지 않았다.

그렇지만 호민관이 어떻게 하여 때로는 인민을 대표했는지를 설명하기 위해서는, 정부가 현재 어떻게 하여 주권자를 대표하고 있는지를 생각하는 것으로 충분하다. 법률은 일반의지의 선언에 지나지 않으므로, 입법권에서 인민이 대표될 수 없음은 명백하다.

그러나 집행권에서는 대표될 수 있고, 또 그래야 한다. 집행권은 법률에 적용된 힘일 뿐이기 때문이다. 이 점을 염두에 두고 면밀히 검토해 보면, 법률을 가지고 있는 국가는 극히 적다는 것을 알 수 있을 것이다. 그것은 어찌되었든, 호민관은 집행권의 어떤 부문도 지니고 있지 않았으므로 그들이 식부상의 권리에 의해 로마 인민을 결코 대표하지는 못했지만, 오직 원로원의 권한을 빼앗음으로써만 그것이 가능했던 것은 확실하다.

그리스에서는 인민이 해야 할 모든 일이 인민 자신에 의해 행해졌다. 인민은 끊임없이 광장에 모였다. 그리스인은 따뜻한 풍토에 살았고, 탐욕스럽지 않았다. 노

---

36 그라쿠스 형제(형 티베리우스는 기원전 162~133, 동생 가이우스는 기원전 153~121)는 두 사람 다 로마의 호민관인데, 토지 균분법(均分法)과 그밖의 민주적 개혁을 시도했으나, 원로원을 중심으로 한 상층계급의 반대에 부딪쳐 모두 실패했다. 여기서 루소가 언급하고 있는 것은, 그라쿠스 형제의 개혁이 인민의 소요를 불러일으키고, 혼란한 인민 집회를 가지게 된 점일 것이다.
37 고대 로마에서 독재관·집정관 등에 앞장서기 위해, 도끼와 채찍을 하나로 묶어 최고 주권의 표시로 가지고 다녔던 자를 말한다.

동은 노예에 의해 행해졌고, 인민의 큰 관심사는 자기 자신의 자유였다. 그런데 그리스 인과 같은 여러 가지 이점이 없는 나라에서 어떻게 하면 그와 같은 권리를 유지할 수 있을까? 여러분이 사는 나라는 보다 추우므로 많은 필요를 산출한다.* 1년 중에서 6개월은 공공 광장을 사용하지 못한다. 여러분의 답답한 언어는 야외에서는 잘 들리지 않는다. 여러분은 자유보다도 이득을 더 중요시한다. 그리고 여러분은 노예가 되는 것보다도 가난을 더 두려워하는 것이다.

자유는 노예의 도움이 없이는 유지되지 않는다고 주장하는 시민도 있을 것이다. 아마 그럴 것이다. 양극단은 서로 맞닿아 있다. 자연 속에 존재하지 않는 것에는 모두 불편이 따르는데, 시민 사회는 더더욱 그렇다. 거기에서는 남의 자유를 희생시키지 않고서는 자유를 누릴 수가 없고, 시민이 완전히 자유로워지기 위해서는 노예는 극단으로 노예적이어야 한다는 불행한 상황에 있다. 그것이 스파르타의 상황이었다. 여러분 같은 근대인은 노예를 전혀 갖지 않지만, 여러분 자신이 노예인 것이다. 여러분은 자신의 자유를 팔아 노예의 자유를 산 것이다. 그렇게 하는 편이 좋다고 자랑을 해도 헛일이다. 나는 거기에서 인간성보다도 오히려 비굴함을 보는 것이다.**38**

그렇다고 해서 나는 노예가 필요하다고도, 노예권이 합법적이라고도 말하는 것은 아니다. 그 반대의 일을 이미 증명하지 않았는가. 다만 나는 스스로 자유롭다

---

* 추운 나라에서 근동(近東) 여러 국민의 사치와 유약함을 채택하려고 하는 것은, 스스로 기꺼이 그들과 같은 쇠사슬을 감는 일이다. 더구나 추운 나라에서는 쇠사슬에 굴복하게 되는 것은 동양에서보다도 한층 필연적인 것이다.

38 웨즐레이 후작(당시의 모닝턴 경)은 '의회 개혁' 문제를 타파하기 위해 루소의 논의를 교묘하게 이용했다. "이제는 다비에서의 청원인들은 인간의 권리가 완성의 절정에까지 도달했음을 알 것이다. 그리고 그들 자신의 원칙에 따라 그것을 엄밀하게 완전하게 추진한다면, 국가적 노예제만이 진정한 정치적 자유의 확고한 기초임을 배우게 될 것이다." 그레이의 《의회 개혁의 동기에 관한 토론》 (1793. 5.) 78~79쪽을 보라.

로 믿고 있는 근대인이 왜 대표자를 가지며, 또 고대인이 왜 그것을 가지지 않았는지 그 이유를 말했을 뿐이다. 그것은 어찌되었든, 인민은 대표자를 가지게 됨과 동시에 이미 자유를 누릴 수 없고 인민은 존재하지 않게 된다.

모든 것을 잘 검토하면 주권자가 그 권리의 행사를 보존하는 일은 도시국가가 아주 작지 않은 한 우리들의 나라에서는 앞으로는 불가능하다[39]고 나는 생각한다. 그러나 만일 나라가 너무 작으면 정복되지 않을까? 그렇지는 않다. 나는 나중에* 큰 나라의 대외적인 힘과, 작은 나라의 쉬운 통치 및 좋은 정치를 결부시킬 수 있을지 설명할 것이다.

16. 정부의 설립은 결코 계약이 아니다

입법권이 확립되면, 그 다음에 문제되는 것은 같은 방법으로 집행권을 확립하는 일이다. 왜냐하면 후자는 개인적인 행위에 의해서만 작용하는 것으로서 입법권의 본질을 이루는 것은 아니며, 그것과 별개의 것이기 때문이다. 만일 주권자가 집행권을 가진다면 권리와 사실이 혼동되어, 법과 법이 아닌 것을 구별하지 못하게 될 것이다. 그리고 폭력을 막기 위해 마련되었음에도 불구하고, 그렇게 변질된 정치체는 이내 폭력의 희생물이 될 것이다.

---

* 이것은 내가 이 책의 속편에서 대외관계를 이야기하면서 연방제를 언급할 때 다루려 했던 일이다. 이것은 전혀 새로운 문제여서, 그 여러 가지 원칙은 이제부터 확립해 가야 하는 것이다.[40]

39 최초의 초고(제2편 제3장)에서는 루소는 더한층 단정적으로 강력하게 말하고 있다. "그 결과로서, 국가는 기껏해야 유일한 도시에만 한정되어야 할 것이다."라고. 본판 제1권 487쪽 참조.
40 연합'에 관한 루소의 견해를 더 명백하게 하는 것으로는 《영구 평화론 비판》과 《에밀》 제5편 및 《폴란드론》이 있다. 본판 제1권 95~102쪽, 《루소 연구》의 〈루소의 평화사상〉 참조.

시민은 사회계약에 의해 모두 평등하므로, 누구든지 각자 해야 할 일을 결정할 수 있다. 그러나 누구든 그 자신이 하지 않는 일을 남에게 하라고 요구할 권리는 없다. 그런데 주권자가 정부를 설립하여 통치자에게 주는 것은 바로 이 '자기가 하지 않는 일을 남에게 하라고 요구하는' 권리이고, 그것은 정치체에 생명과 활력을 주기 위해 불가결한 것이다.

많은 사람들은 정부의 설립 행위를 인민과 인민이 지배자와 맺은 하나의 계약이라고 주장했다. 즉 한쪽은 지배할 의무를 가지고, 다른 쪽은 복종하는 의무를 가진다는 조건을 두 당사자 사이에 전하는 계약이라고 말한다. 이것은 기묘한 계약이라고 여러분은 생각할 게 틀림없다고 나는 믿는다. 그러나 이런 의견이 지지할 만한 것인지 어떤지를 살펴보자.

첫째로, 최고의 권력은 양도될 수도 없고 변경할 수도 없다. 그것을 제한하는 것은 그것을 파괴하는 일이다. 주권자가 자기보다도 상위자를 가진다는 것은 어처구니없는 일이고, 모순이다. 지배자에 대한 복종을 강제당한다는 것은 완전한 자유 — 자연상태 — 에로 복귀하는 일이다.

그리고 인민과 어떤 특수한 개인과의 이 계약은 개별적인 행위임에 명백하다. 따라서 이 계약은 법도 아니고, 주권의 행위일 수도 없는 셈이 되며, 그 결과 비합법이라는 결론이 나온다.

그리고 또 다음과 같은 일을 알 수 있다. 당사자 사이에는 자연법칙밖에 없고, 그들 상호간의 약속을 보증하는 아무것도 없다. 이것은 어떻게 하든 사회상태와 서로 용납하지 않는다. 권력을 가진 인간은 항상 그 힘을 마음대로 행사할 수 있으므로, 남에게 다음과 같이 말하는 인간의 행위에도 계약이라는 이름을 부여할 수 있는 것이다. 즉 '당신에게 내 재산을 전부 드립니다, 당신 마음에 드는 것만큼 나에게 돌려주신다면.' 하고.

국가에는 단 하나의 계약밖에 없다. 이 계약만으로 다른 모든 것은 배제된다.

그렇기 때문에 전자—사회계약—를 파괴하지 않는 다른 어떤 공공의 계약도 결코 생각할 수 없을 것이다.

17. 정부의 설립에 대해

그럼, 정부를 설립하는 행위를 어떤 사상으로 생각해야 할까? 나는 우선 그 행위는 복합적이며, 다른 두 가지 행위로 이루어지는 데 주의하고자 한다. 즉 법의 제정과 법의 집행이다.

첫번째 행위에 의해 주권자는 이러이러한 형태 아래의 정부가 설립되어야 한다는 것을 정하는데, 이 행위가 법인 것은 명백하다.

두 번째 행위에 의해 인민은 설립된 정부를 맡을 수 있는 통치자를 임명한다. 그런데 이 임명은 개인적인 행위이므로, 두 번째 법이 아니라 단지 첫번째 법의 계속이며, 하나의 기능이다.

이해하기 어려운 일은, 정부가 존재하기 전에 어떻게 정부의 행위가 있을 수 있으며, 또 주권자 혹은 신민일 뿐인 인민이 어떻게, 어떤 경우에 통치자 또는 행정관이 될 수 있는가 하는 점이다.

또 여기서, 언뜻 보기에는 모순되는 듯한 작용을 조화하는 정치체의 놀라운 성질의 하나가 명백해진다. 이 성질은 민주정치를 향한 주권의 신속한 전환에서 생긴다. 따라서 눈에 띄는 변화는 전혀 없이, 오직 모든 사람들과의 새로운 관계로써만 시민은 행정관이 되어 일반적 행위에서 개인적인 행위로, 법에서 그 집행으로 옮겨가는 것이다. 이 관계의 변화는 실례(實例)가 없는 교묘한 사변의 산물은 결코 아니다. 영국 의회에서는 매일 일어나고 있다. 즉 하원이 여러 가지 문제를 충분히 토의하기 위해 어떤 경우에는 전원(全院) 위원회로 변하고, 조금 전까지 주권자의 회의였던 것이 이렇게 하여 단순한 위원회로 되는 것이다. 그래서 하원은 전원 위원회에서 새로 결정한 일을 하원으로서의 자기 자신에게 보고하고, 하나의 전원 위원회라는 자격으로 다시 토의하게 되는 것이다.

일반의지가 단일의 행위에 의해 현실적으로 정부가 설립할 수 있다는 것, 이것이 민주정의 특유한 장점이다. 그 후에 이 임시정부가 민주정이라면 그대로 정권을 잡고, 그렇지 않으면 법률에 따라 규정된 정부를 주권자의 이름으로 설립한다. 이렇게 하여 모든 일이 합법적으로 진행된다. 이 이외의 어떤 합법적인 방법으로도, 또 위에서 말한 여러 원칙으로 깨뜨리는 일 없이는 정부의 설립은 불가능하다.

18. 정부의 정권을 막는 수단

앞에서 설명한 결과로서 다음과 같은 일이 명백해진다. 그것은 '16. 정부의 설립은 결코 계약이 아니라는 것'의 확인인데, 정부를 만드는 행위는 결코 계약이 아닌 하나의 법이며, 집행권을 맡은 사람들은 결코 인민의 주인이 아닌 그 공복(公僕)이라는 것, 인민은 마음대로 그들을 임명하고 또 해임할 수 있으며 그리고 그들이 국가에서 부과된 직무를 맡고 있는 것은 시민으로서의 의무를 다하는 것이며, 그 조건에 관해 이렇다 저렇다 말할 권리는 전혀 없다는 것이다.

인민이 세습제 정부를 설립했을 때, 그것이 한 왕가의 군주정이건 한 시민 계급의 귀족정이건, 인민이 계약을 한 것은 아니다. 다른 정체를 선택하는 것이 좋다고 생각될 때까지, 인민이 행정을 위해 부여한 임시적인 한 형태인 것이다.

이 같은 정체의 변경은 항상 위험하여, 공공의 이익과 양립할 수 없게 된 경우 이외에는 기존의 정부에 손을 대서는 안 된다는 것은 진실이다. 그러나 이 교훈은 정책상의 금언일 뿐 법률상의 원칙은 아니다. 국가는 군사상의 권력을 장군들에게 맡겨 둘 의무를 가지지 않는 것과 마찬가지로, 정치상의 권력을 우두머리들에게 맡겨 둘 의무도 가지지 않는다.

그리고 이 같은 경우 정당하고 합법적인 행위와 폭동을 구별하고, 인민 전체의 의지와 도당의 불만을 구별하기 위해 필요한 모든 절차를 아무리 신중하게 지켜도 부족하다는 것도 진실이다. 꺼림직한 사태에 즈음해서는 법률을 될 수 있는 한 엄중하게 적용하여, 부득이한 것 외에는 인정해서는 안 되는 것은 특히 이 경우의 일이다. 그런데 이 (정체의 변경에 신중해야 한다는) 의무에서 통치자는 큰 이익을 끌어낸다. 즉 인민의 의지를 어기고 권력을 보전하면서 인민의 권리를 가로챘다고는 말할 수 없게 하는 것이다. 왜냐하면 주어진 권리만을 사용하고 있는 것처럼 가장하면서 실제로는 권리를 확장하고, 공간을 구실로 하여 좋은 질서를 회복하기 위한 인민의 집회를 방해하는 것은, 통치자로서는 매우 쉬운 일이기 때문이다. 이렇게 하여 정부는 침묵을 깨뜨리는 일을 금지한 후 그 침묵을 이용하고, 혹은 일부러 불법행위를 저지르도록 '도발' 해 두고 이것을 이용하며, 그 결과 공포 때문에 침묵을 지키고 있는 자는 정부를 시인하고 있는 것이라고 제멋대로 단정하고, 짐짓 침묵을 깨뜨리는 자는 이를 처벌하는 것이다. 로마의 십인관이 처음에는 1년 임기로 선출되었으나 그 다음해까지 눌러앉았을 뿐 아니라, 민회의 집회를 더 용납하지 않고 영구히 권력을 보전하려고 시도한 것은 이 경우에 해당된다. 그리고 세계의 모든 정부는 한번 정권을 차지하면, 용이한 이 같은 방법에 의해 곧 주권을 가로채는 것이다.[41]

내가 앞에서 말한 정기적 집회는 이 불행을 막거나, 혹은 그것을 지연시키는 데

---

41 《산에서 온 편지》 제7, 본판 제12권 248~256쪽 참조. 트롱샹은 그의 보고 속에서, 1762년 6월 17일의 '소평의회'에 반대하기 위해 이 장구 및 그 이하의 6개의 장구를 뽑아내고 있다.

적당한 방법이다. 그 집회를 가지는 데 소집절차를 필요로 하지 않는 경우에 특히 그렇다. 왜냐하면 그때 통치자가 그 집회를 방해하면, 그는 법률의 침해자이고 국가의 적임을 공공연하게 선언하는 셈이 되기 때문이다.

사회계약의 유지라는 것 외에 어떤 목적도 갖지 않는 이 집회는 개회할 때 항상 다음과 같은 두 가지 안을 제출해야 한다. 이것은 결코 생략할 수 없다. 그리고 이 두 가지는 따로따로 투표에 회부해야 한다.

제1의 안 – 주권자는 정부의 현재의 형태를 보전하고 싶다고 생각하는가.
제2의 안 – 인민은 현재 행정을 맡고 있는 사람들에게 앞으로도 그것을 맡기고 싶다고 생각하는가.

나는 여기서 이미 증명했다고 믿는 일, 즉 국가에는 폐지할 수 없는 기본법은 아무것도 없고, 사회계약조차 그렇다는 것을 가정하고 있는 것이다. 왜냐하면 만일 모든 인민이 모여서 만장일치로 이 계약을 파기하면, 이 파기가 합법적임은 의심할 여지가 없기 때문이다. 그로티우스는, 각자는 그가 속하는 국가를 져버리고 국외로 나감으로써 그 자연의 자유와 재산을 회복할 수 있다고까지 생각하고 있다.[42] 그런데 각 개인이 따로따로 할 수 있는 일을 시민 전체가 하지 못한다는 것은 터무니없는 일임에 분명하다.

---

42 이것은 그로티우스에 대해 언급하고 있는 것이다.

제4편

1. 일반의지는 파괴할 수 없다

많은 인간이 결합하여 일체를 이루고 있다고 스스로 생각하고 있는 한, 그들은 공동의 보존과 전원의 행복에 관련이 있는 단 하나의 의지밖에 가지고 있지 않다. 그때는 국가의 모든 원동력은 강력하고 단순하며, 국가의 격률은 명확하고 광채를 내뿜게 된다. 이해의 혼란과 모순은 전혀 없다. 공통의 행복은 도처에 명백하게 나타나고, 상식만 있으면 누구든지 그것을 분별할 수 있다. 평화·단결·평등은 정치적인 흥정의 적이다. 정직하고 단순한 인간은 단순함 때문에 쉽게 속지 않는다. 술책과 교묘한 구실로는 그들을 속이지 못한다. 그들은 교활함조차 없다. 온 세계에서 제일 행복한 인민 사이에서, 농민의 무리가 떡갈나무 아래 모여 국가의 여러 문제를 결정하고, 항상 현명하게 행동하고 있는 것을 볼 때[1] 다른 국민의 세련된 방법을 경멸하지 않을 수 있을까? 그런 국민은 수많은 기술과 신비에 의해 유명해지기는 했으나 불행해지기도 했던 것이다.

이처럼 순박하게 다스려지고 있는 국가는 극히 약간의 법률밖에 필요로 하지 않는다. 그리고 새로운 법률을 공표할 필요가 생기면 이 활용은 누구에게도 명백해진다. 새로운 법률을 최초로 제출하는 사람은 모든 사람들이 이미 느끼고 있는

---

1 이것은 아펜젤 같은 스위스의 목야(牧野) 여러 주를 암시하고 있다.

일을 입밖에 내는 것뿐이다. 남도 자기 마찬가지로 생각할 것임이 확실해지자마자 각자가 이미 실행하기로 작정하고 있는 일을 법률로 하기 위해서는 술책도 웅변도 문제가 되지 않는다.

이론가들이 잘못을 저지르는 것은 다음과 같은 사정 때문이다. 즉 그들은 애초부터 나쁘게 구성되어 있는 국가만을 보고 있기 때문에 지금 말한 것 같은 정치를 그곳에서 유지하는 것은 불가능하다고 생각하고 있다. 그들은 교활한 인간과 언변이 좋은 인간이 어처구니없는 말로 파리와 런던의 인민을 속이는 광경을 상상하며 비웃는다. 그들은 베른의 인민이라면 크롬웰을 부려먹고, 제네바인이라면 보포르 공²을 훈련했으리라는 것을 알지 못하는 것이다.

그러나 사회의 매듭이 느슨해지고 국가가 약해지기 시작하면, 또 개인적인 이해가 고개를 쳐들고 군소집단이 큰 사회에 영향을 끼치기 시작하면, 공동의 이익은 손상당하고 그 적대자가 나타난다. 투표에서는 이제 만장일치는 볼 수 없게 된다. 일반의지가 이제는 전체의 의지는 아니게 된다. 대립과 논쟁이 일어나고, 아무리 훌륭한 의견이라도 논쟁을 거치지 않으면 통과하지 못하게 된다.

결국에는 국가가 멸망을 앞두고 속임수의 공허한 형태로밖에 존재하지 않게 되고, 사회의 굴레가 모든 사람들의 마음속에서 파괴되어 제일 비천한 이해(利害)조차 뻔뻔스럽게도 공공의 행복이라는 신성한 이름으로 가장하게 되면 일반의지는 입을 다물어 버린다. 모든 사람들은 남에게는 말할 수 없는 동기에 이끌리고, 이제는 시민으로서 의견을 말하지 않게 되어 국가는 마치 존재하지 않는 듯한 상태가 되고 만다. 그리고 개인적인 이해밖에 목적으로 삼지 않는 부정한 포고(布告)

---

2 '프롱드의 난'의 지도자의 한 사람(1616~1669). 드 레스의 《각서》 참조. 보포르 공작은 앙리 4세의 서손(庶孫)으로서, 처음에 리슐리외에 대한 음모로 영국으로 망명했으나, 루이 14세가 즉위한 직후, 마자랭과 대립하여 1643년 방센에 투옥되었다. 그러나 1648년에 탈옥하여 프롱드의 난의 주모자의 한 사람이 되었다. 그는 특히 파리 시민들 사이에 인기가 있어 '장터의 왕'이라 불렸다. 반란 후 마자랭에 의해 다시 추방되었다가, 1654년 귀국이 허용된 후에는 음모를 단념하고 해군장관으로서 루이 14세의 충신이 되어, 1669년 터키와의 싸움에서 전사했다.

가 법률이라는 이름 아래 잘못 가결되기에 이른다.

그렇다고 해서 일반의지가 파괴되거나 혹은 부패했다고 할 수 있을까? 아니다. 그것은 항상 존재하고 변함이 없으며 순수하다. 그러나 일반의지는 그것을 이겨 내는 다른 의지에 종속되어 있는 것이다. 각자는 자기 자신의 이익을 공동의 이익으로부터 분리시켜 놓지만, 그것을 완전히 분리해 버리는 일은 불가능하다는 것을 알고 있다.

그러나 그로서는 공공의 불행에서 그가 받는 불행의 몫은, 자기가 독차지하려고 생각하고 있는 행복에 비하면 아무것도 아닌 것처럼 보인다. 이 개인적인 행복을 제외하면, 그도 자기 자신의 이익을 위해 전체의 행복을 다른 어떤 사람 못지않게 열렬히 원하고 있는 것이다. 투표권을 금전으로 팔 때조차 그것에 의해 그는 자기 마음속에서 일반의지를 소멸시킨 것이 아니라, 일반의지를 피한 것이다. 그가 저지른 잘못은 질문의 의미를 바꾸어, 질문을 받은 것과 다른 대답을 했다고 하는 점에 있다.

예컨대 "이것이 국가에 유리하다."고 말하는 대신, "이러이러한 의견이 통과되면 이러이러한 사람 또는 당파에 유리하다."고 말하는 것처럼. 그러니 회의의 질서를 지키기 위한 법은 그 회의에 있어 일반의지를 유지하기 위한 것이기보다는 오히려 일반의지가 항상 의견을 요구받고 항상 대답하도록 보증해야 하는 것이다.

나는 여기서 모든 주권적 행위에 대해 투표하는 단일의 권리, 즉 누구든지 시민에게서 빼앗아 버리지 못하는 권리에 관해, 또 정부가 항상 비상한 주의를 기울여서 정부의 구성원밖에 알지 못하도록 하고 있는, 발언하고 제안하고 심의하고 토의하는 권리에 관해 여러 각도로 고찰해야 할지도 모른다. 그러나 이 같은 중요 문제에는 다른 논문이 필요할 것이므로 나는 여기서 모든 것을 논술하지는 못한다.

2. 투표에 대해

앞장에서 설명한 바로 미루어, 공공의 일을 다루는 방식이 정치체의 품성과 건강의 현상에 관한 확실한 지표가 될 수 있음을 알게 된다. 회의에서 협조가 되면 될수록, 즉 의견이 만장일치로 접근하면 할수록 일반의지도 또한 한층 우세한 것이다. 이와 반대로 긴 토론과 분쟁과 소란은 개인적 이해의 대두와 국가의 쇠퇴를 알리는 것이다.

이런 일은 두 가지 또는 그 이상의 신분이 국가의 체제 속에 들어오는 경우에는 그렇게 명확하지 않은 것같이 보인다. 예를 들면 로마에는 귀족과 평민의 두 가지 신분이 있어서, 그 사이의 분쟁은 공화국의 전성기에조차 자주 민회를 혼란에 빠뜨렸다.

그러나 이 예외는 외적인 것일 뿐이며, 실제로는 예외가 아니다. 왜냐하면 그 당시에는 정치체의 내재하는 결합 때문에, 말하자면 한 국가 안에 두 개의 국가가 있었던 것이다. 두 개의 국가를 하나로 했을 경우에는 들어맞지 않는 일도 각개에 있어서는 들어맞는다.

사실 제일 혼란했던 시대에조차 원로원이 참견하지 않을 때는 민회에서의 평민의 의결은 항상 평온 속에 절대 다수로써 통과됐던 것이다. 개개의 시민은 하나의 이해밖에 가지지 않았으므로 전체의 인민도 하나의 의지밖에 가지고 있지 않았던 셈이다.

이와 정반대인 경우에도 또한 만장일치를 볼 수 있다. 그것은 시민이 노예상태에 빠져 있어 이제는 자유와 의지도 가지지 않게 된 경우이다. 그때는 공포와 아부가 투표를 갈채로 변하게 한다. 이제 논의는 행해지지 않고 숭배하거나 혹은 저주할 뿐이다. 제정시대의 원로원에서는 그 같은 비열한 방식으로 의견이 개진되었던 것이다. 때로는 그것은 어처구니없이 신중하게 행해졌다. 타키투스에 의하면.[3] 오토시대에 원로원 의원들은 비텔리우스에게 증오를 퍼부으면서 동시에 회의장을 고의적으로 매우 소란을 피워 설혹 그가 지배자가 되더라도 누가 무슨 말을 했는지 그가 알지 못하게 했다는 것이다.

이 같은 여러 각도의 고찰에서 여러 가지 원칙이 생기지만, 그것에 의해 일반의지를 분별하는 일의 어려움과 국가의 쇠퇴 정도에 따라 투표를 계산하고 의견을 비교하는 방법이 정해져야 한다.

그 성질상 만장일치의 동의를 필요로 하는 법은 단 하나밖에 없다. 그것은 사회계약이다. 왜냐하면 시민적 결합은 모든 것 중에서 가장 자발적인 행위이기 때문이다. 모든 인간은 태어날 때부터 자유이고 자기 자신의 주인이므로, 누구든지 그의 동의 없이는 어떤 구실로도 그를 복종시키지 못한다. 노예의 자식은 태어날 때부터 노예로 태어났다고 단정해 버리는 일이 있다. 그러므로 설령 사회계약을 할 때 반대자가 있다 하더라도 그들의 반대는 계약을 무효화하지는 못한다. 그것은 다만 그들이 그 계약에 포함되는 것을 방해할 뿐이다. 그들은 시민 중의 외국인이다.[4] 국가가 건설될 때, 그 나라에 살고 있다는 것 자체가 그 국가를 승인하는 일이다. 국가의 영토 내에 거주한다는 것은 주권을 따르는 일이다.*

이 최초의 계약(사회계약)의 경우를 제외하면 대다수의 인간은 항상 다른 모든 사람들을 구속한다. 이것은 이 계약 자체의 당연한 귀결이다. 그러나 어떤 사람이 자유로우면서도 타의에 따라야 하는 일이 어떻게 일어날 수 있는가를 묻는 사람

---

* 이것은 항상 자유국가에 적합한 것으로 이해되어야 한다. 왜냐하면 그렇지 않은 곳에서는 가족과 재산과 피난처가 없다는 점과, 필요와 폭력에 의해 국민이 자신의 의지를 어기고 국내에 머물러 있게 되는 경우가 발생할 수 있기 때문이다. 그리고 이 경우에는 그가 그 나라에 머물러 있기 때문이라는 것만으로는 그가 계약이나 또는 계약의 파기에 동의한 것으로는 되지 않는 것이다.

3 타키투스, 《역사》 제1편 85장 참조.
4 "형성된 제1의 사회에서 필연적으로 다른 모든 사회의 형성이 그 결과로서 나온다. 그것은 제1의 사회의 일부를 이루거나, 또는 그것에 포함되어야 한다(《전쟁 상태》, 제1권 296쪽)."와 대조하라.

이 있다. 반대자들이 자유로우면서도 그들이 동의하지 않은 법률에 복종하는 이유는 무엇일까?

그것은 문제를 제기하는 방법이 좋지 않다고 나는 생각한다. 시민은 모든 법률, 그가 반대했음에도 불구하고 통과된 법률에조차, 또 그 하나를 위반하더라도 벌이 가해지는 법률에조차 동의하고 있는 것이다. 국가의 모든 구성원의 변함없는 의지가 일반의지이고, 이 일반의지에 의해 비로소 그들은 시민이 되고 자유로워지는 것이다.* 어떤 법이 인민의 집회에 제출될 경우 인민에게 묻고 있는 것은, 정확하게는 그들이 제안을 가결하는가 부결하는가 하는 일이 아니라 그것이 인민의 의지, 즉 일반의지에 일치하고 있는가 하는 점이다. 각자는 투표에 의해 이 문제에 관한 자신의 의견을 말한다. 따라서 투표수를 계산하면 일반의지가 표명되는 것이다. 자기의 의견에 반대하는 의견이 우세를 차지했을 때는 그것은 자기가 틀렸다는 것, 내가 일반의지라고 생각하고 있었던 것이 사실은 그렇지 않았다는 것을 증명하는 데 지나지 않는다. 만일 나의 개인적 의견이 일반의지를 눌러 우세했다면 내가 바라고 있었던 것과는 다른 일을 한 셈이 될 것이다. 그 경우에는 나는 자유로웠다고 할 수는 없는 것이다.

하긴 이런 일은 일반의지의 모든 특징이 여전히 과반수 속에 존재하고 있다는 것을 전제로 한다. 그러한 특징이 과반수 속에 존재하지 않게 되면 어느 쪽에도 이미 자유는 존재하지 않게 된다.

앞에서 나는 공공의 토의를 할 때 어떻게 개별의지가 일반의지로 바뀌는가를 제시하여, 이 폐해를 막는 가능한 방법을 충분히 지적해 두었다. 이 일에 관해서는 나중에 또 말하기로 하자. 또 일반의지를 표시하기 위해서는 어느 정도 비율의

---

* 제노바에서는 감옥 입구와 갤리선(船) 죄수의 쇠사슬 위에 이 '자유' 라는 말이 적혀 있다. 이 표어를 사용한 방법은 교묘하고 또 정당하다. 실제로 시민의 자유를 방해하는 것은 어느 신분에나 있는 악인들뿐이다. 이런 악인들이 모두 갤리선에서 벌을 받고 있는 나라가 있다면 그 나라는 가장 완전한 자유를 향유할 수 있을 것이다.

표수가 필요한지에 관해서도 결정할 수 있는 규칙을 제시해 두었다. 한 표라도 차이가 나면 같은 수가 아닌 게 되고, 한 표의 반대라도 있으면 만장일치는 깨어진다. 그러나 만장일치와 찬반 동수와의 사이에는 찬반의 비율에 많은 차이가 있으며, 정치체의 상태와 필요에 따라 그 나누는 방법 중 하나에 입각하여 이 일반의지를 표시하는 수를 결정할 수가 있다.

두 가지 일반적인 격률이 이 비례를 정하는 데 도움이 될 수 있다. 하나는 의견이 중대하면 중대할수록 승리를 차지하는 의견은 만장일치에 접근해야 한다는 것이며, 또 하나는 논쟁의 대상이 되는 일이 긴급하면 긴급할수록 의견을 구별하는 데 필요한 기정(旣定)의 차이를 좁혀야 한다는 것이다. 즉 기결의 필요가 있는 토의는 단 한 표라도 많으면 충분하다고 보아야 하는 것이다. 이런 원칙 중에서 첫째의 것은 법을 정하는 경우에 적합하고 둘째의 것은 사무(를 처리하는 데)에 적합한 것 같다.[5] 어쨌든 이 두 가지 원칙의 배합에 입각하여 다수결을 정하는 제일 좋은 비례가 정해지는 것이다.

3. 선거에 대해

통치자와 행정관의 선출은 이미 말한 바와 같이 복합적 행위인데, 이것을 행하는 데에는 두 가지 방법이 있다. 즉 선거와 추첨이다. 이 두 가지 방법은 모두 종래에 여러 공화국에서 사용되어 왔다. 베네치아 통령의 선출에는 현재도 여전히 이 두 가지 방법이 매우 복잡하게 뒤섞여 있다.

"추첨에 의한 선거는 민주정의 본질에 적합한 것이다."[6]라고 몽테스키외는 말

---

5 루소, 《폴란드론》 제9장(본판 제12권 469쪽) 참조.
6 몽테스키외, 《법의 정신》 제2편 제2장 참조.

하고 있다. 이에 대해서는 나도 찬성이다. 그러나 어떤 의미에서 그렇다는 것인가? 그는 계속해서 말한다. "추첨은 아무도 해치지 않는 선출 방법이며, 각 시민에게 언젠가는 조국에 이바지할 수 있다는 희망을 준다." 그러나 이것은 이유가되지 않는다. 통치자를 선출하는 것이 정부의 기능이지 주권의 기능은 아니라는데 주의한다면 왜 추첨을 하는 방법이 민주정에 보다 적합한지 알게 될 것이다. 왜냐하면 민주정에서는 행정의 행위가 간단할수록 행정은 잘 시행되기 때문이다.

진정한 민주정에서는 행정관의 직무는 이익이 아니라 무거운 부담이므로, 이것을 어느 개인에게가 아니라 다른 개인에게 부과하는 것은 정당한 일일 수 없다. 오직 법만이 당첨자에게 이 부담을 부과할 수 있는 것이다. 왜냐하면 이 경우에는 조건은 모든 사람들에게 평등하며, 누가 당첨될 것인가 하는 것은 인간의 의지와 무관하므로, 법을 특정한 사람에게 적용하더라도 그것은 법의 보편성을 결코 해치지 않기 때문이다. 귀족정에서는 통치자가 통치자를 선출하고, 정부는 정부 자체에 의해 유지된다. 때문에 귀족정이야말로 투표가 아주 적합하다.

베네치아 통령 선출의 예는 이 구별을 깨뜨리기는커녕 도리어 이것을 확인하고 있다. 즉 이 혼합된 형태는 혼합정부에 적합한 것이다. 왜냐하면 베네치아의 정부를 진정한 귀족정으로 간주하는 것은 오류이기 때문이다. 베네치아에서는 인민이 정치에 전혀 참여하지 않더라도 귀족 그 자체가 인민인 것이다. 바르나보트[7]의 대다수 가난한 사람들은 결코 어떤 행정관의 직무에도 접근하지 않았고, 바르나보트의 귀족도 '각하'라는 공허한 칭호와 대평의회(大評議會)에 참석하는 권리밖에 가지고 있지 않았다. 이 대평의회에는 제네바의 우리의 총회[8]와 같은 정도로 많

---

7 베네치아의 귀족 중에서 비교적 빈곤한 계층을 가리킨다. 그들이 살았던 베네치아의 성(聖) 바르나바스구(區)에서 따왔다고 한다.
8 제네바의 시트와이앙과 부르주아 전부의 회의를 말한다. 이 회의가 제네바의 주권자이며, 여기에서 뽑히는 소위원회(25인 위원회라고도 불린다)는 총회에서 법의 집행을 위임받고 있는 루소의 이른바 정부에 지나지 않는다. 후일 루소를 탄압할 때 이 소위원회가 월권을 했음을, 루소는 《산에서 온 편지》에서 언급하고 있다.

은 의원으로 구성되어 있고 명성이 있는 의원들도 우리 나라의 평범한 시민 이상의 특권은 가지고 있지 않다. 확실히 이 두 공화국 사이의 극단적인 차이를 제외하면 제네바의 부르주아 계급은 그야말로 베네치아의 귀족에 해당하고, 제네바의 토착민과 거주민[9] 은 베네치아의 도시민과 인민에 해당하며, 제네바의 농민은 (베네치아) 육지의 신민에 해당한다. 요컨대 이 공화국을 어떻게 생각하건 그 크기를 예외로 치면, 그 정부는 우리들의 정부 이상으로 귀족적이 아니다. 다른 점은 우리는 종신 통치자를 한 사람도 가지지 않으므로 베네치아에서처럼 추첨의 필요를 갖지 않는다는 사실뿐이다.

추첨에 의한 선거는 진정한 민주정 아래에서라면 아무런 폐단도 발생하지 않을 것이다. 거기서는 모든 습속과 재능에 있어서도, 또 격률과 재산에 있어서도 평등하므로, 선거는 거의 관심을 끌지 못할 것이다. 그러나 이미 말한 바와 같이 진정한 민주정은 결코 존재하지 않는 것이다.

선거와 추첨이 혼용되고 있을 때는 군무(軍務) 같은 특유한 재능이 필요한 지위에는 선거가 적합하다고 보아야 하며, 재판관의 직무처럼 상식·정의·결백만으로 충분한 지위에는 추첨에 따라 결정하는 것이 더 적합하다. 왜냐하면 잘 조직된 국가에서는 이 같은 자질은 모든 시민에게 공통된 것이기 때문이다.

군주정에서는 추첨도 투표도 시행될 여지가 없다. 군주만이 당연히 유일한 통

---

9 제네바인은 다섯 가지 계층—시트와이양, 부르주아, 아비탄, 나티프, 쉬제—으로 나뉘어져 있었다. 그 중 시트와이양과 부르주아만이 행정 및 입법에 참가할 수 있었다. 시트와이양이란 시트와이양 또는 부르주아의 소생으로 시에서 출생한 자를 말하며, 부르주아란 부르주아 증서(lettre de bourgeoisie)를 교부받아 모든 종류의 상업에 종사할 권리를 얻은 자를 말한다. 시트와이양과 부르주아의 수는 1천 6백 명을 초과한 적은 없었다. 다음에 아비탄이라는 계층은 시에 거주하는 권리를 산 외국인으로 이루어졌고, 나티프는 이 아비탄의 소생으로 시내에서 태어난 자를 말했다. 이 두 계층은 어떤 상업도 영위할 권리를 가지지 못했고, 그밖의 직업에서도 그들에게 금지되어 있는 것들이 많았다. 그런데도 조세의 무거운 짐은 그들이 짊어졌다고 한다. 마지막으로 쉬제(신민)는 시의 영토에 거주하고 있는 자(영토에서 출생했건 그렇지 않건 상관없이)를 말하며, 그들이 어떤 점으로 보아도 무(無)와 같은 존재였음은 그 명칭 자체가 암시하는 대로이다.

치자이고 행정관이기 때문에 그 보좌관의 선임은 오로지 군주에게만 속한다. 아베 드 생피에르가 프랑스의 왕실 고문회의의 수를 늘리고, 더구나 그 구성원을 투표에 의해 뽑자고 제안했을 때, 그는 자기가 전체 정부형태의 변경을 제안하고 있다는 것을 깨닫지 못했던 것이다.[10]

이제 우리는 인민의 회의에서 투표를 하고, 그것을 모으는 방법에 관해 이야기해야 할 것이다. 그러나 이 점에 관해서는 모름지기 로마의 정치사가, 내가 증명하고자 하는 일체의 원칙을 보다 명확하게 설명할 것이다. 20만 명으로 진행되는 회의에서 공사의 사무가 어떻게 처리되었는가를 좀더 자세히 살펴보는 일은, 견식이 있는 독자에게는 무의미한 일이 아니다.

4. 로마의 민회에 대해[11]

우리는 로마의 초기에 관한 충분하고 정확한 자료는 아무것도 가지고 있지 않다. 로마의 초기에 관해 널리 알려져 있는 이야기의 대부분은 조작된 것이라 확신하게 하는 대목조차 많다.* 일반적으로 민족의 연대기 중에서 제일 교훈적인 요소

---

* '로물루스(Romulus)'에서 유래하고 있다고 주장되고 있는 '로마'라는 이름은 그리스어인데, 이것은 '힘'을 의미한다. '누마(Numa)'라는 이름 역시 그리스어로, '법'을 의미한다. 이 도시의 최초의 두 왕이 그들의 사적(事蹟)에 이토록 관계 깊은 이름을 미리 가지고 있었다는 것은, 그 속셈이 빤히 들여다보이는 참으로 뻔뻔스런 일이 아닌가?

10 《복정부론》을 보라. 주목되는 것은, 다르장송이 프랑스의 '지방 3부회'를 전반적으로 도입하는 것을 옹호하면서, '3부회' 재도입을 반대한 것은 이 이유에서였다. 《여러 가지 고찰》(리에즈판 25쪽, 321~325쪽) 참조.

11 드레이프스 브리자크에 따르면, 루소는 이 장 및 다음의 세 장에서, 시고니우스(《고대 로마 민법》) 및 마키아벨리(《티투스 리비우스론》)에 가장 많이 힘입고 있다. 이 책은 루소가 영국에 체류할 당시 뒤탕에게 팔아넘긴 책 속에 있다(1767년 3월 26일자의 뒤탕에게 보낸 편지, 전집 제12권 7쪽 참조). 그러나 이 네 장은 이 책의 주제와는 거의 관계가 없고, 그것이 놓여 있는 배경에도 적합하지 않음을 인정해야 한다. 세르비우스 헌법의 하찮은 여러 요소는 루소에게보다 시고니우스에게 더한층 적합한 테마인 것이다.

가 많은 부분은 그 민족의 건국 역사인데, 그것은 우리들에게 가장 결여되어 있는 부분이다. 우리는 날마다 어떤 원인으로 국가의 혁명이 일어나는가를 경험에 의해 알게 된다. 그러나 형성기에 있는 민족은 이젠 없으므로, 어떻게 해서 민족이 형성되었는가를 밝히기 위해서는 거의 추측을 하는 수밖에 없다.

기성의 관습이 있다는 것은, 적어도 그 관습에 기원이 있었음을 증명하고 있다. 이런 관습의 기원에까지 거슬러 올라가는 전승(傳承) 중에서 최대의 권위에 의해 받쳐지고, 가장 유력한 이유에 의해 확인되는 전승이 가장 확실한 것이라고 간주해야 한다. 이 격률이야말로 지상의 가장 자유롭고 가장 강력한 민족이 그 지상권(地上權)을 어떻게 행사했는가를 탐구할 때 내가 따라가려고 애쓴 것이다.

로마 건설 후의 신생 국가, 즉 알바인과 사비니인 및 외국인으로 구성된 건국자의 군대는 셋으로 구분되었는데, 그들은 이렇게 (셋으로) 갈라졌기 때문에 '부족' [12] 이라고 불렸다. 이 각 부족은 10개의 쿠리아(curia)로, 각 쿠리아는 데쿠리아로 세분되고, 그 각개에 '쿠리온', '데쿠리온'으로 불리는 우두머리가 있었다

이밖의 각 부족에서 백 명의 기병이나 기사의 무리가 선발되어 '백인조(百人組)'라고 불렸다. 이것으로 미루어, 도시 안에서는 그다지 필요치 않은 이런 구분은 최초에는 군사적인 것이었음을 알 수 있다. 그러나 위대함을 추구하려는 본능이 세계의 수도에 어울리는 정부 조직을 미리 소도시 로마가 갖추게 했던 듯싶다.

이 최초의 구분에서 이윽고 불편이 생겼다. 알바인*과 사비니인**의 부족이 언제까지나 같은 상태에 머물러 있는 데 대하여, 외국인***의 부족은 외국인이 계속

---

* Ramunenses(라무넨세스).
** Tatienses(타티엔세스).
*** Ruceres(루케레스). [13]

12 루소는 라틴어의 3(tres)의 여격에서 부족(tribus)이라는 말이 생겼다는 설을 따르고 있지만, 이것은 확실하지 않다.
13 이 세 부족을 루소는 알바인, 사비니인, 외국인으로 보고 있으나, 오늘날에는 라틴인, 사비니인, 에트루리아인(또는 라틴인의 한 파)으로 생각되고 있다.

흘러들어왔으므로 끊임없이 증대하여, 얼마 후에는 다른 두 부족을 능가하게 된 것이다. 이 위험한 폐해에 대해 세르비우스가 생각해 낸 구제책은 종래의 구분을 바꾸는 일이었다. 즉 종족에 의한 구분으로 바꾼 것이다. 그리고 그는 세 부족 대신 로마를 네 개의 지구로 나누고, 각 부족이 로마의 언덕의 하나를 차지하여 언덕의 이름을 부족명으로 삼았다. 그리하여 그는 현재의 불평등을 다스리면서, 또한 미래의 불평등까지 막았던 것이다. 그리고 이 구분을 단지 지역뿐 아니라 인간의 구분이 되도록 하기 위해, 그는 한 지구의 주민이 다른 지구로 옮기는 것을 금했다. 이로 인해 종족의 혼합을 막을 수 있었다.

그는 또 기존의 세 개의 기병 백인조를 두 배로 늘리고, 그밖에 12개의 백인조를 추가했으나, 이들은 여전히 전과 같은 이름으로 불렸다. 이 간단하고 현명한 방법에 의해 그는 인민이 불평하는 것을 막고, 기사(騎士)의 단체와 인민의 단체로 구별하는 데 성공했다.

세르비우스는 이 네 개의 도시 지구와는 별도로 15개의 지구를 추가했다. 이것들은 '전원 지구'라고 불렸는데, 그것은 15개의 주로 구분된 농촌의 주민으로 이루어져 있었기 때문이다. 그 후 또 같은 수의 새 지구가 만들어졌다. 그래서 로마인은 마지막에는 35개의 지구로 나뉘었고, 이 수는 공화정이 막을 내릴 때까지 변하지 않았다.

도시 지구와 전원 지구와의 이 구분에서 주목할 만한 결과가 생겼다. 왜냐하면 이 같은 예가 다른 곳에는 없었기 때문이며, 또 로마는 이 덕택에 습속의 유지와 국력의 강대함을 동시에 성취했기 때문이다. 사람들은 도시 지구가 이내 권력과 명예를 독점하여, 마침내 전원 지구를 낙후시켰다고 생각할지도 모른다. 그러나 사실은 정반대였다. 초기 로마인이 전원생활의 취미를 가지고 있었음은 잘 알려진 사실이다. 이 취미는 현명한 건국자로부터 전해진 것이지만, 그것은 자유와 경작 및 군역(軍役)을 결부시키고, 기술·수공업·음모·재산·노예제를 도시로 추방했던 것이다.

이처럼 로마의 유명한 인물은 모두 전원에 살면서 토지를 경작하고 있었기 때문에 공화국을 떠받치는 사람들을 찾는 일은 그곳에서만 가능했던 것이다. 이 생활방식은 가장 훌륭한 귀족의 생활방식이었으므로, 모든 사람들로부터 존경을 받고 있었다. 마을 사람들의 검소하고 근면한 생활이 로마 도시인(부르주아)의 한가하고 무절제한 생활보다도 좋은 것으로 여겨졌다. 농민으로서는 존경할 만한 시민인 사람도, 도시에서는 비참한 무산자(無産子)에 지나지 않았을 것이다.

바로[14]는, "우리의 위대한 조상들이, 전시에는 그들을 지켜 주고 평상시에는 그들을 먹여 살려 주는 튼튼하고 용감한 사람들의 양성소를 농촌에 마련한 것은 이유가 없는 일은 아니다."라고 말하였다. 또 플리니우스는 "전원 지구는 그것을 구성하고 있는 인간 때문에 존경을 받고, 이와 반대로 경멸해야 할 게으름뱅이는 치욕의 표시로서 도시 지구에 옮겨졌다."고 명확하게 말하고 있다.[15] 사비니인인 아피우스 클라우디우스[16]는 로마에 살고자 왔으나 거기서 많은 명예를 받고 전원 지구에 편입되었는데, 그 후 이 지구는 클라우디우스가(家)의 이름을 땄다. 마지막으로 노예에서 해방된 자유인은 모두 도시 지구 안에 들어갔고, 결코 전원 지구에는 들어가지 않았다. 또 공화정은 모든 기간을 통해 이런 해방된 노예들 중의 한 사람도 시민은 되었어도 어떤 정무(政務)를 맡아보게 된 예는 없다.[17]

---

14 로마의 문인. 정치적으로는 처음에 폼페이우스 편을 들었으나, 그후 카이사르의 보호를 받아 공립 대도서관의 설립 계획을 도왔고, 카이사르가 사망한 후에는 주로 저작에 생애를 바쳤다. 로마인 중에서 제일 지식이 많고 가장 많은 저작을 했다고 한다. 다음은 그의 《농업론》에서 인용한 것이다.

15 "전원에 사는 자들 중에서는 전원 지구가 제일 평판이 좋고, 이와 반대로 도시 지구는 나태하다는 악평이 나 있어, 여기에 옮겨지는 일을 치욕으로 여겼다(플리니우스, 《박물지》 제18편 제3장)." 루소는 바로(《농업론》 제3편 제1장) 및 플리니우스에게서의 인용을 모두 시고니우스(《고대 로마 민법》 제1편 제3장)에 따르고 있다.

16 로마의 클라우디우스가(家)의 선조. 사비니 출신으로, 로마와의 전쟁을 반대하고, 기원전 504년경 일족 5천 명과 함께 로마에 이주했다. 후에 집정관이 된다.

17 시고니우스.

이 원칙은 탁월한 것이었다. 그러나 너무 지나쳤기 때문에 결국 정치조직에 변화가, 아니 확실히 악폐가 생겼다.

첫째로, 호구(戶口) 감찰관은 시민을 한 지구에서 다른 지구로 마음대로 옮기는 권리를 오랫동안 독점하고 있다가 자기가 원하는 지구에 들어가는 것을 대부분의 시민에게 허용했다. 그러나 이 허가는 확실히 어떤 이익도 되지 않았고, 호구 감찰관의 중요한 기능의 하나를 박탈했을 뿐이었다. 게다가 고관과 유력자는 모두 전원 지구에 스스로 들어가고 도시 지구에는 시민이 된 해방 노예가 하층민과 함께 머물러 있었기 때문에, 지구는 이제는 일정한 장소나 영역으로서의 의미도 가지지 않게 되었다. 더구나 모든 지구가 완전히 뒤섞였기 때문에, 이제는 등록에 의하지 않고서는 각 지구의 구성원을 분간할 수 없게 되었다. 그래서 지구라는 말은 토지(에 관한 의미)에서 인간(에 관한 의미)으로 옮겨졌다기보다 차라리 거의 무의미한 말이 되어 버렸다.

그리고 도시 지구는 보다 많은 토지의 이점을 차지하고 있었기 때문에 민회에서 가장 유력한 경우가 많아서, 도시 지구를 구성하고 있는 하층민들의 투표권을 매수하는 사람들에게 국가를 팔기에 이르렀다.

쿠리아에 관해 말하면, 로마의 건국자는 각 부족마다에 10개의 쿠리아를 만들었으므로, 그 당시 도시의 성벽 속에 갇혀 있던 모든 로마인은 30개의 쿠리아로 이루어져 있었던 셈이 된다. 각개의 쿠리아는 자체의 신전·제신(諸神)·관리·사제·제전(祭典)을 가졌는데, 그 제전은 콤피탈리아라고 불렀으며, 후일 전원 지구가 가지게 된 파가날리아와 유사하다.

세르비우스가 지구를 새로 구분했을 때, 이 30개라는 수는 그가 만든 네 개의 부족에 평등하게 나눌 수가 없었으므로, 그는 그 일에는 손을 대려고 하지 않았다. 그래서 쿠리아는 부족과는 별개로 로마의 인민을 나누는 구분이 되었다. 그러나 전원 지구와 그것을 구성하는 인민에게 있어 쿠리아는 문제가 되지 않았다. 왜냐하면 지구의 구분은 순전히 정치상의 제도였고 또 군대를 소집하기 위해서는 별개의 방식이 도입되어 있었으므로, 로물루스가 시행한 군사상의 구분은 불필요한 것이 되었기 때문이다. 이리하여 모든 시민은 어느 지구엔가 등록되기는 했지만, 각자가 쿠리아에 등록되는 일은 거의 없었다.

세르비우스는 또 세 번째의 구분을 시행했다. 이것은 그 전의 두 구분과는 아무 관계도 없지만, 그 결과로 보아 가장 중요한 구분이 되었다. 그는 모든 로마인을 장소나 사람에 의해서가 아닌 재산에 의해 6등급으로 분할했다. 이리하여 제1등급은 부유한 사람을, 제일 마지막 등급은 가난한 사람을, 또 네 개의 중간 계급은 중간 정도의 재산을 가진 사람들을 포함하고 있었다.

이 여섯 개의 등급은 백인조라 불리는 193개의 다른 단체로 세분되었다. 그리고 이들 단체는 제1등급만으로 백인조의 절반 이상을 차지하고, 마지막 등급은 그 전체로 겨우 하나의 백인조로밖에 만들지 않는다는 식으로 분배되어 있었다. 그래서 인원수가 제일 적은 등급에 백인조의 수가 제일 많고, 마지막 등급은 로마 주민의 절반 이상을 차지하는데도 불구하고 등급 전체가 단 하나의 백인조로밖에 인정되지 않았다.

세르비우스는 이 최후의 구분이 초래하는 결과를 인민이 명확하게 깨닫지 못하게 하기 위해, 그것에 군사적인 색채를 부여하려고 애썼다. 그는 제2등급에 무기 상인의 두 개의 백인조를 넣고, 제4등급에 무기 제조인의 두 개의 백인조를 넣었다. 제6등급은 별도로 하고, 그는 각 계급 속에서 청년과 노인, 즉 무기를 들 의무가 있는 사람들과 늙었기 때문에 법률상 그 의무가 면제된 사람들을 구별했다. 이 구별은 재산상의 구별 이상으로 호구 감찰이나 또는 인구 조사를 자주 되풀이할 필요성을 낳았다. 그래서 그는 끝내 마르스의 들에서 집회를 열어 병역 연령에 포함되는 자는 모두 무기를 가지고 모이라고 명령했던 것이다.

그가 청년과 노인이라는 이 같은 구별을 제6등급에서는 하지 않은 이유는 이 등급을 구성하는 천민에게는 조국을 위해 무기를 드는 명예가 주어져 있지 않았기 때문이다. 가정을 지키는 권리를 얻기 위해서는 집을 가지고 있지 않으면 안 되었다. 오늘날 국왕들의 군대에 광휘를 곁들이고 있는 부랑자들로 편성된 무수한 부대 중에서 모름지기 로마의 보병대에서 경멸을 당하며 쫓겨나지 않을 사람은 한 명도 없을 것이다. 로마에서는 병사들은 자유의 수호자였던 것이다.

그렇지만 마지막 등급 중에서는 무산자와 천민은 구별되었다. 전자는 완전히 빈털터리는 아니어서, 적어도 국가에 시민을 공급하고, 또 긴박하게 필요한 경우에는 때때로 군인조차도 공급했다. 한편 천민은 전혀 아무것도 가지지 못한 사람들, 머릿수로밖에 셀 수 없는 사람들로 완전히 무시되고 있었다. 그들을 굳이 군대에 끌어들인 최초의 사람은 마리우스였다.[18]

이 세 번째의 분류가 그 자체로서 좋았는지 나빴는지를 여기서 판정하는 일은 별개로 하고, 다음과 같은 점은 단언할 수 있다고 생각한다. 즉 초기 로마인의 검소한 풍습, 그들의 무사(無私) 무욕(無慾), 농업에 대한 애착, 상업·이해타산·영리에 대한 경멸 등이 이 분류의 실행을 가능하게 했다는 점이다. 근대의 인민 중에서 그 끈질긴 탐욕, 불안한 정신, 음모, 끊임없는 이동, 재산의 쉴새없는 변화 등으로 국가 전체를 뒤집어 놓는 일 없이 이 같은 제도를 20년 동안이나 지속되게 하는 인민이 어디에 있을까?

그리고 또 주의해야 할 것은 로마에서는 이 제도보다도 한층 강력한 풍습과 호구 감찰이 있어서 악덕을 시정했다는 점과, 또 재산을 공개하여 자랑했다는 이유로 빈민의 등급으로 밀려난 부자가 있었다는 점이다.

이상과 같은 모든 일을 통해, 실제로는 여섯 개의 등급이 있었음에도 불구하고, 왜 거의 항상 다섯 등급밖에 문제가 되지 않았는가를 쉽사리 이해할 수 있다.

---

18 《정치경제론》과 비교하라.

제6등급은 군대에 병사를 내보내는 일도 없고, 마르스의 들*에 투표자를 내보내는 일도 없어서 공화국 안에서는 거의 아무 소용도 없었기 때문에 외면되었던 것이다.

로마 인민의 구분은 이상과 같았다. 다음에 이러한 구분이 각종 집회에서 어떤 결과를 빚어냈는지를 살펴보자. 합법적으로 소집된 이런 집회는 '민회(民會)'라고 불렸다. 그것은 대개 로마의 광장이나 마르스의 들에서 열렸는데, 집회가 소집되는 세 가지 형태에 따라 쿠리아의 민회, 백인조의 민회, 지구의 민회 등으로 구별되었다. 쿠리아의 민회는 로물루스가, 백인조의 민회는 세르비우스가, 지구의 민회는 호민관이 만든 것이나 어떤 법률의 승인도, 어떤 행정관의 선출도 민회에서밖에 행해지지 않았다. 그리고 또 어느 쿠리아, 어느 백인조, 어느 지구에든 등록되어 있지 않은 시민은 한 사람도 없었으므로, 그 결과 모든 시민에게 투표권이 부여되어있고, 로마의 인민은 명실공히 진정한 주권자였다.[19]

민회가 합법적으로 소집되고, 거기서 결정된 일이 법률로서의 힘을 가지기 위해서는 세 가지 조건이 필요했다. 그 첫째는 민회를 소집하는 단체 또는 행정관에게 그 일에 필요한 권한이 부여되는 일이고, 둘째는 법률에 의해 허용되는 날에 집회가 열리는 일이며, 셋째는 점괘가 길하다고 나오는 일이었다.

첫번째 규정은 설명할 필요도 없다. 두 번째 규정은 행정상의 처치이다. 즉 축제일이나 장이 서는 날에 민회를 여는 것은 허용되지 않았다. 이런 날에는 농촌 사람들은 개인적인 볼일로 로마에 오므로, 공공 광장에서 하루를 지낼 만한 여가가 없었던 것이다. 세 번째 규정에 의해 원로원은 자신에 넘쳐서 활동적인 인민을

---

* '마르스의 들(연병장)'이라고 내가 말한 것은 거기서 백인조의 민회가 소집되었기 때문이다. 다른 두 가지 민회에서는 인민은 '광장'이나 또는 다른 장소에 모였다. 그리고 그 경우에는 '카피테 켄시(천민)'는 제1계급의 신민과 마찬가지의 세력과 권위를 가지고 있었다.

19 시고니우스, 《고대 로마 민법》 참조.

억제하고, 또 반항적인 호민관의 결정을 교묘하게 누그러뜨렸다. 그러나 호민관들은 이런 구속에서 벗어나는 여러 가지 방법을 알고 있었다.

민회의 판단에 맡겨진 사항은 비단 법률과 행정관의 선출만은 아니었다. 로마 인민은 정부의 제일 중요한 권한을 빼앗아 자기 것으로 만들고 있었으므로, 유럽의 운명은 그들의 민회에서 정해졌다고도 할 수 있었다. 이렇게 갖가지 대상이 있었기 때문에, 결정하는 사항의 성질에 따라 이런 집회도 여러 가지 형태를 취하게 되었던 것이다.

이런 여러 가지 형태를 알기 위해서는 그것들을 비교해 보면 된다. 로물루스는 쿠리아를 제정할 때 원로원을 인민에 의해, 또 인민을 원로원에 의해 억제하고, 자기 자신은 이 양자를 똑같이 지배하려고 했다. 그래서 그는 이 형태에 의해 완전한 수효의 권위를 인민에게 주어, 그가 귀족에 대해 인정하고 있는 힘과 재산의 권위와 균형을 이루게 했다. 그러나 실상 그는 군주정의 정신에 따라 귀족에게 보다 많은 이익을 남겨 두었다. 그것은 귀족이 그들의 보호를 받고 있는 평민인 피호자의 힘에 의해 많은 투표권을 제어할 수 있었기 때문이다. 이 보호자와 피호자이라는 훌륭한 제도는 정책과 인간성의 걸작이어서, 이것이 없었다면 공화정의 정신과 양립하지 않는 귀족정은 존속하지 못했을 것이다. 이 훌륭한 예를 세계에 제시하는 명예를 가진 것은 로마뿐이었다. 로마에서는 결코 폐해는 생기지 않았지만, 이 뒤를 이은 것은 전혀 없었다.

이 쿠리아라는 형태는 세르비우스에 이르기까지 존속했고, 또 최후의 왕 타르퀴니우스의 치세에는 합법적이라고 인정되지 않았기 때문에, 일반적으로 그때까지 왕의 법률을 '쿠리아의 법'이라는 이름으로 불러 다른 것과 구별하였다.

공화정이 되어서도 쿠리아는 여전히 네 곳의 도시구역에 한정되어 이제는 로마시의 평민밖에 포함하지 않았기 때문에, 귀족의 선두에 서는 원로원과도 타협이 잘 되지 않았고, 같은 평민이라고는 하지만 부유한 시민의 선두에 서는 호민관과도 타협이 잘 되지 않았다. 그래서 쿠리아의 신용은 땅에 떨어져서, 끝내는 쿠리아와 민회가 해야 할 일을 30인의 선구경리의 집회가 하기에 이르렀다.

백인조에 의한 구분은 귀족정에는 매우 안성맞춤이므로, 왜 원로원이 이 백인조의 이름을 지니는 민회, 집정관과 호구 감찰관과 그밖의 고관을 선거한 이 민회에서 우세를 차지하지 못했는지 처음에는 이해가 되지 않는다. 실제로 전로마인의 여섯 가지 등급을 형성하고 있었던 193개의 백인조 중에서 제1등급은 단독으로 98개의 백인조를 가지고 있었다. 그리고 투표는 오직 백인조를 단위로 실시되었으므로 제1등급만으로도 다른 모든 등급을 합친 것보다 투표수에서 우세를 차지했던 것이다. 이 제1등급의 백인조가 만장일치의 의견을 내면 나머지 투표는 계산할 필요도 없었으며 계산도 하지 않았다. 결국, 소수가 결정한 일이 대다수가 결정한 일로서 통과하였던 것이다. 그러니 백인조의 민회에서는 투표의 다소가 아니라 금전의 다소에 의해 일이 진행되고 있었다고도 할 수 있다.

그러나 이 극단적인 권위는 두 가지 사실에 의해 제한을 받았다. 첫째로 호민관은 대개 부유한 계급에 속하고, 또 많은 평민도 상당수가 그 계급에 있었기 때문에, 제1등급 내의 귀족 세력과 대항하고 있었다. 두 번째 사실은 백인조의 순서에 따라 투표하면 항상 제1등급부터 투표하게 되지만, 투표 순서를 따르지 않고 가장 먼저 투표할 백인조를 추첨으로 정하여 그 백인조부터 투표하게 하고,* 그 후 다른 날에 나머지 백인조를 등급순으로 소집하여 같은 선거를 되풀이하게 했다. 그렇게 하면 대부분의 경우에는 두 번째 투표는 첫번째 투표의 결과를 확인하는 것이었다. 이렇게 하여 처음에 모범을 보이는 권위를, 등급순이 아니라 민주정치의 원칙에 따라 추첨에 맡겼던 것이다.

---

* 이렇게 하여 추첨으로 뽑힌 이 백인조는 선거를 요구받은 최초의 것이었기 때문에, '프라에로가티바(praerogativa)'라고 불렸다. 그리고 '특권(prérogative)'이라는 말은 여기에서 유래하고 있다.

이 관례의 결과로서 또 다른 이점이 생겼다. 즉 전 시민은 두 번의 선거 동안 임시로 지명된 후보자의 재능을 파악할 수 있는 시간적 여유를 얻어, 그 주의 주장을 납득하고 나서 투표를 할 수 있었던 것이다. 그러나 선거는 신속히 치러야 한다는 구실로 마침내 이 제도는 폐지되어 두 선거는 같은 날에 치러졌다.

지역 민회는 원래는 로마 인민의 평의회였는데, 이것은 호민관에 의해서만 소집되었다. 호민관은 여기서 선출되었고, 그 의결을 여기서 통과시켰다. 원로원은 이 인민회에 의석을 가지지 못했을 뿐 아니라 참석하는 권리도 가지지 못했다. 그리고 원로원 의원은 그들이 투표하지 못했던 법에 복종하도록 강요당했으니, 이 점에서는 최하급의 시민보다도 자유롭지 못했던 것이다. 이 불공정은 전적으로 부당하여 이것만으로도 전원의 참가가 허용되어 있지 않은 단체의 명령을 무효로 하기에 충분했다. 모든 귀족이 그들이 시민으로서 가지고 있는 권리에 의해 이런 민회에 참석했다고 하더라도, 그 경우 그들은 그저 한 개인이 되는 것이니, 머릿수에 의해 계산되고, 일개 무산자도 원로원의 통치자와 같은 자격을 가지고 있는 이런 종류의 투표형식에는 거의 영향을 주지 않았을 것이다.

이상으로 다음과 같은 일을 알 수 있다. 아주 많은 인민의 표를 모으기 위한 이 갖가지 구분에서 '계급' 질서가 생겼지만, 그것은 별도로 하고, 이 구분은 그 자체가 어떠하든 좋은 형식은 아니고, 각개의 형식이 선택된 목적에 따라 효과를 가지고 있었던 것이다.

이 일을 더 이상 고찰하여 설명하지 않더라도 지금까지 밝힌 바에 의하여 구역의 민회는 민주정치에 가장 합당했고, 백인조의 민회는 귀족정에 가장 합당했다는 결론이 나온다. 로마의 평민만이 다수를 차지하고 있는 쿠리아의 민회는 선동가조차도 자기들의 속셈을 너무 노골적으로 보이는 수단은 삼가고 있었는데, 이 민회는 압정과 부당한 계획을 조장하는 역할밖에 하지 않았으므로 자연히 평판이 안 좋을 수밖에 없었던 것이다. 확실한 것은, 로마 인민의 위대성은 백인조의 민회에서만 찾아볼 수 있고, 이것만이 완전했다는 것이다. 왜냐하면 쿠리아의 민회에는 전원 지구가 제외되어 있었고 구역의 민회에는 원로원과 귀족이 제외되어 있었기 때문이다.

투표를 실시하는 방법을 살펴보면, 초기 로마인의 경우에는 그 풍습과 마찬가지로 단순했지만, 스파르타의 경우만큼 단순하지는 않았다. 각 투표자가 큰 목소리로 찬반을 외치면 서기가 차례로 기록해 갔다. 그리고 각 구역 내의 표의 다수에 의해 온 국민의 표결이 행해졌던 것이다. 쿠리아의 선거 때도, 백인조의 선거 때도 마찬가지였다.

이 관례는 모든 시민이 정직하여 자기 표를 공공연하게 부정한 의견과 가치가 없는 인물에게 주는 것을 부끄럽게 여기고 있는 동안은 좋은 것이었다. 그러나 인민이 부패하여 표가 매매되기에 이르자 비밀투표가 더 적합한 것으로 여겨졌다. 비밀투표는 표를 사는 사람에게는 불신감을 일으켜서 매표행위를 억제하게 하고, (표를 파는) 교활한 인간에게는 배신자가 되지 않을 수 있는 방법을 마련해 주었기 때문이다.

나는 키케로가 이 변경을 비난하고, 공화국 멸망 원인의 일부를 여기에서 찾고 있는 것을 알고 있다.[20] 이런 문제에 관해 나는 키케로의 말에 대해서는 권위를 느끼지만, 그의 의견에 동의할 수는 없다. 나는 반대로, 이 같은 변경을 한층 더 철저히 시행하지 않았기 때문에 로마의 멸망을 촉구했다고 생각한다.

건강한 사람의 섭생법(攝生法)이 환자에게는 적당하지 않은 것처럼, 부패한 인민을 건전한 인민에게 적합한 것과 같은 방법으로 다스리려고 해서는 안 된다. 베네치아 공화국의 존속 이상으로 이 원칙을 잘 증명하는 것은 없다. 이 공화국이 지금도 여전히 외형을 간직하고 있는 것은, 이 공화국의 법이 오로지 악인에게만

---

20 키케로, 《법에 관해》 제4편 15~17장. 몽테스키외 《법의 정신》 제2편 제2장과 비교하라.

적합하다는 점 때문이다.[21]

이렇게 하여 시민들은 투표지를 배부받아 누구에게도 자기 의견이 알려지는 일 없이 투표를 할 수 있게 되었다. 또 이 투표지를 모으고 투표수를 계산하며 그 수를 비교하는 등의 일을 위해 새로운 규정이 마련되었다. 그래도 여전히 이 일을 맡은 행정관*의 충성은 종종 의심을 면치 못했고 마침내 음모와 투표 매매를 방지하기 위해 많은 법령이 발표되었다. 이 법령의 수효가 많았던 것은 그것이 허사였음을 말해 주고 있다.

공화국의 말기에 이르러서는 법률의 미비를 보완하기 위해 어쩔 수 없이 자주 비상 수단에 호소하게 되었다. 어떤 때는 거짓으로 이상한 일이 일어났다고 했다. 그러나 이런 수단은 인민을 속일 수는 있었지만 인민을 지배하는 사람들을 속이지는 못했다. 또 때로는 후보자가 음모를 꾸밀 겨를도 없이 갑자기 회의를 소집하였다. 또 매수된 인민이 나쁜 결의를 시도하고 있다는 것을 알았을 때는, 모든 회기(會期)를 연설로 소비해 버리는 수도 있었다. 그러나 결국 야심이 모든 것을 몰아내 버렸다.

그러나 믿을 수 없는 일이지만 이 다수의 인민이 이 같은 엄청나게 많은 악폐 속에서도 여전히 옛날 그대로의 제도 덕택에 행정관의 선거, 법률의 제정, 재판, 공무의 처리 등을 거의 원로원이 할 수 있었을 만큼 쉽게 시행해 갔던 것이다.

---

* Custodes Diribitores Rogatores suffragiorum(선거 감시인, 투표 집계인, 선거 요청자).

21 《폴란드론》 속의 삭제된 장주와 비교하라. 제7장, 본판 제2권 459쪽.

5. 호민부에 대해

국가를 구성하는 여러 부분 사이에 정확한 균형[22]을 이루게 할 수 없는 경우나, 또는 파괴할 수 없는 여러 가지 원인이 그런 것들 사이의 관계를 끊임없이 변하게 하는 경우에는 특별한 관직이 마련된다. 그것은 다른 관직과 일체가 되지 않고 정치체의 각 항(項)을 그 참된 관계에 되돌아오게 하며, 통치자와 인민과의 사이 또는 통치자와 주권자와의 사이에, 그리고 또 필요하다면 한꺼번에 이 두 가지 경우에 있어 연락을 만들어 내거나 또는 중간항(中間項)이 되는 것이다.

내가 '호민부'로 부르려고 생각하는 이 단체는 법과 입법권의 보유자이다. 그것은 때로는 로마에서 호민관이 했던 것처럼, 정부에 대해 주권자를 보호한다.[23] 또 때로는 현재 베네치아에서 10인 평의회가 하는 것처럼, 인민으로부터 정부를 지지한다. 그리고 때로는 스파르타에서 감찰관들이 했던 것처럼, 양자의 균형을 유지한다.

호민부는 도시국가의 구성 부분은 아니다. 그것은 입법권 및 집행권의 어떤 부분도 나누어 가져서는 안 된다. 그러나 바로 그 점 때문에 호민부의 권한은 보다 큰 것이다. 왜냐하면 호민부는 아무것도 할 수 없음에도 불구하고 모든 것을 저지할 수 있기 때문이다. 그것은 법을 시행하는 통치자보다도, 또 법을 제정하는 주권자보다도 법의 옹호자로서 보다 신성하고, 보다 존중된다. 이런 점은 로마에서 매우 명백하게 인정되었다. 항상 모든 인민을 경멸하고 있었던 그 거만한 귀족들

---

22 제3편 '1. 정부일반에 관해' 참조.
23 마키아벨리, 《티투스 리미우스론》제1편 제4장. "나는 선언한다. 귀족과 평민 사이의 소요를 비난하는 사람은, 자유로운 로마를 보전하기 위한 첫째 요인인 무언가를 비난하는 것이라고 나로서는 생각된다는 점을." 또 《산에서 온 편지》제9, 본판 제2권 272쪽. 프랑스 혁명 후의 제1차 통령 정치 하의 호민관은 루소 생각의 번안이었다.

조차 하등 보호하는 힘도 권한도 가지지 않은 단순한 인민의 행정관 앞에서는 어쩔 수 없이 굴복했던 것이다.

중용(中庸)을 얻은 호민부는 훌륭한 국가체제의 가장 견고한 지주(支柱)이다. 그러나 조금이라도 지나치게 힘을 가지면 그것은 모든 것을 뒤엎어 버린다. 취약함에 관해 말하면, 그런 것은 호민부의 본성에는 없는 것이다. 그리고 어떤 형태로든 존재하기만 하면, 역할을 충분히 다하지 못하는 일은 결코 없다.

호민부는 집행권의 조정자에 지나지 않는데 집행권을 가로채는 경우, 또 법을 보호하는 데 그쳐야 함에도 불구하고 법을 폐지하려는 경우에는 압제로 타락한다. 감찰관들의 더없이 큰 권력은 스파르타가 그 풍습을 보전하고 있는 한은 전혀 위험이 없었지만, 한번 부패가 시작되자 이것을 촉진했다. 폭군에 의해 학살된 아기스[24]의 피는 그의 후계자에 의해 보복되었다. 이리하여 감찰관들의 죄와 벌은 다같이 공화국의 몰락을 촉진했다. 그리고 클레오메네스 이후 스파르타는 이젠 없는 것이나 마찬가지였다. 공화국 로마 역시 같은 길을 걸음으로써 멸망했다. 그리고 호민부가 점차 가로챈 지나친 권력은 끝내는 자유를 위해 만들어진 법을 원용(援用)하여, 자유를 파괴하는 황제들을 옹호하는 데 이바지하게 되었다. 베네치아의 10인 평의회는 귀족에게도 인민에게도 다같이 무서운 피의 법정이다. 그것은 당당하게 법을 보호하기는커녕, 법이 타락한 후 차마 눈뜨고 보지 못할 급습을 하는 데밖에 쓸모가 없는 것이다.

호민부는 정부와 마찬가지로 그 구성원의 증가에 의해 약화한다. 처음에는 두 명, 이어 다섯 명이었던 호민관이 그 인원수를 두 배로 하려고 했을 때, 원로원은

---

24 스파르타 왕 아기스 4세(재위 기원전 245~241)는 리쿠르고스의 헌법의 부활을 꾀하여 부채의 폐기와 토지의 재분배를 시행하려고 했으나, 감찰관을 중심으로 한 귀족들에의 미움을 받아 살해되었다. 그 미망인과 결혼한 클레오메네스 3세(재위 기원전 236~222)는 아기스 4세의 의도를 실현하기 위해 감찰관을 살해하게 하는 등 귀족을 탄압하여 왕권을 강화했다. 그러나 결국 외전(外戰)에 실패하여 이집트로 달아나 기원전 219년에 사망했다.

그대로 내버려 두었다. 그것은 내부 대립을 이용하여 호민관의 일부로 하여금 다른 호민관을 제압하게 할 수 있다는 확신을 가졌기 때문이었는데, 틀림없이 그대로 되었던 것이다.

그토록 무서운 단체가 권력을 찬탈하지 못하도록 하는 최상의 방법은 이때까지 어떤 정부도 생각해 내지 못했던 방법으로 이 단체를 상설기관으로 하지 않고, 일정 기간을 정하여 그 동안만 설치하는 일인 것이다. 이 기간은 악폐가 뿌리내릴 시간 여유가 있을 만큼 너무 길어서는 안 되므로, 법으로써 일정하게 하고, 필요에 따라 특별 위원회가 용이하게 단축할 수 있도록 규정하면 된다.

이 방법은 불합리하지 않다고 나는 생각한다. 왜냐하면 이미 말한 것처럼 호민부는 국가체제의 일부를 이루지 않으므로, 이것을 폐지해도 국가체제는 손상되지 않기 때문이다. 나는 이 방법은 유효하다고 생각된다. 왜냐하면 새로 임명되는 행정관은 그 전임자가 가지고 있는 권력에서 출발하는 것이 아니라 법이 그에게 주는 권력에서 출발하기 때문이다.

6. 독재에 다해

법에 유연성이 없으면 일이 벌어졌을 때 법이 이것에 적응하지 못하고, 어떤 경우에는 해를 끼쳐 위기에 빠진 국가를 파멸시킬 수도 있다. 형식의 (원하는) 질서와 완만함은 일정한 시간을 필요로 하지만, 사정은 때로 이것을 허용하지 않는다. 입법자가 전혀 고려하지 않았던 경우가 수없이 생길 수 있으므로, 가장 필요한 선견(先見)은, 사람들은 모든 일을 내다보지는 못한다는 것을 깨닫는 일인 것이다.

그러니 정치제도를 튼튼하게 하기를 바라는 나머지 그 작용을 정지하는 힘까지 잃어서는 안 된다. 스파르타에서조차 자체의 법률을 정지시킨 적이 있다. 그렇지만 공공질서를 변화시키는 위험을 무릅써도 좋은 것은 가장 위험한 경우뿐이고, 조국의 안전에 관련되는 때 이외에는 결코 법률의 신성한 힘을 정지시켜서는 안 된다. 확실히 위험한 경우에는, 공안을 꾀하는 일은 제일 적합한 사람에게 그 임무를 맡긴다는 특별 행위에 의해 행해지는 것이다. 이 위탁은 위험의 종류에 따라 두 가지 방법으로 할 수 있다.

위험에 대처하기 위해서 정부의 활동력을 늘리면 좋은 경우에는 그 구성원의 한 사람이나 혹은 두 사람에게 정부의 권력을 집중한다. 그렇게 하면 달라지는 것은 법의 권위가 아니라 그 집행 형식뿐이다. 법이라는 준비물이 위험을 막는 장해가 되는 경우에는 모든 법률을 침묵시키고, 주권을 일시 정지하는 최고의 지도자를 한 사람 임명한다. 이런 경우에도 일반의지는 의심할 것 없이 인민의 첫째 의향이 국가가 멸망하지 않게 하는 데 있음은 명백하다. 이렇게 하여 입법권의 정지는 결코 입법권의 폐지가 아니다. 이 행정관은 입법권을 침묵시켰으나, 그것이 말하게 하지는 못한다. 그는 입법권을 지배는 하지만, 그것을 대표하지는 못한다. 그는 무엇이든지 할 수 있지만 법을 만들지는 못한다.

첫번째 방법은, 로마의 원로원이 신성한 예식에 따라 집행관들에게 공화국의 안전을 꾀할 것을 명령한 경우에 사용되었다. 두 번째 방법이 시행된 것은 두 명의 집행관 중 한 명을 독재관으로 임명했을 때이다.* 이 관습은 알바[25]가 로마에 그 선례를 보여 주었던 것이다.

공화국의 초기에는 아주 빈번히 독재에 구원이 청해졌다. 왜냐하면 국가는 아직 그 헌법의 힘만으로 자립할 수 있을 정도로 확고한 기반을 가지고 있지 않았기

---

* 이 임무는 마치 한 인간을 법 위에 두는 것을 부끄럽게 여기는 것처럼 밤에 몰래 행해졌다.

25 라티움의 도시. 주변 30개의 도시 연합에서 패권을 잡고, 로마가 융성하기 시작했을 때 이와 싸웠으나 패하여 로마에 흡수되었다.

때문이다.

당시에는 풍습(의 훌륭함)이 다른 시대라면 필요했을 많은 조심성을 불필요하게 만들었으므로, 독재관이 자기 자신의 권위를 남용한다거나 기한 이상으로 그것을 보유하기를 원할 염려는 없었던 것이다. 이와는 반대로 그렇게 큰 권력은 주어진 사람에게는 무거운 짐이 된 모양이어서, 그것에서 벗어나고자 급히 서둘렀을 정도이다. 마치 법을 대신하는 일이 너무나 고통스럽고 위험한 임무인 것처럼.

따라서 공화국 초기에 이 최고 관직의 무분별한 사용을 내가 비난하는 것은 남용 위험 때문이 아니라 가치가 하락할 위험 때문이다. 왜냐하면 선거니 헌납식[26]이니 하는 아주 형식적인 일에 대해, 그것을 마구 설치하고 있는 중에, 정작 중요한 때 권위가 없어지고 공허한 형식으로밖에 사용되지 않으므로, 공허한 관직으로 간주되는 습관이 생길 염려가 있기 때문이다.

공화국 말기의 로마인들은 전보다 신중해져서 독재를 삼가고 있는데, 이것도 이전의 남용과 마찬가지로 거의 이유가 없는 일이다. 게다가 그들의 염려가 충분한 근거를 가지지 않았다는 것, 수도의 취약함이 그 당시 수도 안에 있던 행정관들(의 압제)에 대해 수도를 안전하게 하고 있었다는 것, 독재관은 어떤 경우에는 공공의 자유를 지킬 수 있었지만 결코 그것에 해를 끼치지는 못했다는 것, 또 로마를 얽어매는 쇠사슬이 만들어지는 것은 로마 자체가 아니라 군대 내였다는 것 등은 쉽게 알아볼 수 있는 일이었다.

마리우스가 술라에 대해, 폼페이우스가 카이사르에 대해 거의 저항하지 못했던 일을 보더라도, 외부로부터의 힘에 저항하는 내부의 권위에 얼마나 기대할 수 있었는지는 명백하다.

이 잘못이 로마인들로 하여금 여러 번 큰 실책을 저지르게 하지 않았던 일이다.

---

26 새로 건조된 전당을 신에게 헌납하는 의식.

예를 들면, 그 하나는 카틸리나 사건[27]에서 독재관을 임명하지 않았던 일이다. 이 일은 로마 내부의 문제이거나 혹은 기껏해야 이탈리아의 어느 지방 문제에 지나지 않았으므로, 법이 독재관에게 주고 있는 무한한 권위를 행사하면 그는 쉽사리 그 음모를 일소할 수 있었을 것이다. 실상 그 음모는 인간의 배려가 예기할 수 없는 여러 가지 우연한 행운의 힘을 빌려서만 진압될 수 있었던 것이다.

그렇게 하는 대신, 원로원은 그 권한을 모두 집정관에게 맡기는 것으로 만족했다. 그 결과 키케로는 유효한 행동을 취하기 위해 제일 긴요한 한 점[28]에서는 월권을 하지 않으면 안 되었다. 그리고 사람들은 처음에는 기쁨에 들떠서 키케로의 행위를 시인했더라도, 다음에는 법률을 어기고 시민의 피를 흘리게 한 데 대해 해명하도록 그에게 요구하게 된 것도 정당한 일이었다. 그 같은 비난은 독재관에게라면 가해지지 않았을 것이다. 그렇지만 이 집정관의 웅변은 모든 것을 끌어들였다. 그리고 그 자신은 로마인이면서 자기 조국보다 자신의 명성을 더 사랑하고 있었기 때문에, 국가를 구하기 위한 가장 합법적이고 확실한 방법을 찾기보다는 도리어 이 사건에 관한 모든 명예를 자기 자신이 차지하는 방법을 찾았던 것이다.* 그러니 그가 로마의 해방자로서 존경을 받았던 것도 정당하고, 법의 위반자로서 벌을 받은 것도 정당하다. 그의 복귀가 아무리 눈부셨다 하더라도, 그것이 은사(恩赦)였음은 분명하다. 그리고 이 중요한 임무가 어떤 방식으로 주어지든 임기를 극히 짧은 기간으로 한정하고 절대로 그것을 연장하지 못하게 하는 것이 중요하다.

---

* 독재관의 설치를 제안하는 일에 의해서는, 그는 명예의 독점에 자신을 가질 수 없었던 것이다. 왜냐하면 그는 감히 자기 자신을 임명할 수도 없고, 또 그의 동료가 자기를 임명해 줄 것이라는 확신도 가지지 못했기 때문이다.

27 카틸리나(기원전 109~62)는 로마의 음모가. 당시 로마의 많은 대관을 살해하려는 쿠데타를 획책했으나, 집정관 키케로 등의 노력에 의해 실패했다.

28 여기에 루소가 언급하고 있는 것은, 키케로가 카틸리나의 음모에 협조한 자들을 처형하기 위해 원로원에 상의했으나, 그들이 인민에게 호소하는 것을 허용하지 않았던 사실이다. 키케로는 그후 이 일로 정적(政敵)의 공격을 받아 망명하지 않을 수 없게 되었다.

이 임무를 주게 하는 위기에 처한 국가는 머지않아 망하거나 구제될 뿐이다. 그리고 절박하게 필요한 시기가 지나가면 독재는 전제로 변하거나 공허해진다. 로마에서는 독재관들이 단지 6개월 동안 그 직위에 있었을 뿐이며, 대부분은 그 임기전에 물러나고 있다. 기한이 더 길었더라면 그것을 더 연장하고 싶어했을 것이다. 마치 십인관들이 1년 임기에 대해 그랬던 것처럼. 독재자는 독재자의 선출이 필요해진 때 대처하는 시간밖에 갖지 못했다. 그는 달리 획책을 하거나 할 시일을 가지지 못했던 것이다.

7. 감찰에 대해[29]

일반의지의 표명이 법에 의해 행해지는 것과 마찬가지로, 공중의 판결의 표명은 감찰에 의해 행해진다. 여론은 법의 일종이며, 이것을 담당하는 관리는 감찰관이다. 그는 이 법을 통치자와 마찬가지로 개별적인 경우에만 적용하는 것이다.

그래서 감찰관의 법정은 인민의 여론에 대한 심판관이 아닌 그 표명자에 지나지 않는다. 그리고 혹시 여론에서 빗나가는 일이 있으면, 이내 그 결정은 효력이 없는 공허한 것이 되는 것이다. 한 국민의 도덕과 그들의 존중의 대상을 구별하는 것은 쓸데없는 일이다. 왜냐하면 이 두 가지는 모두 같은 원리에서 나와 필연적으로 서로 뒤섞여 있기 때문이다. 지상의 모든 인민이 즐거움으로서 무엇을 선택하는가를 결정하는 것은 자연이 아니라 여론이다. 사람들의 여론을 올바르게 잡으면 습속은 저절로 순결해질 것이다.

사람들은 항상 아름다운 것이나 아름답다고 생각되는 것을 사랑한다. 그러나

---

29 이 장은 단편 〈법에 관해〉(본판 제1권 330~334쪽)와 비교하라.

사람들이 잘못을 저지르는 것은 이 판단에서이다. 그러므로 이 판단이야말로 규제해야 한다. 습속을 심판하는 것은 명예를 심판하는 것이며, 명예를 심판함에 있어서는 여론을 그 율법으로 한다.

한 인민의 여론은 그 인민의 법적 체제에서 생긴다. 법은 도덕을 규제하지는 않지만, 도덕을 만드는 것은 입법이다. 입법이 약해질 때 습속은 타락한다. 그러나 이 경우, 법의 힘이 할 수 없었던 일을 감찰관의 판결은 할 수 있을 것이다.

여기서 나오는 결론은 감찰은 습속을 보전하는 데는 도움이 될 수 있지만, 도덕을 개선하는 데는 쓸모가 없다는 점이다. 법이 강력한 동안에 감찰관을 설치해야 한다. 법이 강력하지 않게 되면 그 순간 모든 것은 절망이다. 법이 힘을 가지지 못하게 되면 정당한 어떤 것도 이제는 힘을 가지지 못하게 된다.

감찰은 여론이 부패하는 것을 막고 현명한 방법에 따라 여론의 정당성을 유지하며, 때로는 여론이 아직 정해지지 않았을 때 이것을 고정시켜 도덕을 유지한다. 결투에서 입회인을 세우는 것은 프랑스 왕국에서는 성행하였지만, '결투 때 입회인을 부르는 비겁한 사람들에 관해서는……' 이라는 프랑스 왕의 칙령으로 폐지되었다. 이 판결은 여론의 판결보다 우위에 섬으로써 순식간에 여론의 판결을 결정했다. 그러나 같은 칙령이 결투를 하는 것 또한 비겁하다고 선언하려고 했을 때, 이것은 지극히 옳은 생각이지만 세론을 어기고 있었으므로, 공중은 이 결정을 무시했다. 이 점에 관한 공중의 판결은 이미 내려져 있었던 것이다.

나는 이미 다른 데서,* 여론은 전혀 속박을 받지 않으므로, 세론을 표명하기 위해 설치된 (감찰의) 법정에서는 속박의 흔적이 조금이라도 보여서는 안 된다고 말했다. 근대인 사이에서는 완전히 사라져 버린 수단이 로마인에게 있어, 그리고 그 이상으로 라케다이몬인에게 있어 얼마나 교묘하게 사용되고 있었는지는 아무리

---

* 나는 〈달랑베르에게 보내는 편지〉에서 더 자세히 논술한 일을, 여기서는 다만 지적하는 데 그친다.

칭찬해도 부족할 것이다. 스파르타의 회의에서 품행이 좋지 않은 사람이 좋은 의견을 말했을 때, 감찰관들은 이것을 무시하고, 같은 의견을 덕망이 있는 시민으로 하여금 제안하게 했다.[30]

한쪽에게는 얼마나 큰 명예이고, 다른 쪽에게는 얼마나 큰 오명인가. 더구나 양자의 어느 쪽에도 (정면으로) 찬양도 비난도 주지 않고! 사모스*의 주정뱅이들이 감찰관의 법정을 더럽힌 적이 있었다. 그 이튿날 공공 명령에 의해 사모스인은 비열해도 좋다는 허가가 내렸다. 이런 형식으로 벌을 받지 않는 편이, 정말 벌을 받은 것보다 훨씬 더 괴로웠을 것이다.

8. 시민의 종교에 대해[32]

인간은 처음에 신 이외의 국왕을 가지지 않았고, 신정(神政) 이외의 정체를 가

---

* 그들은 사실 다른 섬의 사람들이지만, 프랑스어의 높은 품위가 여기서는 그 이름을 말하는 것을 용납하지 않는다.[31]

30 플루타르코스, 《스파르타인의 격언》 69장 참조.
31 루소가 디베르네에게 보낸 《사회계약론》(제네바 도서관에 현존)에는 루소 자신의 필적으로 더 명확한 주석이 있다. "키오스인이며, 사모스인은 아니다. 그러나 여기서 문제가 되어 있는 점으로 생각하여, 나는 본문 속에서 이 말을 사용할 용기가 없었다. 그렇지만 나는 다른 사람과 같은 정도로는 대담하다고 생각한다. 그러나 어떤 경우든 음란하고 거칠다는 것은 누구에게도 용납되지 않는다. 프랑스인은 그 말을 지나치게 점잖은 것으로 만들어서, 사람들은 이젠 프랑스어로는 진실을 말할 수 없을 정도이다." 'chios(kios)'가 변소를 뜻하는 'shittes'를 연상하기 쉽다는 뜻에서인 것 같다.
32 이 장은 마지막 시기에, 아마 1761년 여름이나 가을에 추가되었을 것이다(본판 제1권 87쪽 참조). 그러나 이 장은, 1756년 볼테르에게 보낸 편지로 알 수 있는 것처럼, 루소의 명확한 의견을 표현하고 있다(본판 제2권 163~165쪽). 루소에게 제일 영향을 주었다고 생각되는 저작가는, 부정적인 면에서는 베일(《잡고(雜考)》 제1편 102~202장, 제2편 108~116장, 〈예수 그리스도의 말에 관한 철학적 주석〉, 〈그들을 강요하여 듣게 하라〉, 〈루이 대왕 치하의 완전히 기독교적인 프랑스란 무엇인가〉), 또 긍정적인 면에서는 마키아벨리(《티투스 리비우스론》 제1편 제16장) 및 몽테스키외(《법의 정신》 제14편 제2장)이다. 그러나 이 장 속의 위험한 동시에 결실이 많은 부분은 모두 루소 자신의 것이다.

지지 않았다. 그들은 칼리굴라와 같은 추리를 했다.[33] 그리고 당시엔 그들의 추리가 옳았던 것이다. 자기 자신의 동류(同類)를 주인으로 삼고자 결심하고, 더구나 그러는 편이 여러 모로 좋다고 할 수 있기 위해서는 감정과 사상의 오랜 동안의 변화가 필요했던 것이다. 각 정치사회의 머리에 신이 놓였다는 것만으로, 인민의 수만큼 신이 있다는 결과를 빚어냈다. 서로 무관하고 거의 항상 적대하고 있는 두 인민은 동일한 지배자를 오랫동안 승인하지 못했다. 교전 중인 두 군대가 같은 사령관을 따를 수 없는 것처럼. 이렇게 하여 여러 국민의 분립에서 다신교(多神敎)[34]가 생기고, 또 다신교에서 종교적·사회적 불관용(不寬容)이 생겼다. 이 두 가지 불관용은 다음에 말하는 것처럼 원래는 동일한 것이다.

그리스인은 (그들의 주위의) 미개한 인민들도 자기들과 같은 신들을 믿고 있다고 생각하고 있었다. 이런 생각은 스스로를 이런 인민의 자연스런 주권자로 간주한다는 또 하나의 공상에서 나오고 있다. 그렇지만 다른 국민의 신들의 동일성에 관해 펼쳐지는 박학(博學)한 체하는 의견은, 오늘날에는 아주 어리석은 것으로 간주되고 있다. 즉 몰로크[35]와 사투르누스와 크로노스가 동일한 신일 수 있다는 듯이, 또 페니키아의 바알과 그리스의 제우스와 로마의 주피터가 동일할 수 있다는 듯이, 그리고 또 다른 이름을 가진 많은 공상적 존재에 어떠한 공통된 것이 있을 수 있다는 듯이 말하는 일은!

만일 누군가, '어느 국가에도 저마다의 예배와 신들이 있었던 시대에 왜 종교전쟁이 없었느냐.'고 묻는다면 나는 대답한다. '그것은 각 국가가 저마다 정부를 가지는 것과 마찬가지로 고유한 예배를 가지고 있고, 신들과 법을 구별하지 않았다

---

33 《제네바 초고》, 본판 제1권 477쪽 참조.
34 루소는, 많은 국민이 저마다 고유의 신을 가지고 있는 것을 다신교(Polythéisme)라 여기서 말하고 있으나, 일반적으로 다신교란 같은 종교 체계 속에 많은 신이 존재하는 것을 말하므로, 이것은 루소가 잘못 생각한 용어 규정이라 할 수 있을 것이다.
35 암몬인의 신. 어린아이의 제물을 받았다고 한다.

는 바로 그런 이유 때문.'이라고. 정치상의 전쟁은 동시에 종교전쟁이었다. 신들의 저마다의 영지(領地)는 이를테면 국경에 의해 정해져 있는 것이나 마찬가지였다. 어떤 인민의 신은 다른 인민에 대해 어떤 권리도 가지지 않았다. 이교도의 신들은 투기심이 많은 신들은 아니었다. 신들은 자기들 사이에서 세계 국가를 분할하고 있었던 것이다. 모세 자신도, 또 헤브라이 민족도 이스라엘의 신에 관하여 말할 때 이런 생각을 따르는 수가 종종 있었다. 그들이 가나안 사람들은 버림받은 인민으로서 파멸의 저주를 받아, 그 토지는 헤브라이의 인민이 차지하게 되었던 것이다. 그렇지만 그들이, 공격이 금지되어 있던 이웃 인민들의 신들에 관해 어떻게 말했는가를 살펴보라.

에프타는 암몬인을 향해 다음과 같이 말했다. "당신들의 신 카모스의 소유인 것은 합법적으로 당신들의 것이 아닌가? 같은 권한에 의해 우리는 우리들의 승리의 신이 차지할 수 있었던 토지를 소유한다."*

여기서는 카모스의 권리와 이스라엘의 신의 권리와의 사이에 충분히 인정된 동격성(同格性)이 있었다고 생각된다.

그러나 유태인이 바빌론의 여러 국왕에 이어 시리아의 여러 국왕의 지배하에서도 고집스럽게 자기들의 신 이외의 어떤 신도 승인하지 않으려고 했을 때, 이 거절은 반항으로 간주되어 그들의 역사에서 볼 수 있는, 그리고 기독교 이전에는 달리 그 예를 볼 수 없는 박해를 당하게 했던 것이다.**

---

* 라틴어로 번역된 성서에는, "Nonne ea quae possidet chamos deus tuus tibi jure debentur(Jug. XI. 24)?"로 되어 있다. 신부 드 카리에르는 이것을 다음과 같이 번역하였다. "그대들은 그대들의 신 카모스에게 속하는 것을 소유할 권리를 가진다고 알고 있지 않은가?" 나는 헤브라이어의 원문의 어투에 관해서는 알지 못한다. 그러나 라틴어로 번역된 성서에서는 에프타가 카모스 신의 권리를 적극적으로 인정하고 있다는 것, 그리고 프랑스어의 역자가 라틴어에는 없는 '그대들에 의하면'이라는 표현에 의해 이 인식을 약화하고 있음을 알 수 있다.
** '성전(聖戰)'이라고 불리는 포세인의 전쟁이 종교전쟁이 아니었음은 명백하다. 그것은 신성모독자들을 처벌하는 데 그 목적을 두었으며, 이교도들을 굴복시키는 데 목적을 두지는 않았다.

그래서 모든 종교가 그것(믿는 일)을 명령하는 국가의 법에 전적으로 결부되어 있었으므로, 어느 인민을 예속시키는 것 이외에는 그들을 개종시킬 방법이 없었고, 정복자 이외에는 전도자가 없었던 것이다. 또 개종의 의무는 피정복자에게 부과된 법이었으므로, 개종에 관해 말하기 전에 먼저 정복하지 않으면 안 되었다.

인간이 신들을 위해 싸우는 것이 아니라 호메로스의 시에서 볼 수 있는 것처럼 인간을 위해 싸운 것은 신들이다. 모든 인민이 자기들의 신에게 승리를 요구하고 새 제단으로써 승리에 보답했다. 로마인들은 어떤 토지를 차지하기 전에 그 토지의 신들에게 물러나도록 촉구했다. 그래서 그들이 타렌툼[36]인들에게 그 성난 신들을 남겨 준 것은 타렌툼인들이 이 신들을 로마인의 신들에게 복종한 자로서, 어쩔 수 없이 로마인의 신들을 신하의 예로써 섬기는 자로 간주했기 때문인 것이다. 로마인은 피정복자들에게 그 법을 남겨 두었던 것과 마찬가지로 그 신들을 남겨 두었던 것이다. 주피터에게 바치는 카피톨의 관(冠) 하나가 그들이 부과하는 유일한 공물(貢物)이었다.

마지막으로, 로마인들은 그 제국과 함께 자기들의 종교와 신들을 전파했기 때문에, 또 종종 그들 자신도 피정복민의 신들을 인정하고—고유의 것에도, 받아들인 것에도—어느 쪽 신들에게도 시민권을 주었기 때문에 이 광대한 제국 안의 여러 인민은 다양한, 더구나 도처에 거의 동일한 신들과 종교를 알지 못하는 사이에 가지게 되는 결과를 낳았다. 그리고 이것이 마침내 이교(異敎)만이 기지(旣知)의 세계에서 유일하고도 동일한 종교가 된 이유이다.

예수가 지상에 영혼의 나라를 세우려고 온 것은 이런 상황에서였다. 이것이 종교의 질서를 정치의 질서로부터 분리시키고, 국가가 더 이상 통일된 것으로 남지

---

36 이탈리아의 도시로서 상업, 수공업에 의해 번영했다. 스파르타인이 여기에 식민을 한 후에는 그리스적인 폴리스로서 발전했지만, 로마와의 싸움에서 패하여 그 동맹시(同盟市)가 되었다.

못하게 하며, 기독교의 여러 인민을 끊임없이 괴롭혀온 국내 분열을 일으키게 했던 것이다. 그런데 이 피안(彼岸)의 왕국이라는 새로운 관념은 이교도의 뇌리에는 결코 들어올 수 없는 것이었으므로, 그들은 기독교도를 항상 틀림없는 반역자로 보았다. 즉 위선적으로 복종을 가장하면서 오로지 독립하여 스스로 주인이 될 기회를, 또 약한 동안은 권위를 존경하는 것같이 가장하면서 교묘하게 권위를 가로챌 기회를 엿보고 있는 반역자로 보았던 것이다. 이것이 기독교도를 박해한 원인이었다.[37]

이교도들이 두려워하던 일이 마침내 일어났다. 그래서 모든 것이 변했다. 얌전하던 기독교도들의 태도가 바뀌었다. 이내 사람들은 이 피안의 왕국이라고 하는 것이 현세의 지도자(교황) 아래 이 세상에서의 가장 힘세고 난폭한 전제가 되는 것을 보았던 것이다.

그러나 통치자와 세속의 법도 여전히 존재하고 있었으므로, 이런 이중의 권력에서 끊임없이 관할 다툼이 생겼고, 이로 인해 기독교 국가에서는 무릇 좋은 정치라는 것은 불가능하게 되어 버렸다. 그리고 군주와 성직자 중 어느 쪽을 따를 의무가 있는지를 최종적으로 안다는 것은 절대로 불가능한 일이었다.

그 동안 많은 인민이 유럽과 그 주변에서조차 고대의 제도를 유지하거나 혹은 다시 일으키려고 했으나 성공하지 못했다. 기독교의 정신은 모든 것을 쟁취했던 것이다. 신성한 예배는 여전히 주권과 분리된 채로였거나, 또는 (일단은 주권에 의존하게 되어도) 다시 분리되어 국가체와의 필연적인 유대를 가지지 못했다. 마호메트는 극히 건전한 생각을 가지고 있었다. 그는 그 정치조직을 잘 정리했다. 그의 통치형태가 그 후계자인 칼리프들 아래에서 존속하고 있는 한, 이 통치는 글자

---

37 《느샤텔 초고》 7842(본판52쪽)에는 다음과 같은 주석이 있다. "《사회계약론》의 제일 마지막 장을 위해. 그래서 그들은 그들은 그들이 예수라고 부르는 또 한 사람의 왕이 있다고 말하며, 카이사르의 명령을 따르지 않는다(〈사도행전〉 17장 7절)."

그대로 통일적인 것이어서, 이 점에서는 훌륭한 것이었다. 그런데 아랍인도 번영하여 문화를 가지게 되고, 문약(文弱)에 흐르고, 무기력하게 되자 야만인들에게 정복되었다. 그래서 두 권력 사이의 분열이 다시 시작되었다. 이 분열은 마호메트 교도들에게 있어서는 기독교도의 경우만큼 눈에 띄지는 않지만, 분열은—특히 알리 종파에서—확실히 있다. 페르시아처럼 (지금도 여전히) 이 분열이 끊임없이 뚜렷하게 느껴지는 나라들도 있다.

우리들 (유럽인) 사이에서는 영국 국왕들이 교회의 수장(首長)을 겸했고 러시아 황제들도 같은 일을 했다. 그러나 이 칭호에 의해 그들은 교회의 지배자가 되었다기보다 오히려 그 사용인이 되었던 것이며, 교회를 개혁하는 권리라기보다 차라리 교회를 유지하는 권한을 얻었던 것이다. 그들은 교회의 입법자가 아닌 그 집행자일 뿐이었다. 성직자가 하나의 단체를 구성하고 있는 곳에서는 어디서든지* 성직자가 그들의 조국(그 단체)의 국민이고 입법자이다. 그래서 영국이나 러시아에서는 다른 나라에서와 마찬가지로 두 권력, 두 주권자가 있는 것이다.

모든 기독교도의 학자들 중에서 철학자 홉스만이 위에서 말한 폐단과 그 구제책을 충분히 인식한 유일한 사람이어서, 그는 독수리의 쌍두(雙頭)를 다시 하나로 할 것과, 또 모든 것을 정치적 통일에로 복귀시킬 것을 주장했던 것이다. 이 통일이 없는 한, 어떠한 국가나 정부도 결코 바르게 조직되는 일은 없을 것이다. 그러나 기독교의 지배 정신은 그의 체계와 서로 용납하지 않는다는 점과, 또 성직자의 이익은 국가의 이익보다도 항상 강할 것이라는 점을 홉스는 깨달았어야 했다. 그의 정치론이 못마땅한 것으로 여겨진 이유는, 그것이 성직자에 내포된 어떤 두렵

---

* 성직자를 하나의 단체에 결부시킨다는 것은 프랑스의 종교회의와 같은 형식적인 회의가 아니고 교회동맹이라는 점에 주의해야 한다. 동맹과 파문(破門)은 성직자의 사회계약이고, 이 계약으로 성직자는 항상 여러 민족과 여러 왕의 지배자가 되는 것이다. 서로 동맹을 맺고 있는 모든 성직자는 설령 그들이 세계의 끝과 끝에 있을지라도 같은 공동체의 시민인 것이다. 이 동맹은 정치상의 걸작이다. 이교도의 성직자 사이에는 이와 비슷한 것이 전혀 없었다. 따라서 그들은 여태껏 성직자의 단체를 형성한 적이 없었다.

고 잘못된 주장을 내포하고 있었기 때문이 아니라, 오히려 거기에 내포된 올바르고 진실한 주장 때문이다.*

이 같은 관점 아래서 역사적 사실을 나열해 보면, 베일과 워버턴[39]과의 상반되는 의견을 다같이 처리하는 일은 용이할 것이라고 나는 생각한다. 베일은 어떤 종교도 정치체에 쓸모가 없다고 주장하고, 워버턴은 반대로 기독교야말로 정치체의 가장 견고한 받침대라고 주장하는 것이다. 베일에 대해서는 종교적 기반 없이 결코 국가가 건설된 적은 없다는 사실이 입증될 것이며, 워버턴에 대해서는 예수의 율법은 결국 강력한 국가조직에 유익하다기보다는 오히려 유해하다는 사실이 입증될 것이다. 나의 심정을 완전히 이해시키기 위해서는, 나의 주제에 이어져 있는 종교에 대한 관념이 너무 모호하므로 좀더 정밀하게 설명하기만 하면 된다.

종교는 사회와의 관계에 있어—사회는 일반적 사회와 특수적 사회로 구별되지만—역시 두 종류로 구별될 수 있다. 즉 인간의 종교와 시민의 종교이다. 인간의 종교는 신전도 재판도 의식도 없고, 지고한 신의 순수하게 내적인 예배와 도덕의

---

* 그중에서도 1643년 4월 11일자로 그로티우스가 그의 형제에게 보낸 편지에서, 홉스의 《시민에 관하여》라는 책 속에서 어떤 점을 찬성하고, 어떤 점을 비판하고 있는가를 살펴보기 바란다. 그로티우스는 관대한 심정이 되어 이 저자에 대해, 루소가 보기에 나쁜 면—절대주의—을 인정하기 위해 좋은 면—국가 종교—을 허용해 주고 있는 것같이 보이는 것은 확실하다. 그러나 세상 사람들은 모두 그렇게 관대한 것은 아니다.[38]

38 여기서 카이사르가 언급하고 있는 그로티우스의 편지는 다음과 같다. "《시민론》을 읽었다. 왕을 변호하고 있는 대목은 재미있다. 그러나 그의 입론(立論)의 근거에는 찬성할 수 없다. 인류 사이에 전쟁이 존재하는 것은 인류의 본성 때문이라고 하는 견해 따위가 그것이며, 그밖에도 우리들의 의견과 일치하기 어려운 점이 여러 가지가 있다. 예를 들면, 각 개인은 그가 속하는 국가가 인정한 종교를 설혹 동의할 수는 없더라도 양보하여 신봉할 의무가 있다고 생각하고 있는 경우, 그리고 그밖에도 그다지 찬동하기 어려운 점이 약간 있다(《후고 그로티우스 서한집》 952쪽 암스테르담, 1687.)." 그로티우스는 홉스의 절대주의에는 찬동하고, 교회와 국가와의 관계에 대한 홉스의 이론에 반대하는 점에서 루소와 다르다. 그러나 자연상태는 '만인의 만인에 대한 투쟁'이라고 하는 홉스의 정의에 반대하는 점에서는 두 사람이 같다. 때문에 루소가 그로티우스를 비웃고 있는 것은 반드시 공평한 태도라고는 할 수 없다.

39 워버턴, 《교회와 국가의 동맹》 173쪽 이하, 《신의 사절》 제2편 제5, 6장 참조.

영원한 의무에 한정되어 있는 순수하고 단순한 복음의 종교이며, 진정한 유신론으로 사람들이 자연적인 신의 율법이라고 부를 수 있는 것이다. 시민의 종교란 어느 특정한 한 나라에서 정해져 그 나라에 그 신들, 즉 저마다 고유의 수호신을 준다. 이 종교는 그 교의·의식·법에 따라 규정된 외적인 예배를 가지고 있다. 이것을 신봉하고 있는 유일한 국민을 제외하면, 모든 자가 이 종교로서는 배신자·이방인·야만인이다. 이 종교는 인간의 의무와 권리를 그 제단(의 지배)의 범위 안에만 펼친다. 원시의 여러 민족의 종교는 모두 이런 것이었다. 이런 종교는 시민적 또는 실정적(實定的)인 신의 율법이라 부를 수 있을 것이다.

이보다 더 기묘한 제3의 종교도 있다. 그것은 인간에게 두 가지의 입법, 두 사람의 통치, 두 개의 조국을 주어 인간을 모순된 의무에 복종시키며, 그들이 신심을 가지면서 동시에 시민일 수는 없게 한다. 라마교와 일본의 종교도 마찬가지이며, 로마의 기독교도 그러했다. 이것은 성직자의 종교라고 부를 수 있다. 이런 종교에서는 이름을 붙일 수도 없는, 혼합된 반사회적인 일종의 율법이 생긴다. 이런 세 종류의 종교를 정치적으로 고찰하면, 그것들은 저마다 결점을 가지고 있다. 제3의 종교는 너무나 명백하게 나쁜 것이므로, 그것을 논증한다는 것은 시간 낭비일 뿐이다. 사회적 통일을 깨뜨리는 것은 모두 무가치하다. 인간을 인간 자신과 모순되게 하는 제도는 모두 무가치하다.

제3의 종교는 그것이 신에의 예배와 법에의 사랑을 결부시키고, 또 조국을 시민들의 뜨거운 사랑의 대상으로서 국가에 봉사하는 일이 바로 수호신에 봉사하는 일이라고 가르치고 있는 점에서 좋은 종교이다. 그것은 일종의 신정정치(神政政治)이므로 통치자 외에는 결코 교주를 가지는 것이 허용되지 않고, 행정관 이외에는 성직자를 가지는 것이 용납되지 않는다. 그러므로 조국을 위해 죽는 것은 순교로 향하는 일이 되고, 법을 깨뜨리는 것은 불경(不敬)이다. 또 죄인을 공공의 비난의 대상으로 삼는 것은 그 사람을 신의 분노에 바쳐 "Sacer esto(신에게 바쳐져서 저주를 받으라)."고 하는 것이 된다.

그러나 이 종교는 오류와 거짓에 근거를 두고 있기 때문에 그것이 사람들을 속여서 그들을 경신적(經信的)·미신적으로 하며, 또 신에의 진정한 예배를 공허한 의식 속에 빠지게 하는 점에서 나쁜 종교이다. 그것은 배타적·압제적으로 되어, 인민을 잔인하고 관용이 없게 만들 때도 또한 나쁜 종교가 된다. 그렇게 되면 사람들은 살인과 학살만을 열망하여, 그들의 신을 인정하지 않는 사람들을 무차별로 죽이면서 그것을 신성한 행동이라고 생각해 버린다. 그 결과 이 같은 인민을 다른 모든 인민과 전쟁을 하는 자연상태에 놓아두거니와 그 상태는 그들 자신의 안전에도 눈에 띄게 유해한 것이다.

그래서 인간의 종교, 즉 기독교가 남았다. 그러나 그것은 오늘날의 기독교가 아닌 복음서의 기독교로서, 오늘날의 것과는 전혀 다른 것이다. 이 신성하고 지고하며 진정한 종교에 의해 동일한 신의 자녀인 인간들은 모두 서로 형제로 인정하며, 인간들을 결합하는 사회는 죽음에 이르러서도 해소되지 않는 것이다.

그러나 이 종교는 정치체와 전혀 특별한 관계를 가지고 있지 않기 때문에, 법에 대해서는 법이 그 자체에서 끌어내는 힘만을 인정해 두고, 법에 다른 힘을 덧붙이는 일은 조금도 하지 않는다. 그런 사정에 의해 특수 사회의 위대한 굴레의 하나가 효과를 낳지 못한 채 방치된다. 그뿐이 아니다. 이 종교는 시민들의 마음을 국가에 결부시키는 것이 아니라 오히려 그들의 마음을 지상의 모든 일과 마찬가지로 국가로부터 분리시킨다. 이 이상으로 사회적 정신을 어기는 것을 나는 알지 못한다. 진정한 기독교도로 이루어지는 인민은 상상할 수 있는 최대한의 가장 완전한 사회를 형성할 것이라고 우리들에게 말하는 사람이 있다. 내가 보기에는, 이 가정(假定)에는 단 하나의 큰 어려움이 있는 것 같다. 그것은 진정한 기독교도의 사회란 결코 인간의 사회는 아닐 것이라는 점이다.

이 가상적인 사회는 어디까지나 완전한 사회이지만, 그러나 가장 강한 사회도,

또 가장 영속적인 사회도 아닐 것이라고까지 나는 말하고 싶다. 왜냐하면 너무 완전한 나머지 그것은 결합이 결여될 것이다. 그 파괴적인 결점은 그 완전하다는 것 자체에 있을 것이다. 각자는 그 의무를 다하고 인민은 법에 복종할 것이다. 통치자는 공정하고 중용을 지키며, 관리들은 청렴하고 강직하며, 부패하지 않고, 병사들은 죽음을 두려워하지 않을 것이다. 허영도 없고 사치도 없을 것이다. 이것은 모두 좋은 일이다. 그러나 더 깊이 파고들어 생각해 보자.

기독교는 아직 정신적인, 천국의 일에만 온 마음을 쏟는 종교이다. 기독교도의 조국은 이 세상의 것이 아니다. 아닌게아니라 기독교도는 그 의무를 다한다. 그러나 그가 의무를 다할 때 자기의 마음씀이 성공할지 어떨지에 관해서는 전혀 무관심한 것이다. 스스로 꺼림칙한 데가 하나도 없는 한, 어떤 일이 이 지상에서 잘 되건 실패하건 그로서는 관심 밖의 일이다. 만일 국가가 번영하고 있더라도 그는 공공의 행복을 굳이 즐기려고는 하지 않을 것이다. 자기 나라의 영광으로 인해 거만해질까 봐 두려워하는 것이다. 만일 국가가 쇠퇴하면 그는 자기 나라 인민들 위에 무겁게 내리덮이는 신의 손길을 축복한다. 사회가 평화롭고 조화가 유지되기 위해서는 모든 시민이 한결같이 좋은 기독교도가 되는 일이 필요할 것이다. 그러나 만일 불행하게도 사회에 한 사람이라도 야심가가 있고, 한 사람이라도 위선자가 있다면, 예컨대 한 사람의 카틸리나 한 사람의 크롬웰이 있다면, 이 같은 인물이 깊은 신앙심을 가진 동족들을 제압할 것은 아주 확실하다.

기독교도의 박애정신은 이웃 사람을 나쁘게 생각하는 것을 쉽게 용서하지 않는다. 이 같은 야심가가 어떤 술책에 의해 동족들을 속여서 공공 권위의 일부를 가로채는 방법을 찾아냈다면, 거기에 권위의 자리에 앉혀지는 인간이 생긴다. 신은 사람들이 그에게 복종하기를 바란다. 이 권력의 보관자가 그것을 남용했다면 그것은 신이 신의 자녀들에게 내리는 채찍이라는 벌이 된다. 찬탈자를 좇아내는 일은 양심이 나무랄 것이다. 공공의 평온을 어지럽히고, 폭력을 쓰고, 피흘리는 일을 필요로 할 것이므로, 이 같은 모든 일은 기독교도의 유순함과 걸맞지 않는다. 그리고 결국 이 슬픔의 골짜기에서 자유건 노예건 무슨 상관이 있으랴! 중요한 것은 천국으로 가는 일이다. 체념은 천국으로 가기 위한 또 하나의 수단이다.

만일 외국과의 전쟁이 일어났을 때도 시민들은 망설임 없이 싸움터로 향할 것이다. 그들 중에서 누구 하나 달아나려고 생각하는 사람은 없으리라. 그들은 그 의무를 다할 것이다. 그러나 그들은 승리에의 정열을 품는 일 없이 정복하는 일보다도 죽는 일을 보다 잘 알고 있다. 이긴다거나 진다거나 하는 것이 무슨 의미가 있을까? 그들에게 필요한 것을, 하늘의 뜻은 그들 자신보다도 잘 알고 있는 것은 아닐까? 상상해 보라, 흥분하고 열이 올라 사나워진 적이 얼마나 그들(기독교도)의 견인(堅忍)의 정신을 이용할 수 있는지를! 그들에 대해, 그 영광과 조국에의 열렬한 사랑이 마음속 깊이 박힌 씩씩한 인민을 두어 보라. 기독교 공화국이 스파르타나 또는 로마와 대립한 경우를 가정해 보라. 신앙심이 두터운 기독교도들은 마음을 굳히기도 전에 벌써 패퇴하고 짓눌려서 멸망해 버릴 것이다. 만일 살아난다고 하더라도, 그것은 적이 그들에 대해 경멸감을 품게 된 경우뿐인 것이다.

파비우스의 병사들이 한 맹세는 내가 생각하기에는 훌륭한 것이었다. 그들은 '죽음인가, 승리인가.'라고는 맹세하지 않았다. 그들은 이겨서 돌아올 것을 맹세하고 그 맹세를 지켰던 것이다. 기독교도라면 결코 그런 맹세는 하지 않았을 것이다. 그런 일은 신을 시험해 보는 일이 된다고 생각했을 것이다.[40]

그러나 내가 기독교 공화국이라고 말한 것은 잘못이다. 기독교와 공화국은 서로 용납하지 않는다. 기독교는 복종과 의존밖에 설교하지 않는다. 그 정신은 압제에 아주 잘 들어맞기 때문에, 압제는 항상 이것을 이용하지 않고서는 견디지 못한

---

40 베일, 《잡고》 제1편 제141장, '몇몇 이교도들이 기독교도에 대해, 그들 기독교는 겁쟁이를 만드는 데 적합하다고 반론을 한 일에 관한 고찰'.

다. 진정한 기독교도는 노예가 되도록 만들어져 있다. 그들은 그것을 알고 있음에도 불구하고 마음을 움직이려고 하지 않는다. 이 짧은 인생은 그들의 눈에는 너무나 무가치한 것으로 비치는 것이다.

기독교도의 군대는 우수하다고 우리는 들어 오고 있다. 나는 그것을 인정하지 않는다. 그런 예가 있다면 그 증거를 보여 주기를 바란다. 나로서는 기독교의 군대라는 것을 모른다. 십자군이 (반증으로서) 인용될 것이다. 십자군 병사들의 용기는 나도 인정한다. 하지만 십자군은 기독교라는 것과 거리가 멀며, 그들은 성직자의 군대이고 교회의 시민이었던 점을 지적하고 싶다. 그들은 교회가 어떻게 해서인지 모르지만, 이미 현세적인 것으로 하고 있었던 (교회라고 하는) 영혼의 나라를 위해 싸웠던 것이다. 이를 잘 생각해 보면 십자군은 이교에 포함되는 것이다. 복음서가 개별적 국가의 종교를 설정하고 있지 않은 이상, 기독교도 사이에서는 종교전쟁이라는 것은 있을 수 없다. 이교도의 황제 아래에서는 기독교도의 군대는 용감했다. 모든 기독교도 학자들이 이것을 보증하고 있고, 나도 그것을 믿는다. 그것은 이교도의 군대에 대한 명예의 경쟁이었던 것이다. 황제가 기독교도가 되어 버리자마자 이 경쟁은 중단되고 말았다. 십자가가 독수리를 쫓아 버리자마자 로마인의 용기는 사라져 버렸다. 그러나 모든 정치적 고려를 떠나 권리의 문제로 되돌아가서, 이 중대한 점에 관해 몇 가지 원칙을 세워 보자. 사회계약이 부여하는 신민에 대한 주권자의 권리는 내가 말한 바와 같이 공공으로서의 유용성의 한계를 초월하는 일이 없다.*

그러므로 신민이 주권자에게 그들의 의견을 알려야 하는 것은 그 의견이 공동

---

* 다르장송 후작은 "공화국에 있어서는, 각자는 다른 사람들에게 해를 끼치지 않는 일에서만 완전히 자유이다."라고 말하고 있다. 여기서 불변의 한계가 있다. 사람들은 이 한계를 이 이상으로 분명하게 정하지는 못한다. 나는 대신의 자리에 있으면서도 진정한 시민의 마음과 국정에 관한 올바르고 건전한 여러 가지 견해를 여전히 잃지 않았던, 존경해야 할 저명한 인물의 추억에 경의를 표하기 위해, 세상에는 별로 알려져 있지 않지만 이 원고를 이따금 인용하는 기쁨을 금할 수 없었다.[41]

체에 관련되는 한에 있어서뿐이다. 그런데 각 시민으로 하여금 자기 의무를 사랑하게 하는 종교를 시민이 갖는다는 것은 국가로서는 실로 중대한 일이다. 그러나 이 종교(기독교)의 교리는 그 종교를 믿고 있는 시민이 남에게 지켜야 할 도덕과 의무에 이 교리가 관계하는 한에 있어서만 국가 및 그 구성원의 관심을 끌 수 있다.

게다가 각자는 좋아하는 대로의 의견을 가져도 좋으며, 그것은 주권자가 관여하여 알 바는 아니다. 왜냐하면 주권자는 치안의 세계에 관해서는 어떤 권한도 가지지 않으므로, 신민이 이 세상에서 좋은 시민이라면 내세에서 어떤 운명을 만나건 그것은 주권자가 알 바가 아니기 때문이다.

그런데 주권자가 그 항목을 정해야 할 순수하게 시민적인 신앙고백이 있다. 그것은 엄밀하게 종교의 교의(教義)로서가 아니라, 그것이 없이는 좋은 시민, 충실한 신민이 될 수 없는 사교성의 감정으로서이다.*

그것을 믿는 일을 누구에게도 강요할 수는 없지만, 주권자는 그것을 믿지 않는 자는 누구든지 국가에서 추방할 수 있다. 주권자는 그들을 신심(信心)이 없는 인간으로서가 아니라 비사교적인 인간으로서 법과 정의를 성실하게 사랑할 수 없는

---

* 카이사르는 카딜리나를 변호하여 '영혼은 멸망한다.'는 교의를 세우려고 노력했다. 카토와 키케로는 이 교의를 반박하고자 이론(異論)을 내세워 따지기를 좋아하지 않았다. 그들은 카이사르의 말이 나쁜 시민의 말이고, 국가에 유해한 주장을 했음을 표시하는 것만으로 만족했다. 실제로 로마의 원로원이 판단해야 했던 일은 이 점이고, 신의 문제는 아니었던 것이다.

41 다르장송의 《고찰》에는, 여기서 루소가 인용하고 있는 글은 보이지 않는다. 모름지기 다음과 같은 글을 루소가 요약한 것인 듯하다. "사람들은 시민에게 용납해 두어야 할 자유의 이 정도에 관해 충분히 생각하고 있지 않다. 이 정도는 법을 따르고 있는 사람들이 위대한 일을 가져다 주는 자연의 비약력을 모두 보존할 수 있도록, 이런 사람들에게 법이 허용해야 할 것이지만, 또 필요할 때는 일반 질서를 혼란케 하는 방종을 저지하는 것이다. 종종 만사가 부자유스러워지거나 무질서해지기도 한다. ……신의 힘은 사람들이 상상할 수 있는 가장 지고의 것이고 무한하다. 그러나 그것은 우리들에 관한 일에서는, 우리들에게 완전한 자유를 허용하고 있다. 신은 우리가 자유를 악용할 때—특히 타인에 관해—자유의 사용을 금지한다(레이즈판 18~20쪽)."

자로서, 또 필요에 따라 그 생명을 자기 자신의 의무에 바칠 수 없는 자로서 추방할 수 있는 것이다. 만일 이 교의를 공개적으로 받아들인 뒤에 이것을 믿지 않는 것같이 행동하는 자가 있다면 죽음으로써 그 대가를 치러야 한다.[42] 그는 최대의 죄를 지은 것이다. 법 앞에서 거짓을 말한 죄이다.

이 시민적 종교의 교리는 단순하고 (항목의) 수가 적으며, 설명과 주석이 없이 정확하게 표현할 수 있는 것이 아니어서는 안 된다. 전지전능하고 자비로우며 선견지명과 섭리를 가진 신의 존재, 사후의 삶, 올바른 자에게 주어지는 행복, 악인에게 가해지는 형벌, 사회계약 및 법의 신성함 등이 이 종교의 긍정적 교리이다.

부정적 교리에 관해서는 하나만 말하겠다. 그것은 불관용(不寬容)이다. 불관용은 우리가 부정한 여러 종교에 속하는 것이다.

내가 보기에는 시민적 불관용과 신학적 불관용을 구별하는 것은 확실히 잘못이다. 이 두 가지 불관용은 서로 분리될 수 없는 성질의 것이다. 신의 저주를 받고 있다고 우리가 믿는 사람들과 더불어 평화롭게 살 수는 없다.

그들을 사랑하는 일은 그들에게 벌을 내리는 신을 미워하는 일이 될 것이다. 그들에게는 올바른 종교에 복귀시키거나 박해하거나 하는 일이 절대로 필요하다.

종교적 불관용이 인정되어 있는 곳에서는 어디서든지 그것은 시민 생활에 어떤 효과가 생기게 하지 않고서는 못 견딘다.* 그런 효과가 생기자마자 주권자는 이미 세속적인 일에 관해서조차 주권자의 역할은 못하게 되는 것이다. 그때부터 성직자가 진정한 주인이며 국왕은 성직자의 하급 관리에 지나지 않는다.

---

42 이 잔인한 이론에 관해 루소가 비판을 받는 것은 당연하다. 그러나 그의 진의는 《신(新)엘로이즈》의 다음과 같은 주석에 보다 잘 표시되어 있을 것이다(제5부, 제5의 편지). "이 점에 관한 나의 거짓없는 심정을 밝혀 둔다. 그것은 진실한 신앙인으로서 불관용하고 박해자일 수도 있는 자는 한 명도 없다는 점이다. 만일 내가 관리이고, 또 무신론자를 사형에 처하는 법이 있다면, 나는 먼저 남을 무신론자라고 알려오는 놈을 누구든지 무신론자로서 간주하여 화형에 처하는 일부터 시작할 것이다." 《신엘로이즈》는 이 장이 씌어진 해(1761) 초에 출판되고 있다.

배타적인 민족 종교가 존재하지 않으며, 또 이제는 존재할 수도 없는 지금에 이르러서는, 사람들은 그 교리가 시민의 의무와 반대되는 것을 한 가지도 내포하지

* 예를 들면 결혼은 사회적 계약이므로 사회적 효과를 가지고 있으며, 이 효과가 없이는 사회는 존속하는 일조차 불가능하다. 그런데 결혼을 인정하는 권리, 즉 불관용한 모든 종교에서는 반드시 성직자가 가로챌 것이 분명한 권리를 성직자가 독점하는 데 성공했다고 가정해 보자. 그렇게 되면 성직자는 교회의 권위를 교묘하게 끌어올림으로써 통치자의 권위를 공허해지게 하고, 통치자는 이젠 성직자가 그에게 주려고 생각하는 만큼의 신민밖에 가지지 못하게 되리라는 것은 명백하지 않을까? 사람들이 이러이러한 교의를 가지는지 안 가지는지에 따라, 또 이러이러한 교리서(敎理書)를 인정하는지 거부하는지에 따라, 또 성직자에 대해 보다 많이 또는 보다 적게 헌신적인지에 따라, 그들을 결혼시키거나 혹은 결혼시키지 않거나 하는 권리를 가지고 있는 사람, 즉 성직자만이 신중하게 행동하고 흔들리지 않는 태도를 취한다면, 유산과 지위와 시민, 더 나아가 국가 자체조차도 자유롭게 처리하게 될 것임은 명백하지 않을까? 왜냐하면 이제는 사생아만으로 구성된 국가는 존속할 수 없기 때문이다. 그러나 그것을 권력의 남용이라 하여 고발하고, 소환하고, 영장을 발부하고, 교회의 수입을 차압할 것이라고 말하는 사람이 있을지도 모른다. 얼마나 가엾은 생각인가! 성직자는 설령 조금이라도 상식을 — 나는 용기라고는 말하지 않는다 — 가지고 있으면, 사람들이 제멋대로 하게 내버려 두고, 자기도 역시 마음대로 할 것이다. 그는 냉정하게 고소하게 하고, 소환하게 하고, 영장을 발부하게 하고, 차압하게 할 것이지만, 그러나 끝내 성직자는 주인이기를 그만두지 않을 것이다. 모든 것을 확실하게 독점하고 있을 때는, 일부분을 포기하는 일은 큰 희생이 아니라고 나는 생각한다.[43]

43 이 주는 루소로서는 골칫거리였다. 처음에 그는 이것을 다른 형태로 썼다가 지금처럼 고쳐 썼던 것이다. 1762년 3월 11일, 출판자 레이에게 보내 편지에 다음과 같이 씌어 있다 "나는 마지막 주석을 삭제했습니다. 불행한 프랑스인(프로테스탄트)의 운명이 결정된 후로 유익한 것이 되었기 때문인데, 또 《사회계약론》을 프랑스에 들여오는 데 아마 이 주석은 이 책의 나머지 부분 이상으로 당신에게 지장을 줄 것입니다. 나는 이 주석 대신, 충분히 이것에 필적하며, 이것 이상으로 악의 근원을 찌르고 있는 다른 주석을 썼습니다." 여기서 말하고 있는 제2의 주석이 현재의 것이다. 그러나 루소는 3일 후에는 이것도 삭제하기로 했다. 3월 14일의 편지는 다음과 같다. "결혼에 관한 마지막 주석을 삭제해 주기 바랍니다. 그리고 그 때문에 공백이 생기는 흠이 있더라도, 어떤 희생을 치러서든 이 주석을 삭제해 주기 바랍니다. 그것이 나를 위하고 당신을 위하는 일이 되기도 하는 것입니다." 이리하여 이 주석은 1762년판의 《사회계약론》의 대부분에서는 삭제되었지만, 현재 파리의 하원 도서관에 소장되어 있는 것에는 삭제되어 있지 않다. 아마 같은 경우의 것이 그밖에도 다소 있을 것이다. 이 주석이 공인을 받고 처음으로 나타난 것은 1782년판부터이다. 위에 말한 두 주석이 삭제되었을 때 루소는, "다른 장소에서 적당하게 사용할 곳이 있을지도 모른다."며 교정쇄를 보내 달라고 레이에게 부탁하고 있다(1762. 3. 18 편지). 이 제2의 주석이 1782년에 인쇄될 때, 이 교정쇄에서 채택된 것은 확실하다. 루소는 프랑스의 프로테스탄트가 결혼문제 때문에 빠져 있는 곤경에 대해, 다른 책을 쓰려고 생각했던 적도 있었던 것이다. 1762년 3월 25일, 레이에게 보낸 편지에는 다음과 같이 쓰고 있다. "나는 당신에게 솔직하게 말하지만, 이 문제는 매우 훌륭하며 인류애의 열정으로 보아 극히 매혹적인 것이기 때문에, 필요한 서류를 모을 수 있다는 희망을 품는 일이 조금이라도 가능하다면, 나는 이따금 이 문제를 몽상할 것입니다. 그리고 그렇게 된 경우, 나의 의도는 단지 기술에 머무르는 일은 없을 것입니다."

않는 한, 다른 종교에 관용한 모든 종교에 대해 관용해야 한다.[44] 그러나 '교회 밖에서는 구제란 없다.'고 감히 말하는 자가 있으면, 국가가 교회이고 통치자가 교황인 경우를 제외하고는 누구든지 국외로 추방되어야 한다. 그런 교리는 신정정치(神政政治) 아래에서만 통용되며, 그 이외의 곳에서는 유해하다. 앙리 4세가 로마교를 받아들인 이유라고 일컬어지는 것은, 모든 정직한 사람들을 이 종교로부터 떨어져 나가게 할 것이다. 이성적으로 생각하는 능력을 지닌 모든 통치자의 경우에는 더욱더 그러하다.[45]

9. 결 론

지금까지 나는 정치적 권리의 참된 여러 원리를 세우고, 이 원리의 기초 위에서 국가를 구축하는 데 노력해 왔다. 이제 남겨져 있는 문제는 국가를 그 외적인 여러 가지 관계에 의해 받쳐 주는 일이다. 이 문제는 국제법·통상·전쟁 및 정복의 법·공권·동맹·협의·조약 등등을 내포한다. 그러나 이런 모든 일은 견식이 부족한 나로서는 너무나 광대한 새로운 제목이다. 나는 내 신변과 좀더 가까운 일에 언제나 눈길을 던지고 있어야 했을 것이다.

---

44 베일은, "로마의 교회를 거부하거나, 또는 그 불관용을 찬양하는 법률을 만드는 일은 허용된다."라고 말했다(《철학적 주석》 전집 2, 410~414쪽).
45 잘 알려져 있는 다음과 같은 이야기에 대한 답이다. 위그노의 목사가 앙리 4세에게, 어떤 종교에 의해서도 구제는 행해질 수 있다고 단언했을 때, 가톨릭의 성직자가 그에게, 구제는 로마 교회에서만 가능하다고 경고했던 일. 알 드왕 드 펠레픽스, 《앙리 대왕사》(암스테르담, 1664. 217~218쪽) 참조.

인간불평등기원론

− 디종의 아카데미에서 제출된 문제의 '인간불평등의 기원은 무엇인가, 그리고 그것은 자연법에 의해 용인되는 것인가' 에 관한 논문

제네바 공화국에 바친다

비길 데 없이 고매하신 삼가 존경하는 분들[1]께

자기 조국에 대해 그 조국이 시인할 수 있는 경의를 바치는 일은 덕망 높은 시민에게만 허용되는 일로 굳게 믿었기에, 나는 공공연한 찬사를 당신들에게 바치기에 알맞는 사람이 되려고 30년 동안 노력해 왔습니다. 그런데 다행히 이번 기회가 나의 노력으로 이룰 수 없었던 바를 일부 보충해 주게 되므로, 여기서는 당연히 나에게 행동의 허가를 부여해 주어야 할 법보다도 나를 강하게 움직이고 있는 강한 정열 쪽으로 더 많이 치우쳐도 좋을 것이라고 생각했습니다. 다행히 당신들 사이에서 태어난 나는 자연이 사람들에게 준 평등과 사람들이 만든 불평등을 고찰함에 있어, 그 깊은 예지(叡智)를 어찌 생각지 않겠습니까.

그 예지가 있음으로써 자연의 평등과 인간의 불평등이 이 국가에서는 잘 어울려 자연법에 가장 가깝고 더욱이 사회에 가장 편리하도록 공공질서 유지와 개개

---

1 이 헌사는 제네바 공화국의 총의회(Conseil général), 즉 시민 전체에 대한 것이다. 이 헌사의 초고는 루소의 제네바 체재에 앞서 파리에서 만들어지고, 6월 샹베리에서 완성되었다. 이 체재 중에 몇 사람의 제네바인은 이 헌사의 내용을 알고 있었으나 루소는 공화국 당국, 제네바 시회(市會)에서 이 작품 헌정(憲政)에 대한 아그레망을 얻는 일은 불가능하다고 생각하고 이 논문을 공간(公刊)할 때 이 헌사를 첨가했을 뿐이었다. 그 반향은 루소에게 그다지 호의적인 것으로는 비치지 않았다. 그로서는 순수한 애국심에서 썼던 것인데, 제네바 시회와 시민 속에 적이나 반감을 만들어 냈다고밖에 생각되지 않았던 것이다. 당시의 일반적인 비평은 이 헌사의 비현실성 및 유토피아성과 애국의 열정을 지적하고 있다.

인의 행복을 위해 협력하고 있는 것입니다. 정부의 구성에 대해 양식(良識)이 명령할 수 있는 최고의 준칙(準則)을 구했을 때, 나는 그러한 준칙이 모조리 당신들의 정부에서 현재 이루어지고 있음을 보고 몹시 놀랐습니다. 그 때문에 비록 내가 당신들의 공화국 안에서 태어나지 않았더라도 모든 국민 중에서 가장 뛰어난 장점을 갖고, 더욱이 나로서는 그 폐해를 가장 교묘하게 피해 온 것으로 생각되는 국민에게 내가 다음과 같은 인간사회의 그림책을 증정해야 한다고 생각하는 것은 당연한 일일 것입니다.

만일 내가 태어날 장소[2]를 선택해야만 했다면 나는 인간 능력의 범위로 한정된, 이를테면 충분히 통치될 수 있는 한도의 크기를 가진 사회, 그리고 각자가 그 일을 충분히 해낼 수 있으므로 누구나 자기가 책임진 직무를 다른 사람에게 떠맡기는 일이 없는 사회를 택했을 것입니다. 결국 그런 국가에서는 개개인이 서로 알고 있으므로, 몰래 이루어지는 악덕이나 꾸밈없는 미덕도 모두 공중(公衆)의 시선과 심판을 면할 수 없으며, 이처럼 서로 만나거나 알게 된다는 다정한 습관에 의해 조국에는 토지에 대한 사랑보다도 오히려 시민에 대한 사랑으로 바뀌게 될 것입니다.

나는 국가기관이 전체 인민의 공통된 행복 이외에는 결코 작용하지 않도록 하기 위해 주권자와 인민이 다만 동일한 이해(利害)밖에 가질 수 없는 그런 나라에 태어나고 싶다고 생각했을 것입니다. 그러나 그런 일은 인민과 주권자가 동일한 인간이 아니고서는 이루어질 수 없는 일이므로, 결국 나는 사려 깊고 온건한 민주적인 정부 밑에 태어났더라면 하고 생각합니다.

나는 자유로이, 즉 법이라는 명예로운 속박이라면 나든 그 누구든 내팽개치지

---

2 이 글은 우연히 제네바 시민으로 태어난 루소가, 이번에는 자신의 자유로운 의지에 따라 다시 제네바 시민이 될 작정이라는 뜻을 품은 것이라고 볼 수 있다.

않고 법에 순종하며 살다 죽고 싶다는 생각을 했을 것입니다. 이 유익하고 마음에 드는 속박이야말로 가장 자랑스러운 내 목까지도 그 이외의 속박은 어떤 것이든 맬 수 없으므로 더욱 순순히 매는 법입니다.

따라서 나는 누구나 국가 안에 사는 사람은 자신이 법을 초월한 자로 생각하지 않기를 바라며, 또 누구나 국가 밖에 있는 사람이 국가에 법을 무리하게 강요하여 그것을 인정하도록 만드는 일이 없기를 바랐을 것입니다. 왜냐하면 정부의 구성이 어떤 것이든, 그곳에 단 한 사람이라도 법을 따르지 않는 사람이 있다면 다른 모든 사람들은 필연적으로 그 사람의 뜻대로 움직이게 되기 때문입니다. 그리고 만일 한 사람의 국민적 통치자 외에 또 다른 한 사람의 국외 통치자[3]가 있다면, 그들이 어떤 권력의 분할을 행했다 하더라도 양쪽 모두를 국민이 잘 따를 수는 없고, 또한 국가가 잘 통치되기는 불가능합니다.

나는 아무리 좋은 법을 갖추고 있더라도 새로운 제도의 공화국에 살고 싶다는 생각은 조금도 하지 않았을 것입니다. 왜냐하면 정부가 현재의 필요에 적합지 않도록 구성되어, 새로운 시민에 적당치 않든가 또는 시민 쪽이 새로운 정부와 맞지 않을 경우, 그런 국가는 거의 생겨나자마자 흔들리고 파괴되는 위험을 모면할 수 없기 때문입니다.

자유란 실질적이고 영양 많고 맛있는 음식이든가 또는 감칠맛 있는 포도주 같은 것이므로 거기에 익숙한 튼튼한 체질을 길러 강하게 하는 데는 적당하지만, 거기에 맞지 않는 허약하고 예민한 체질은 압도하고 파괴하고 취하게 하기 때문입니다. 일단 복종에 익숙해진 국민은 이미 통치자 없이는 해나갈 수 없습니다. 속박을 떨쳐 버리려고 시도하면 그들은 점점 자유로부터 멀어져 갑니다. 그것은 자유와는 반대인 방종을 자유로 잘못 앎으로써, 그들이 꾀하는 혁명은 언제나 거

---

3 로마 교황을 가리킨다.

의 그들의 사슬을 무겁게 하는 데 불과한 선동가들의 손에 자기 몸을 맡기게 되기 때문입니다. 모든 자유로운 인민의 모범인 로마 국민조차도 타르퀴니우스[4]가 (家)의 압제로부터 벗어났을 때 자치(自治)를 행할 힘이 없었습니다. 로마 국민은 타르퀴니우스가 강요한 노예상태와 굴욕적인 고역으로 인해 타락해 버렸으므로 처음에는 최대의 예지로써 돌봐 주고 통치해야 할 우민(愚民)의 무리에 지나지 않았습니다. 압제하에서 무기력하게 되었다기보다 우매하게 된 이들 영혼은 그후 조금씩 건강에 좋은 자유로운 공기를 호흡하는데 익숙해졌고, 마침내는 로마 국민을 만든 그 엄격한 풍속과 그 자랑스러운 용기를 획득하게 된 것입니다. 그러므로 나는 나의 조국을 위해 행복하고 평온한 공화국을 구했을 것입니다. 그 공화국은 그 기원으로 말하자면 태고의 어둠 속으로 사라졌을 정도로 오래되었고, 그곳에 사는 주민들이 용기와 조국애를 현현하고 강화하는 데 도움이 될 만한 공격을 받은 일밖에 없는 그런 곳입니다. 그리고 그 시민은 오래 전부터 현명한 독립에 익숙해졌으므로 다만 자유로울 뿐 아니라 자유로운 데 적합한 공화국인 것입니다.

나는 다행하게도 무기력하기 때문에 잔인한 정복욕에 대한 괴로움 없이, 또한 다행하게도 지리적 이점으로 인해 다른 나라에 정복될 위험에서도 지켜진 조국, 즉 몇 무리의 인민 사이에 위치하면서 어느 인민도 이를 침략하려는 일에 관심을 갖지 않고, 또 어떤 인민이나 다른 인민에게 이를 침략받지 않도록 하는 일에 관심을 갖는 자유로운 도시, 한마디로 말해 이웃 나라의 야심을 조금도 유발(誘發)하지 않고 필요에 따라 그 이웃 나라의 원조까지도 충분히 기대할 수 있을 만한 공화국을 선택해야겠다고 생각했을 것입니다. 그러면 그 공화국은 그 행복한 위

---

4 전설상의 고대 로마 최후의 왕 루키우스 타르퀴니우스를 가리키는 듯하다. 그는 브루투스 일파에 의해 쫓겨났는데, 이런 점은 티투스 리비우스, 특히 마키아벨리의 《티투스 리비우스론》에 근거하는 듯하다.

치에 있기 때문에 자기 자신 외에는 아무것도 두려워할 필요가 없으며, 따라서 그 시민들이 군사훈련을 받는다 해도 그것은 그들의 자위(自衛)에 대체하기 위해서라기보다는 오히려 참으로 자유에 적합한, 그리고 자유의 취미를 기르는 그 무인적(武人的)인 투지와 자랑스러운 용기를 그들 사이에 유지하기 위한 것이라고 할 수 있습니다.

나는 입법권을 모든 시민이 공유하는 그런 나라를 구했을 것입니다. 왜냐하면 동일한 사회에서 함께 생활하기 위해서는 어떤 조건으로 하는 것이 자기들에게 적합한가를 그들만큼 잘 아는 사람들은 없기 때문입니다. 그러나 나는 로마인의 플레비스키토움과 흡사한 인민투표는 인정치 않았을 것입니다. 그곳에서는 국가의 통치자들이나 국가의 보전에 가장 관계 깊은 사람들이 국가의 위급존망(危急存亡)을 좌우한 토의에서 때때로 제외되고, 또한 어리석은 모순이지만 위정자들이 보통 시민이 가지고 있던 권리마저도 가지지 못했기 때문입니다.

반대로 나는 다음과 같은 일을 원했을 것입니다. 즉 사리(私利)를 목표로 서투르게 고안된 계획이나, 마침내는 아테네 사람들을 멸망케 한 위험한 개혁을 증진시키기 위해, 그 누구도 자기 생각대로 새로운 법률을 제안하는 것과 같은 힘을 갖지 않아야 합니다. 그 같은 권리는 다만 위정자에게만 속하며 더욱이 위정자는 이것을 극히 신중하게 행사하도록 하여 인민측에서도 이러한 법률에 동의를 부여하는 데 조심스러워야 합니다. 또 그 공포(公布)는 엄정한 수속을 거치지 않으면 행하지 못하도록 해야 합니다. 국가조직이 흔들리기 시작하기 전에, 법률이 신성시되고 존중되는 것은 특별히 그 법률이 몹시 오래된 것이기 때문이며, 마침내 인민은 날마다 바뀌는 법률을 경멸하게 되고, 따라서 개선한다는 구실을 내세워 오래된 습관을 무시하는 일에 익숙해지면, 사람들은 종종 사소한 악을 바로잡기 위해 큰 악을 끌어들인다는 사실을 확신할 만한 시간적 여유가 있다는 것 등입니다.

또한 나는 인민이 위정자는 없어도 된다, 그리고 임시적인 권력만을 위정자에게 남겨 두면 된다고 믿고 경솔하게도 시민에 대한 공무(公務)의 관리와 그 법률의 집행을 자기들의 손에 남기는 그런 공화국은 필연적으로 나쁜 통치를 하게 될 것으로 보아 이를 피했을 것입니다. 자연상태에서 출발한 최초 정부의 조잡한 구성은 틀림없이 이러했을 것이며, 아테네 공화국을 멸망케 한 결합의 하나도 이런 것이었습니다.

그러나 나는 다음과 같은 공화국이었다면 서슴지 않고 선택했을 것입니다. 즉 개개인이 법률에 인가를 부여하는 일, 의회에서 통치자들의 보고에 입각하여 가장 중요한 공사(公事)를 결정하는 것으로 만족한 다음 위엄 있는 법정(法廷)을 확립하고, 주의 깊게 그 관할(管轄)을 구분짓고, 또 재판을 관리하여 국가를 통치하기 위해 시민 중에서 가장 유능하고 공명정대한 사람들을 해마다 선출하는 그런 공화국, 또한 위정자들의 미덕이 국민의 예지의 증거가 되고 양자가 서로 존중하는 공화국을 선택했을 것입니다. 따라서 만일 불행한 오해로 공공연한 화합이 어지럽혀지는 일이 있더라도, 그 같은 맹목과 오류의 시대에도 절도와 상호간의 존경과 법률에 대한 공통된 경의의 증거가 뚜렷이 나타나 있을 것입니다. 그것이야말로 성실하고 영구적인 화해의 징조이며 또 보장이기도 합니다.

비길 데 없이 고매하신 삼가 존경하는 분들이여, 위에 말한 것이 내가 택한 조국이며, 내가 바라마지 않았던 여러 가지 미점(美點)입니다. 게다가 만일 신이 매력적인 지세(地勢)와 온화한 기후와 비옥한 토지, 그리고 지상에서 가장 마음에 드는 경관을 덧붙여 주셨다면, 나는 자신의 행복을 만끽하기 위해서는, 행복한 조국에서 그 모든 은혜를 누리고 동포인 시민들과 즐겁게 사귀며 평화롭게 생활하고, 그들과 대하고 또 그들의 본을 받아 자비와 우애, 그밖의 모든 덕을 행하고 선인(善人)으로서, 그리고 성실하고 유덕한 애국자로서 영광된 기념을 뒤에 남기는 일 외에는 아무런 소원도 없었을 것입니다.

가령 내가 그다지 행복하지 못하고, 또 내가 뒤늦게 깨달은 탓에 내가 타국에서 병들어 의지할 곳 없는 생애를 끝마칠 파국에 몰리어, 청년기의 무분별로 헛되이 잃은 안식과 평화를 아쉬워하더라도, 나는 적어도 내 나라에서 실행할 수 없었던 위와 같은 견해를 나 자신의 영혼 속에 품었을 것입니다. 그리고 멀리 떨어진 동포 시민들에 대한 자상하고 사심없는 애정에 잠기면서 나는 마음속으로 그들에게 다음과 같은 말을 했을 것입니다.

'친애하는 동포 시민 여러분, 아니 형제 여러분, 혈연과 함께 법률이 우리 모두를 결합시키고 있기 때문에, 내가 여러분의 일을 생각하면서 아울러 여러분이 누리고 있는 모든 은혜를 생각지 않을 수 없음은 나로서는 기쁜 일입니다. 그리고 여러분 가운데서 그 누구라도 그런 은혜를 잊어버린 나 이상으로 그 값어치를 느낄 수는 없었을 것입니다.

나는 여러분의 정치적 · 사회적 상태에 대해 고찰하면 할수록 인간적 사상(事象)의 본성에서 현재 이상으로 좋은 상태가 허용되는 일은 상상할 수가 없습니다. 다른 모든 정부에 있어서는 국가의 최대 이익을 보장하는 일이 문제가 될 경우 모든 것은 관념상의 계획, 기껏해야 단순한 가능성에 한정되는 일이 상례입니다. 그러나 여러분에게 있어서는 여러분의 행복이 이미 완성되어 있으므로 행복을 누리기만 하면 됩니다. 여러분이 완전히 행복해지려면 행복하다는 사실에 만족하는 일 이외에는 아무것도 필요하지 않습니다. 무력을 손에 넣고, 또 되찾고, 나아가서 무용(武勇)과 지혜로 2세기 동안 보존된 여러분의 주권은 마침내 완전히, 그리고 널리 인정되고 있습니다. 명예로운 계약이 여러분의 한계를 정하고 여러분의 권리를 보증하며, 여러분의 안태(安泰)를 확립하고 있습니다.

여러분의 헌법은 훌륭합니다. 가장 숭고한 이성(理性)의 가르침에 따라 제정되고, 존경할 수 있는 우호적인 여러 강국에 의해 보장되어 있기 때문입니다. 여러분의 국가는 조용합니다. 여러분은 전쟁이나 정복자도 두려워할 필요가 없습니다. 여러분에게는 스스로 만든 현명한 법률 외에는 어떤 주인도 없고, 그 법률은 여러분이 선출한 공명정대한 사법관에 의해 시행되고 있습니다. 여러분은 게으름으로 인해 유약해지거나 헛된 향락에 빠져 참된 행복과 견고한 덕에 대한 취미를 잃을 만큼 풍족하지도 않고, 또 여러분의 산업에 의해 여러분이 손에 넣는 것 이상으로 다른 나라의 원조가 필요할 만큼 가난하지도 않습니다. 그리고 대국(大國)에서는 이 귀중한 자유를 무거운 과세에 의존하지 않고는 유지할 수 없지만, 여러분은 그것을 보존하는 데 거의 아무런 희생도 치를 필요가 없는 것입니다.

시민의 행복을 위해, 또 여러 나라 인민의 모범으로서 이처럼 현명하고 적절하게 구성된 공화국이 영원히 계속되기를!

이것이야말로 여러분이 해야 할 유일한 기원(祈願)이며 유일한 마음가짐입니다. 여러분의 행복을 이룩하는 데 있어서는 여러분의 선조가 여러분을 위해 그 노력을 아끼지 않았으나, 앞으로 이를 선용한다는 지혜를 가지고 행복을 영속시키는 일이야말로 바로 여러분이 감당해야 할 일입니다. 여러분의 영원한 단결, 법률에 대한 복종, 법의 집행자에 대한 존경, 이런 일이야말로 여러분의 존망(存亡)이 좌우되는 일입니다. 만일 여러분 사이에 조금이라도 원망스러운 일이나 의심의 싹이 남아 있다면, 언제고 여러분의 불행과 국가의 파멸을 야기시키는 불길한 씨앗으로 보아 서둘러 그것을 없애버리십시오.

나는 여러분이 자신의 마음속으로 돌아가 은밀한 양심의 소리에 귀기울여 주기를 간절히 바랍니다. 이 세계에 여러분 나라의 위정자보다도 더 공명정대하고 총명하며 존경해야 할 사람들의 집단을 알고 있는 사람이 여러분 중에 있습니까. 위정자들은 모두 중용(中庸)의 덕, 소박한 풍속, 법률에 대한 존경, 그리고 더없이 성실한 화해의 모범을 여러분에게 보이고 있지 않습니까. 그러므로 그런 현명한 통치자들에 대해서는 이성이 미덕에 바쳐야 할 그 유익한 신뢰를 사양하지 말고 바치십시오. 생각해 보십시오. 그들은 여러분이 선출했고, 그들은 그 선택의 정당함을 증명하고 있으며, 그리고 여러분이 요직에 오르게 한 사람들이 받아야 할 명예는 반드시 여러분 자신에게 돌아오는 법입니다. 법의 효력과 그 옹호자의 권력이 정지되는 곳에서는 누구에게나 안전과 자유가 있을 수 없다는 사실을 모를 만큼 무지한 사람은 여러분 중에는 한 명도 없습니다. 따라서 여러분이 참된 이익과 의무를 좇아, 또 도리상 마땅히 이행해야 할 일을 마음속으로부터 기꺼이, 더욱이 올바른 신념을 가지고 행하는 데 문제될 일은 없을 것입니다. 헌법 유지에 무관심하다는 것은 불행하고도 무거운 죄를 짓는 일이 되므로, 여러분이 그런 일로 인해 여러분 가운데서 가장 지식이 있고 또 열의에 찬 사람들의 현명한 의견을 필요한 경우에 무시하는 일은 절대로 없기를 바라는 바입니다. 더욱이 공평과 중용과 가장 겸허한 기골(氣骨)이 항상 여러분의 행동을 모두 규정하고, 자신의 자유뿐 아니라 영광에 집착하는 자랑스럽고 겸허한 국민의 본보기를 여러분 자신에 의해 전세계에 계속 보여 주었으면 합니다. 특히 이것은 나의 마지막 충고입니다만, 목적인 행위보다 종종 가장 위험한 동기를 감추고 있는 음험한 해석과 독을 품은 연설에 절대로 귀를 기울이지 않도록 주의하십시오. 도둑이 가까이 오지 않으면 결코 짖지 않는 선량하고 충직한 개의 울음소리를 들으면 곧 집안 사람들은 모두 잠이 깨어 경계 태세를 갖추는 법입니다. 그러나 늘 사람들의 안식을 어지럽히고 계속 잘못 알리는 경보 때문에 정말 그것이 필요한 경우에는 귀도 기울이지 않는 그 소란스러운 개는 사람들은 미워하는 것입니다.'

그럼 다시 되돌아가서, 비길 데 없이 고매하신 삼가 존경하는 분들이여, 자유민의 훌륭하고 존경할 위정자인 여러분, 내가 특별히 당신들에게 나의 찬사와 의무를 바칠 수 있도록 허락해 주십시오. 만일 이 세상에 그 지위에 오른 사람들의 이름을 뛰어나게 하기에 합당한 지위라는 것이 있다면, 그것은 물론 재능과 덕으로써 얻어진 자리로서, 여러분 자신이 거기에 적합한 사람이 되고 동시에 여러분의 동포인 시민들이 여러분을 그곳에 오르게 한 지위입니다. 그들 자신의 가치는 여러분의 가치 위에 더욱 새로운 빛을 첨가해 주고 있습니다. 여러분은 다른 사람들을 다스릴 만한 능력이 있는 사람들에 의해서 그들 자신을 다스리기 위해 선출된 것이므로 나는 여러분이 다른 위정자들보다도 뛰어나다고 생각합니다. 그것은 자유로운 민중, 더욱이 여러분이 지도한다는 명예를 걸머지고 있는 민중이 그 총명한 지혜와 이성에 의해 다른 여러 나라의 민중보다도 뛰어나기 때문입니다.

여기 한 가지 예를 인용하도록 해주십시오. 그것은 가장 좋은 추억으로 남아 있으며, 언제나 나의 마음속에 생생하게 떠오를 것입니다. 나에게 이 세상의 삶을 주고, 나의 유년 시대에 여러분을 존경해야 함을 나에게 이야기해 주던 한 덕망 높은 시민[5]의 일이 생각날 때마다 더없이 흐뭇한 감동을 받지 않을 수 없습니다. 자기 손으로 일해서 생활하고, 가장 숭고한 진리로써 그 영혼을 살찌게 하던 그의 모습이 지금도 눈에 선합니다. 그의 앞에는 그 일을 위한 연장과 함께 타키투스나 플루타르코스, 그리고 그로티우스의 저서를 나는 볼 수 있습니다.[6] 그의 옆에는 한 명의 귀여운 아들이 역대의 아버지 가운데 가장 훌륭한 아버지로부터 애정이 깃들인 교육을 받으며, 너무도 가난한 결실밖에 맺지 못하는 것을 볼 수 있습니다. 그러나 어리석은 청춘의 방황이 한동안은 이처럼 현명한 교훈을 잊게는 했지만, 마침내 나는 아무리 사람이 악덕의 경향을 가지고 있더라도 마음을 주고받는 교육이 영원히 헛되지는 않는다는 사실을 행복하게도 맛보고 있는 것입니다.

---

5 아버지 이자크 루소를 말한다. 루소가 태어나자마자 어머니를 여의었지만, 시계직공인 아버지는 자식을 기르는 데 별로 열성이 없었다고 한다.

6 이 무렵 제네바의 장인(匠人)이나 수공업자들은 책을 상당히 읽었던 모양이어서, 《고백론》 속에서도 아버지 이자크 루소의 독서나 장서에 관해서 말한 곳이 있다. 루소가 일생 동안 애독한 플루타르코스는, 칼뱅이 신자들에게 특히 추상(推賞)한 책 속에 들어 있었다고 한다.

비길 데 없이 고매하신 삼가 존경하는 분들이여, 여러분이 다스리고 있는 국가에 태어난 시민들은 아니 단순한 주민⁷일지라도 다 같은 사람들이며, 다른 국민들 사이에서는 장인(匠人)이나 천민이라고 하는 이름 아래 그처럼 천하고 그릇된 관념을 갖게 하는, 그 교양 있고 사려 깊은 사람들이 바로 그들인 것입니다. 기꺼이 고백합니다만, 우리 아버지는 동포 여러분들에 비해 별로 위대하지는 않았습니다. 그는 다른 사람과 다른 점이 별로 없었습니다. 그리고 어느 고장엘 가나 그는 있는 그대로의 인품으로 가장 훌륭한 사람들로부터 교제하기를 요청받았으며, 또 그것이 깊이 더해 갔고, 게다가 결실을 가져왔음에 틀림없습니다. 이런 성품을 지닌 사람들이 당신들로부터 받기를 기대해도 좋은 경의에 대해 당신들에게 이야기한다는 것은 나의 의무가 아니며, 또 고맙게도 그럴 필요도 없습니다. 그들은 교육면에서뿐 아니라 자연의 권리, 태어나면서부터 지닌 권리로서도 당신들과 대등하며 당신들보다 하급 지위에 있는 것은 자신의 의사에 따른 것이고, 당신들의 가치를 인정하여 자진해서 그것을 존중했기 때문입니다. 그 대신 당신들도 그들에 대해 일종의 감사하는 마음을 가져야 합니다. 당신들이 그들에 대해 얼마나 상냥함과 간절함으로 법의 집행자에게 알맞는 위엄을 완화시키고 있는지, 또 그들이 당신들에 대해 지켜야 할 복종과 존경에 대해 당신들이 얼마나 경의와 주의로써 보답하고 있는지를 알고 나는 대단히 만족하고 있습니다. 이 행위는 두 번 다시 되풀이하지 않도록 잊어야 할 불행한 사건의 기억을 떨쳐 버리는 데 알맞는 정의와 지혜에 찬 행위이며, 또 이 공평하고 고결한 인민이 그 의무를 즐기고 당신들을 존경하는 일을 자연히 좋아하며, 그리고 가장 열심히 자기 권리를 주장하는 사람들이 당신들의 권리를 가장 존중하는 경향이 있기 때문에 이것은 더욱 분별 있

---

7 제네바 공화국의 인원을 구성하고 있는 네 계급 'Citoyen, Bourgeois, Habitant, Natif' 중에서 세 번째에 위치하며, 참정권이 없고 거주와 노동의 권리만 있었다. 루소는 'Citoyen' 속에서도 하층에 속해 있었다. 여기서 루소는 장인 계급과 하층민을 위해 변호하고 있다.

는 행위가 되는 것입니다.

　정치사회의 위정자들이 그 사회의 영광과 행복을 사랑하는 것은 조금도 이상한 일이 아닙니다. 그러나 자기들을 보다 신성하고 보다 숭고한 조국의 위정자,[8] 아니 오히려 지배자로 보고 있는 사람들이, 자기들을 양육하고 있는 지상의 조국에 대한 어떤 애정을 나타내는 일은, 사람들의 마음의 평화라는 점에서 볼 때 매우 이상한 일입니다. 우리를 위해 아주 진기한 예외를 내세우고, 법률에 허용된 신성한 교의(教義)의 그 열렬한 수탁자(受託者)들, 그 존경해야 할 영혼의 목자(牧者)들을 우리의 가장 뛰어난 시민들의 대열에 포함되도록 하는 일은 무어라 해도 몹시 즐거운 일입니다. 이 사람들의 생생하고 훌륭한 웅변은 그들이 언제나 스스로 복음서의 준칙을 실행하므로 그만큼 보다 잘 그 준칙을 사람들의 마음에 새깁니다. 제네바에서는 설교의 위대한 기술이 연구되어 어떻게 성공을 거두고 있는가는 누구나 다 알고 있습니다. 그러나 말과 행동이 다른 것[9]을 너무나 많이 보아 왔기 때문에 기독교 정신이나 풍속의 신성함, 그리고 자기에 대한 엄격함 및 타인에 대한 관대함이 어느 정도 우리의 목사단(牧師團)을 지배하고 있는가를 알고 있는 사람은 거의 없습니다. 신학자와 문학자의 동료들 사이에 있는 이 같은 완전한 화합의 유익한 실례를 보여 주는 일은 아마 제네바시만이 할 수 있는[10] 일일 것입니다. 내가 제네바시의 영원한 안일에 거는 희망은 대부분의 사람들도 인정하고 있는 그들의 지혜와 절도에, 또 국가 번영에 대한 그들의 열의에 바탕을 두고 있는 것입니다.

　또한 나는 역사가 여러 차례 그 실례를 제공하고 있는 그 신성하고 야만적인 사

---

8 신의 왕국의 위정자, 즉 성직자들. 루소는 기독교와 애국심은 양립하기 힘들다는 것을 《사회계약론》의 '시민의 종교에 관해' 장에서 나타내고 있는데, 제네바의 성직자들은 예외로 하고 있다.
9 가톨릭 교회에 대한 풍자.
10 칼뱅이 1559년에 건설한 아카데미를 가리키고 있다.

람들의 이른바 참혹한 준칙을 그들이 얼마나 두려워하고 있는가를 주목하여 놀라움과 존경이 뒤섞인 기쁨을 느낍니다. 그 사람들은 이른바 신의 권리, 다시 말해 그들의 이익을 주장한다고 하여, 인간의 피를 흘리는 데는 그다지 인색하지 않았는데, 그것은 사실 자기들의 피가 언제나 존중되는 것이라고 자부하고 있었기 때문입니다.¹¹

내가 공화국 인구의 절반을 차지하는 남자들의 행복을 만들어 내고 상냥함과 현명함으로 나라의 평화와 양속(良俗)를 유지하고 있는 그 소중한 나머지 절반의 여자들을 잊을 수 있겠습니까? 사랑스럽고 우아한 여성 시민들이여, 당신들의 천직은 항상 우리 남성을 제어하는 일일 겁니다.

부부의 결합에 있어서만 행사되는 여성들의 순결한 힘이, 오로지 국가의 영광과 공공의 행복을 위해서만 느껴질 때는 참으로 행복합니다. 그렇게 하여 제네바에서는 당신들이 명령을 내릴 자격이 있는 것입니다. 상냥한 아내의 입에서 나오는 명예와 이성의 소리에 어떤 야만스런 남자인들 저항할 수 있겠습니까? 또 당신들에게 어울리는 광휘에 의해 아름다움을 증가시키는 데 가장 유리한 당신들의 검소하고 소박한 장식을 보고 하찮은 사치를 경멸하지 않을 사람이 있겠습니까? 당신들의 사랑스럽고 천진한 지배에 의해 나라 안에는 법률에 대한 사랑을, 시민 사이에는 화합을 항상 유지하게 되며 또 헤어져 있는 가족을 행복한 결혼에 의해 결합시키고, 특별히 당신들의 교훈의 설득력 있는 부드러움과 이야기의 우아한 매력에 의해, 우리 나라의 청년들이 타국에 가서 몸에 익히는 나쁜 버릇을 교정하는 일, 이런 모든 것을 여성들이 해야만 합니다. 청년들은 외국에서 배우고자 하

---

11 여기에는 종교적 광신에 대한 비난을 포함하고 있는데, 이 비난은 칼뱅에게도 해당될 것이다. 루소가 상찬하는 신학상의 관용된 리버럴리즘은 특히 장 알퐁스 튀레탄(투레티니, 1671~1737)으로 대표되고 있었다. 18세기 초두 이래 데카르트 철학 및 계몽철학의 영향으로 제네바 신학에 새 경향이 일어났다. 루소는 소년 시절에 그 자유로운 분위기를 호흡했을 것이 분명한데, 편지나 작품 속에서 투레티니에 대해 언급한 적이 한번도 없다.

면 그렇게 유익한 일이 많음에도 불구하고 타락한 여자들 사이에서 익힌 유치한 행동, 우스꽝스러운 모습과 함께 뭔가 알 수 없는 위대한 것에 대한 찬미만을 가지고 돌아오지만, 그것은 굴종에 대한 경박한 보상에 지나지 않으며 엄숙한 자유와는 비할 바도 못 되는 것입니다. 그러므로 당신들은 언제까지나 현재 있는 그대로의 양속(良俗)의 순결한 수호자이고, 평화의 부드러운 매개자이기를 바랍니다. 그리고 이런 경우일지라도 의무와 미덕을 위해 어디까지나 심정과 자연의 권리를 일으켜 세워주십시오.

나는 이 같은 보장에 입각하여 시민들의 공통된 행복과 공화국의 영광에 대한 희망을 걸고 있는데, 그것이 어떤 사건에 의해 배신당하는 일은 절대로 없을 것이라고 믿고 있습니다. 이처럼 여러 가지 미점은 가지고 있어도 이 공화국이 대다수 사람의 눈을 현혹시키는 그 화려함으로 빛나는 일이 없음을 인정합니다. 그런 화려함에 대한 유치한, 좋지 못한 취미는 행복과 자유에 대해서도 가장 중대한 적이기 때문입니다. 단정치 못한 청년들은 어딘가 다른 곳으로 가서 값싼 쾌락과 후회를 구함이 좋을 것입니다. 쾌락가임을 자칭하는 사람들은 다른 고장으로 가서 궁전의 장대함, 시종(侍從)들의 아름다움, 가구(家具) 및 연극의 화려함, 그밖에 유약함과 세련된 모든 사치를 감탄하는 편이 좋을 것입니다. 제네바에서는 인간밖에 자랑할 게 없습니다.

그러나 그 같은 광경에는 그 나름대로의 충분한 가치가 있습니다. 그러므로 그것을 구하는 사람들은 그 이외의 것을 감탄하여 칭찬하는 사람들에게 결코 뒤지지는 않을 것입니다.

비길 데 없이 고매하신 삼가 존경하는 분들이여, 부디 당신들의 공통된 번영에 대해 내가 지니는 관심의 이 정중한 증거를 모두 같은 선의로 받아 주시기를 바랍니다. 만일 불행하게도 내가 이 넘치는 진정을 솔직히 말하는 데 있어 뭔가 조심성 없는 감격 때문에 문책받을 일이라도 있다면, 참된 애국자로서의 애정에 비추

어 또 당신들이 모두 행복한 것을 본다는 행복보다는 큰 행복은 자기를 위해 생각
지 않는 인간의 정당한 행복이라는, 타는 듯한 열정에 비추어 용서해 주기를 부탁
드리는 바입니다.

더없이 깊은 존경으로써

비길 데 없이 고매하신, 삼가 존경하는 분들이여,

당신들의 겸허하고 온순한 봉사자이자 동포 시민인

장 자크 루소,
샹베리에서, 1754년 6월 10일

서문

인간의 모든 지식 중에서 가장 유용하고도 진보되지 않은 상태의 것은 인간에 관한 지식이라고 나는 생각한다. 그래서 나는 델포이신전에 새긴 격언[1]만으로도 인성비평가(人性批評家)들의 모든 두툼한 책보다는 중요하고 난해한 가르침을 내포하고 있다고 감히 말하고 싶다. 따라서 나는 이 논문의 주제를 철학이 제출할 수 있는 가장 흥미 있는 문제의 하나로, 게다가 우리에게 있어 불행하게도 철학자들이 해결할 수 있는 가장 귀찮은 문제의 하나로 보고 있다. 우선 인간 그 자체를 알지 못하고 어떻게 사람들 사이에 존재하는 불평등의 기원을 알 수 있겠는가. 그리고 차례차례 잇따라 일어난 시대나 사물에 의해 인간의 본원적 구조(本源的構造) 속에 생겨났을 모든 변화를 통해 인간은 자연이 만든 그대로의 형상으로 자기를 바라보는 일을 어떻게 잘 해나갈 수 있겠는가? 또 인간 고유의 소질에서 얻어지는 것과 환경이나 인간의 진보가 인간의 원시상태에 덧붙였다든가 또는 그것을 변화시킨 것과를 어떻게 식별할 수 있겠는가.

시간과 바다와 폭풍우 때문에 볼품없이 변해 버려 신이라기보다 오히려 맹수와 비슷한 글라우코스[2]상(像)처럼, 인간의 영혼은 사회 속에서 계속 되풀이되어 일

---

1 소크라테스의 유명한 격언 "너 자신을 알라." 이것은 《에밀》 제1편에 있는, "우리가 정말 연구하여야 할 것은 인간의 조건의 연구인 것이다."와 대응한다.

2 그리스 신화에 나오는 보이오티아의 어부. 바다로 들어가 해신(海神)이 되었다. 플라톤은 《국가론》 제10권 611에서, 인간의 영혼이 육체와 결합했기 때문에 영혼 본래의 불멸의 성질이 완전히 변해 버린 비유로서 글라우코스를 인용하고 있다.

어나는 무수한 원인에 의해, 온갖 지식과 오류를 얻는 데 의해 신체의 구성에 일어난 갖가지 변화에 의해 또 정념(情念)의 끊임없는 격동에 의해 그 외모를 거의 식별할 수 없을 정도로 변해 버린 것이다. 그리고 지금은 그곳에서 발견할 수 있는 것은 항상 일정불변의 원리에 의해 행동하는 존재가 아니고, 또한 단순함도 아니며, 다만 도리에 따르고 있는 것으로 알고 있는, 정념과 망상에 빠져 있는 오성(悟性)과의 기괴한 대조에 불과한 것이다.

그리고 무엇보다도 가슴 아픈 일은 인류의 모든 진보가 원시상태에서 인간을 계속 멀리하기 위해 우리가 새로운 지식을 축복하면 할수록 점점 우리는 모든 지식 속에서 가장 중요한 것을 획득하는 수단을 스스로 버리게 된다는 것이다. 또 우리가 인간을 알 수 없게 된 것은 어떤 의미에서는 인간을 많이 연구한 결과라는 것이다.

사람들을 구별하고 있는 차이의 기원은 인간 구조에 끊임없이 일어난 그 변화[3] 속에서 찾아야 한다는 사실은 쉽게 알 수 있다. 인간은 누구나가 인정하듯이 본디 서로가 평등한 것이다. 그것은 갖가지 물리적 원인이 어떤 종류의 동물 속에 오늘날 우리가 인정하는 변종(變種)을 만들어 놓기까지는 어떤 종류의 동물도 다 평등했던 것이나 마찬가지이다. 사실 이런 최초의 변화가 어떠한 수단에 따라 일어났건 간에, 그리고 동시에 같은 방법으로 종(種)의 모든 개체를 변질시켰다고는 도저히 생각할 수 없다. 그러나 어떤 개체는 우량하게 되고 또는 나쁘게 되어 그 본성에 조금도 고유한 것이 아니었던 갖가지 좋은 성질 또는 나쁜 성질을 획득했는데, 다른 개체는 더 오랫동안 그 최초의 상태에 머물러 있다. 그리고 인간 사이의

---

3 이 경우의 구조 또는 구성(Constitution)은 심신(心身) 양면을 가리키며, 선천적이고 변화하지 않는 자연(la Nature)에 대해, 인간 속에서 변화하기 쉬운 부분을 뜻한다. 루소가 읽었으리라고 짐작되는 뷔퐁의 《박물지》에 의하면 인간은 본래 단일한 종이었으나, 생활양식과 역병(疫病) 등의 영향에 의해 여러 민족으로 다양화했다고 한다.

불평등의 첫째 원천이란 이 같은 것이었으나, 그것을 이처럼 일반적으로 논증하는 일은 그 참된 원인을 정확하게 지시하기보다는 쉬운 일이다.

그러므로 독자들은 내가 이해하기 대단히 곤란하다고 여겨지는 것을 간과했다고 감히 단언하고 있을 것이라고는 생각하지 말아야 한다. 나는 문제를 푼다는 희망보다는 오히려 문제를 명백히 하여 그것을 올바른 상태로 되돌리려는 의도에서 몇 가지 추리와 때로는 어느 정도의 억측도 사양치 않았다. 다른 사람들은 이와 똑같은 길을 더 멀리까지 쉽게 갈지도 모른다. 하기야 종점에 이르는 것은 누구에게나 쉬운 일은 아니지만 말이다. 왜냐하면 인간이 지니는 현재의 성질 속에서 근원적인 것과 인위적인 것을 식별하고, 이미 존재하지 않고 아마 존재한 일도 없었으며, 틀림없이 앞으로도 존재할 것 같지 않은 한 가지 상태, 더구나 거기에 대한 올바른 관념을 갖는 일이 우리가 처해 있는 현재의 상태를 잘 판단하기 위해 필요할 것이라는 그러한 상태[4]를 충분히 인식한다는 것은 그렇게 쉬운 일이 아니기 때문이다.

이 문제를 확실하게 관찰하기 위해서는 어떤 준비를 해야 하는가를 정확하게 결정지으려는 자에게는 보통 남들이 생각하는 것보다 많은 철학을 필요로 할 것이다. 그리고 나로서는 다음 과제에 올바른 해답을 주는 일이 현대의 아리스토텔레스나 플리니우스[5]에게 적합하지 않다고는 생각할 수 없다.

"자연인을 인식하는 일에 성공하려면 어떠한 실험이 필요한가. 그리고 그 같은 실험을 사회의 내부에서 행하는 수단이란 어떠한 것일까."[6]

나는 이 과제를 해결할 생각이 전혀 없지만 그 주제를 충분히 고찰했으므로, 미

---

4 루소의 유명한 자연상태의 정의. 이것이 오늘날까지 많은 해석을 낳아 왔다.

5 플리니우스(23~79). 로마의 대학자·정치가. 유명한 《박물지》의 저자.

6 기원을 관념에 의한 가설적 실험으로써 재구성하는 일이 18세기의 사상가와 학자간에 유행하고 있었으므로, 이 설문 자체는 이상하지 않다. 로크, 뷔퐁, 모펠튀 등에도 선례가 있었다.

리 다음과 같이 대답할 수 있다고 생각한다. 즉 아무리 위대한 철학자라도 이 같은 실험을 지도할 수 있을 만큼 뛰어나지 않으며, 아무리 권력 있는 주권자일지라도 그 실험을 성공적으로 끝내지는 못할 것이라고. 더구나 그 같은 양자의 협력을 기대하는 일, 특히 시종일관 성공하는 데 어느 쪽에도 없어서는 안 될 인내, 인내라기보다 지속적인 명지(明知)와 선의(善意)를 동반한 협력을 기대한다는 것은 거의 무분별에 가까운 일이다.

이처럼 어려운, 더구나 오늘날까지 거의 아무도 생각해 보지 못했던 이런 탐구야말로 인간사회의 현실적 기초에 관한 지식을 우리의 눈에서 숨기고 있는 무수한 곤란을 제거하기 위하여 우리에게 남겨진 유일한 수단이다. 자연법의 참된 정의에 대해 그처럼 불확실함과 애매함을 던져 주고 있는 것은 인간의 본성에 관한 이러한 무지 때문이다. 왜냐하면 뷔를라마키[7]의 말에 의하면 법의 관념은 더군다나 자연법의 관념은 명백히 인간의 본성에 대한 관념이기 때문이다. 그러므로 이 인간의 자연 그 자체에서 인간의 구조와 그 상태에서 이 학문(법학)의 모든 원리를 연역(演繹)하지 않으면 안 된다.

이 중요한 사항에 관해서 그것을 논한 저자들 사이에 거의 의견의 일치를 볼 수 없다는 것을 알았을 때 우리는 놀라움과 분노를 느끼지 않을 수 없다. 아주 성실한 저자들 사이에도 이 점에 대해 같은 의견을 가진 사람은 한 명도 없다. 가장 근본적인 모든 원리에 대해 마치 상호간에 모순이 생기도록 애쓴 듯한 고대의 철학자들은 별도로 하고, 로마의 법학자들은 인간과 다른 모든 동물을 무차별하게 동일한 자연법에 따르게 하고 있다. 왜냐하면 그들은 이 자연법이라는 이름 아래 자연이 다른 제삼자에 대해 명하는 법칙보다는 오히려 자연이 스스로에게 부과하는

---

7 뷔를라마키(1694~1748). 제네바 학원(아카데미)의 교수, 법학자. 《자연법의 원리(Principes de eroit naturel)》(1747) 등을 저술했는데, 루소는 여기서 그 책의 제1장 제2절의 일부를 인용했다.

법칙을 생각하고 있기 때문이다. 그리고 그 이유는 이 법률가들이 '법'이라는 말을 이해하고 있는 특수한 뜻의 취급 방법에 바탕을 두고 있다. 이런 경우 그들은 이 법이란 말을 오로지 자연이 생물 공통의 보존을 위해 모든 생물 사이에 확립하고 있는 일반적인 관계를 표현한 것으로 생각한 모양이다.

근대의 법학자들은 법의 이름 아래 도덕적인 존재, 이를테면 지적이고 자유로운, 그리고 다른 존재와의 관계에 있어 고찰되는 존재에 부과되는 규칙만을 인정하므로, 그 결과 자연법의 권능을 이성을 가진 유일한 동물, 즉 인간에게만 제한하고 있다. 그러나 그들은 이 법을 각기 자기 나름대로 정의하여 그들은 모두 극히 형이상학적인 원리 위에서 이것을 정의하기 때문에, 우리들은 이런 원리를 스스로 발견하기는커녕 이것을 이해할 수 있다는 사람도 거의 없을 정도이다. 그러므로 이들 학자의 정의는 모두 다른 점에서는 언제나 상호 모순되고 있지만, 다만 다음과 같은 점에서는 일치한다. 즉 대단히 위대한 추론가나 심오한 형이상학자가 아니고서는 자연의 법칙을 이해하는 일, 그리고 그 법칙에 따르는 일은 불가능하다는 것을 말한다. 인간이 사회를 건설하기 위해서는 사회 그 자체의 내부에서 극히 소수인들에게만 겨우 발달한 지력(知力)을 사용하지 않으면 안 되었던 것을 뜻하고 있다.

자연을 거의 모르고 게다가 법이라는 말의 뜻에 대해서도 거의 일치하지 않으므로 자연법에 따라서 타당한 정의를 내리는 것은 대단히 곤란한 일이다. 그러므로 책 속에서 발견되는 정의는 모두가 서로 다르다는 결점 외에, 또 그런 것은 사람들이 자연상태에서는 갖고 있지 않았던 몇 가지 지식과 사람들이 자연상태에서 빠져 나온 뒤가 아니고서는 생각할 수 없는 유리한 입장에서 취해졌다는 결점을 가지고 있다. 사람은 공통된 이익을 위해서는 사람들 상호간에 협정하기에 적합하다고 보여지는 규칙을 탐구하는 일부터 시작한다. 다음으로 이런 규칙을 모은 것에 자연법이라는 이름을 붙이지만, 그것을 널리 실시해 보고 그 결과가 좋다는 것밖에는 아무런 증거도 없다. 확실히 이것은 정의를 만들어 놓고 거의 멋대로의 편의에 따라서 사물의 자연을 설명하려는 안이한 방법이다.

그러나 우리가 자연인을 전혀 모르는 한, 자연인이 받아들인 법 또는 자연인의 구성(構成)에 가장 적합한 법을 결정하려고 해도 그것은 헛된 일이다.[8] 우리가 이 법에 대해 확실하게 인정할 수 있는 일은 단순히 그것이 법이기 위해서는 그 법에 의해서 강요받은 사람의 의지가 충분히 이해된 후에야 그 법에 복종할 수 있어야 할 뿐 아니라, 그것이 자연적이기 위해서는 그 법이 자연의 소리를 통해 직접 말해 주는 것이라야 한다는 점이다.

그래서 인간을 이미 완성된 형상으로 보는 일밖에 가르쳐 주지 않는 모든 학문상의 서적과는 관계없이 인간 영혼의 최초의 가장 단순한 움직임에 대해 고찰해 보면, 나는 거기서 이성보다 앞선 두 가지의 원리[9] 를 인정할 수 있다고 생각한다. 그 하나는 우리의 모든 감성적 존재, 주로 우리의 동포가 멸망하고 또는 괴로워하는 것을 보고 자연스러운 혐오를 일으키게 하는 일이다. 게다가 여기에 사교성의 원리 등을 끌어다 댈 필요는 조금도 없으며, 위에서 말한 두 가지 원리에 우리의 정신이 협력케 하고 짝지우도록 함으로써 자연법의 모든 규칙이 생기는 것이라고 생각한다. 그리고 마침내 이성의 계속적인 발달에 의해서 마침내 자연을 질식시켜 버렸을 때 이성은 이들 규칙을 다른 기초 위에 다시 세워야만 하는 것이다.

그러므로 우리는 철학자를 먼저 인간으로 만들기 전에 인간을 철학자로 만들

---

8 인간이 무엇인가를 알지 못하고는 인간에게 적합한 법의 결정을 할 수 없다. 따라서 다종 아카데미의 설문의 후반 "인간불평등은 자연법에 의해 시인되는가."라는 문제는 잘못 낸 것이 된다는 뜻.
9 자기에 대한 사랑(amour de soi)과 연민의 정(pitié)을 가리킨다. 루소에 의하면 이 두 가지는 자연적 도덕의 기초를 이루는 감성의 자연스러운 발동, 인간성에 내재하는 내적인 충동으로, 이 논문 속에서 이에 대해 자세히 말했으며, 《에밀》(제1편, 제4편), 《대화》 등에서도 설명하고 있다. 특히 '자기에 대한 사랑'은 나쁜 사회상태에 의해 불러일으켜지는 후천적이고 상대적 감정인 '자존심(amour propre)'과 대비된다. 이것은 루소 해석의 중점이 되는 중요한 개념이다.

필요는 없다. 타인에 대한 인간의 의무는 오로지 지혜의 뒤늦은 교훈으로서만 명령되는 것이 아니다. 그리고 인간은 연민이라는 내적 충동에 결코 역행하지 않는 한, 다른 인간에게나 또 다른 어떤 감성적 존재에 대해서도 아무런 해를 끼치지 않을 것이다. 다만 자기보존에 관계되기 때문에 자기를 우선 앞세워야 할 정당한 경우만은 예외이다.

이 방법에 따라 동물도 자연법에 관련이 있는 것인가라는 예부터의 논쟁 역시 결말을 짓게 된다. 왜냐하면 지식이나 자유를 지니지 않은 동물들이 이 법칙을 인식할 수 없음은 명백하기 때문이다. 더구나 동물도 그 부여받은 감성에 의해 어느 정도 우리의 자연에 관련성이 있는 것이므로 그들도 역시 자연법에 포함시켜야 할 것이고, 인간은 그들에 대한 어떤 종류의 의무를 지니고 있다고 판단될 것이다.

사실상 내가 동포에 대해 어떤 해악을 끼쳐서는 안 된다면 그것은 동포가 이성적 존재이기 때문이라기보다는 오히려 감성적 존재이기 때문이다. 이 특질은 동물과 인간에게 공통된 것이므로 적어도 동물이 인간에 의해 이유없이 학대받지 않는다는 권리[10]를 전자에게 주고 있을 것이다.

본원적(本源的) 인간과 그 참된 욕구와 그 의무의 기본적 원리에 관한 이 같은 연구야말로 지금도 도덕적 불평등의 기원과 정치체의 참된 기초 및 그 성원(成員) 상호간의 권리와 그밖에 중요하기는 하지만 잘 해명되고 있지 않은 무수한 같은 문제에 관해 일어나고 있는 많은 곤란을 제거하기 위해 사람이 사용할 수 있는 효과적인 유일한 방법이다.

인간사회를 엄정하고 공평한 눈으로 고찰하면, 우선 그것은 강자의 폭력과 약

---

10 루소는 인간이 갖는 동물에 대한 편견을 지적하고, 감성적 존재로서의 동물에 대한 동정을 나타낸다. 인간의 사회상태에서 발생하는 잔혹한 감정을 동물에게 전가시켜, 공연히 동물의 난폭성을 인정하고 있다는 것이다.

자에 대한 압박[11]만을 나타내고 있는 듯이 보인다. 그래서 인간의 정신은 전자의 냉혹에 대해 반항하거나 후자의 무자각(無自覺)에 대해 탄식하고 싶어진다. 그리고 인간 사이에서는 지혜보다도 종종 우연에 의해 생겨나고 약함 또는 강함, 부유 또는 빈곤이라 불리는 그 외적 관계 이상으로 불안정한 것은 없으므로, 인간이 건설한 것(제도)은 언뜻 보기에 허물어지기 쉬운 사상누각(砂上樓閣)처럼 보인다. 그것을 주의 깊게 점검하고 건물 주위의 먼지와 모래를 제거해야만 비로소 사람은 건물이 서 있는 것을 배우게 되는 것이다. 그러므로 인간과 자연의 모든 능력 및 그 능력의 계속적인 발달을 깊이 연구하지 않고서는 사람은 절대로 이들을 구별하여 사물의 현실적 구성 속에서 신의 의지가 빚어낸 것과 사람의 기술이 빚어낸 것을 구별하지 못할 것이다. 그러므로 내가 검토하고 있는 이 중대한 문제에서 발생하는 정치적·도덕적 탐구는 어쨌든 유용한 것이며, 온갖 통치의 가설적(假說的)인 역사는 인간에게 있어서 모든 점에서 도움이 되는 교훈이다.

우리가 만일 자기 혼자 내버려진 채 살아왔더라면 어떻게 되었을까에 대해 생각해 보면, 우리는 그 인자한 손으로 우리 제도를 개선하고 그 제도에 흔들리지 않는 지위를 주어, 그 제도에서 그러한 지위를 주지 않았을 때 결과적으로 일어나는 무질서를 예방하고, 나아가서 반드시 우리의 비참을 더하리라고 예상되었던 그 수단을 이용하여 우리에게 행복을 가져다 주신 '신(神)'을 축복하는 일을 배우지 않으면 안 된다.

신이 그대에게 무엇이 되라고 일러 주었는가. 그리고 그대가 인간 세계에서 어떤 위치를 차지하고 있는가를 배워야 한다.
— 페르시우스 〈풍시(諷詩)〉 제3편 71~73행

---

11 서문의 결론으로 루소적 테마를 내어놓고, 뒤에 본문에서 그것을 증명할 작정인 것 같다.

본론

내가 이야기하고자 하는 것은 인간에 관해서이다. 내가 검토하고 있는 문제는 내가 (올바른) 인간에게 말하고자 한다는 것을 나에게 일러 주고 있다. 왜냐하면 진리를 존중하기를 두려워할 때 사람은 이 같은 문제를 결코 제기하지 않기 때문이다. 그러므로 나는 나를 재촉하는 현자(賢者)들 앞에서 자신있게 인간을 위해 변호할 것이다. 그리고 내가 자신의 논제(論題)와 자신의 심사원에게 적합한 일을 할 수 있다면 나는 자기 자신을 불만스럽게 생각하지는 않을 것이다.

나는 인류에게 두 가지 불평등이 있다고 생각한다. 그 하나를 자연적 또는 신체적 불평능이라 부른다. 그것은 자연에 의해 정해지는 것으로, 연령·건강이나 체력의 차이와 정신 또는 영혼의 자질의 차이로 이루어졌기 때문이다. 또 하나는 일종의 약속에 의존하여 사람들의 합의로써 정해지든가 정당화하는 것이므로, 이것을 사회적 또는 정치적 불평등이라고 부를 수 있다. 후자는 몇몇 사람들이 다른 사람들에게 손해를 끼침으로써 누리게 되는 여러 가지 특권, 이를테면 다른 사람들보다 부유하다든가 권력이 있다든가 존경을 받고 있다든가, 나아가서는 그들을 자기에게 복종시킨다는 특권으로 이루어지고 있다.

사람은 자연적 불평등의 원천이 무엇이냐고 질문할 수는 없다. 왜냐하면 말의 정의 자체 속에 그 답변이 표현되어 있기 때문이다. 또 이 두 가지 불평등 사이에 뭔가 본질적인 관계가 있지 않나 하고 탐구하는 일은 더욱 불가능한 일이다. 왜냐하면 명령하는 사람이 복종하는 사람보다 필연적으로 가치가 있는가 어떤가, 그리고 육체 또는 정신의 힘, 지혜 또는 미덕이 언제나 권세와 부에 비례하여 동일한 개인에게 있는가 어떤가를 다른 말로 물어보는 것이 되기 때문이다. 그런 일은 주인이 지켜보는 자리에서 노예들을 다투게 하는 데는 알맞는 문제일지는 모르지만 진리를 탐구하는 이성적이고 자유로운 사람들에게는 적당하지 않다.

그러면 이 논문에서 문제가 되는 것은 정확히 말해서 무엇인가? 사물의 진보 속에서 폭력에 이어 권리가 생기고 자연이 법에 굴복한 시기[1]를 지적하는 일, 그리하여 어떤 기적의 연쇄에 의해 강자가 약자에게 봉사하고, 인민이 현실의 행복을 희생하고 관념 속에서 안식을 얻으려고 결심했는가를 설명하는 일이다.

사회의 기초를 검토한 철학자들은 모두 자연상태에까지 거슬러 올라갈 필요성을 느꼈다. 그러나 그곳에 도달한 철학자는 아무도 없었다. 어떤 사람들[2]은 이 상태에 있는 인간에 대해서 정의와 부정의 관념을 상정하는 데 주저하지 않았지만, 인간이 이 관념을 가지고 있었으리라는 것과 그 관념이 그에게 유용했으리라는 것까지 증명해 볼 생각은 하지 않았다. 다른 사람들[3]은 자기에게 속한 것을 소유하려고 하는, 누구에게나 있는 자연권에 대해 말했으나, 속한다는 것이 어떤 뜻인가에 대해서는 설명하지 않았다. 또 다른 사람들[4]은 우선 약자에 대한 권력을 강자에게 부여하고 거기서 곧 정부가 생겨나는 것이라고 했지만 권력이나 정부라는 말의 의미가 사람들 사이에 존재할 수 있게 되기까지의 시간에 대해서는 생각지도 않았다.

마지막으로 모든 사람이 언제나 탐구 · 탐욕 · 압박 · 욕망 · 거만 등에 대해 말

---

1 법률의 제정을 가리킨다.
2 그로티우스(《전쟁과 평화의 법》 서론)를 가리킨다.
3 푸펜도르프(《자연법과 만민법(萬民法)》 제4편 제4장) 및 로크(《속(續)시민 정부론》 제2장 '자연 상태에 대해')를 가리킨다.
4 홉스(《시민에 대해》 1, 14)를 가리킨다.

하지만 그들은 자기들이 사회 속에서 얻은 관념을 자연상태 속에 끌어들였을 따름이다. 즉 그들은 미개인에 대하여 말하면서 실은 사회인을 그렸을 뿐인 것이다. 대부분의 현대 철학자들은 자연상태가 존재했다는 데 대해 의심조차 해보지 않았다. 그러나 성서를 읽어 보면 명백한 일이지만 최초의 인간은 신으로부터 직접 지혜와 계율을 받은 것이지, 인간 자신이 스스로 결코 그와 같은 자연상태에 있었던 것이 아니라고 되어 있다.[5]

그리고 기독교 철학자라면 누구나 그래야 하듯이 모세가 쓴 것을 믿는다면 홍수 이전에도 인간이 전부터 순수한 자연상태에 있었다는 것을 부정하지 않으면 안 된다. 아니면 그들은 뭔가 이상한 사건에 의해 그곳(자연상태)에 다시 빠져든 셈이 된다. 이것을 변호하기란 참으로 곤란하며 증명하는 일도 불가능한 역설이다.

그러므로 우선 모든 사실을 무시하기로 하자. 왜냐하면 이와 같은 사실은 우리가 다루고자 하는 문제와 완전히 무관한 것이기 때문이다. 우리가 이 주제에 대해 추구할 수 있는 연구는 역사적인 진리가 아니라, 다만 가설적이고 조건적인 추리라고 보지 않으면 안 된다. 그런 추리는 사물의 참된 기원을 나타내기보다 사물의 자연(본성)을 나타내는 데 적합하며, 우리 자연과학자들[6]이 매일같이 세계의 생성에 대하여 행하고 있는 추리와 비슷하다.

종교가 우리에게 믿으라고 명하고 있는 바에 의하면, 신 자신이 만물을 창조한

---

5 즉 신의 손 안에 있었던 인간은 초자연상태에 속하고, 신에게 생활방법을 배우고 있음을 인정한다. 루소는 성서가 증명하는 역사적 진실과 접촉하는 일을 피하고, 불경스런 비난으로부터 몸을 지키려고 한다. 다음의 "모든 사실을 무시하기로 하자."는 그 조심성을 의미한다. 즉 자설(自說)을 순수한 가설로 나타내는 것이다. 이 방법은 콩디약의 《인간 지식의 기원에 관한 시론(試論)》의 제2부 첫머리에도 사용되고 있다. 인지(人知)의 기원을 탐구하기 위해 성서에 있는 대홍수 뒤에 내습한 제2의 실추를 가정하고, 과거의 지식을 완전히 잊어버린 인류가 한 쌍의 남녀의 유아로서 자기의 경험을 다시 시작한다는 설정으로 되어 있다.

6 뷔퐁(《지구 이론》), 모펠튀이(《우주론》) 등을 가리킨다.

바로 뒤에 인간을 자연상태로부터 끄집어낸 것이므로, 인간이 불평등한 것은 신이 그러기를 원했기 때문이라고 한다.

그러나 만일 인류가 자신들만으로 버려져 있었다면 그들은 어떻게 되었을까 하는 일에 대해 인간과 인간을 둘러싼 존재와의 자연만을 바탕으로 하여 추측을 세우는 일은 종교도 금하고 있지는 않다. 이것이야말로 내가 희구하고 있는 일이며, 내가 이 논문에서 검토하고자 하는 일이다.

나의 주제는 인간일반(人間一般)에 관계가 있는 것이므로, 나는 모든 국민에게 적합한 표현방법을 사용하고자 노력하겠다. 아니 그보다는 내가 말해 주고자 하는 사람들의 일만을 생각하기 위해 때와 장소를 잊고, 자기 자신이 지금 아테네의 학원에서 선생들의 가르침을 복송(復誦)하고 플라톤과 크세노크라테스[7]와 같은 사람들을 심사원으로 삼고 인류를 청중으로 하고 있다고 가정하자.

오오, 인간이여, 그대가 어느 나라의 사람이든, 그대가 어떤 의견을 가지고 있든, 들어 보라. 다음에 말하는 일이야말로 거짓말쟁이인 그대의 동포들이 쓴 책 속에서가 아니라, 절대로 거짓말을 하지 않는 자연 속에서 내가 읽었다고 생각했던 그대의 역사인 것이다. 자연으로부터 유래하는 것은 모두 진실한 것이다.

그 역사 속에 거짓이 있다면, 그것은 내가 알지 못하는 사이에 거기에 인간의 견해를 혼입했을 경우로 한정될 것이다. 내가 이제부터 말하고자 하는 시대는 아득히 먼 옛날이다. 어찌하여 그대는 그렇게 변해 버렸는가! 나는 말하자면 그대의 종(種)의 생활을 그대가 자연으로부터 받은 성질에 입각하여 그려 보려고 하는 것이다. 그 성질은 그대의 교육과 그대의 습관이 타락시킬 수는 있었지만 파괴할 수는 없었던 것이다. 개인의 생애에는 그대로 머물러 있고 싶다고 생각되는 시기

---

7 기원전 4세기의 철학자. 플라톤의 제자로서 청렴결백한 인물로 알려져 있는데, 루소는 《에밀》, 《대화》 등에서도 언급하고 있다.

가 있는 법이다. 그러므로 그대도 그대의 종(種)이 머물고 싶다고 생각되는 시대[8]를 구할 것이다.

그대의 불행한 자손들에게 보다 큰 불만을 예고하고 있는 여러 가지 이유 때문에 현재 상태에 불만을 갖는 그대는, 아마 다시 한번 옛날로 돌아가기를 원할 것이다. 그리고 이 감정은 그대의 시조(始祖)에 대한 찬사인 동시에 사람에 대한 비판이 되어 불행히도 너의 뒤에 태어나는 자에게 공포를 불러일으킬 것이다.

---

8 인류의 황금시대를 암시하는 말. 본서 제2부의 첫머리에 루소는 갓 태어난 사회, 순수한 자연상태가 상실되어 있으나, 원시상태의 심적 안정과 사회상태의 자존심(amour propre)의 성급한 활동의 중간에 위치하는 시기를 인류의 청년기로서 가장 행복한 시대로 보고 있다. 단, 플레이아드판의 스탈로반스키의 주(註)가 나타내고 있는 것처럼, 여기에 인류의 역사와 개인의 생물학적인 운명의 비교를 취급하고, 낙천적인 인류의 진보의 이미지와 인류의 쇠퇴, 몰락의 이미지를 대치하고 있는 점도 있다. 루소는 본서에서 계몽사상의 주된 방향이 전자에 속하는 데 대해, 인류는 강한 의지와 노력에 의하지 않고서는 후자의 운명을 피할 수 없다고 경고하고 있는 것 같다. 특히 이 점에서 본서 부록 '필로폴리스에게 보내는 편지'는 좋은 참고가 된다.

제1부

인간의 자연상태를 정확히 파악하기 위해서는 인간을 그 기원에서 고찰하고, 말하자면 종(種)의 최초의 발아(發芽) 속에서 검토하는 일이 아무리 중요하다 해도, 나는 인간의 연속적인 발전을 통해 그 신체적 구조를 탐색하지는 않을 것이다. 이를테면 인간이 마침내 지금과 같은 상태로 되기까지 최초에 도대체 어떠한 것이었는가를 동물의 체계 속에서 탐구하기 위해 나는 멈춰 서지 않을 것이다. 아리스토텔레스가 생각하듯 인간의 길게 자란 손톱이 애초에는 동물처럼 갈고리 모양으로 구부러진 손톱이 아니었다든가, 인간이 곰처럼 털로 뒤덮여 있지 않았다든가, 또 네 발로 걷고 있었으므로 시선이 땅바닥으로 향하게 되어 시야가 몇 발짝 앞으로 국한되어서 그 관념의 특성과 한계를 동시에 나타내지 않았었다든가 하는 따위의 일을 나는 검토하지 않을 것이다. 나는 그런 일에 대해서는 막연한 관념적인 억측밖에 할 수 없을 것이다. 비교해부학은 아직 진보하지 않았으며, 박물학자의 관찰은 여전히 매우 불확실하므로 그 같은 토대 위에 견고한 추리의 기초를 세울 수는 없다.

그래서 나는 이 점에 대해 우리가 지니고 있는 초자연적인 지식에 의존하지 않고, 또 인간이 점점 그 사지(四肢)를 새로운 습관에 적용시켜 새로운 음식을 먹게 됨에 따라 인간의 내면과 외면과의 양쪽 구조 속에 일어났을 모든 변화는 고려에 넣지 않고 인간은 어느 시대에나 오늘날 나의 눈에 비치는 것과 똑같은 그 손을 쓰고, 자연 전체에 시선을 보내며, 광대한 하늘의 넓이를 눈으로 측량하고 있었다¹고 가정해 두자.

이처럼 구성된 존재로부터 그가 받았을는지도 모르는 모든 초자연적인 재능과 오랫동안의 진보에 의해 비로소 획득할 수 있었던 모든 인위적인 능력을 제거해 버린다면, 즉 인간을 자연의 손으로부터 나온 그대로의 상태에서 고찰해 보면, 나는 그곳에서 어떤 동물보다도 약하고 다른 동물에 비해 민첩하지는 못하나, 결국 그 어느 것보다도 가장 유리한 구조를 부여받은 하나의 동물을 떠올리는 것이다. 나는 그가 한 그루의 떡갈나무 아래에서 배를 채우고, 시냇물을 발견하면 곧 갈증을 해소하고, 양식을 제공해 주었던 바로 그 나무 밑동에서 잠자리를 발견하는 일을 생각한다. 이리하여 그 욕망은 채워졌던 것이다.

대지는 자연 그대로의 풍요함으로 방치되고 아직도 도끼를 잡아 본 일이 없는 대삼림(大森林)으로 덮여 있어 한 걸음을 내디딜 때마다 모든 종류의 동물에 먹이 창고와 은신처를 제공한다. 인간은 그런 동물 사이에 분산하여 그들이 사는 교지(巧智)를 관찰하고 모방하며, 이리하여 금수 본능의 영역에까지 오른다.² 더구나 동물은 어떤 종(種)이나 자기 고유의 본능밖에 가지고 있지 않은데, 인간은 아마 자기에게 특유한 본능은 아무것도 갖지 않고서도 모든 본능을 자기 것으로 하여, 다른 동물이 각기 나누어 가진 갖가지 먹이의 대부분을 똑같이 자기 먹이로 하고, 그 결과 다른 어떤 동물보다도 쉽게 자기 생활의 기반을 발견한다는 유리한 점도

---

1 루소는 여기서 동물로부터 인간으로 진화하는 일을 명백히 인정하고 있지는 않지만, 원시인은 동물과의 근사성을 유지하는 것으로 보고 있다. 양자의 자유의 질적 차이, 후반에 설명되는 '개선 능력'이 그 명확한 한계점이 된다. 스탈로반스키는 이것을 제한된 진화설(transformisme restreint)로 본다. 루소도 18세기의 일반 경향 속에 있어 전통적 철학에서 볼 수 있는 상(신성, 이성)으로부터의 인간의 고전적 정의보다도 하(동물성 감각)로부터의 근대적 인류학에 가까워졌다고 보여진다.
2 본능에 의해 일정한 방향의 변화가 없는 행동밖에 못하는 동물과 달리 인간은, 지성에 의해 다양하고 변화있는 행동이 가능하다는 생각은 아리스토텔레스 이래로 있었으며, 사상가에 의해 이것을 장점으로도 보고 약점으로도 보았다. 라 메트리는 《인간 기계론》 속에서 '자연에 의해 인간에게 영구히 부과된 불가사의한 조건'으로 '사람은 정신적인 면에서 얻는 바가 많으면 많을수록 그만큼 본능면에서 잃는 일이 많다'고 하며, "잃는 일과 얻는 일 중 어느 것이 뛰어난가?" 하고 묻고 있다.

가지고 있다.

어렸을 때부터 불순한 기후와 매서운 계절에 익숙해지고 피로에 견딜 수 있도록 단련되며, 그리고 맨발로 무기도 없이 다른 야수로부터 자기의 생명과 먹이를 지키거나 그에게서 도망치거나 해야 하기 때문에 인간은 불사신의 체격을 탄생시키게 되었다. 아이들은 그 아버지의 뛰어난 체격을 지니고 태어나 그것을 만들어 낸 훈련 과정을 다시 거쳐 강하게 되고, 이리하여 인류가 지닐 수 있는 가장 강건한 체격을 획득한다. 자연은 그들에 대해, 바로 스파르타의 법률[3]이 시민의 아이들에 대해 한 것과 똑같이 행동한다. 즉 자연은 훌륭한 체격의 사람들을 더욱 튼튼하고 늠름하게 하고, 그렇지 않은 사람은 모두 도태시켜 버리는 것이다. 이런 점에서 자연은 우리의 사회와는 다르다. 즉 우리의 사회에서는, 국가는 아이들을 아버지의 짐이 되게 함으로써 태어나기 전부터 그들을 무차별하게 죽여 버리는 것이다.

미개인의 신체는 그가 알고 있는 단 하나의 도구이므로, 그는 그것을 오늘날에는 연습 부족으로 우리 신체로서는 도저히 할 수 없을 것 같은 갖가지 용도에 사용한다. 그리고 미개인의 필요에 쫓기어 획득하는 힘과 민첩함을 우리에게서 빼앗는 것은 실로 우리 생활의 지혜인 것이다. 만일 그가 도끼를 가지고 있었다면 지금 그의 손목이 저렇게 굵은 가지를 꺾을 수 있겠는가. 만일 투석구(投石具)를 가지고 있었다면 손으로 저렇듯 힘껏 돌을 던질 수 있겠는가. 만일 사다리를 가지고 있었다면 저렇듯 가볍게 나무에 오를 수 있겠는가. 만일 말〔馬〕을 가지고 있었다면 뛸 때 저렇듯 빠를 수 있겠는가. 이런 도구나 기계를 모두 몸 주변에 모을 만

---

3 스파르타에서는 불구의 아이가 태어나면 곧 사회로부터 유기하고 일종의 도태 내지 우생적 선별법을 실행했다. 루소는 종종 이 일을 들추는데, 그 자신 《고백록》에서 말하고 있듯이, 태어났을 때 '정말 죽을 뻔한' 것을 숙모인 쉬존에 의해 살아났으므로, "착하신 숙모님, 나는 당신이 나를 살려 준 일을 용서해 드리겠습니다." 하고 말하고 있다.

한 여유를 문명인에게 주어 보자. 그가 쉽게 미개인을 압도하리라는 것은 분명한 사실이다. 그러나 여러분은 자기의 모든 힘을 계속 사용할 수 있어 항상 어떤 일에나 준비가 되어 있는, 말하자면 항상 자기의 전체를 몸에 지니고 행동한다는 일이 얼마나 유리한가를 곧 인정할 수 있을 것이다.

홉스가 주장하는 바[4]에 의하면 인간은 본디 대담하여 공격하고 싸우는 일 외에는 바라지 않는다. 어떤 유명한 철학자[5]는 그와는 반대되는 생각을 가지고 있었다. 그리고 컴벌랜드[6]나 푸펜도르프[7]도 역시 그것을 보증하고 있다. 즉 자연상태에 있어 인간보다 더 겁쟁이는 없다. 그는 언제나 두려움에 떨고 있으며, 바스락대는 소리를 듣거나 사소한 움직임만 보아도 곧 도망칠 자세를 취한다는 것이다.

그가 알지 못하는 일에 대해서는 그럴지도 모른다. 그러므로 그가 당연히 기대해도 되는 육체적인 행·불행을 자기가 식별할 수 없고, 또 자기가 직면하고 있는 위험에 자기의 힘을 대항시킬 수 없을 것 같은 경우에는 언제나 눈앞에 나타나는 모든 새로운 광경에 그가 겁을 먹을 것은 분명하다. 단, 자연상태에 있어서는 만사가 극히 단조롭게 진행되어, 토지의 표면도 그곳에 모이는 사람들의 정념이나 변덕에 의해 야기되는 그 삽삭스러운 더┼나 끊임없이 변화를 입는 일이 조금도 없으므로 이상과 같은 상황은 거의 발생하지 않는 것이다. 그러나 미개인은 동물들 사이에 분산하여 생활하고 일찍부터 그들과 힘을 겨루는 상태에 있으므로 그는 곧 동물과 비교를 하게 된다. 그리고 동물이 힘에 있어서는 인간보다 뛰어난 것 이상으로 인간이 지혜에 있어서는 동물보다 뛰어나다는 것을 느끼면 인간은

---

4 홉스의 사상이 루소의 사상과 가장 날카롭게 대립하는 점은 인간의 본질, 자연상태에서 인간의 존재 방법이며, 만 명 대 만 명의 전쟁상태가 홉스가 본 자연적 평등의 한 양상이다.
5 몽테스키외를 가리킨다.
6 영국 국교회(國敎會) 감독으로, 홉스의 논적(論敵)이었다. 푸펜도르프와 함께 자연상태는 평화롭다고 보았다.
7 독일의 법학자로, 그로티우스의 이론을 조술했다.

그때부터 동물을 두려워하지 않게 된다. 튼튼하고 민첩하고 용감한 미개인—그들은 다 그러하지만—한 사람을 돌과 몽둥이로 무장시켜 한 마리의 곰이나 이리와 겨루게 해보라. 그러면 적어도 위험이 상호적이라는 것을 몇 번 경험한 뒤에는 본디 서로 공격하는 것을 좋아하지 않는 야수들은 인간이 자기들과 마찬가지로 사납다는 점을 발견했을 것이므로 인간을 쉽게 해치는 일은 거의 없게 된다는 것을 알게 될 것이다.

인간의 지혜보다 실제로 더 강한 동물을 대할 때 인간은 그런 동물에 대해서는 일반적으로 더 약한 다른 동물과 같은 입장에 놓이게 되는 셈이지만, 그런 동물이라도 역시 생존을 계속하고 있다. 더욱이 인간은 그들에 못지않게 발이 빠르고 나무 위에 거의 완전한 피난처를 발견하므로, 언제 어디서 만나더라도 취사선택은 자유이며, 도망을 치거나 싸우는 것도 뜻대로 할 수 있는 유리함이 있다. 게다가 어떤 동물일지라도 자기방위나 극도로 굶주렸을 경우를 제외하고는 본디 인간과 싸우려는 생각은 하지 않으며, 특히 또 어떤 종이 자연에 의해 다른 종의 먹이가 되도록 정해져 있음을 나타내는 그런 맹렬한 반감을 인간을 향해 나타내고 있다고 생각할 수는 없다[흑인이나 미개인이 숲속에서 만나는 맹수를 조금도 염려하지 않는 이유는 의심할 것 없이 바로 이 점에 있는 것이다. 그중에서도 베네수엘라의 카리브인[8]은 이 점에 있어서는 절대적으로 안심하고, 더구나 아무런 불편도 느끼지 않으며 생활하고 있다. 그들은 거의 알몸으로 있으며, 프랑수아 코레알[9]의 말에 따르면, 단지 활과 화살로만 무장을 한 채 태연하게 숲속을 돌아다닌다. 게다가 그들 중 단 한 사람이라도 야수에게 잡혔다는 말은 아직 들어 본 적이 없다(1782년판)].

---

8 인디언 종족에 속하고 서인도 제도에 살며, 당시 여행가의 기행문에 의해 미개인의 전형으로서 유럽인들의 흥미의 대상이었다.

9 스페인의 여행가로, 《서인도 제도 여행기》의 저자. 루소는 1722년에 간행된 이 책의 프랑스어판을 읽고 여기 그 한 절을 거의 그대로 덧붙여 썼다. 코레알의 이 저작은 뷔퐁에 의해서도 인용되었다.

그것보다도 더 가공할 적이며, 인간이 그것을 막는 데 그와 같은 수단을 갖추지 못하는 다른 적은 타고난 병약(病弱)과 유소(幼少)와 노쇠 등 모든 종류의 병이다. 그것은 우리의 약함의 슬픈 표시이며, 그 처음의 두 가지는 모든 동물에 공통되나 마지막 것은 주로 사회생활을 하는 인간과 관계되는 것이다.

유소에 대해서는 이런 일을 지적할 수 있다. 인간의 어머니는 자기 아이를 어디에나 데리고 갈 수 있으므로 많은 동물의 암컷보다 훨씬 더 쉽게 아이를 기를 수 있다. 그러나 동물의 암컷은 한편으로는 그 먹이를 찾기 위해, 또 한편으로는 그 새끼에게 젖을 먹여 키우기 위해 계속 고생을 해가며 바쁘게 돌아다녀야 하는 것이다. 인간의 어머니가 위험에 빠지게 되면, 어머니와 함께 아이도 위험에 빠질 우려는 충분히 있다. 그러나 이 위험은 새끼가 오랫동안 자기 힘으로 그 먹이를 찾아나설 능력이 없는 수많은 다른 동물류에도 공통된 일이다. 그리고 인간의 유소기간(幼少期間)이 동물보다 길더라도 수명이 역시 그만큼 길기 때문에 그 점에 있어서는 모든 것이 거의 평등하다. 다만 유년기의 기간이나 태어나는 아이들 수에 대해서는 별도의 법칙이 있지만, 그것은 지금 나의 주제가 아니다. 움직이는 일이나 땀을 흘리는 일이 적은 노인은 음식에 대한 욕구도 그것을 공급하는 능력과 함께 감퇴한다. 그리고 미개생활 덕분으로 그들은 통풍(痛風)이나 류머티즘에는 걸리지 않는다. 노쇠는 모든 괴로움 중에서도 인간의 힘으로는 더 이상 완화시킬 수 없는 것이므로 마침내 그들은 없어졌다는 사실을 아무도 모르는 사이에, 또 자기 자신도 거의 모르는 사이에 사라진다.

병에 대해서 나는 대부분의 건강한 사람들이 의술을 비난하는 공허하고 잘못된 허풍스러운 말을 되풀이하지는 않을 것이다. 그러나 이 기술을 가장 소홀히 취급하고 있는 지역에서는 그것을 가장 주의 깊게 연구하고 있는 지역보다도 인간의 평균 수명이 짧다고 결론지을 만한 뭔가 확실한 관찰이 있는가 그 여부를 나는 물어보고 싶다. 그럼에도 불구하고 의술이 우리에게 제공할 수 있는 치료법보다도,

우리가 병에 걸리는 일이 더 많은 것은 도대체 어떻게 된 일인가. 생활양식에 있어서의 심한 불평등, 어떤 사람에게는 지루한 여가가 있고 다른 사람에게는 과중한 노동이 있다는 것, 우리의 식욕과 정욕을 쉽게 자극하고 만족시키는 사태, 부자에게 변비를 일으킬 영양물을 주어 소화불량으로 괴롭히기 일쑤인 미식(美食), 빈자(貧者)의 조식(粗食) ─ 그것조차 그들은 가끔 거르게 되고, 그 때문에 그들은 어쩌다 먹을 기회가 생기면 정신없이 양껏 먹게 된다 ─ 게다가 밤샘, 그밖의 모든 종류의 무절제, 모든 정념의 과도한 열광, 정신의 피로와 소모, 온갖 상태에 있어서 사람들이 경험하고, 그 때문에 영혼이 영원히 좀먹게 되는 무수한 비애와 고통, 이것들은 우리들 불행의 대부분이 우리 자신의 행위[10]로 이루어지고, 따라서 우리가 자연이 명한 간소하고 한결같은 고독한 생활양식을 지키고 있었다면 아마 이런 일은 대부분 피할 수 있었으리라는 불길한 증거이다.

　자연이 만일 우리에게 건강한 운명을 지워 주었다면 나는 이렇게 단언해도 된다. 사색하는 상태는 자연과 상반되는 상태이고, 명상하는 인간은 타락한 동물이라고.[11] 미개인의 훌륭한 체격, 적어도 우리의 독한 술로 그 몸을 못쓰게 만들지 않는 사람들의 체격을 생각해 보면, 또 그들이 부상을 당하거나 노쇠 이외에는 거

---

10 이 생각은 루소가 친했던 스토아의 모랄리스트, 세네카나 키케로나 그 전통측에 서는 몽테뉴 등의, "병은 정념의 폐해와 문명생활의 모순에서 생겨난다."는 생각에 연결되고 있다. 루소도 병을 문명생활에서 온 정념과 오류의 결과로 보고, 의료나 약물의 폐해를 모르는 자연생활을 찬양한다. 특히 《에밀》 제1편 참조.

11 루소의 반대자에게 반론을 불러일으키고, 많은 해설과 논의의 터전이 된 유명한 말. 루소의 표현에는 그 나름의 과장법이 인정된다. 《불평등론》 전체의 문맥으로 보면, 이성의 사용 반성이나 사색을 모두 부정하는 반이성주의에 중점이 있는 것이 아니라, 자연인은 건강하고 행복한 동물, 문명인처럼 사색에 의해 복잡한 욕구를 만들어 냈기 때문에 악덕이나 결함으로 괴로워하는 일이 없는 존재였으나, 이성의 발달과 사회의 발전과의 대상으로 그 원초의 행복을 잃었다는 것은, 즉 자연인으로서 퇴화 내지는 타락한 것을 뜻하고 있는 데 불과하다. 결국 그의 중요 테마는 문명의 진보의 모순 또는 양의성, 인간의 역사에 내재하는 일종의 역설의 지적에 귀착한다. 단, 타락은 동물에게는 없고 인간에게만 있다는 이 역설은 키케로, 플루타르코스, 몽테뉴 등에 의해 예부터 설명되었으므로 이상한 것은 아니지만, 루소의 말을 문맥에서 떼어 놓으면 이 역설의 논리가 상실되어 완전히 비조리(非條理)로 빠져들 우려가 있다.

의 병을 모른다는 사실을 알고 보면, 인간의 병의 역사는 정치사회의 역사를 더듬는 것으로 쉽게 엮어낼 수 있다고 생각하고 싶어진다. 그것은 적어도 플라톤의 의견[12]이다. 그는 트로이의 포위전(包圍戰) 때 포달레이리오스와 마카온[13]에 의해 사용되었거나 또는 인정된 몇 개의 약법(藥法)에 대하여 이런 약이 일으킬 수 있는 각종 병은 당시 아직 사람들 사이에 알려지지 않았다는 판단을 내리고 있는 것이다. 그리고 켈수스[14]는 오늘날 대단히 필요하게 된 식양법(食養法)은 히포크라테스에 의해 발명된 것에 불과하다고 보고하고 있다.

이처럼 병의 원천은 거의 없었던 것이므로 자연상태의 인간에게는 거의 약이 필요치 않았으며, 의사는 더더욱 필요치 않았다. 이 점에 있어서도 인류는 모든 다른 동물에 비해 조건이 결코 나쁘지는 않다. 그리고 사냥꾼들이 뛰어 돌아다닐 때 허약한 동물을 많이 발견할 수 있는가 없는가의 여부는 사냥꾼들에 의해 쉽게 알 수 있다. 대부분의 사냥꾼들은, 심한 상처를 입은 동물들이 아주 교묘하게 치료하고, 뼈와 다리까지 부러뜨렸어도 시간이라는 외과의밖에는 다른 의사도 없이, 일상생활 이외에는 아무런 양생법(養生法)도 사용하지 않고 회복한 동물을 발견하고 있다. 이런 동물은 절개(切開)로 괴로워하거나, 약제로 중독되거나, 또 절식으로 마르는 일도 전혀 없이 완전히 나은 것이다. 요컨대 훌륭한 의학은 우리 사이에서는 아무리 유효하다 하더라도, 병든 미개인은 혼자 방임되어 자연 외에 희망을 걸 곳이 없으며, 그 대신 그는 자기 병[15] 외에는 아무것도 두려워할 것이 없다는 것만은 확실하다. 이것이 종종 미개인의 상태를 우리 상태보다도 바람직

---

12 플라톤, 《국가론》 제3편 참조.
13 포달레이리오스와 마카온은 둘 다 그리스의 의신(醫神) 아스클레피오스의 아들로, 호메로스의 《일리아드》에 나오는 그리스인 의사.
14 기원전 1세기의 로마의 의사이며 박물학자. 히포크라테스 운운은 그의 저작 《의술에 대하여(De Medicina)》를 가리킨다.
15 의사를 가리킨다. 여기서는 투약, 수술 등의 간섭주의적인 의학에 대한 비판.

한 것으로 하는 이유이다.

그러므로 우리가 눈앞에 보고 있는 인간과 미개인을 혼동치 않도록 조심하자. 자연은 자기가 돌보아 주어야 할 모든 동물을 특별히 감싸 준다. 그것은 자연이 이 권리를 어떻게 소중히 하고 있는가를 나타내고 있는 것이다. 말이나 고양이, 소나 당나귀조차도 우리들 집에 있을 때 보다는 숲속에 있을 때 대부분 덩치도 크고 튼튼하고, 기운도 더 왕성하며, 힘도 세다. 그러나 가축이 되면 이런 장점의 절반을 잃고 만다. 그러므로 이들 동물을 소중히 취급하고 기르려는 우리의 모든 배려가 오히려 그들을 퇴화시키는 결과를 초래한다고 해도 과언이 아닐 것이다. 인간의 경우도 마찬가지이다. 사교적이 되고 노예가 되면, 인간은 약해지고 겁이 많고 비굴해진다. 그리고 마침내 그의 유약으로 말미암아 여성화한 생활양식은 그의 힘과 용기를 완전히 무력하게 만든다. 더욱이 미개상태와 사육되는 상태를 비교했을 경우, 사람과 사람의 차이가 동물과 동물의 차이보다 클 것이다. 왜냐하면 인간과 동물은 자연에 의해서 동등하게 취급되었으므로, 인간이 그가 사육하는 동물보다도 과외로 자기에게 주는 편의는, 인간을 완전히 타락시키는 특수한 원인이 되어 있기 때문이다.

그러므로 벌거벗은 채 집도 없이 산다거나 그밖에 우리가 그렇게 필요하다고 믿고 있는 모든 무용지물(無用之物)을 갖지 못한 일은 이들 최초의 인류에게 그다지 큰 불행이 아니고, 특히 그들의 보존에 있어서 그다지 큰 장애도 아니다. 그들은 털이 많은 피부를 지니지 않았지만, 따뜻한 지방에서는 이를 조금도 필요로 하지 않겠지만, 추운 지방에서는 인간이 정복한 동물의 털가죽을 자기 것으로 하는 법을 배운다. 인간은 뛰기 위해 두 다리가 있고 자기를 방어하고 욕망을 채우기 위해서 두 팔을 가지고 있다. 그들의 아이는 아마 더디게 걷게 될 것이고, 몸동작도 늦게서야 익히게 된다. 그러나 어머니가 아이를 데리고 다니는 데 별다른 어려움이 없으며, 이것은 다른 동물에게서는 볼 수 없는 장점이다. 다른 동물들은 어미가 쫓기게 되면 새끼를 버리든가, 새끼의 걸음에 맞추지 않으면 안 된다. 여기에는 몇 가지 예외가 있을 수 있다. 이를테면 니카라과 지방에 사는 어떤 동물의 예가 그렇다. 이 동물은 여우와 비슷하게 생겼는데 인간의 손과 같은 발을 지녔다. 코레알에 의하면 이 동물은 배밑에 주머니를 가지고 있어서, 어미가 도망쳐야 할 때는 새끼를 그 속에 넣는다고 한다. 이것은 말할 것도 없이 멕시코의 트라코돈이라는 동물과 같은 종류이며, 그의 암컷은, 같은 용도를 위해 같은 주머니를 가지고 있다고 라에[16]는 인정하고 있다.

나중에 다시 언급할 예정이지만, 결코 일어나지 않을 수도 있었던 그 진기하고 우연한 상황의 일치를 상정하지 않는 한, 애초에 의복 또는 주거를 만들어 낸 자가 실은 그다지 필요치 않은 것을 만들었다는 것은 어느 점으로 보나 명백한 일이다. 왜냐하면 그는 그때까지 그런 것은 없어도 되었고, 게다가 어렸을 때부터 견디어 온 생활양식을 어른이 되면서부터 왜 견딜 수 없게 되었는지 그 이유를 모르기 때문이다.

혼자 살면서 아무 일도 하지 않고 언제나 위험 앞에 놓여 있는 미개인은 동물과 똑같이 잠자는 일과, 가볍게 조는 일을 좋아했을 것이다. 동물은 거의 생각하는 일이 없으므로, 생각하지 않을 때는 언제나 자고 있다. 자기 개체의 보존이 미개인에게는 유일한 걱정거리이므로, 그가 수련을 쌓는 가장 큰 능력은 먹이를 구하기 위해서나, 다른 동물의 먹이가 되는 일이 없도록 몸을 지키기 위해 공격과 방어를 주요한 목적으로 삼는 능력일 것이다. 반대로 유약함과 정욕에 의해 비로소 완성되는 기관(器官)은 언제나 조잡한 상태에 머무를 게 틀림없으며, 때문에 그의 마음에는 어떤 종류의 섬세함도 파고들 여지가 없게 된다. 그리고 그의 감각은 둘

---

16 네덜란드의 지리학자, 박물학자. 네덜란드의 서인도 회사 탐험대가 수집한 관찰 기록을 편집하여 출판(1633), 그의 불역 《신세계사 또는 서인도 제도지(誌)》(1650)가 나왔다.

로 나뉘게 되어 촉각과 미각은 극단적으로 조잡해지고, 시각 · 청각 · 후각은 몹시 예민해질 것이다. 이것이 일반적인 동물의 상태이며, 그리고 또한 여행가들의 보고에 의하면 대부분의 미개민족이 처한 상태[17]이기도 하다. 그러므로 희망봉의 호텐토트인들은 네덜란드인이 망원경으로나 볼 수 있는 먼 외양(外洋)에 있는 배를 육안으로 볼 수 있다고 해서 놀랄 것도 없고, 또 아메리카 미개인이 최우량의 개가 아니면 할 수 없는 그런 후각으로 발자국을 냄새맡아 스페인 사람이라는 것을 알아낸다고 해서 이상할 것도 없으며, 또는 이 모든 야만적인 민족이 태연하게 그 벌거숭이 생활을 견디고, 고추를 사용해서 그 미각을 자극하고, 유럽의 술을 물처럼 마신다고 해서 놀랄 것도 없다.

이상으로 나는 물리적인 인간을 고찰했다. 이번에는 인간을 형이상학적 및 도덕적 측면에서 살펴보도록 하겠다.

우선 나는 모든 동물을 정밀한 기계로밖에 보지 않는다. 즉 자연은 그 기계가 자기 힘으로 나사를 돌리고, 또 이것을 부스러뜨리거나 고장을 낼 것 같은 모든 면에서 어느 정도까지 스스로를 지키기 위해, 그 기계에 감각이라는 것을 주었다. 나는 인간이란 기계도 역시 그러하다고 본다. 다만 동물의 행동에 있어서는 자연만이 모든 것을 행하는데 대해, 인간은 자유로운 능력에 입각하여 자연의 행동에 협력한다는 점이 다르다. 한편은 본능에 의해, 또 한편은 자유로운 행위에 의해 취사선택한다. 그러므로 동물은, 그렇게 하는 일이 자기에게 이익이 되는 경우에도 자기에게 명해진 규칙에서 벗어날 수 없으나 인간은 종종 그 규칙을 벗어나 자신의 편견에 따라 행동한다. 따라서 비둘기는 제일 좋은 고기가 담겨 있는 그릇 옆에서도 굶어 죽고, 또 고양이는 수북이 쌓인 과일이나 곡식 위에서도 굶어 죽을

---

17 루소의 원주에 나오는 미개인에 관한 기술은 주로, 당시까지의 여행기의 집대성인 《여행기 총람》 (1748)에 수록된 문헌에서 자료를 얻고 있는 것으로 보인다.

것이다. 그 동물들이 만일 그것을 먹어 볼 생각을 했다면, 그 경멸하고 있는 음식
으로 문제없이 살아갈 수 있었을 텐데도, 그러기에 방종한 인간은 열병이나, 죽음
의 원인이 되는 무절제에 빠진다. 왜냐하면 정신이 감각을 변질시키고, 자연이 침
묵하고 있을 때도 의지는 여전히 발동하기 때문이다.

모든 동물은 감각이 있기 때문에 관념을 가지고 있다. 동물은 어느 정도까지 그
관념을 배합할 수도 있다. 그리고 인간은 이 점에 있어서 동물과 다소의 차이가
있을 따름이다. 몇몇 철학자는 인간들간의 차이가, 인간과 동물과의 차이보다 크
다고까지 주장했다. 그러므로 인간을 동물과 구별짓는 것은 지성이 아니라, 오히
려 그의 자유로운 동인(動因)이라는 특질이다. 자연은 모든 동물에게 명령하고,
동물은 그것에 따른다. 인간도 같은 인상을 경험한다. 그러나 그는 자기가 승낙하
거나 저항하거나 하는 일도 자유라고 인정한다. 그리고 특히 이 자유 의식 속에
그의 영혼 속에 있는 영성(靈性)이 나타나는 것이다. 왜냐하면 자연학은 감각의
구조와 관념의 형성을 설명하지만, 의지의 힘이라기보다 선택하는 힘 속에서, 또
이 힘의 감정 속에서 역학(力學)의 법칙으로써 아무것도 설명하지 못하고 순수하
고 영적인 행위만을 발견할 수 있기 때문이다.

그런데 이들 문제를 둘러싸는 갖가지 어려움 때문에 인간과 동물과의 이 차이
에 대해 아직도 어느 정도의 논의의 여지를 남기고 있다 하더라도, 양자를 구별하
여 아무런 이의(異義)도 있을 수 없는 극히 특수한 또 하나의 특질이 존재한다. 그
것은 자기를 개선(완성)하는 능력이다. 즉 환경의 도움을 빌려 다른 능력을 차례
차례로 발전시켜, 우리 사이에서는 종이나 또 개인 속에도 존재하는 그 능력이다.
이에 비해 동물은 생후 몇 개월 뒤에는 일생 동안 그대로의 상태에 머물며, 또한
그 종(種)은 천 년이 지나도 그 천 년의 첫해에 있었던 그대로의 상태에 머무르는
것이다. 왜 인간만이 쉽사리 늙게 되는가. 그것은 인간이 이렇게 하여 그 원시상
태로 복귀하고, 한편 동물은 아무것도 획득하지 않으므로 잃어버릴 그 무엇도 없

어 언제까지나 본능과 함께 머무르고 있는데 대하여, 인간은 노쇠나 그밖의 사고로 인해 개선 능력(改善能力)[18] 덕분에 획득했던 모든 것을 잃게 되고, 동물 자체보다도 낮은 상태로 떨어져 내려가기 때문이 아닐까.

양자를 분명히 구분하는 이 특유한, 게다가 거의 무제한의 능력이 인간의 모든 불행의 원천이라는 것, 또한 평온하고 죄없는 나날이 지나갈 그 원초적(原初的)인 상태에서 시간의 흐름과 더불어 인간을 끌어내는 것이 이 능력이라는 것, 또 인간의 지식의 빛과 오류, 악덕과 미덕을 여러 세기의 흐름 속에 꽃피워, 마침내는 인간을 그 자신과 자연에 대한 폭군으로 삼고 있는 것이야말로 이 능력이라는 것, 이런 일들을 인정하지 않을 수 없다는 것은 우리에게 있어서 실로 슬픈 일이다. 오리노코 강[19] 연안의 주민이 그 아이들의 관자놀이에 댈 판자의 사용을 처음 그들에게 암시한 사람을 은인으로 찬양해야 한다는 것은 실로 무서운 일이라고 생각된다. 적어도 그 판자는 어린이들의 어리석음과 본래의 행복 일부분을 그들에게 보증하고 있기 때문이다.

자연작용에 의해 단순히 본능에만 맡겨진 미개인은, 아니 그 보다도 아마 그들에게 결여된 본능을 우선 보상하고 이어서 그것을 자연 이상으로 훨씬 더 높일 수 있는 능력에 의해 보충해 가는 미개인은, 그 때문에 처음에는 순수하게 동물적인

---

18 Perfectibilité. 이 말은 학문상에서 새로 만들었으며, 일반적으로 루소가 만든 말로 되어 있다. 18세기 민간의 국어사전으로서 중요한 《트레부의 사전(Dictionnaire de Trevoux)》의 1771년의 제6판부터 나타났고, 1798년의 《아카데미 사전》(제5판)에 루소가 말한 뜻으로 나타나 있다. 그 뒤로 이 말은 그림의 《문예통신》(1755. 2.)이나 콩도르세의 《인간정신 진보의 역사적 소묘(素描)》(1793. 완성) 등에 사용되고, 이른바 진보 이론의 역사 속에서 큰 역할을 하게 된다. 그러나 이 말은 루소가 사용한 데서 볼 수 있듯이 인간을 동물과 구별하는 특수성을 나타내고, 탈(脫)자연상태화의 원동력으로 명암이중(明暗二重)의 뜻, 즉 양의성을 갖추고 있다.

19 베네수엘라의 큰 강. 루소는 여기서 기술한 재료를 앞서 말한 프랑수아 코레알의 《서인도 제도 여행기》에서 얻은 것 같다. 왜냐하면 갓 태어난 유아의 머리와 얼굴을 판자조각으로 눌러 납작하게 하는 이 어리석고 기이한 풍습이, 문명의 해악을 피하기 위하여 필요하다는 데 대해 한탄하고 있다는 것을 그의 어투에서 느낄 수 있기 때문이다.

기능에서 시작할 것이다. 지각하는 일과 감각하는 일이 그의 최초의 상태이며, 그것은 미개인과 모든 동물에게 공통되는 일일 것이다. 의지를 움직이는 일과 움직이지 않는 일, 욕망을 갖는 일과 두려워하는 일은, 새로운 환경이 새로운 발전을 일으킬 때까지는 그의 정신의 유일한 최초의 움직임이 될 것이다.

모랄리스트들이 뭐라고 하든 인간 오성(悟性)은 정념의 많은 영향을 받고 있으며, 또한 정념도 누구나가 인정하듯이 인간의 오성으로부터 많은 영향을 받고 있다. 우리의 이성은 이 양자의 활동에 의해 완성되는 것이다. 우리가 지식을 갖추려고 노력하는 것은, 다만 즐기기를 원하기 때문이다. 게다가 또 욕망도 두려움도 없는 듯한 인간이 애써 추리를 한다든가 하는 일은 생각할 수 없다. 정념도 또한 그 기원을 우리의 욕구에서, 그리고 그 진보를 우리의 지식에서 끌어낸다. 왜냐하면 사람은 자기가 가질 수 있는 관념에 입각하든가, 아니면 자연의 단순한 충동에 의해서 비로소 사물을 탐내거나 두려워하거나 할 수 있기 때문이다. 그러나 미개인은 모든 종류의 지식이 결여되어 있으므로, 이 마지막 종류의 정념(충동)만 경험하게 된다. 그의 욕망이 그 육체적인 욕구 이상으로 커지는 일은 없다. 이 세계에서 그가 알고 있는 욕망은 식욕과 이성과 휴식뿐이다. 그리고 그가 누려워하는 불행은 고통과 굶주림뿐이다. 나는 고통이라고 했지 죽음이라고 하지는 않았다. 왜냐하면 동물은 죽음이 어떤 것인지 전혀 모르기 때문이다. 죽음과 그 공포에 대한 지식은, 인간이 동물적인 상태로부터 벗어날 때 최초로 얻는 것 중의 하나이다.

이 생각을 사실로 지탱하는 일, 즉 세계의 모든 국민에 있어서의 정신적 진보는, 국민들이 자연으로부터 받았든가 또는 환경에 의해 강요된 욕구에, 이를테면 이들 욕구를 채우도록 그들을 재촉하는 정념과 정비례했다는 사실을 보이는 일이 만일 필요하다면, 나로서는 쉬운 일이다. 나는 이집트에서 나일 강의 범람과 함께 여러 가지 기술이 생기고 퍼져 간 것을 예로 들 것이며, 그리스인 사이에 있어서의 여러 가지 기술의 진보를 더듬을 수도 있다. 그곳에서는 온갖 기술이 풍요한 에우로타스 연안에서 뿌리를 내릴 수 없어, 아티카의 모래와 바위틈에서 싹이 트고 성장하여 하늘까지 뻗어 올라가는 것을 볼 수 있다. 나는 일반적으로 북방의 여러 민족이 남방의 여러 민족보다도 근면하다는 사실에 주의하게 될 것이다. 왜냐하면 마치 자연이 이처럼 토지에 주기를 거부한 비옥함을 정신에게 줌으로써 사물을 평등히 하려고 원하고 있는 것처럼, 북방 민족이 한층 더 근면하지 말라는 법은 없기 때문이다.[20]

그러나 불확실한 역사상의 증거에 의존하지 않더라도, 모든 사정이 미개인으로 하여금 자신들이 미개인임을 포기하게 하려는 유혹과 그 수단을 떼어 놓으려 하고 있는 것같이 보인다는 사실을 인정하지 않을 사람이 있겠는가. 그의 상상력은 아무것도 묘사하지 못하며 그의 마음은 자신에게 아무것도 요구하지 않는다. 그의 자질구레한 필수품은 아주 쉽게 손 가까이에서 발견되고, 더구나 그는 보다 높은 지식을 획득하기 위해 필요할 정도의 지식에서는 너무도 떨어져 있으므로 선견지명이라든지 호기심도 가질 수 없다.[21] 자연의 광경은 너무 많이 보았으므로 그의 관심을 끌지 못한다. 보고 듣는 것은 항상 같은 순서이고, 항상 같은 모순이다. 그는 최대의 경이(驚異)에도 반응을 나타낼 정신을 갖지 않는다.

그러므로 인간이 매일 보아 온 것을 한 번에 충분히 관찰할 수 있도록 하기 위해 인간에게 필요한 철학을 그에게서 구해서는 안 된다. 그의 마음은 어떤 일에도

---

20 풍토와 인간정신의 관계에 대한 기술에서는 몽테스키외의 영향이 상당히 강하게 느껴진다(《법의 정신》 제18편 제4장 참조). 언어의 발생에 대해서도, 남방 민족과 북방 민족의 차이점을 《불평등론》 무렵부터 쓰기 시작한 《언어기원론》 속에서 논하고 있다.

21 미개인은 자족하여 오로지 현재에 살고 있으므로, 진보를 원하고 지식을 늘리려는 욕구를 갖지 않는다. 앞을 내다보는 힘은 오히려 나쁜 욕망과 상상력을 증대시키는 위험한 힘으로 작용한다. 《에밀》의 아이들의 경우도 이 능력의 작용은 마찬가지이다. "선견지명, 계속 우리를 우리 밖으로 끌어내어, 가끔 우리들이 도달할 수 없는 곳에 두는 선견지명, 이것이 모든 불행의 참된 원천이다."

동요되지 않고 오로지 눈앞의 자기생존에 대한 생각에만 몰두하며, 그것이 아무리 가까운 미래라도 미래에 대해서는 아무런 관념도 갖지 않는다. 또 그의 계획은 그의 시야와 마찬가지로 좁게 한정되어, 그날의 끝까지도 거의 미치지 못할 정도이다. 오늘날에도 카리브인이 앞을 내다보는 힘은 그러한 정도이다. 그는 밤에 그것이 필요하리라는 것을 짐작 못한 채 아침에 자기 이불을 팔고, 저녁에는 울면서 그것을 다시 사러 온다.

이 주제에 관하여 깊이 고찰하면 할수록 순수한 감각과 가장 단순한 지식과의 거리는 우리들의 눈앞에서 점점 길어진다. 그리고 인간이 상상력의 도움도 받지 않고 필요한 자극도 없이, 단지 자기의 힘만으로 이렇게 큰 간격을 어떻게 뛰어넘을 수 있었는가에 대해서는 상상이 불가능하다. 인간이 하늘의 불(태양) 이외의 불을 발견하기까지는 아마 많은 세기가 흘러갔을 것이다. 가장 많이 알려진 원소(元素), 즉 불의 용법을 배우기 위해서 인간에게 얼마나 많은 갖가지 우연이 필요했을 것인가! 불을 만들어 내는 기술을 획득하기까지 몇 번이나 그들의 손에서 불이 꺼졌던 것일까. 그리고 그 비결이, 그것을 발견한 사람과 함께 몇 번이나 멸망해 버렸던가! 농업에 대해서 우리들은 어떻게 말하면 좋을까. 그것은 실로 많은 노동과 예견 능력을 필요로 하고, 실로 많은 다른 기술과 연결성이 있으며, 적어도 하나의 사회가 시작되어 있지 않으면 실행 불가능하다는 것이 극히 명백하며, 그런 것이 없어도 대지가 훌륭하게 공급할 수 있는 식량을 대지에서 산출해 낸다기보다 오히려 가장 우리의 미각에 맞는 기호의 것을 무리하게 대지로 하여금 생산케 하는 데 소용되는 기술인 것이다.

그런데 가령 인간이 기하급수적으로 증가하여 자연의 생산물만으로는 먹여 살릴 수 없게 되었다고 가정하자. 이것은 이 같은 생활양식으로는 오히려 인류에게 대단히 유리하다는 것을 나타내는 가정이다. 또 다음과 같은 일도 가정해 보자. 대장간도 작업장도 없고, 경작 도구가 하늘에서 미개인의 손에 떨어져 내려와, 그

·사람들이 모두 끊임없는 노동에 대해 품는 극단적인 증오의 마음을 극복하고, 그들이 자기들의 필요를 대단히 빨리 예견하는 법을 배우고, 또 땅을 갈고 씨를 뿌리고 나무를 심는 방법을 알아내고, 보리를 빻고 포도주를 발효시키는 기술을 발견했다고 가정해 보자. 이런 것은 다 그들이 스스로 배웠다고는 생각되지 않으므로, 신들에게 배울 수밖에 없었던 일인 것이다. 그러나 그렇게 되면 그것을 수확하기에 알맞는 인간이든 금수이든, 어느 쪽이든 제일 먼저 찾아온 자가 벌거숭이로 만들어 버릴 밭을 애써 가꿀 정도로 어리석은 인간이 도대체 어디 있겠는가. 게다가 고된 노동으로 자기 생애를 보내려고 누가 마음먹겠는가. 그리고 그 일에 대한 보상이 자기에게 필요하면 할수록 손에 들어오지 않는다는 것은 확실하다. 요컨대 토지가 그들 사이에 분배되어 있지 않는 한, 다시 말해 자연상태가 조금도 소멸되어 있지 않는 한 어떻게 이 같은 상황 때문에 인간이 토지를 경작할 기분이 들겠는가.**22**

그러므로 생각하는 기술에 있어서, 우리 철학자들이 만들어 주는 것에 뒤지지 않을 정도로 교묘한 한 사람의 미개인을 우리는 가정하기로 하자. 즉 그들의 예를 따라 그 미개인을 한 사람의 철학자로 하고, 그 사람이 혼자 힘으로 가장 숭고한 진리를 발견하고, 질서 일반에 대한 사랑에서, 또는 그 창조자의 주지(周知)된 의지에서 인출된 정의와 도리와 공리(公利)를 극히 추상적인 추리를 거듭함으로써 자기의 힘으로 만들어 낸다고 가정해 보자. 비록 그렇게 가정해 본들, 사람에게 전할 수도 없고 또 그것을 발명한 개인과 함께 멸망해 버린 이런 모든 형이상학에서, 인류는 어떠한 실리(實利)를 끌어낼 수 있겠는가. 동물에 섞여 숲속에 산재하고 있었던 인류가 어떤 진보를 했을 것인가. 일정한 주거도 없고, 서로 상대방을

---

22 여기서 루소는 토지의 분배 혹은 사유제가 없었다면 농업은 출현하지 않았을 것이라는 말을 하려는 것이다. 자연상태에서 고립하고 있으므로 사유 문제는 일어나지 않기 때문이다.

필요로 하지도 않고, 일생에 한두 번 만날까 말까 할 정도로 잘 아는 사이도 아니고, 대화를 나누는 일도 없는 사람들이 어느 정도까지 발전시키고 또 서로를 계발할 수 있겠는가.

우리가 얼마나 많은 관념을 말[言語]의 사용함에 의해 얻고 있는가. 문법이 얼마나 정신의 활동을 훈련하고 원활히 하고 있는가를 생각해 보는 것이 좋다. 또 언어를 처음으로 발명하는 데 쏟았을 엄청난 괴로움과 무한한 시간을 생각해 보는 것이 좋다. 그리고 이러한 반성을, 앞서 한 반성에 결부시켜 보는 것이 좋다. 그렇게 하면 인간 정신 속에 그것이 이룩할 수 있었던 갖가지 활동을 점차적으로 발전시키기 위해서 몇 천 세기가 필요했던가가 판단될 것이다.

여기서 잠시 언어의 기원[23]에 관한 온갖 고난을 고찰하는 일을 허용해 주기 바란다. 나는 여기서 나의 모든 의견을 완전히 확인하고, 최초의 관념을 나에게 주었던 콩디야크 신부의 이 문제에 대한 연구를 여기 인용하든가 되풀이하든가 하는 일에만 그치겠다. 그러나 이 철학자가 기호설정(記號設定)의 기원에 대해 스스로가 제시한 문제점을 해결하는 그 방법을 보면, 그는 내가 궁금해하고 있는 일, 즉 언어의 발명자들 사이에서 이미 일종의 사회가 확립되었던 일을 가정하고 있다는 것을 알 수 있으므로, 나는 그의 고찰을 참고로 하면서도 같은 곤란한 문제를 나의 주제에 들어맞도록 밝히기 위해 나 자신의 고찰을 거기에 첨부하려고 생각한다.

최초에 나타나는 난점은, 어떻게 하여 언어가 필요하게 되었는가를 상상하는

---

23 언어 기원의 문제는, 18세기에는 많은 사상가에 의해서 연구되었다. 콩디야크, 디드로, 모펠튀이, 튀르고 등과 비교해 보면 루소의 언어론은 대단히 독특한 것이다. 여기서 루소는 언어의 기원에 관한 몇 가지 가설을 나타내고 있는데, 이 《불평등론》의 주석으로 사용할 예정이었던 언어론이, 훗날 시간을 들여 이루어지고 가필되어 《언어기원론》이 되고, 그 속에 그의 언어론이 보다 완전한 형태로 씌어 있다. 여기서 루소가 전개하고 있는 이론의 자료는 콩디야크의 《인간 지식의 기원에 관한 시론》이나 뒤보스의 《시와 회화에 관한 비판적 성찰》 등에서 얻어지고 있다.

일이다. 왜냐하면 사람들은 서로 아무런 의사소통도 없고, 또 필요하지 않은 것이므로, 만일 언어의 발명이 필요 불가결의 것이 아니었다면 그 발명의 필요성도 생각할 수 없기 때문이다. 나도 많은 다른 사람들과 마찬가지로, 언어가 아버지와 어머니와 아이들의 가정적 교제 속에서 생겨난 것이라고 말하고 싶다. 그러면 반대론이 해결되지 않을 뿐더러 자연상태에 대한 추리를 하는 데 있어, 사회 속에서 얻은 관념을 그것에 결부시켜, 가족은 항상 동일 주거에 모여 있는 것이라고 생각하고, 또 그 성원(成員)은 극히 많은 공통된 이해 관계에 의해 결합되고 있는 우리 가족의 경우와 같이 친밀하고 영속적인 결합을 서로 보유하고 있다고 간주하는 그러한 잘못을 범하게 된다. 그런데 이와 반대로, 이 원시상태에서는 각자 집이나 아무런 종류의 재산도 없었으므로, 우연한 기회에 고작 하룻밤을 묵기 위해 주거를 정했던 것이다. 남성과 여성은 기회가 있을 때마다 욕망에 따라 우연히 결합했으나, 언어는 그들이 서로 전해야 했던 뜻을 이어 주는 데에 그다지 필요하지 않았다. 마찬가지로 헤어지는 것도 쉬웠다. 어머니는 먼저 자기 자신의 필요 때문에 아이들에게 젖을 먹였다. 이리하여 포유(哺乳)의 습관에서 어머니가 아이들을 귀여워하게 되고, 이번에는 아이들의 필요성 때문에 어머니는 그들을 양육했다. 아이들은 자기의 먹을 것을 찾을 만한 힘을 갖게 되면 곧 그 어머니를 못 본 체했다. 그리고 그들이 다시 만나는 수단으로서는 서로의 모습을 잊지 않는 것 이외에 달리 그 무엇도 없었으므로, 마침내 그들은 서로 기억하는 일조차 없게 되었던 것이다. 더욱 주의할 일은, 아이들은 모든 욕망을 설명하지 않으면 안 되고, 따라서 어머니가 아이들에게 말하기보다 아이들이 어머니에게 해야 할 말이 더 많으므로, 발명의 노력을 보다 많이 해야 하는 쪽은 아이들이며, 또한 그들이 사용하는 말은 대부분 아이들 자신이 만들어 낸 것이 되리라는 점이다. 그 결과 언어는 그것을 말하는 사람들의 수만큼 많아지며, 거기다 어떤 특유 어법에 대해서도 성숙할 만한 시간을 허용치 않는 불규칙한 방랑생활이 이를 조장하게 되었다. 왜냐하면 아이들이 어머니에게 어떤 물건을 요구하기 위해 사용해야 할 말을 어머니가 아이들에게 입을 통해 가르친다 해도, 그것은 이미 완성된 언어를 어떠한 방법으로 가르쳤는가를 나타내기는 하지만, 언어가 어떻게 형성되는가를 조금도 가르쳐 주지 않기 때문이다.

이 첫 번째 곤란이 극복되었다고 가정해 보자. 그리고 순수한 자연상태와 언어의 필요성 사이에 존재했을 넓은 간격을 뛰어넘는다고 하자. 그리하여 언어는 필요하다고 가정하되, 어떻게 해서 그것이 확립되었는가를 조사해 보자. 이것은 앞의 것보다도 한층 더 까다로운 새로운 난문(難問)이다. 사람들이 생각하는 일을 배우기 위해서 말이 필요했다면, 그들이 말하는 기술을 발견하기 위해서는 생각하는 능력이 더 필요했을 것이기 때문이다. 그리고 어떻게 하여 음성이 우리의 관념을 관례적으로 대변하는 것으로 보여지게 되었는가를 이해했다 해도, 그 관념에 대한 이 관습을 대변하는 것이 도대체 무엇인가를 또 알아야만 한다는 문제가 항상 남을 것이다.

관념이란 것은 감성적인 대상을 갖지 않으므로, 몸짓이나 음성으로 나타낼 수는 없기 때문이다. 그러므로 자기의 사상을 전달하고 정신과 정신 사이의 교류를 확립하는 이 기술의 발생에 대해서는 그런대로 허용할 수 있는 추측을 겨우 할 수 있을 정도에 불과하다. 더욱이 이 숭고한 기술은, 그 기원으로부터 이미 상당한 시간이 흘렀음에도 불구하고 철학자들은 그것이 완성되려면 아직 놀랄 만큼 시간이 흘러야 한다고 보고 있기 때문에, 비록 시간의 경과에 의해 필연적으로 일어나는 계절의 변화가 그 기술에 편리하도록 정지된다 하더라도, 아카데미(학계)가 편견을 버리든가 또는 그곳에서 침묵을 지키든가, 또 아카데미가 여러 세기에 걸쳐 끊임없이 이 까다롭기 짝이 없는 대상에 전념할 수 있다 하더라도, 언제 이 기술이 완성되리라고 확신할 만큼 대담한 사람은 한 명도 없다.

인간 최초의 언어, 가장 보편적이며 가장 정력적인 언어, 즉 모여든 사람들을 설득해야만 했던 이전의 인간에게 필요했던 유일한 언어는 자연의 외침[24]이다. 절박한 상황에서의 이 외침은, 큰 위험이 닥쳤을 때는 구조 요청을 하기 위해, 또 심한 고통을 느낄 때는 그것을 덜고자 호소하기 위해 일종의 본능에서 처음으로 나온 것이므로, 더욱 조용한 감정이 지배하는 보통 생활의 흐름 속에서 그다지 사용되지 않았다. 사람들은 여러 가지 관념이 넓어지고, 그 수가 증가하기 시작하고, 사람들 사이에 더 밀접한 교섭이 이루어졌을 때, 그들은 더욱 많은 기호와, 더욱 광범위한 언어를 바랐다. 그들은 음성의 억양을 늘리고, 거기다 몸짓[25]을 더했다. 몸짓은 그 본성으로 봐서 한층 더 표현적일 뿐 아니라, 그 뜻이 이전의 결정에 의존하는 정도가 적다. 즉 그들은 눈에 보이는 움직이는 물건을 몸짓에 의해, 청각에 호소하는 물건을 모방 음에 의해 표현했다. 그러나 몸짓은 눈앞의, 또는 묘사하기 쉬운 대상과 눈에 보이는 행위 외에는 의사 표시가 거의 불가능하여 어둠 속이나 다른 물체에 차단되는 경우에는 소용없이 되므로 일반적인 사용에는 견디지 못하고, 주의를 환기하기보다는 오히려 주의를 강요하는 것이므로, 마침내 몸짓 대신 음성의 분절화(分節化)를 생각해 냈다. 그 음성의 분절은 하나의 관념에 대해 동일한 관계를 갖는다는 것은 아니지만, 그런 관념을 다 정해진 기호로 나타내기에는 한층 더 적절한 것이다.

이와 같은 대치(代置)는 공동의 동의(同意)에 따르지 않는 것이면 이루어지지 않았고, 또 아직 전혀 연습을 쌓지 않은 조야(粗野)한 기관(器官)을 가지고 있던 사람들에게는 꽤 실행하기 힘든 데다, 그 자체로서 한층 이해하기 힘든 방법이 아니면 불가능했던 것이다. 왜냐하면 이 같은 전원 일치의 동의에는 동기가 있어야

---

24 루소는 인위적이 아닌 사회의 영향에 의해 변화하기 전의 '모든 인간에게 공통된 자연의 언어'가 있다고 보고(《에밀》 제1편), 그것을 아이들이 말을 하게 되기 전에 쓰는 외침이라고 한다. 그 외침, 그 울음소리로부터 인간의, 그의 주위에 있는 모든 것에 대한 최초의 관계가 생긴다.

25 몸짓의 언어적 기능에 대해 콩디야크(《인간 지식의 기원에 관한 시론》), 디드로(《농아자(聾啞者)에 관한 편지》) 등에 의해서도 일종의 자연적 언어, 행동적 언어로서 주목되고 있다.

하고, 언어의 사용을 확립하기 위해서는 언어가 절실히 필요했다고 생각되기 때문이다.

사람들이 사용한 최초의 단어는 사람들의 정신 속에 이미 완성된 언어로 사용되고 있는 단어보다도 훨씬 넓은 의미를 가지고 있던 것이며, 또한 말을 그 구성부분, 즉 품사 등으로 분할할 줄 몰랐으므로, 그들은 우선 낱낱의 단어에 하나의 문장 전체의 뜻을 담은 것이라고 판단하지 않으면 안 된다. 그들이 주어와 보어(補語), 동사와 명사를 구별하기 시작했을 때—그것만으로도 힘겨운 재능의 노력이긴 했지만—최초의 명사는 고유명사밖에 없었고, 부정법의 현재가 동사의 유일한 시제(時制)였다. 형용사에 대해 말하면, 그 관념은 대단한 곤란을 겪은 뒤 겨우 발달한 것임에 틀림없다. 왜냐하면 어떤 형용사도 추상적인 말이며, 추상은 많은 노력이 필요한, 자연적이라고는 할 수 없는 작용이기 때문이다.

각 사물은 처음에 그 종류나 종(種)에는 관계없이 특정한 이름을 받았다. 그 이름을 최초로 정한 사람들은, 그런 것을 구별할 능력이 없었기 때문이다. 그리고 모든 개체는 자연의 화면에 있어 그러하듯, 고립된 것으로 그들의 정신에 나타났다. 한 그루의 떡갈나무가 A라고 불리었다면, 다른 떡갈나무는 B라고 불리었다〔왜냐하면 두 개의 사물에서 끄집어내는 최초의 관념은 양자가 똑같은 것이 아님에 분명하기 때문이다. 그리고 양자가 지니는 공통점을 관찰하려면 누차 많은 시간이 필요하게 된다(1782년판)〕.

따라서 지식이 한정되어 있으면 있을수록 어휘는 점점 넓어져갔다. 이러한 명명법(命名法) 전부에 따르는 불편은 쉽게 제거될 수가 없었다. 왜냐하면 갖가지 존재를 공통된 종속적인 명칭하에 배열하기 위해서 그 존재의 특성과 상이점을 알아야만 했고, 갖가지 관찰과 정의, 즉 이 시대 사람들이 가질 수 있었던 것보다 훨씬 많은 자연사(박물학)와 형이상학이 필요했기 때문이다.

거기다 일반적인 관념은 말의 도움을 빌리지 않고는 정신 속에 도입될 수가 없고, 오성(悟性)은 문장에 의하지 않고는 일반 관념을 파악치 못한다. 이것이 동물이 어째서 그 같은 관념을 만들 수 없고, 또 거기에 의존하는 개선 능력을 절대로 획득할 수 없는가 하는 이유의 하나이다. 한 마리의 원숭이가 조금도 머뭇거리지 않고 한 그루의 호두나무에서 다른 호두나무로 뛰어 옮길 때, 그가 이 종류의 과일에 대해 일반 관념을 가지고 있어 그 원형을 두 개의 개체와 비교하고 있는 것이라고 생각할 수 있을까. 의심할 여지도 없이 그렇지는 않다. 한쪽의 호두나무를 본 일이, 다른 호두나무에서 그가 받은 감각을 기억에 되살림으로써 그의 눈이 어느 정도 변용(變容)되어, 이제부터 받아들이려고 하는 변화를 그의 미각에 알리고 있을 뿐이다.

모든 일반적인 관념은 지적(知的)인 것이다. 거기에 조금이라도 상상이 섞이면 곧 그 관념은 개별적인 것이 된다. 나무에 대한 일반적인 이미지를 마음속에 그려 보라. 그대들에게는 그것이 도저히 불가능할 것이다. 그대들이 바라지 않아도 작거나 또는 큰 나무를, 잎이 성기거나 또는 무성한 나무를, 색이 엷거나 또는 짙은 나무를 보지 않을 수 없을 것이다. 그리고 모든 나무에서 발견할 수 있는 것만을 거기서 볼 수 있다는 일이 당신들의 의향에 달렸다면, 그 이미지는 이미 한 그루의 나무와 비슷하지는 않을 것이다.

순수하게 추상적인 존재는 일정하게 되어 생각에 떠오르고, 또는 언어에 의해서만 생각할 수 있다. 삼각형의 정의만이 삼각형의 참된 관념을 부여한다. 당신들이 한 개의 삼각형을 마음속에 그려 내면, 그것은 곧 하나의 특정한 삼각형이지 다른 삼각형은 아니다. 그리고 당신들은 마음속으로 그 삼각형의 선을 뚜렷이 하거나, 그 면에 색을 칠하거나 하지 않을 수 없다. 그러므로 일반적인 관념을 갖기 위해서는 문장으로 표현해야 하며, 말해야 한다. 왜냐하면 상상이 정지하자마자 정신은 말의 도움을 빌리지 않고서는 이미 앞으로 전진할 수 없기 때문이다. 그러므로 만일 초기의 발명자들이 이미 그들이 지니고 있던 관념에만 명칭을 줄 수 있었다면, 최초의 명사는 고유명사 이외에는 결코 있을 수 없었다는 결과가 된다.

그런데 내가 생각해 내지 못한 방법에 의해 우리의 새로운 문법가들이 그들의 관념을 확대하고, 그들의 말을 일반화하기 시작했을 때, 그 발명가들의 무지(無知)로 말미암아 방법은 극히 좁은 범위에 국한되지 않을 수 없었다. 그리고 그들이 처음에 종류 및 종의 지식을 지니지 않았기 때문에 개체의 명칭을 무분별하게 많이 만든 것처럼, 이번에는 갖가지 존재를 그 모든 차이에 의해 고찰하지 않았기 때문에 종류나 종의 수를 무분별하게 적게 한 것이었다. 구분을 세밀히 하기 위해서 그들이 가질 수 있었던 것 이상으로 많은 경험과 지식, 또한 그들이 사용하고자 원한 것 이상으로 많은 연구와 일이 필요했을 것이다. 그런데 오늘날에도 우리의 모든 관찰에서 지금까지 벗어나 있었던 새로운 종이 매일 발견되고 있다면, 사물을 슬쩍 보기만 하고 판단했던 사람들의 눈이 얼마나 많은 종을 놓쳤던가를 생각해 보아야 한다. 원시적인 강목(綱目)과 가장 일반적인 개념에 대해서는, 그것 역시 그들이 소홀하게 놓쳐 버린 것임은 더 말할 나위도 없다. 이를테면 물질 · 정신 · 실체(實體) · 양식 · 형태 · 운동과 같은 말을 그들은 어떻게 상상하고 이해했을까. 왜냐하면 우리의 철학자들이 상당히 오래 전부터 이런 말을 사용하고 있는데 그것을 이해하는 데 대단한 어려움을 겪고 있기 때문이며, 또 이런 말에 결부되는 관념은 순수하게 형이상학적이므로, 그들 미개인은 자연 속에서 그 원형을 하나도 발견하지 못했기 때문이다.

그러나 나는 여기서 잠시 멈추고자 한다. 그리고 내 논문의 심사원들에게, 여기서 이 글을 읽는 일을 중지해 달라고 부탁한다. 그것은 물질명사만의 발명을 바탕으로 하여, 즉 언어 중에서 가장 발견하기 쉬운 부분을 바탕으로 하여 언어가 사람들의 모든 사상을 나타내거나, 일정불변의 형태를 취하거나, 공중(公衆) 속에서 말해지게 되고, 사회에 영향을 주기까지 하는데, 아직도 언어에 남겨져 있는 도정(道程)을 고찰해 달라고 하기 위해서이다. 나는 수(數)나 추상어나 정과거(定過

去)²⁶ 나 동사의 모든 시제(時制)나, 단음철어(單音綴語)나 통사법(統辭法)을 발견하고, 문장이나 추리를 연결하고, 이야기의 논리를 모두 형성하기 위해서는 어느 정도의 시간과 지식이 필요했던가를 반성해 주도록 그들에게 부탁한다. 그리고 나 자신은 점점 증대하는 곤란에 두려움을 갖는 동시에, 언어가 순수하게 인간적인 수단²⁷에 의해 생겨날 수도 없었고 확립될 수도 없었다는 것을 거의 확신을 갖고 증명함으로써, 다음의 곤란한 문제의 논의는 그것을 기획하려는 자에게 양보하기로 한다. 즉 언어의 제정에 있어 이미 결합된 사회가 필요한 것과, 사회의 설립에 있어 이미 발명된 언어가 필요한 것 중 어느 쪽이 우선적으로 필요한 것인가 하는 문제이다.

이러한 기원의 문제야 어찌되었든, 인간들을 상호간의 요구에 의해 접근시키고, 그들이 말을 보다 쉽게 사용할 수 있도록 자연이 거의 배려하지 않았다는 일로 미루어, 적어도 자연이 그들의 사교성을 준비하는 일이 얼마나 적었던가, 그리고 그들이 그런 인연을 맺기 위해 행한 모든 일에 자연이 얼마나 기여하는 바가 적었던가를 알 수 있다.

실제로 이 같은 원시상태에 있어서 원숭이나 이리가 그 동류(同類)의 도움을 필요로 하기보다는, 인간이 다른 인간의 도움을 필요로 하는 이유를 상상하는 일은

---

26 그리스어의 시법(時法). 프랑스어의 단순과거에 해당된다.

27 이것은 알기 힘든 말이다. 요컨대 루소는 언어의 기원 문제에 따르는 난점은, 언어를 신으로부터 받았다고 하지 않는 한 해결하기 힘들다는 것을 암시하고 있는 것 같다. 그렇게 되면, 모든 것을 자연으로부터 설명하려는 이 논문의 취지와 일치하지 않는 셈이 된다. 스탈로반스키는 거기에 대해, 언어의 인간적 기원이라는 가설의 입증이 곤란하기 때문에 새로 마련된 가설에 지나지 않는다는 뜻을 말하고 있다(플레이아드판 제3권 1328쪽 참조). 이 문제는 당연히 《언어기원론》에서도 취급되지만, 그곳에서도 루소는 라미 신부에게 언급하여, 언어의 기원에 신이 개입하고 있음을 암시하고 있다. 그러나 여기서도 기원의 문제의 중점은 역사적 기원보다도 본질에 있어, 사회의 나쁜 영향을 받는 일이 적은 원시언어 속에서 언어의 참된 기능과 본질을 찾는 일을 목표로 삼고 있다. 단 《불평등론》에서는 자연상태로부터 사회상태로의 이행은 필연적인 것이 아니라 우연적인 것이라는 점이 강조되고 있는 것으로 보아 사회와 상관관계에 있는 언어의 경우도, 그 형성이 우연성에 의존하는 일로 귀결될 가능성은 있는 것으로 생각된다.

오히려 불가능하다. 또 예를 들어 그럴 필요가 있다 하더라도, 어떤 동기가 그밖의 인간을 그 필요에 응하게 하는가, 또 이 최후의 경우 어떻게 하여 그들 상호간에 조건을 결정할 수 있는가를 상상할 수는 없다. 이 상태에 있는 인간만큼 비참한 것은 없을 것이라고 계속 반복하여 말하고 있다는 사실을 나는 알고 있다. 그리고 내가 증명했다고 믿고 있듯이, 만일 인간이 여러 세기가 지난 뒤에야 비로소 이 상태로부터 빠져 나갈 욕망과 기회를 가질 수 있었다는 일이 진실이라면 자연을 탓할 것이지, 자연이 그렇게 만든 인간을 탓할 것은 아니다. 그러나 만일 내가 이 '비참한(miséable)'이라는 용어를 올바르게 이해하고 있다면, 그것은 아무런 뜻도 없든가, 또는 뼈아픈 곤궁과 심신의 괴로움만을 뜻하는 말이 된다.

그런데 나는 마음이 평화롭고 신체가 건강한, 자유로운 존재의 비참함이란 도대체 어떤 종류의 것인가 설명해 주기를 바란다. 나는 사회생활과 자연생활 중 어느 쪽이, 그것을 향수하는 사람들에게 보다 견디기 힘든 것이 될 확률이 높은가를 물어보고 있는 것이다. 우리는 주위에서 자기 생존을 한탄하는 사람만을 보게 되고, 몇몇 사람들은 실로 자기에게 가능한 한 자기 생활을 버리는 일을 일삼고 있는 것이다. 그리고 신의 법과 인간의 법을 함께 해 보아도, 겨우 이 무질서를 막을 수 있을 정도이다. 나는 자연상태의 미개인이 생활을 한탄한 나머지 자살을 하려고 했다는 이야기를 들은 일이 있는가를 묻고 싶다. 그러므로 좀더 겸허한 태도로 어느 쪽에 참된 비참함이 있는가를 판단해 주기 바란다. 그와는 반대로, 지식의 빛에 눈이 멀고 정념에 괴로움을 받아 자기 상태와는 다른 상태에 대해 추리하는 미개인이 있었다면 이보다 비참한 일은 없을 것이다. 미개인이 지니고 있었던 잠재능력은 그것을 사용할 기회가 찾아옴으로써 비로소 발달된 것이라고 보지만, 그것은 대단히 총명한 신의 섭리에 의한 것이며, 또한 그것은 그런 능력이 적당한 시기보다 앞서 있었기 때문에 그들에게 쓸데없는 부담이 되든가, 또는 적당한 시기보다 늦어 막상 급할 때 소용없게 되어서는 안 되기 때문이다. 인간은 자연상태에서 생활하기 위해 필요한 것을 모두 본능 속에 갖고 있다. 그리고 사회 생활하는 데 필요한 것을 연마된 이성 속에 지니고 있는 것이다.

우선 첫째로, 이 상태에 있는 인간들은 서로 간에 어떤 종류의 도덕적인 관계나 뚜렷한 의무도 가지고 있지 않았으므로 선인이 될 수도 없고 악인이 될 수도 없었으며, 또 악덕도 미덕도 가지고 있지 않았다고 본다. 단, 이런 말을 물리적인 뜻으로 해석하여 개인 속에 있는 자기 보존에 유해할 성질을 악덕이라 부르고, 자기 보존에 도움이 될 성질을 미덕이라 부른다면 이야기는 달라지지만, 그 경우에는 단순한 자연의 충동에 가장 잘 순응하는 사람을 가장 덕이 있는 사람이라고 불러야 할 것이다. 그러나 일반적인 뜻[28]에서 벗어남이 없이 공평한 저울로 다음과 같은 사항에 대한 검토를 끝낼 때까지는, 그런 상태에 대해 우리가 내리기 쉬운 판단을 중지하고 우리의 선입관을 신용하지 않는 편이 좋다. 즉 문명인에게는 악덕보다 미덕이 많은가, 그들의 미덕은 그 악덕이 유해한 것 이상으로 유익한가, 또는 그들의 지식의 진보는 그들 상호간에 행해야 할 선(善)을 배움에 따라 오히려 그들 상호간에 행하고 있는 악을 충분히 보상할 만한 것인가, 결국 보편적인 의존 관계에 복종하여 무엇 하나 그들에게 줄 의무가 없는 사람들로부터 모든 것을 받아야만 한다는 상태보다도, 누구에게나 악을 두려워하지 않고 선을 기대하지 않는 편이 그들에게 행복한 상태가 아니겠는가 하는 것을 먼저 검토해야 할 것이다.

특히 홉스처럼, 인간은 선에 대해 아무런 관념도 갖고 있지 않으므로 본래는 사악하다든가, 미덕을 모르므로 악에 빠지기 쉽다든가, 동포에 대한 봉사를 의무라고 생각하지 않으므로 항상 그것을 거부한다든가, 또한 인간은 자기에게 필요한 것을 차지할 권리가 있다고 인정하고, 그 권리 때문에 어리석게도 자기를 전 우주

---

28 사회 속에 사려와 함께 성립되는 미덕의 뜻, 즉 자연적 · 본능적 행위가 아니라 올바른 판단을 지닌 용기 있는 행위.

의 유일한 소유자라고 상상하고 있다든가 하는 따위의 결론을 내리지 않도록 하자. 홉스는 자연법에 관한 근대의 모든 정의의 결함을 대단히 잘 파악했다. 그러나 그 자신이 정의에서 끌어낸 결과에 따르면, 그도 역시 그릇되게 해석하고 있음을 알 수 있다. 이 저자는 자기가 정한 원리에 대해 추론할 때, 자연상태란 우리의 자기 보존을 위한 배려가 타인의 보존에 있어서도 가장 해가 적은 상태이므로, 따라서 이 상태는 가장 평화롭게 사는데 알맞고 인류에게 가장 적합한 것이었다고 말했어야 마땅했을 것이다. 그런데 그는 미개인의 자기 보존을 위한 배려 속에, 사회의 산물인 동시에 법률이 필요로 했던 많은 감정을 만족시키고 싶다는 욕구를 까닭없이 받아들인 결과, 아예 그 반대의 사실을 말했던 것이다.

"악인이란 튼튼한 어린이다."**29**라고 그는 말한다. 그러나 미개인이 튼튼한 아이인지는 아직 알 수 없다. 비록 그것을 알아냈다 하더라도, 그는 거기서 어떤 결론을 내릴 것인가. 이 미개인은 튼튼한데, 만일 약한 사람처럼 다른 사람들에게 의지하고 있는 것이라면, 그는 어떤 터무니없는 일도 하게 될 것이다. 이를테면 어머니가 젖을 늦게 준다고 어머니를 때리고, 동생이 자기 마음에 안 든다고 목을 조르고, 또한 동생의 다리가 자기에게 부딪쳤거나 거치적거린다고 그 다리를 물어뜯을지도 모른다.

튼튼하면서도 다른 사람들에게 의지하고 있다는 것은 자연상태에 있어서는 두 가지 모순된 가정(假定)이다. 인간은 타인에게 의지하고 있을 때 약하다. 더구나 튼튼해지기 전에 그는 해방된다. 홉스는 우리 법률가들이 주장하듯, 미개인에게

---

29 홉스가 자연인의 비유에 사용한 유명한 말. 루소에 의하면, 약한 육체는 영혼의 힘을 약하게 한다. 인간은 성장함에 따라 육체와 정신의 균형을 얻을 수 있다. 그리고 육체의 힘이 정신의 요구에 따를 때, 육체의 힘은 좋은 것이 된다. 《에밀》에서도 "홉스가 악인을 튼튼한 아이라고 불렀을 때, 그는 완전히 모순된 말을 한 것이다. 악은 나약함에서 생긴다. 아이가 나빠지는 것은, 아이가 약하기 때문인 것이다. 튼튼하게 하면 선량해진다. 무엇이나 할 수 있는 자는 절대로 나쁜 일은 하지 않는다."라고 말하고 있다.

그 이성의 사용을 방해하고 있는 그 원인이, 동시에 홉스 자신이 주장하고 있는 것처럼 미개인에게 그 능력의 사용을 방해하고 있다는 사실을 파악하지 못했던 것이다. 따라서 미개인은 선인이란 무엇인가를 모르기 때문에, 그러한 뜻에서 악인이 아니라고 해도 될 것이다. 즉 그들이 나쁜 일을 하지 않는 것은 지식의 발달이나 법률의 구속 때문이 아니라, 정념의 온화함과 악덕을 모르기 때문인 것이다.

"어떤 사람들이 악한 일을 모른다는 것은, 다른 사람에게는 선한 일을 알고 있는 것보다 유익한 것이다."[30]

더구나 홉스가 전혀 깨닫지 못했던 또 하나의 원리가 있다. 그것은 어떤 종류의 상황에 있어 인간의 자존심의 결합을 완화시키고, 또는 이 자존심의 발생 이전에는 자기 보존의 욕구를 완화시키기 위해 인간에게 주어진 원리이며, 동포의 괴로움을 보기 싫어하는 선천적인 감정에서 인간이 자기 행복에 대해 느끼는 정열을 완화하는 원리인 것이다.

나는 인간의 미덕을 아무리 극단적으로 비난하는 자[31]일지라도 인정할 수밖에 없었다. 단 하나의 자연적인 미덕을 용인한다고 해서 어떤 모순을 범할 우려가 있다고는 생각지 않는다. 나는 연민의 정을 말하고 있는데, 그것은 우리처럼 약하고, 온갖 불행에 빠지기 쉬운 존재에게는 적절한 기질이다. 그것은 인간이 사용하는 모든 반성에 앞서는 것인만큼 한층 더 보편적이고, 또 그만큼 인간에게 유용한 덕이며, 때로는 금수조차도 그 현저한 징후를 나타낼 만큼 자연적인 덕이다. 아이들에 대한 어머니의 애정이나, 어머니가 아이들을 지키기 위해 무릅쓰는 위험에 대해서는 말할 것도 없고, 말이 생명 있는 것을 발로 밟지 않으려고 하는 것은 늘 보아 온 일이다.

---

30 원문 라틴어. 유스티누스의 《역사》 제2권 제2장에 있는 구절. 그로티우스의 《전쟁과 평화의 법》 제2장에서 인용.
31 바로 뒤에 나오는 맨더빌(다음 주 참조)을 가리킨다.

동물은 동류(同類)의 시체 옆을 지나갈 때는 반드시 불안을 느낀다. 그중에는 일종의 매장(埋葬)을 하는 일조차 있다. 그리고 도살장에 들어가는 가축의 슬픈 신음소리는, 그가 그 마음을 아프게 했던 무서운 광경에서 받는 인상을 예고하고 있는 것이다. 《꿀벌 이야기》의 저자[32] 가 인간을 연민을 느끼기 쉬운 존재라 인정하여 그가 든 예 중에서, 한 죄수의 비통한 모습을 우리에게 나타내고자 그의 냉정하고 치밀한 문체(文體)에서 일탈(逸脫)[33]하는 것을 보고 사람들은 쾌감을 느낀다.

그 죄수는 한 마리의 야수(野獸)가 한 어린이를 그 어머니의 가슴에서 낚아채어 손발을 그 무서운 이로 물어뜯고, 그 아이의 벌떡벌떡 움직이는 창자를 손톱으로 찢고 있는 광경을 감옥에서 바라보고 있는 것이다. 사건에 아무런 개인적인 이해관계를 갖지 않은 이 목격자일지라도 어찌 무서운 동요를 느끼지 않을 수 있겠는가! 이 광경을 보고 정신을 잃은 어머니나, 숨이 끊어져 가고 있는 아이에게 아무런 도움의 손길을 뻗치지 못하는 일에 어찌 그가 깊은 고뇌를 느끼지 않을 수 있겠는가!

이것이 모든 반성에 앞서는 자연의 순수한 충동이며, 이것이 아무리 타락된 풍속일지라도 파괴하기 힘든 자연적 연민의 힘이다. 왜냐하면 극장에서는, 만일 폭군의 위치에 앉으면 자기 적에게 더욱 심한 고통을 주려고 하는 패들이 불운한 사람의 불행을 보고 동정의 눈물을 흘리는 모습을 날마다 볼 수 있기 때문이다.

---

32 Mandeville. 네덜란드 태생으로, 라이덴 대학에서 의학을 공부한 뒤 영국에 정주했다. 역설을 좋아했고, 인간의 선천적인 이기심 또는 악덕에서 사회국가의 번영이 생겨난다고 주장했으며, 사회의 번영과 개인의 미덕이 양립하지 않는다는 것을 나타냈다. 홉스의 경우와 마찬가지로 기성의 사회적 현실의 분석으로는, 반(反)미덕과 부(富), 사치 예찬의 결론을 제외하면, 루소의 인정을 받을 만한 것이었다. 맨더빌의 이상과 같은 주장은 그의 주저 《꿀벌 이야기》에 씌어 있다.

33 이 대목은 《꿀벌 이야기》의 전기(前記) 번역본 제2권의 《자애심과 자애심의 교훈에 대한 시론》이란 글의 요약.

그런 인간은 자기가 일으키지 않은 불행에 대해서는 실로 느끼는 일이 빨랐던 저 잔인한 술라[34]와 닮았으며, 또 자기 명령에 의해 날이면 날마다 살해된 많은 시민의 울음소리를 듣고도 태연하게 한쪽 귀로 흘리면서, '무대'의 안드로마케나 프리아모스에 동정하여 우는 것을 남이 볼까 염려하여 어떤 비극의 상연에도 참석할 용기를 갖지 못했던 그 펠레로우스의 알렉산더[35]와도 비슷하다.

가장 상냥한 마음이야말로
자연으로부터 인류가 물려받은 것
자연이 인류에게 보낸 눈물이 그 증거로다.[36]

만일 자연이 인간에게 이성의 지주(支柱)로서 연민의 정을 주지 않았다면, 인간은 그 모든 덕성을 가지고 있었음에도 불구하고 괴물에 불과했으리라는 것을 맨데빌은 충분히 감득했던 것이다. 그러나 그는 이 유일한 특질로부터, 그가 인간에게 인정하지 않으려는 모든 사회적인 미덕이 생기는 것을 무시했다. 실제로 관용·자비·인간애라는 것은 약자나 죄인, 또는 인류 일반에게 적용된 연민의 정이 아니고 무엇이겠는가. 친절과 우정 역시 그것을 올바르게 이해하면 특정한 대상에 쏟은 변하지 않는 연민의 정에서 생겨난 것이다. 왜냐하면 어떤 사람이 괴로워하지 않기를 바라는 것은 그 사람이 행복해지도록 바라는 것에 불과하지 않는가. 동정이란 괴로워하는 자의 입장이 되어 보는 감정일 뿐이며, 미개인에게는 명

---

34 Lucius Cornelius Sulla(기원전 138~78). 로마의 장군, 독재적인 정치가. 이따금 전공(戰功)을 세웠으나, 마리우스 시대까지의 민주적 제도를 제한하여 독재정치를 폈다. 루소가 말하는 술라의 동정은 플루타르코스의 《영웅전》 30장 술라의 생애 속에서 다루어지고 있다.
35 기원전 369~358년까지 왕위에 있었던 그리스의 참주(僭主)로서, 적을 산 채로 매장하거나 짐승의 먹이가 되게 했다. 몽테뉴의 《에세》 제2권 제27장 참조.
36 유베날리스, 《풍자》 제15장 131~133 참조.

료하지 못하지만 활발한 한편, 문명인에겐 발달되어 있지만 약한 감정일 뿐이라는 것이 진실이라면, 이와 같은 관념은 내가 말한 진실성에 한층 더 힘을 보내는 것 이외에 무슨 뜻이 있겠는가. 사실 동정은, 옆에서 보고 있는 동물이, 괴로워하고 있는 동물과 내면에서 깊이 동화하면 할수록 더욱 강력한 것이 된다. 그런데 이 같은 동화가 추리상태에 있기보다는 자연상태에 있는 편이 훨씬 내면적으로 깊었으리라는 것은 명백한 일이다. 자존심을 낳는 것은 이성이고, 그것을 강하게 하는 것은 반성이다. 이 반성에 의해 인간은 자기를 돌아보고, 또 자기를 방해하고 괴롭히는 모든 것으로부터 벗어난다. 인간을 고립시키는 것은 철학이다. 인간이 괴로워하는 사람을 보고, "너는 망하고 싶거든 망해 버려라, 나는 안전하다." 하고 은근히 말하는 것은 철학 덕분인 것이다. 철학자의 곤한 잠을 깨우고 그를 잠자리에서 끌어내는 것은 역시 사회 전체에 관련되는 위험 외에는 없다. 사람은 철학자의 창문 밑에서 그 동족을 살해하더라도 철학자에게 잔소리를 듣지는 않는다. 철학자가 자기와 살해될 자를 동등하게 보려고 마음속에서 반항하는 자연(동정심)을 멈추게 하려면, 귀에 두 손을 대고 이치를 조금 따지기만 하면 된다.[37] 미개인에게는 이와 같은 뛰어난 재능이 전혀 없다. 그리고 그들에게는 지혜와 이성이 없기 때문에 그는 언제나 인류 최초의 감정에 경솔하게 몸을 맡기는 것을 볼 수 있다. 폭동이나 거리에서 싸움이 일어났을 때 모여드는 것은 하층민이며, 조심성 있는 사람들은 슬쩍 피한다. 싸움을 말려 점잖은 사람이 살인 소동을 벌이지 못하도록 하는 자는 천민들이고, 시장의 아낙네들이다.

그러므로 연민은 자연의 감정이며, 그것은 각 개인에 있어서는 자기애의 활동

---

37 이 전후의 철학자를 풍자한 문장은 디드로의 시사에 많은 영향을 받고 있다는 뜻을, 루소는 《고백록》 제8권에서 말하고 있다. 그리고 디드로의 악의에 찬 조언 덕분에 《불평등론》에 냉혹하고 음험한 투가 나와 있음을 암시하고 있는데, 이것은 박해 의식에 괴로워하고 있을 때, 더구나 《고백록》의 원고를 쓴 지 꽤 오랜 뒤에 가필된 것(장 모렐의 지적)이라는 점을 고려에 넣어야만 한다.

을 조절하고, 종 전체의 상호보존에 협력한다. 타인이 괴로워하는 것을 보고 우리가 아무런 반성도 없이 도와 주려고 다가가는 것은 이 연민 때문이다. 또 자연상태에 있어 법률·풍속·미덕을 대신하는 것도 이 연민이며, 더구나 그 부드러운 목소리에는 아무도 거역하지 못하는 장점이 있다. 튼튼한 모든 미개인에게 어딘가 다른 곳에서 자기의 생활 필수품을 발견할 수 있다는 희망이 있으면, 나약한 아이나 병약한 노인이 고생하여 손에 넣은 생활 필수품을 빼앗고자 생각하지 않는 것은 이 연민 때문이다.

"남에게 대접받고 싶다고 생각하는 대로 너희도 남을 대접하라."[38]는 그 숭고한 합리적 정의의 공리 대신 "타인의 불행을 되도록 적게 하여 너의 행복을 이룩하라."는, 분명히 앞의 것만큼 완전하지는 않으나 한층 더 유효한, 자연의 선성(善性)에 대한 또 하나의 공리를 모든 사람의 마음속에 품게 하는 것은 이 연민의 정이다. 한마디로 말하면, 모든 사람이 교육상의 공리와는 비록 관계가 없더라도, 잘못된 행위를 한 경우에 느끼는 혐오의 원인은 교묘한 논거 속에서보다도 오히려 이 자연의 감정 속에서 구해야 한다. 이성에 의해 덕을 획득하는 일은 소크라테스나 그와 동질(同質)인 사람들에게 속할지 모르지만, 만일 인류의 보존이 인류를 구성하는 사람들의 추리에만 의존하고 있었다면 오랜 옛날에 인류는 절멸되어 버렸을 것이다.

그다지 활발치 않은 정념과 대단히 유효한 억제력을 갖추고 있던 당시 사람들은 사악하다기보다는 오히려 야성적이었으며, 타인에게 해를 끼치려는 마음보다는 자기들이 입을지도 모를 피해로부터 몸을 지키는 일에 더 신경을 쓰고 있었으므로 위험한 분쟁에 말려들 위험성[39]은 없었다. 또 그들은 남의 것과 내것이라는

---

38 〈마태복음〉 7장 12절 및 〈누가복음〉 6장 31절 참조.
39 이 대목에서 홉스의 자연인의 전쟁상태에 관한 이론을 염두에 두고 반론을 펴고 있다고 보여진다.

관념이 전혀 없었고, 정의에 대한 참된 관념도 전혀 없었다. 또 그들은 난폭한 일을 당하는 일이 있더라도 그것을 쉽게 보상할 수 있는 손해로 간주했고, 벌해야할 부정(不正)이라고는 생각지 않았다. 그리고 돌팔매질을 당하면 덤벼들어 물어뜯는 개처럼 대부분 본능적으로, 순간적으로 그 자리에서 덤벼드는 경우는 별도로 하고, 복수 따위는 생각지도 않았다. 그렇기 때문에 그들의 싸움은 먹이보다더 중요한 것이 아닌 이상, 피를 흘리는 결과를 가져오는 일은 별로 없었을 것이다. 그러나 나로서 말해 두어야 할 더 위험한 사항이 한 가지 생각난다.

인간의 마음을 움직이는 몇 가지 정념 속에는, 서로 이성(異性)을 구하는, 타는듯 열렬한 정념이 하나 있다. 그것은 온갖 위험을 아랑곳하지 않고, 모든 장해도물리치며, 열광상태가 되면 본디 인류를 보존하기 위해 있음에도 불구하고 오히려 인류를 파멸시키기에 알맞을 듯한 무서운 정념이다. 만일 이 억제력이 없는 난폭한 격정에 사로잡혀 부끄러움도 조심성도 없이 날마다 자기 피를 흘리더라도애정의 쟁탈전을 벌이다면 인간은 도대체 어떻게 될 것인가?

우선 정념이 격해지면 격해질수록 그것을 억제하기 위한 법률이 필요해진다는것을 인정하지 않으면 안 된다(그러나 정념이 날마다 우리들 사이에 일으키고 있는 무질서와 범죄는, 이 점에 있어서 법률의 불충분함을 많이 보여 주고 있지만, 더욱이 이러한무질서는 법률 그 자체와 더불어 발생한 것이 아닌가 하는 점을 검토해 보는 것도 좋다). 왜냐하면 그럴 경우, 예를 들어 법률이 그런 무질서를 억압하는 힘이 있다면, 법률이 없으면 존재하지 않을 해악을 거절하는 일이야말로 법률에 대해 해야 할 최소한의 요구이기 때문이다.

먼저 연애감정 속에 깃들여 있는 정신적인 것과 육체적인 것을 구별하자. 육체적인 것이란 이성끼리 서로 결합되도록 하는 일반적인 욕구이며, 정신적인 것이란 그 욕구를 결정하여 그것을 전적으로 단 한 가지 대상에 고정시켜, 또는 적어도 그 선정된 대상을 위해 한층 고도의 정력을 그 욕망에 쏟는 일이다. 그런데 연애에 있어 정신적인 것이란 사회의 관용에서 생긴 인위적인 감정이며, 이 감정은 부인들이 자기들의 지배력을 확립하여 복종해야 할 성(性)⁴⁰을 앞세우고자 온갖 수완과 주의를 기울여 이것을 찬양하고 있다는 것을 쉽게 알 수 있다. 이 감정은 미개인으로서는 가질 수 없는 어떤 종류의 가치 또는 미의 관념과, 미개인으로서는 도저히 불가능한 비교에 바탕을 두었으므로, 그들에게는 거의 무가치할 것이다. 왜냐하면 미개인의 정신이 규율 바른 일과 균형이라는 추상적인 관념을 만들어 낼 수 없었듯이, 그의 심정도 역시 감탄과 연애감정을 받아들이지 못하기 때문이다. 그런 감정은―사람들이 그것을 모르고 있지만―위에서 말한 관념의 적용으로부터 생겨나는 것이다. 즉 미개인은 전적으로 자연으로부터 받은 기질이 말하는 것에만 귀기울이며, 자기가 획득할 수 없었던 취미에는 귀기울이지 않는다. 그러므로 미개인에게는 여성이라면 누구라도 좋은 것이다.

　연애가 육체적인 것에만 한정되어 감정을 자극하거나 곤란을 더하게 하는 그 사랑의 취사선택을 모를 만큼 행복한 사람들은, 격렬한 애욕을 그렇게 자주, 그리고 강하게 느낄 리도 없고, 따라서 서로 다투는 일도 드물 것이며, 그다지 잔혹하지도 않을 것이다. 우리 사이에서는 상당히 유해한 상상력도, 미개인의 마음에는 조금도 영향을 주지 않는다. 저마다 조용히 자연의 충동을 기다리고, 열광보다는 오히려 쾌감을 느끼며, 취사선택을 하지 않고 거기에 몸을 맡긴다. 그리고 욕구가 충족되면 그 욕망은 완전히 사라져 버린다.

　따라서 다른 모든 정념과 마찬가지로 연애까지도, 인간에게 있어서 종종 불행을 가져다 주는 그 격렬한 정열을 비로소 사회 속에서 획득했다는 사실은 논의할

---

40 루소는, 여성은 남성에게 복종해야 한다는 것에 의해 양자 사이에 자연적 불평등이 있음을 인정하고 있는 것으로 보이고, 《에밀》 안에서도 특히 제5편에서 에밀의 약혼자 소피에 대해 여성의 역할을 논하고 있는데, 대체적으로 그의 여성관은 소극적이고, 여성의 사회적 역할을 가정에 한정하며, 여성의 특질을 주지적(主知的)이 아니라 정서적인 점에서 인정하고 있다. 그것은 《신엘로이즈》의 여주인공 쥘리에 관한 기술에서도 인정된다.

여지가 없다. 그래서 미개인을 일컬어 자신들의 야수성을 만족시키기 위해 언제나 서로를 죽이는 자들이라고 하는 것은, 그 의견이 경험과 완전히 상반되므로 더욱 우스꽝스러운 일이다. 그리고 현존하는 모든 민족 중에서 오늘날까지 자연 상태를 가장 잘 보존하고 있는 민족인 카리브인[41]은 항상 이 연애감정에 한층 더 큰 활동성을 자극할 만한 뜨거운 기후에서 살고 있음에도 불구하고, 실로 그들의 연애는 가장 온화하며 질투에 사로잡히는 일이 드물기 때문에 그렇다고 말할 수 있다.

몇 가지 종류의 동물의 경우, 늘 축사(畜舍)를 피투성이로 하거나, 또는 봄철에 암컷을 둘러싸고 숲속을 시끄럽게 하는데, 이러한 수컷의 투쟁으로부터 이끌어 낼 수 있는 결론에 대해서는 우선 최초로 양성(兩性)의 상대적인 힘 속에, 자연이 인간 사이의 관계와는 다른 별도의 관계를 명백히 설정하고 있는 종(種)은 모두 제외하지 않으면 안 된다. 따라서 수탉의 투쟁에서 귀납되는 결론은 인류에게는 해당되지 않는다. 암컷과 수컷의 수적인 비율이 가장 잘 지켜지고 있는 종에 있어서 이런 투쟁의 원인이 되는 것은, 수컷의 수에 비해 암컷이 적다는 것, 또는 암컷이 일정한 기간 이외에는 수컷의 접근을 막는다는 것뿐이다. 그리고 이 두 번째 원인도 결국 첫 번째 원인에 귀착된다. 왜냐하면 가령 어느 암컷이나 1년 중 2개월간만을 수컷에게 허용한다면 암컷의 수가 6분의 5가 적은 것과 다름없기 때문이다.

그런데 이 두 가지 경우가 모두 인류에게는 적용되지 않는다. 인류는 일반적으로 여성의 수가 남성의 수를 상회하고 있고, 미개인들 사이에도 여성이 다른 종류의 암컷처럼 정열의 시기와 거절의 시기를 따로 가지고 있다고 관찰된 일이 없기 때문이다. 그리고 이런 동물 중 약간의 동물간에는 종 전체가 동시에 흥분상태에

---

41 몽테뉴, 《에세》 제1부 31장 '식인종에 대하여' 참조.

들어가므로, 공통된 열광과 싸움, 무질서와 투쟁의 무서운 한 시기가 찾아온다. 이것은 연애가 주기적이 아닌 인류 사이에서는 결코 일어나지 않는 일이다. 그러므로 어떤 종류의 동물이 암컷을 차지하기 위해 벌이는 투쟁에서, 자연상태에 있는 인간에게도 같은 일이 일어나리라고 결론지을 수는 없다. 그리고 비록 그런 결론을 얻을 수 있다 하더라도 그런 분쟁이 다른 동물의 종을 파멸시키는 일은 절대로 없으므로, 적어도 그것은 우리 인류에게도 해가 없으리라고 생각할 수 있다. 또 그런 분쟁이 일으키는 손해는, 사회 속에서보다도 자연상태에 있어서 훨씬 적다는 것은 극히 명백한 일이다. 특히 풍속이 어느 정도 존중되고 있기 때문에 사랑하는 남자의 질투나 남편의 복수가 결투나 살인, 그밖에 더 나쁜 사건을 날마다 일으키고 있는 나라들, 영원한 정절(貞節)의 의무가 단지 간통자를 만드는 데만 도움이 될 뿐 정조와 명예의 법률 그 자체가 필연적으로 방탕을 조장하고 낙태(落胎)를 증가시키고 있는 나라들에 있어서는 그러하다.

　결론을 내려 보겠다. 숲속을 방황하고 생활 기술도 없으며, 언어·주거·전쟁·동맹(同盟)도 없고, 동포의 도움을 전혀 필요로 하지 않을 뿐만 아니라 그들을 결코 해치려고 하지 않고, 그들 중 아무도 개인적으로 기억하는 일조차 절대로 없었던 미개인은, 극히 약간의 정념에만 지배당할 뿐 자기 혼자서 일을 해치울 수 있었으므로, 이 상태에 고유한 감정과 지식만을 가지고 있었다. 그는 자기의 순수한 욕망만을 느끼고, 봄으로써 이익이 있다고 생각되는 것만을 바라보았다. 그리고 그의 지성은, 그의 허영심과 마찬가지로 진보하지 않았다. 우연하게 무엇을 발견했다 하더라도, 자기 자식도 기억하지 못했던 그로서는 그 발견을 더욱 전할 수조차 없었다. 기술은 발명자와 함께 소멸되었다. 교육도 진보도 없었다. 세대는 헛되이 쌓여갔다. 그리고 각 세대는 항상 같은 점에서 출발하게 마련이므로, 몇 세기가 초기 시대의 조야한 상태 그대로 경과했다. 종은 이미 늙었는데, 인간은 언제까지나 유년의 상태로 있었다.

내가 원시상태의 가정(假定)에 대해 이처럼 길게 말해 온 것은, 해묵은 오류와 뿌리 깊은 편견을 타파해야 하며, 그러기 위해서는 뿌리 밑까지 파내려가 불평등이 가령 자연적인 것일지라도 우리들 각자가 주장하는 현실성과 영향력을 이 상태 속에서 가지려면 얼마나 오랜 시일이 필요한가를 참된 자연상태의 화면 속에서 찾아보아야 한다고 생각했기 때문이다.

실제로 사람들을 구별하는 차이 속에서 몇 가지는 자연적인 것으로서 간주되고 있으나, 그것은 단순히 습관과 사회 속에서 사람들이 받아들이는 온갖 생활양식의 산물이라는 것을 쉽게 알 수 있다. 그러므로 튼튼한 체질인가 허약한 체질인가, 그에 따라 힘이 센가 약한가 하는 문제는, 근본적인 체격보다 오히려 그 교육이 엄한가 유약한가 하는 데 기인한다. 정신력도 마찬가지이다. 교육은 교양이 있는 정신과 교양이 없는 정신간의 차이를 만들 뿐 아니라, 전자간에도 교양에 비례하여 차이를 넓힌다. 왜냐하면 거인과 소인이 같은 길을 걷는다면, 두 사람 모두 한 발짝씩 걸을 때마다 거인 쪽이 새로운 이점을 얻게 되기 때문이다.

그런데 지금 사회상태의 갖가지 계층을 지배하고 있는 교육과 생활양식의 놀라운 다양성을, 모두 같은 음식을 먹고 똑같은 생활을 하고 정확하게 같은 일을 하고 있는 동물이나 미개인 생활의 단순함 및 획일성과 비교하면, 사람과 사람의 차이가 얼마나 자연상태 쪽이 사회상태에 있어서보다 적은 것인가, 또 자연의 불평등이 인류에게 있어서는 제도의 불평등에 의해 얼마나 증대하지 않으면 안 되는가를 이해할 수 있다.

그러나 가령 자연이 그 산물을 분배하는 데 있어서 사람들의 말처럼 편파적인 처사를 했다 해도, 가장 덕을 본 사람들이 거의 어떤 종류의 인간관계도 허용되지 않는 사물의 상태에 있어 타인을 희생시키고 도대체 어떤 이익을 얻을 수 있었겠는가.

연애가 전혀 존재하지 않는 곳에서 미(美)가 무슨 소용이 있었겠는가. 전혀 대화를 나누지 않는 사람들에게 기지(機智)가, 또 거래를 하지 않는 사람들에게 책략이 무슨 쓸모가 있었겠는가.

강자가 약자를 압박할 것이라고 반복해서 말하는 소리를 나는 여러 번 들었다. 그러나 이 압박이란 말의 뜻을 설명해 주기 바란다. 어떤 자가 폭력으로써 지배하면, 다른 자는 강자의 어떤 처사에도 굴복하여 한탄하고 괴로워할 것이다. 이것은 바로 내가 우리 사회에서 보아 온 바이다. 그러나 나로서는 이러한 일이 미개인에 대해서도 말할 수 있는 것인지 아닌지 알 수 없다. 그들에게는 복종과 지배라는 것이 무엇인가를 이해시키는 데도 상당히 힘이 들 것이다. 한 인간이 다른 인간이 따온 과일, 죽은 짐승, 또는 숨어 살던 동굴을 가로챌 수는 있을 것이다. 그러나 그가 어떻게 남들을 복종시킬 수 있겠는가. 그리고 아무 것도 소유하지 않은 사람들간에 어떠한 종속관계의 쇠사슬이 있을 수 있겠는가.[42]

만일 내가 한 그루의 나무에서 쫓겨난다면, 그것을 버리고 다른 나무로 가기만 하면 된다. 만일 내가 어떤 장소에서 괴로움을 받는다면, 다른 장소로 옮겨가는 것을 누가 방해하겠는가.

또 나보다도 상당히 힘이 세고, 게다가 몹시 타락하고 게으르며 난폭한 남자가 있어서, 자기는 아무것도 안 하고 나에게 그 생활비를 공급하도록 강요한다고 하자. 그러면 그는 한시도 나에게서 눈을 떼지 않고, 자는 동안에도 주의할 것이다. 그렇지 않으면 내가 도망치거나, 그를 죽이거나 할지도 모를 일이다. 즉 그는 자기가 피하고 싶다는 고통보다도, 또 그가 나 자신에게 주는 고통보다도 훨씬 큰 고통을 자진해서 받을 각오를 하지 않으면 안 된다. 그렇게까지 해도 그의 경계가 한순간 소홀해지거나 뜻하지 않은 소리에 그가 머리를 돌리거나 하면, 곧 나는 숲속으로 20보다 뛰어들어가 나의 사슬은 끊어지고, 그는 일생에 두 번 다시 나를

---

42 사유제와 사회적 불평등의 필연적인 관계를 지적하고 있다. 본문 제2부의 첫 페이지 참조.

볼 수 없게 된다.

　이같은 세목(細目)을 일일이 말하지 않아도, 종속의 인연이란 것은 사람들의 상호 의존과 그들을 결부시키는 상호 욕망이 없이는 형성될 수 없는 것이므로, 어떤 사람을 복종시키는 일은, 미리 그 인간을 다른 인간이 없으면 해나갈 수 없을 그런 사정하에 두지 않는 이상 불가능하다는 것은 누구나 알고 있을 것이다. 이 같은 상황은 자연상태에는 존재하지 않으므로, 그곳에서는 누구나 속박으로부터 자유이며, 강자의 법률은 쓸데없는 것이 된다.

　이상으로 자연상태에 있어서는 불평등이 거의 느껴지지 않는다는 것과, 불평등의 영향도 그곳에서는 거의 없다는 것을 증명했다.

　앞으로 해야 할 일은 그 불평등의 기원과 진보를 인간정신의 연속적인 발전 속에서 찾는 것이다. 그리고 자기완성 능력, 사회적인 덕, 그 밖에 자연인이 잔재적으로 부여받은 모든 능력이, 그 자신으로서는 결코 발전시킬 수 없었던 일, 그러기 위해서는―모든 능력의 발전을 위해서는―몇 가지 외적인 요인―없으면 인간은 영원히 원시상태대로 머물렀을 것이라고 생각되는―의 우연한 협력이 필요했다는 것 등을 나타낸 것이므로, 다음에는 인간의 종을 파괴함으로써 이성을 완성하고, 인간을 사교적이게 함으로써 사악한 존재로 만들고, 마침내 먼 기점(基點)에서 인간과 세계를 현재 우리가 보는 지점까지 끌고 올 수 있었던 갖가지 우연[43]을 다시 고찰하여 결부시키지 않으면 안 된다.

　솔직히 말하면, 내가 묘사해야만 할 여러 가지 사건은 몇 가지의 일어난 형태가 있었으므로, 그 선택을 결정하려면 억측에 따를 수밖에 없다.

　그러나 이런 억측은, 그것이 사물의 자연에서 추출할 수 있는 가장 확실에 가까

---

43 인간의 사회성을 형성하는 모든 요소·이성·도덕, 그리고 사회적 불평등을 포함하여 사회조직 그 자체의 탄생은 역사의 필연적인 발전이 아니고, 또 인간에게 있어 은혜를 뜻하는 것도 아니며, 뜻 밖의 상황의 장해에서 오는 우연적인 원인에 의한 일이 여기서도 강조되고 있다.

운 추측이며, 진리를 발견하기 위해 사용할 수 있는 단 하나의 수단일 경우, 그것은 이치에 맞을 뿐 아니라, 내가 자신의 억측으로부터 연역(演繹)하려고 하는 귀결은 그렇다고 해서 결코 추측적인 것이 되지는 않을 것이다.

왜냐하면 내가 여기서 확립한 모든 원리에 입각하여 사람들이 무언가 다른 체계를 만들었다면, 그것이 같은 결과를 초래한다든가, 또는 거기서 내가 같은 결론을 끄집어낼 수는 없기 때문이다. 이런 일만 거부해 두면, 다음 각 항에 대해 나의 성찰을 말하지 않아도 될 것이다. 즉 사건의 진실성이 적은 것을 어떻게 시간의 결과가 보충[44]하느냐 하는 것, 대단히 가벼운 원인이라도 쉬지 않고 움직일 때는 놀라운 힘을 미친다는 것, 어떤 종의 가설은 한편에 있어 거기에 사실과 같은 정도의 확실성을 주지 못하더라도 다른 한편에서는 그것을 파괴하는 일이 불가능하다는 것, 두 사실이 현실의 것으로 주어지고 그것들이 미지의 또는 그렇게 여겨지고 있는 일련의 중간적 사실에 의해 결부되어야 할 때, 그것을 결부시키는 사실을 나타내는 것은 적어도 역사의 역할이라는 것, 최후로 여러 가지 사건에 관해서 말하면 유사하다는 것에 의해 여러 가지 사실을 사람들이 상상하기보다 훨씬 수가 적은 종류의 분류로 환원한다는 것 등이다.[45]

이들 사항을 나의 심사원 여러분의 고찰의 자료로서 바치면 나로서는 충분하다. 그리고 일반 독자가 그것을 고찰할 필요가 없도록 해두면, 나로서는 그것으로 충분하다.

---

44 스탈로반스키는 여기에 주를 달아, 루소가 집착하고 있는 것은 장치사회의 기원에 관한 플라톤의 사고방식의 전통이라고 지적하고 있다. 인간의 관념이나 기능의 발생에 대해 로크나 그 제자들과 달리 루소는 시간의 역할을 대단히 중요시하고, 또 거북한 연대적 구분을 생각하여 약간의 시간만을 가정하는 신학자들과 달리 막대한 시간의 경과를 가정한다. 그것은 플라톤의 《법률》(제3권의 첫머리)에 씌어 있는 것과 유사하다(플레이아드판 전집 제3권 1338쪽 참조). 즉 사회의 기원을 이해하려면 '무한히 멀리 떨어진 시대로 거슬러 올라가' 무한의 변화를 상상하고, 오늘날 같은 사회가 생겨날 때까지 수십만 년, 수백만 년이나 경과한 일을 인정해야 한다는 뜻이다.
45 이 제1부의 끝부분은 루소가 과학적인 방법에 대한 그의 생각의 개요를 나타내고 있는 점이 주목할 만하다.

제2부

어떤 토지에 담장을 둘러치고 "이것은 내 것이다." 하고 선언하는 일을 생각해 내고 그것을 그대로 믿을 만큼 단순한 사람들을 발견한 최초의 사람이 정치사회(국가)의 진정한 창립자였다. 말뚝을 뽑아내고, 또는 개천을 메우며 '이런 사기꾼이 하는 말 따위는 듣지 않도록 조심해라. 열매는 만인의 것이며, 토지는 어느 한 개인의 것이 아니라는 점을 잊는다면 너희들은 파멸이다!' 하고 동족들에게 외친 자가 있다고 한다면, 그 사람은 얼마나 많은 범죄와 전쟁과 살인을, 그리고 얼마나 많은 비참과 공포를 인류에게서 제거해 주었을 것인가.[1]

그러나 그 무렵에 이미 사태는 더 이상 이전의 모습을 유지할 수 없는 데까지 이르렀을 가능성이 크다. 왜냐하면 사유(私有)의 관념은 순차적으로만 발생이 가능한 많은 선행관념에 의존하는 것으로, 인간정신 속에 갑자기 형성된 것은 아니었기 때문이다. 즉 자연상태의 이 최후 지점에 도달하기까지는 많은 진보를 이룩하고, 살아가는 데 필요한 많은 기술과 지식을 획득하고, 그것을 시대에서 시대로 전달하고 증가시켜야만 했던 것이다. 그러므로 사물을 거슬러 올라가 다시 생

---

1 사회적 불평등의 기원이 사유제에 있음을 암시한 루소의 말로서, 뒤에 흔히 인용되는 유명한 문구이다. 이것은 볼테르를 분개시키고, 자주 그에게 비난의 붓을 잡게 했다. "이것이야말로 부유한 사람의 것을 가난한 사람이 훔치기를 원하고 있는 무례한 철학이다."라고 볼테르는 《불평등론》의 여백에 써 넣었다.

각해 보고 그것의 가장 자연적인 순서에 따라서, 그와 같이 서서히 이어져 발생한 사건과 지식을 단 하나의 견지에서 모아 보도록 노력하자.

인간이 가진 최초의 감정은 자기 생존을 위한 감정이었다. 그리고 최초의 배려는 자기 보존을 위한 배려였다. 땅으로부터의 산물은 인간에게 모든 필요한 도움을 제공했고, 본능에 의해 인간은 그것을 이용하게 되었다. 굶주림과 그밖의 욕구가 그에게 그때마다 다른 생활방법을 경험하도록 하였으나, 그에게 그 종(種)을 영구히 존속시키도록 촉구한 방법이 하나 있었다. 그리고 애착의 감정이 완전히 결여되어 있는 이 맹목적인 경향은 순수하게 단 하나의 동물적인 행위만을 만들어 냈다. 욕망이 충족되면 양성(兩性)은 이미 서로 상대방을 기억하지 않았다. 그리고 아이들까지도 어머니가 없어도 살 수 있게 되면 곧 어머니와는 무관하게 되었다.

처음 태어난 인간의 상태란 이와 같은 것이었다. 그리고 최초에는 순수한 감각에 국한되어 자연이 주는 선물을 거의 이용하지 않고, 자연으로부터 빼앗을 생각도 하지 않았던 동물의 생활이란 이러한 것이었다.[2] 그런데 마침내 여러 가지 곤란이 나타나, 그것을 극복하는 일을 배워야만 했다. 나무가 높아서 그 과일에 손이 닿지 않거나, 같은 과일을 먹고 살아가는 동물들끼리 경쟁이 있거나, 그의 목숨을 빼앗으려는 난폭한 동물들이 있거나 해서, 그런 것 때문에 그는 신체의 훈련에 힘을 기울여야만 했다. 민첩해지고, 빨리 달리고, 싸움에 강해질 필요가 있었다. 이윽고 나뭇가지나 돌과 같은 자연의 무기가 마침내 그의 손에 들어왔다. 그

---

2 자연인은 자연과 항상 밀접하게 접촉하여, 접촉하는 것에만 직접 반응할 뿐, 자기를 위해 자연을 이용하는 방법을 아직 모른다. "자연인은 직접성 속에서 살고 있다. 장해와 싸울 수밖에 없게 되어 그 잠재적 기능을 발휘하게 된다. 즉 자연을 변형시키거나 복종시키기 위해 도구를 발명하고 동시에 사고가 가능하게 되며, 이성의 매개적 능력을 발견하게 되는 것이다. 단, 이 진보는 양의적이다. 왜냐하면 직접성이라는 원시적 특권의 상실을 뜻하는 것이 되기 때문이다(스탈로반스키, 플레이아드판 전집 제3권)."

는 자연의 장해물을 뛰어넘거나, 필요에 따라서는 다른 동물 및 다른 사람끼리도 생활수단을 놓고 다투거나, 또는 강자에게 양보해야 했던 것을 다른 곳에서 보충하는 방법을 배웠다.

인구가 증가함에 고충도 증가해 갔다. 토지·기후, 그리고 계절의 차이가 그들 생활양식에 차이가 생겨나도록 강요한 것인지도 모른다. 모든 것을 멸망시키는 불모의 세월이나, 춥고 긴 겨울이나, 타는 듯한 여름이 그들에게 새로운 생활의 기술을 요구했다. 바다와 강 연안에서 그들은 실과 바늘을 발명하여 어식민족(魚食民族)이 되었다. 숲속에서 그들은 활과 화살을 만들어 사냥꾼이 되고, 전사(戰士)가 되었다. 추운 지방에서 그들은 자기가 잡은 동물의 털가죽을 몸에 둘렀다. 천둥과 화산, 또는 어떤 행운의 덕에 의해 그들은 불을 알게 되었으며, 그것이 겨울의 추위에 대한 새로운 대책이 되었다. 그들은 이 원소를 보존하는 일, 이어서 이것을 재생산하는 일, 마지막으로 지금까지 날것으로 먹고 있던 고기를 조리하는 법을 배웠다.

이 같은 갖가지 존재를 인간 스스로에게, 또 서로 되풀이 적용한 결과, 인간의 정신 속에서는 필연적으로 어떤 종류의 관계에 대한 지각(知覺)[3]이 생겨나게 되었다. 대소·강약·지속(遲速)·비겁·대담성 등의 말과, 그밖에 필요에 따라 비교되고, 게다가 거의 생각지도 않은 관념에 의해 우리가 표현하는 이들 관계는, 마침내 그의 마음속에서 어떤 종류의 반성이라기보다는 오히려 무의식의 조심성을 갖게 하였으며, 그것이 그의 안전에 가장 필요한 주의를 그에게 가르쳐 주었다.

이 같은 발전의 결과인 새로운 지식은, 다른 동물에 대한 인간의 우월성을 인간

---

3 이것은 루소가 《에밀》 제2편 속에서 아이의 정신의 발달 단계를 구분하고, 인간의 최초의 이성으로서, 지적(知的) 이성의 기초가 되는 것으로 한 감각적 이성(la raison sensitive)에 해당된다.

에게 지각시켜 줌으로써 그 우월성을 증대시켜 갔다. 인간은 동물에게 함정을 만들어 놓는 일을 연습했고, 온갖 방법으로 그들을 속였다. 그리고 몇몇 동물은 투쟁력이나 달리는 속도에서 인간보다 뛰어나지만, 인간은 시간이 지남에 따라 자기에게 도움이 될 수 있는 동물에 대해서는 그 주인이 되고, 자기에게 해를 끼칠 동물에 대해서는 화근이 되었다. 이리하여 인간이 자기 자신에게 돌린 최초의 시선은 자기 마음에 처음으로 자존심을 만들어 냈으며, 동시에 아직 서열(序列)의 구분도 하지 못하면서 인류라는 종의 입장에서는 자기를 동물 속에서 제1위에 있다고 생각했던 인간은, 일찍부터 개인으로서도 그 제1위를 요구하는 태세였다.

당시 그와 그의 동족과의 관계는, 현재 우리와 동족과의 관계하고는 달랐으며, 그는 다른 동물에 대해서와 마찬가지로 그의 동족들과 거의 교섭이 없었다. 그럼에도 불구하고 그들은 그의 관찰로부터 벗어나 있지는 않았다. 시간이 흐름에 따라 그들 사이나, 이성과 그 자신과의 사이에 인정할 수 있었던 일치점에 의해, 그는 아직 모르고 있었던 일치점이 있다는 것을 판단하게 되었다. 그리고 그들이 모두 같은 상황에 있었다면 자기도 그렇게 했으리라고 생각되는 행동을 그들 모두가 하는 것을 보고, 그는 다른 사람들의 사고방식이나 감각방식이 전적으로 자기와 일치한다고 결론지었다. 그리고 그의 정신 속에 확립된 이 중요한 진리에 따라서 변증법과 마찬가지로 확실하고 그보다도 더 재빠른 예감에 의해, 그는 행위에 대한 가장 좋은 규칙을 따르게 되었다. 그 규칙은, 그가 자기의 이익과 안전을 위해 다른 사람들과 더불어 지키기에 적절한 것이었다.

안락의 추구가 인간 행위의 유일한 동력임을 경험에서 배운 인간은, 공통된 이해관계에서 동족의 도움에 의존해야만 하는 드문 경우와, 경쟁을 위해 그들을 경계해야만 하는 더한층 드문 경우를 구별할 수 있게 되었다. 첫 번째 경우, 그는 동족들과 가축의 무리처럼 결합하든가, 또는 최소한 일종의 자유로운 협동에 의해 결합했다. 그 협동은, 아무도 구속하지 않고, 그 협동을 만들어 낸 일시적인 욕구가 존재하고 있는 동안에만 지속했다. 두 번째 경우, 각자는 만일 자기가 할 수 있다고 생각되면 폭력을 사용하고, 또는 자기 쪽이 약하다고 느끼면 수단과 꾀로써 자기의 이익을 얻으려고 노력했다.

이렇게 하여 사람들은 자신도 모르는 사이에 서로의 약속과, 그것을 지키는 일의 이익에 대해 대략적인 관념을 획득할 수 있었다. 그러나 그것은 현재 눈앞에 보이는 이해(利害)가 그것을 요구할 수 있는 한도 내에서 이루어졌다. 왜냐하면 그들에게 있어서는 예견한다는 일은 아무런 뜻도 없었기 때문이다. 그리고 그들은 먼 미래의 일을 걱정하기는커녕 내일의 일도 생각지 않았다. 가령, 사슴을 잡으려고 할 경우에 각자는 저마다 자기가 맡은 자리를 충실하게 지켜야 한다고 생각했다. 그러나 만일 한 마리의 토끼가 그들 중 누군가의 손이 닿는 곳을 우연히 지나가는 일이라도 있으면, 그는 조금의 망설임 없이 쫓아가 그 토끼를 잡아 버렸고, 그 때문에 자기 동료가 짐승을 놓치는 일이 있더라도 아랑곳하지 않았다.

이 같은 교섭을 위해서는, 거의 비슷하게 몰려 살고 있는 까마귀나 원숭이보다 더 세련된 언어가 반드시 필요한 것은 아니었다는 점은 쉽게 이해할 수 있다. 음절이 확실치 않은 부르짖음, 많은 몸짓, 그리고 몇 가지 모방음(模倣音)이 오랜 동안 보편적인 언어⁴를 구성하고 있었을 것이다. 게다가 내가 이미 말했듯이, 어느 지방에서나 그것이 어떤 이유로 정해졌는가를 설명하기는 어렵지만, 몇 가지 관습적인 음이 가해져, 여기에 특유하면서도 조잡하고 불완전한, 오늘날까지도 여러 미개 민족이 지니고 있는 것과 거의 유사한 언어를 사람들은 갖게 되었다.

시간은 흘러가고, 내가 해야 할 말은 너무 많고, 초기에 있어서의 사물의 진보

---

4 원시적 보편어의 문제는 라이프니츠를 비롯하여 17, 8세기에는 학자들의 관심을 끌었다. 루소는 원시상태의 특징을 고립과 산재(散在)로 인정하고 있었으므로, 언어의 다양성을 설명하기 위한 보편어의 문제는 필연적이 아니라, 오히려 《언어기원론》에서 볼 수 있는 남방어나 북방어처럼 바로 개별적인 언어의 차이가 문제가 되었다.

는 거의 눈에 띄지 않기 때문에, 나는 여러 세기를 화살처럼 뛰어 돌아다닌다. 왜냐하면 사건의 연속이 느리면 느릴수록 그 묘사는 빨라지기 때문이다.

이러한 초기의 진보 덕분에 인간은 빠른 진보를 행하게 되었다. 정신이 계몽됨에 따라 점점 기능이 개량되었다. 마침내 닥치는 대로 아무 나무 밑에서 자거나, 동굴 속에서 살거나 하는 일을 사람들은 중단했다. 그들은 튼튼하고 잘 드는 돌도끼를 발견했다. 그것은 나무를 자르거나, 흙을 파거나, 나뭇가지로 오두막을 엮거나 하는 데 도움이 되었지만, 사람들은 뒤이어 그 오두막을 점토나 진흙으로 다져 만드는 방법[5]을 생각해 냈다. 이것이 즉 가족의 설립과 그 구별을 형성하고, 일종의 사유재산을 도입한 최초의 혁명시대[6]이며, 아마 그 사유재산은 이미 몇 번의 분쟁과 투쟁의 근원이 되었을 것이다. 그러면서도 최초에 주거를 만들고 그것을 스스로 지킬 힘이 있다고 느낀 것은 아마 강한 자였을 것이므로, 약한 자는 그들을 쫓아낼 생각을 하기보다는 오히려 그들을 흉내내는 편이 보다 간단하고 보다 확실하다고 생각했다고 믿어도 좋다. 그리고 전부터 동굴을 가지고 있던 자들에 대해 말하면, 아무도 이웃 사람의 동굴을 차지하려는 생각은 하지 않았을 것이다. 왜냐하면 그것은 자기 것이 아니기 때문이며, 또 그것을 손에 넣기 위해서는 그곳에 살고 있는 가족과 대단히 심한 투쟁을 하는 위험을 무릅쓰지 않으면 안 되었기 때문이다.

여기에 남편과 아내, 아버지와 아이를 공통된 주거에 결합한다는 새로운 상황에서, 심정의 최초의 발달이라는 결과가 생긴 것이다. 어떤 가족이나 서로의 애착과 자유가 그 유일한 인연이 되어 있었으므로 더욱 잘 결합된 하나의 작은 사회가

---

5 이 무렵의 원시인의 기술을 말하기 위해 루소는 뒤 메르트르 등의 여행기나, 뷔퐁에게서 자료를 얻고 있는 듯하다.

6 이것은 선사시대의 구석기시대에 해당되는 최초의 집단생활처럼 보인다. 그러나 이 시대는 아직 전사회(前社會) 상태로 분업도 생기지 않았다. 이에 대한 제2의 혁명이, 뒤에 출현하는 농업과 야금의 발명 시기인 것이다.

되었다. 그리고 지금까지 단 하나의 생활양식밖에 가지고 있지 않았던 남녀 양성의 생활양식 속에 최초의 차이가 확립된 것은 이때이다. 여성들은 한층 더 집 안에만 있게 되고, 오두막과 아이들을 돌보는 데 익숙해졌다. 이에 대해 남성들은 가족의 생활 필수품을 찾으러 나갔다. 양성은 또 지금까지보다도 다소 유약한 생활에 의해 그 용맹과 원기를 어느 정도 잃기 시작했다. 그러나 각자가 1대 1로 야수와 싸우는 데는 전보다 못할지 모르지만, 그 대신 공동으로 그들에게 저항하기 위해 모이는 일은 전보다도 쉬워졌다.

이 새로운 환경 속에 간소하고 고독한 생활을 하여 매우 한정된 욕구와 그것을 채우기 위해 발명된 도구를 가진 사람들은 많은 여가를 가지고 있었으므로, 그들의 선조가 몰랐던 많은 종류의 안락을 소유하기 위해 이 여가를 활용했다. 그리고 그것이야말로 그들이 무의식중에 스스로에게 부과한 최초의 멍에이고, 그들이 그 자손을 위해 준비한 여러 가지 불행의 원천이었다. 왜냐하면 그들이 이렇게 하여 점점 신체와 정신을 유약하게 만들어 갔을 뿐 아니라, 이런 안락이 습관화함으로써 그런 즐거움은 대부분 잃게 되는 동시에 그 안락은 변질하여 참된 욕구로 되어 버렸으므로, 그것을 빼앗기는 괴로움은 그것을 지니고 있었을 때 유쾌했던 만큼 더한층 비참하게 느껴졌기 때문이다. 그리고 사람들은 그것을 소유해도 행복하지 않은 반면에 그것을 잃으면 불행해졌던 것이다.

이에 이르러, 각 가족의 내부에서 어떻게 하여 무의식중에 말의 사용이 확립되었는가, 혹은 완성되었는가를 전보다 더 잘 고찰할 수가 있다. 또 갖가지 특수한 원인이 어떻게 해서 언어를 점점 필요한 것으로 함으로써, 언어를 넓히고 그 진보를 촉진할 수 있었는가를 추측할 수 있다. 큰 홍수나 지진은 물이나 벼랑에서 사람이 사는 지역을 에워쌌다. 지각(地殻)의 변천[7]은 대륙의 몇 부분을 끊어 섬으로

7 루소는 뷔퐁의 지리학 이론을 신봉하고 있었는데, 여기서 그 흔적을 잘 나타내고 있다.

만들었다. 대륙의 삼림 속을 자유로이 돌아다니던 사람들 사이에서보다도 오히려 이렇게 섬 안에서 접근하며 함께 생활해야만 했던 사람들간에 하나의 공통된 방언(方言)이 형성되었으리라는 것은 쉽게 알 수 있다. 그러므로 섬의 주민들이 그 최초의 항해를 시도한 뒤 우리 사이에 말의 사용을 가져왔다는 것은 얼마든지 있을 수 있는 일이다. 사회와 언어가 섬 안에서 탄생하고,[8] 대륙에 알려지기 전에 그곳에서 완성되었던 일은 적어도 사실인 것 같다.

모든 것이 모습을 바꾸기 시작한다. 숲속을 헤매고 돌아다니던 사람들도 보다 안정된 장소를 얻었으므로 점차적으로 서로 근접하여 여기저기 무리를 지어 결합하고, 마침내는 각 지방에서 독특한 국가를 형성한다. 그것은 규칙이나 법률에 의해서가 아니라 같은 양식의 생활과 음식에 의해, 또 공통된 기후의 영향에 의해 습속과 성격면에서 결합되고 있는 것이다. 끊임없이 이웃을 이루고 있는 상태는 마침내 각기 다른 가족간에 결합을 가져온다.

젊은 남녀들이 이웃에 살고 있다고 하자. 자연이 요구하는 일시적인 성적 교섭이, 거듭되는 상호 왕래의 결과 다같이 기분좋고 더구나 좀 더 영속적인 또 하나의 교섭을 가져오게 한다. 사람은 온갖 사물을 바라보고 비교를 하는 일에 익숙해진다. 그리고 무의식중에 가치와 미의 관념을 획득하고, 이것이 좋고 나쁨의 감정을 가져온다. 자주 만나는 동안에 이제 만나지 않고는 살 수 없게 된다. 일종의 부드럽고 달콤한 감정이 정신 속에 파고들어, 그것이 사소한 반대를 만나게 되더라도 맹렬한 분노로 변한다. 정념과 더불어 질투가 눈을 뜬 것이다. 불화가 승리를 차지하면, 가장 부끄러운 정념마저 인간의 피의 희생이 된다.

여러 가지 관념과 감정이 잇따라 일어나 정신과 심정이 훈련됨에 따라 인류는

---

8 루소는 같은 생각을 《언어기원론》 제9장에서 말하고 있다. 같은 장에서, 건조한 지대에서는 샘이나 강이 집단화와 언어 발생의 매개가 된다는 것도 말하고 있다.

유순해진다. 결합은 넓혀지고, 유대는 강화된다. 사람들은 오두막 앞이나 큰 나무 주위에 모이는 일에 익숙해졌다. 연애와 여가의 산물인 노래와 무용이, 여가가 생겨 모인 남녀들의 즐거움이 되었다기보다 오히려 일거리가 되었다.[9] 저마다 타인에게 주목하고, 자기도 주목을 받고 싶다고 생각하기에 이르며, 이리하여 공공연한 존경을 받는 일이 일종의 가치를 갖게 되었다. 가장 노래를 잘 부르고, 또한 가장 춤을 잘 추는 자, 가장 아름다운 자, 가장 강한 자, 가장 재치 있는 자, 또는 가장 웅변적인 자가 존경받게 되었다. 그리고 이것이 불평등을 향한, 또 동시에 악덕으로 가는 첫걸음이었다. 이 최초의 선택으로 한편에서는 허영과 경멸이, 또 한편에서는 치욕과 선망이 생겨났다. 그리고 이러한 새로운 효모(酵母)에 의해 야기된 발효(醱酵)가, 마침내 행복과 무구(無垢)로 하여금 불길한 합성물을 낳게 하였던 것이다.

사람들은 서로 상대방을 평가하기 시작하고, 존경이라는 관념이 그들의 정신 속에 형성되자마자 누구나가 존경받을 권리를 주장했다. 그리고 이미 누구에게나 그것이 결핍되면 불편한 일이 생기는 것은 당연했다. 거기서 예의범절의 최초의 의무가 미개인 사이에서조차 생겨났다. 그리고 또 고의적인 부정은 모두 모욕이 되었다. 왜냐하면 모욕받은 자는 그 부정으로부터 발생한 손해와 함께, 때로는 그 손해 자체보다도 견디기 힘든 자기 자신에 대한 경멸을 간파했기 때문이다. 이렇듯 각자가 자기에게 표시된 경멸을 자기 자신을 중히 여기는 정도에 따라 벌했으므로, 복수는 맹렬해지고 사람들은 피흘리는 일을 좋아하게 되고 잔혹해졌다. 이것이 우리에게 알려져 있는 대부분의 미개 민족이 도달해 있던 단계인 것이다. 그

---

9 이 원시적인 제전은 《언어기원론》 제9장에서 더 상세히 기술되고 있다. 이 민중의 모임은 사람들이 서로 경합하고 그들을 자존심의 발생으로 이끌어 가는 것이 되는데, 그와는 반대인, 개인이 서로의 차이를 잊고 집단 속에 파고들어 전체의 화합을 획득하는 참된 민중의 제전은 《달랑베르에게 보내는 편지》 속에 씌어 있다.

리고 몇몇 사람들이 인간은 본디 잔인한 것이며, 그것을 부드럽게 하기 위해서는 단속이 필요하다고 성급하게 결론지은 것은, 갖가지 관념을 충분히 구별하지 않고, 또 이들 민족이 이미 최초의 자연상태로부터 어떻게 멀리 떨어져 있는가에 주의하지 않았기 때문이다.

그런데 실상 원시상태에 있어서의 인간만큼 온순한 존재도 없으며, 자연에 의해 짐승의 어리석음과 사회인의 불행한 지식의 빛으로부터 비슷할 정도로 떨어진 지점에서, 똑같이 본능과 이성에 의해 자기를 위협하는 해악에서 몸을 지키는 데 머물렀던 인간은, 자연적인 연민의 정으로 해서 어떤 사람에 대해서도 해를 끼치는 일을 억제하고, 어떤 일이 있어도, 가령 해를 입은 뒤에도 그런 짓을 할 마음을 품지 않았다. 왜냐하면 현자 로크의 격언과 같이 '사유(私有)가 없는 곳에 부정(不正)은 있을 수 없기'[10] 때문이다.

그러나 이렇게 해서 사회가 시작되고 이미 사람들 사이에 여러 가지 관계가 설정되자, 사람들이 그 원초의 구성으로부터 이어받은 성질과는 다른 성질이 그들 속에 요구되었다는 사실, 인간의 도덕이 행위 속에 도입되기 시작하여 법률의 존재 이전에는 각자가 그 받은 모욕에 대한 유일한 심판자이고 복수자였으므로 순수한 자연상태에 적당했던 선은 이미 새로 탄생한 사회에는 적합하지 않게 되었다는 사실, 범행의 기회가 잦아짐에 따라 벌은 점점 심해질 수밖에 없었다는 사실, 그리고 복수의 공포가 법률에 의한 제동기(制動機) 대신이 되었다는 사실 등을 주의하지 않으면 안 된다.

이렇게 하여 사람들은 전보다는 인내력이 약해지고 자연적인 연민의 정은 이미 다소의 변질을 입고 있었지만, 이 인간 능력의 발달 시기는 원시상태의 태연함과,

---

10 로크, 《인간지성론》 제4편 제3장 제18절 참조.

우리 자존심의 손댈 수 없는 활동과의 중간에 위치하여 가장 행복하고 가장 영속적인 시기[11]였을 것이다. 이에 대해 잘 생각하면 할수록 이 상태가 가장 혁명이 일어나기 힘들고, 인간에게 가장 좋은 상태이며, 또 인간은 공통의 이익을 위해서는 절대로 일어나지 말았어야 할 어떤 불행한 우연[12]에 의해 비로소 이 상태로부터 벗어났음에 틀림없다는 것을 알 수 있다. 미개인 대부분이 이 단계에서 발견된 것인데, 그들의 실례는 인류가 영원히 이 상태에 머물도록 창조되어 있었다는 것, 이 상태는 참으로 세계의 청년기라는 것, 그리고 그 이후의 모든 진보는 표면상 그만큼 개체의 완성을 향하고 있으면서 실제로는 그만큼 종의 노쇠를 향해 걸어가고 있음을 확증하고 있는 듯이 생각된다.

사람들이 누추한 오두막으로 만족하고 있는 한, 또 그들이 그 짐승 가죽을 가시나 물고기 뼈로 꿰매고, 새의 깃털이나 조개껍질로 몸을 장식하고, 몸에 갖가지 채색을 하고, 그 활과 화살을 완성하거나 아름답게 하고, 잘 드는 돌로 여러 개의 어업용 통나무와 보잘것없는 악기류를 만드는 데 그치고 있는 한, 한마디로 말해 그들이 혼자서 할 수 있는 일, 즉 몇 사람의 손의 협력을 필요로 하지 않는 기술에만 전념하고 있는 한, 그들은 그 본성에 의해 가능했던 정도로는 자유롭고 건강하고 선량하고 행복하게 살고, 그리고 서로 독립상태에서의 교류의 즐거움을 계속 향유했던 것이다. 그런데 한 인간이 다른 인간의 도움을 필요로 하자마자, 또 단 한 사람을 위해 두 사람분의 잉여를 갖는 일이 유효함을 알게 되자마자

---

11 이 문면(文面)에서 루소는 이 시기를 일종의 황금시대로 간주하고 있는 것 같으며, 그것을 문명을 체험한 미개인의 문명생활에 대한 혐오와 대비시켜 사회의 진보로 인해 인간이 잃은 행복의 요소를 암시하고 있다.
12 루소는 이 말로 개선 능력의 현재화(顯在化), 따라서 사회상태에 대한 이행(移行)이 필연적이 아니라는 것을 강조하고 있으나, 루소에게 있어 사회의 발전 및 진보는 도덕적 타락과 종으로서의 퇴화를 뜻하므로, 만일 그것에 필요하다고 본다면 자연적 선성(善性)인 그의 근본관념은 자기모순에 빠져들 우려가 있는 것이다.

평등은 사라지고 사유가 도입되어, 노동이 필요하게 되었다. 그리고 광대한 삼림은 아름다운 들판으로 변해 그 들판을 사람들의 땀으로 적셔야 했고, 마침내 그곳에는 수확과 더불어 노예제도와 빈곤이 싹터, 그것이 차츰 확대되어 가는 것을 보게 되었다. 야금(冶金)과 농업은 그 발명에 의해 커다란 혁명을 만들어 낸 두 가지 기술이었다. 인간을 문명화하고 인류를 타락시킨 것은, 시인의 입장에서 보면 금과 은이라고 하지만, 철학자의 입장에서 보면 철과 밀[13]인 것이다. 그러므로 양쪽은 다같이 미국의 미개인에게는 알려져 있지 않았다. 그 때문에 그들은 언제까지나 미개상태에서 벗어나지 못하고 있었다. 다른 민족도 이러한 기술의 한쪽만을 행하고 있었을 동안은 여전히 야만적인 상태로 있었던 것 같다. 그리고 유럽이 세계의 다른 부분에 비해 보다 빠르다고는 말할 수 없지만, 적어도 항상 보다 더 문명화한 최대 이유 중 하나는, 아마 유럽이 철이 가장 풍부했고 동시에 밀도 가장 풍부했기 때문일 것이다.

사람들이 어떻게 철을 알고 사용하게 되었는가를 추측하기란 대단히 어려운 일이다. 왜냐하면 그들이 이 물질을 광산에서 채굴하여, 결과가 어떻게 될지도 모르는 상태에서 그것을 용해시키는 데 필요한 준비를 자력으로 생각해 냈다고는 믿어지지 않기 때문이다. 또 한편 광산은 나무도 풀도 없는 불모의 장소에만 형성되는 것인 만큼, 이 발견을 뭔가 우발적인 화재의 탓으로 돌릴 수는 더더욱 없는 것이다. 그러므로 남는 것은 다만 뭔가 화산의 이상한 상태뿐이고, 그것이 용해된 금속성의 물질을 토해 내어, 관찰자들에게 자연의 이 작용을 모방하려고 했던 일을 연상시켰으리라는 것이다. 더구나 그들이 그처럼 어려운 일을 기획하여, 거기서 끌어낼 수 있는 이익을 그렇게 오래 전부터 예상했다고 한다면, 상당한 용기와

---

13 이것도 루소의 말로 유명한 것. 금과 은이란, 야금술과 사유제와 사회로부터 탄생하며 사회의 폐해를 상징한다. 디드로도 《백과전서》 '농업'의 항목에서, 농업이 소유권의 기원과 일치한다고 주장하고 있다.

선견지명을 그들로부터 상정하지 않으면 안 된다. 그와 같은 일은 그들의 정신에 당연히 상정되는 상태보다도 이미 좀더 경험을 쌓은 정신에만 부합되는 일이다.

농업에 대해서는, 그 실행이 확립되기 훨씬 이전에 그 원리는 알려져 있었다. 그리고 사람들은 나무나 풀에서 계속 그 생활의 자료를 끌어내는 일에 마음을 쓰고 있었으므로, 자연이 식물의 번식을 위해 사용하는 방법에 대한 관념을 그들은 꽤 빠른 시기에 가지고 있었을 것이다. 그러나 그들의 생산 기술은 아마 훨씬 뒤늦게 이 방향으로 발달했을 것이다. 그 이유는 사냥이나 낚시와 함께 그들에게 양식을 제공한 수목(樹木)이 그들의 손길을 필요로 하지 않았기 때문이든가, 또는 밀의 사용법이 알려져 있지 않았기 때문이든가, 장래의 필요성을 내다보는 힘이 없었기 때문이든가, 마지막에는 자기 노동의 수확을 남이 가로채는 일을 막을 수단이 없었기 때문이다. 전보다 기술이 좋아진 그들은 밀의 조리법을 알게 되고, 또 대량 재배에 필요한 도구를 갖기 훨씬 이전에 예리한 돌과 뾰족한 막대기로 자기들의 오두막 주위에 몇 가지의 채소나 또는 풀뿌리를 재배하는 일부터 시작했을 것이라고 짐작된다. 이 같은 일에 종사하여 토지에 씨를 뿌리려면, 나중에 많은 것을 얻기 위해 처음에는 얼마간을 잃을 각오를 해야만 했다. 이것은 내가 앞에서 말했듯이, 저녁에 필요한 것을 아침에 생각하기도 대단히 힘겨워하는 미개인의 정신활동과는 비교할 바도 못되는 조심성이다.

그러므로 인류를 농업 기술에 전념시키기 위해서는 다른 모든 기술의 발명이 필요했다.[14] 철을 녹여 두들기기 위해 사람의 손이 필요하게 되면, 곧 사람들을 먹여 살리기 위해 다른 사람이 필요했다. 노동자의 수가 증가하면 증가할수록 모든

---

14 루소는 원칙으로서, 자기의 독립을 침범당하지 않는 노동, 수공업의 일을 추상(推賞)하고, 에밀에게도 장인의 일을 견학시켜 목수의 기술을 수업하도록 한다. 그러나 사회적인 분업을 받아들이는 경우, 식량을 제공하는 농업을 제1위에 놓고, 여기에 필요한 도구를 생산하는 대장장이를 제2위, 살아갈 집을 만드는 목수를 제3위에 놓는다. 《에밀》 제3편 참조.

사람의 생활 물자를 공급하기 위해 사용되는 사람의 손은 점점 적어지고, 더구나 그것을 소비하는 입은 늘어만 갔다. 그리고 어떤 사람들에게는 자기의 철과 식료품을 교환해야 할 필요가 생겼으므로, 다른 사람들은 마침내 식료품을 늘리기 위해 철을 사용하는 법을 발견했다. 그러자 한편으로는 경작과 농업이, 또 한편으로는 금속을 가공하고 그 사용을 증가하는 기술이 생겨난 것이다.

토지의 경작에서 필연적으로 토지의 분배가 일어나고, 그리고 일단 사유가 인정되면, 거기서 최초의 정의의 규칙이 생겼다. 왜냐하면 각자에게 그 소유물을 돌려주기 위해서는 각자가 뭔가를 소유하지 않으면 안 되기 때문이다. 거기다 사람들이 미래로 시선을 돌리기 시작하여, 모든 사람이 잃을 염려가 있는 어느 정도의 재산을 가지고 있다는 것을 깨닫자 자기가 타인에 대해 행할지도 모르는 부정의 보복을, 자기를 위해 걱정하지 않는 자는 한 사람도 없었다. 이 기원은 새로 탄생한 사유의 관념이, 손으로 하는 일 이외의 것에 유래한다고는 생각할 수 없는 만큼 더욱 자연적인 것이다. 왜냐하면 자기가 만들지 않은 것을 소유로 하기 위해 인간은 자기 노동 이상의 어떤 것을 거기에 더할 수 있는지 모르기 때문이다. 경작자에게는, 그가 일군 토지의 산물에 대한 권리를 주고, 따라서 토지에 대한 권리를 적어도 수확기까지 부여하는 것, 즉 해마다 보유할 수 있게 해주는 것은 다만 자신의 노동뿐이다. 이런 일은 계속적인 점유를 만들어 내고, 쉽게 사유로 바뀐다.[15] 그로티우스에 의하면[16] 고대인들이 케레스[17]에게 입법자라는 형용어(形容

---

15 루소의 소유권에 대한 관념은, 원시의 공유제는 별도로 하고, 본서 제2부의 첫머리에 나오는 소유권에 대한 저주를 비롯해 소유권을 모든 시민의 권리 속에서 가장 신성한 것으로 한 《정치경제론》이나, 가정교사가 소유권에 대한 필요하고 올바른 개념을 학생인 에밀에게 전해 주는 노력이 묘사되어 있는 《에밀》 제2편이나, 《사회계약론》 제1편 '9. 토지 지배권에 관해' 등에서 볼 수 있는데, 루소의 소유관념은 노동을 중심으로 하여 노동의 산물의 소유에서 그를 위한 토지의 소유로 옮겨 간다. 그의 결정적인 관념은 앞서 말한 《사회계약론》에 있는 것으로 보아도 된다.
16 그로티우스는 《전쟁과 평화의 법》 속에서, 원초에 있어서의 재산의 공유를 믿고, 자연의 자원이 인간의 욕구를 초월하고 있는 한 그 공유는 계속되었다고 생각했다.
17 그리스 신화에 나오는 데메테르의 로마 이름. 농업과 법률의 여신.

語)를 주어, 이 여신(女神)을 칭송하기 위해 행해진 제전에 테스모폴리아[18]라는 이름을 붙였을 때, 그들은 그것에 의해 토지의 분배가 하나의 새로운 종류의 권리를 만들어 낸 일을 못하게 하였다. 즉 자연법에서 생기는 권리와는 다른 사유의 권리를 만들어 낸 것이다.

사람들의 재능이 평등하여, 이를테면 철의 사용과 식량의 소비가 항상 정확한 균형을 유지하고 있었다면, 사물은 이 상태에서 언제까지나 평등한 채로 머무를 수 있었을 것이다. 그러나 이 균형은 무엇에 의해서도 유지될 수 없었으므로, 얼마 안 가서 깨져 버렸다. 가장 강한 자는 보다 많은 일을 하고, 가장 재치 있는 자는 노동을 생략하는 수단을 발견한 것이었다. 경작자는 다시 많은 밀을 필요로 했다. 그리고 똑같이 일하면서 어떤 자는 수확이 많은데, 어떤 자는 가까스로 살아가고 있었다. 이렇게 하여 자연의 불평등은 (사람들의 결합에 의한 불평등과 함께) 모르는 사이에 발전하여, 환경의 상위(相違)에 의해 발전한 사람들간의 상위는 그 성과면에서 한층 더 두드러지고 한층 더 영속적이 되어, 그와 같은 비율로 각 사람들의 운명에 영향을 미치기 시작한다.

사태가 여기까지 이르면, 그 다음은 상상하기가 어렵지 않다. 나는 다른 기술의 지속적인 발명이나 언어의 진보, 재능의 시련과 용도, 재산의 불평등, 부(富)의 이용 또는 남용, 그 뒤 잇따라 발생한 모든 자질구레한 점을 구구하게 말하지는 않을 것이다. 그런 일은 누구나 쉽게 보충할 수 있기 때문이다. 나는 다만 사물의 이 새로운 질서에 놓인 인류를 훑어보는 데 그치기로 하겠다.

그런데 우리의 모든 능력은 발전하고, 기억력과 상상력은 작용하기 시작하고, 자존심(이기심)은 이해관계에 눈뜨고, 이성은 활발해지고, 정신은 가능한 한 완성의 극점에 달하고 있다. 바야흐로 모든 자연적인 소질은 활동을 시작하고, 인간은

---

[18] 그리스어. 케레스를 모시는 고대 그리스인의 제전.

저마다 재산의 분량이나, 남에게 도움 또는 해가 되는 능력에 대해서 뿐 아니라, 정신이나 아름다움이나 체격 또는 손재주에 대해서, 나아가서는 장점 또는 재능에 대해서도 그 지위와 운명은 정해져 있는 것이다. 그리고 이러한 소질은 사람들의 존경을 끌어당길 수 있는 유일한 것이었으므로, 마침내 그것을 가지고 있든가 또는 가지고 있는 체하는 일이 필요하게 되었다. 즉 자기의 이익을 위해서는 실제의 자기와는 다른 것처럼 보여야만 했던 것이다. 존재와 외관은 전혀 다른 두 가지 것[19]이 되었다.

그리고 이 구별에서 엄숙한 겉치장과 기만적인 책략과, 그것에 따르는 모든 악덕이 나타났다. 한편 전에는 자유롭고 독립적이었던 인간이 바야흐로 무수한 새로운 욕구를 위해, 말하자면 자연 전체에, 더욱이 그 동족에 굴종하게 되었다. 그는 그 동족의 봉사가 필요했고, 가난하면 원조가 필요했다. 그와 동시에 중간 정도의 사람들도 동족이 없으면 도저히 살아나갈 수 없었다. 그래서 인간은 계속 그동족으로 하여금 자기 운명에 관심을 갖도록 하여, 사실상 또는 표면상 그의 이익을 위해 일하는 것이 자기들의 이익이라고 생각하도록 노력하지 않으면 안 되었다. 그 결과 그는 어떤 사람들에 대해서는 교활하고 약삭빠르며, 다른 사람들에 대해서는 난폭하고 냉혹하게 된다. 또 자기가 필요로 하는 모든 사람들로부터 외경(畏敬)의 생각을 불러일으키지 못하게 되었을 때, 또 그들을 위해 유효하게 봉사해도 그것이 자기의 이익이 될 수 없다고 판단했을 때, 그는 옳든 옳지 못하든 간에 그들을 기만할 수밖에 없게 된다. 마지막에 지나친 탐욕과, 정말 필요해서가 아니라 타인 위에 서기 위해 저마다 재산을 늘리려는 열의가 모든 사람에게 서로 유해한 경향을 불러일으키고, 또 한층 확실하게 성공을 거두기 위해 자주 친절한

---

19 루소가 그의 대부분의 저작 속에서 전개한 사회 비판의 중요한 논점이 여기에 이미 명확하게 나타나 있다. 있는 일, 즉 실체(être)와 보이는 일, 즉 외관(paraître)과의 불일치, 말하는 일과 행하는 일의 배반이라는 도덕적 악과 사회적 압박, 불평등의 조건이 병행하는 일의 지적이다.

가면을 쓰는 일이 있으므로 더욱더 위험한 숨은 질투심을 불러일으킨다. 요컨대 한편으로는 경쟁 및 대항 의식과, 또 한편으로는 이해관계의 대립과 항상 타인을 희생으로 삼아 자기의 이익을 얻으려는 숨은 욕망, 이런 모든 악이 사유가 낳은 최초의 효과이며, 새로운 불평등과 떼어 놓을 수 없는 결과인 것이다.

부(富)를 나타내는 기호[20]가 발명되기까지는, 부는 전적으로 토지와 가축으로만 성립했다. 그것이 사람들이 소유할 수 있는 현실의 유일한 재산이었다. 그런데 상속재산의 수나 범위가 증대되어 땅 전체를 덮고, 모든 것이 서로 접촉하게 되었을 때, 타인을 희생시키지 않고는 이미 자기 재산을 늘릴 수 없게 되어 버렸다. 그리고 무력하거나 또는 무관심해서 상속을 받지 못한 자들은 주위의 모든 것이 변하는데 그들만은 일체 변하지 않았기 때문에, 자기는 아무것도 잃지 않았는데 가난해지고, 어쩔 수 없이 그 생활용품을 부자로부터 얻거나 빼앗을 수밖에 없게 되었다. 이렇게 되자 사람들 각자의 온갖 성격에 따라 지배와 굴종, 또는 폭력과 약탈이 생기기 시작했다.

한편 부자는 지배하는 쾌락을 알게 되자 곧 다른 모든 쾌락을 경멸했다. 그리고 새로운 노예를 얻기 위해 이웃 사람들을 정복하고 예속시키는 일밖에 생각하지 않게 되었다. 그것은 마치 사람의 고기 맛을 알면, 다른 모든 먹이를 버리고 그 뒤로는 사람을 잡아먹는 일만 원하는 그 굶주린 이리와 같은 것이다.

이렇게 하여 가장 강한 자, 또는 가장 빈곤한 자가 그 힘 또는 욕구를 타인의 재산에 대한 일종의 권리 — 그들에 의하면 소유권과 등가(等價)의 것 — 로 했으므로, 평등이 깨어짐과 동시에 거기에 잇따라 가장 무서운 무질서가 엄습했다. 즉 이렇게 하여 부유한 자의 횡령과 가난한 자의 약탈과 만인의 방종한 정념이, 자연적인 연민의 정과 아직 약하디약한 정의의 소리를 질식시켜 사람들을 욕심 많고

---

20 화폐를 가리킨다.

사악한 야심가로 만들었다. 강자의 권리[21]와 최초 점유자의 권리와의 사이에 끝없는 분쟁이 일어나, 그것은 투쟁과 살인에 의해 종식될 수밖에 없었다.

　신생 사회는 더없이 가공할 전쟁상태[22]에 자리를 양보했다. 타락하고 비탄에 빠진 인류는 이미 왔던 길로 되돌아갈 수도 없고, 불행하게도 스스로 획득한 것을 버릴 수도 없고, 자기의 명예가 되는 모든 능력을 남용함으로써 치욕만을 더하게 되어 스스로 멸망의 전야(前夜)에 임했다.

　　새로운 악에 놀라, 부자나 가난한 자나
　　재보(財寶)를 피하기를 원하고,
　　전에는 열망하던 것을 몹시 싫어하도다.[23]

　사람들이 마침내 이와 같은 비참한 상태에 관해, 또 자기들이 짓눌리고 있는 갖가지 재해(災害)에 대해 반성을 하지 않았던 바는 아니다. 특히 부자는 자기들만이 그 일체의 비용을 부담한 항구적인 전쟁이, 그들에게 있어서 어떻게 이롭지 못했는가를 곧 느꼈을 것이다. 더구나 그 전쟁에서 생명의 위험은 누구에게나 공통적이었으나 재산의 위험은 개인적이었다. 게다가 그들이 그 횡령에 어떤 색채를 줄 수 있다 하더라도, 그 횡령이 단순히 일시적이고 부당한 권리를 방패로 삼고 있는 데 불과하며, 또 그 횡령은 다만 힘에 의해 획득한 것이므로, 그것을 힘에 의해 약탈당해도 그들은 거기에 불평을 할 이유를 갖지 않는다는 것을 충분히 자각하고 있었다. 단순히 교지(巧知)나 술책에 뛰어난 자들이라도, 그 사유(私有)를

---

21 라 퐁텐의 《우화》 제7편 제16화 〈고양이와 족제비와 아기 토끼〉 참조.
22 이 자연상태의 종국점에서 루소는 홉스의 '전쟁상태'와 일치하나, 《불평등론》의 이 단계에서는 곧 계약의 설정이 필요하지 않고 폭력의 지배가 시작된다.
23 오비디우스, 《변신담(變身譚)》 제11권 제5장, 몽테뉴, 《에세》 제2편 제12장 참조.

좀더 훌륭한 권한에 의하여 근거짓는 일은 거의 할 수 없었다.

'이 울타리를 세운 것은 나다. 나는 나 자신의 노동에 의해 이 땅을 획득한 것이다.'라고 말해본들 아무 소용없었다. '누가 너희들에게 경계선을 정해 주었는가?'라고 사람들은 그들에게 대꾸할 수 있었다. 또 '우리가 너희들에게 강요하지도 않은 노동의 대가를, 우리를 희생시켜가며 너희들이 요구하는 이유는 무엇인가? 너희들의 무수한 형제들이, 너희들에게 남아돌아가는 것이 부족하기 때문에 죽거나 또는 괴로워한다는 일, 그리고 너희들이 자기 몫 이상의 모든 것을 공동생활의 재료 속에서 꺼내어 자기 소유로 하기 위해서는 인류의 명백하고도 전원 일치의 동의가 필요하다는 것을 너희들은 알지 못하는가?'라고 말할 수 있다.

그러므로 자기 입장을 변명하기 위한 유효한 이유도 없고, 자기를 변호하기 위한 충분한 힘도 없고, 사람 한 명쯤은 쉽게 짓밟을 수 있어도 도둑의 무리에게는 오히려 자기가 짓밟혀 오로지 혼자서 모든 사람을 적으로 돌리고, 거기다 서로간의 질투심 때문에 약탈이라는 공통된 목적으로써 단결한 적에 대해 자기 동료를 규합할 수도 없었던 부자는, 필요에 쫓기어 마침내는 전부터 인간의 정신에 파고들었던 것 중에서 가장 깊이 고려된 계획을 생각해 낸 것이었다.

이러한 의도하에 부자는 이웃 사람 모두를 서로 대항적으로 무장시키고, 그들의 소유를 그들의 욕구와 똑같이 부담이 큰 것으로 하는 상황, 더구나 어떤 사람도 부유 속에서나 가난 속에서나 안전을 발견할 수 없는 상황의 누려움을 그들에게 설명하고 나서, 부자는 이웃 사람들을 자기 목적으로 데리고 가기 위한 그럴듯한 이유를 쉽게 설명할 것이다. 그는 그들을 향해 말했다.

"약자를 억압에서 지키고 야심가를 억눌러, 각자에게 속하는 소유를 각자에게 보증하기 위해 단결하자. 정의와 평화의 규칙을 설정하자. 그것은 모든 자가 따라야만 하고, 아무도 편파적으로 편들어 주는 일도 없고, 그리고 강한 자나 약한 자나 평등하게 서로의 의무에 따르게 함으로써, 말하자면 운명에 변덕을 보상하는 규칙인 것이다. 요컨대 우리의 힘을 우리에게 불리한 쪽으로 향하게 하지 않고, 그것을 하나의 최고의 권력으로 집중하자. 현명한 법에 따라 우리를 지배하고, 그 결합체의 전원을 보호 방위하고, 공통의 적을 물리치고, 우리를 영원한 화합 속에 유지시키는 권력으로!"[24]

조잡하고 치켜세우는 데 넘어가기 잘하는 사람들을 선동하기 위해서, 이런 연설과 비슷한 것조차 필요치 않을 정도였다. 특히 그들은 서로간에 해결지을 사건이 너무도 많아 중재자가 반드시 필요했고, 또 강한 욕망과 야심이 지나치게 많아 오랜 동안 주인 없이는 안 되었던 것이다. 누구나 다 자기의 자유를 확보할 작정으로 자기의 쇠사슬을 향해 달려갔다. 왜냐하면 그들은 정치제도의 이익을 느낄 만한 이성은 가지고 있었지만, 그 위험을 내다볼 만한 경험은 쌓고 있지 않았기 때문이다. 그 폐해를 가장 잘 예감할 수 있었던 것은 바로 이를 이용하려고 했던 자들이었다. 그리고 현명한 자들까지, 마치 부상자가 신체의 나머지 부분을 구하기 위해 팔을 잘라 버리는 것처럼, 자기들의 자유의 한 부분을 다른 부분의 보존을 위해 희생할 것을 결심해야 한다고 생각했다.

사회 및 법률의 기원은 이러한 것이었다. 또는 이러한 것이었음에 분명하리라. 이 사회와 법률이, 약자에게는 새로운 멍에를, 부자에게는 새로운 힘을 주어 자연의 자유를 영원히 고정시키고, 교묘한 찬탈로써 취소할 수 없는 권리로 해버려, 몇 안 되는 야심가의 이익을 위해, 이 후 전인류를 노동과 예속과 빈곤에 굴복시킨 것이다. 그리고 단 하나의 사회의 설립이 어떻게 모든 사회의 성립을 필수적인 것으로 했는가, 또 단결된 힘에 대항하기 위해서는 어떻게 스스로도 단결하지 않으면 안 되었는가는 쉽게 수긍할 수 있다. 사회는 급속히 증가하고 또는 넓어져,

---

24 이것이 사회계약을 암시하는 것이 아님은 말할 나위도 없다. 부자에게 편리한 불평등을 고정화하기 위한 '협약'을 뜻하는 데 불과하다. 오히려 부자의 기만술로서, 극히 풍자적으로 씌어 있다.

마침내는 지구의 전표면을 덮어 버렸다. 그리고 세계의 어느 구석에서도 사람이 멍에에서 해방되고, 또 누구나 자기 머리 위에 보이는 늘어져 있는 검(劍)[25]이 잘못되어 떨어져 내려올 때, 목을 움츠리며 피할 수 있는 장소를 발견하는 일은 이미 불가능하게 되었다.

이리하여 시민법이 시민들에게 공통된 규칙이 되었으므로, 자연법은 이미 갖가지 사회와 사회와의 사이에서만 이루어지게 되었다. 그곳에서는 국제법의 이름 아래 통상을 가능하게 하고, 자연의 연민을 보완하기 위해, 자연법이 암묵(暗默)의 약속에 의해 완화된 것이었다. 그러므로 자연의 연민은, 사람과 사람간에 지니고 있던 일체의 힘을 사회와 사회와의 사이에서 상실해 버리고, 이미 모든 민족을 구분하는 상상적인 경계를 초월하고, 그들을 창조한 최고의 존재를 모방하여 인류 전체를 그 선의(善意) 속에 포용하는 몇몇의 위대한 인도주의자의 영혼 속에만 존재하게 되었다.

이처럼 서로간에는 여전히 자연상태에 머무르고 있던 갖가지 정치제도, 마침내는 각 개인을 자연상태로부터 빠져 나오게 하지 않을 수 없었던 것과 마찬가지의 불편을 느끼기 시작했다. 그리고 이 상태는 그런 큰 단체 사이에서는 그 구성원인 각 개인간에, 전에 보여지던 것보다 더한층 좋지 않은 것이 되었다. 자연을 전율케 하고 이성을 괴롭히는 국민간의 전쟁·전투·살육·복수가, 그리고 또 인간의 피를 흘리게 하는 명예를 미덕에 포함되게 하는 그 모든 두려운 편견이 그런 상태에서 생겨난 것이었다. 가장 성실한 사람들까지 동포를 죽인다는 의무를 자기 의무 속에 간직하는 일을 배웠다. 마침내는 사람들이 그 이유도 모르고 서로 몇 천 명씩 학살하는 것을 볼 수 있었다. 그리고 자연상태일 무렵 몇 세기에 걸쳐 지구

---

25 기원전 5세기의 시라쿠사의 참주 데니스가 영광 속에도 위험이 따름을 가르치기 위해 다모클레스의 머리 위에 실로 단검을 늘어뜨리게 한 고사를 가리킨다.

의 전표면에 걸쳐 이루어진 것보다 많은 살인이 단 하루의 전투로, 또 가장 가공할 일이 단지 하나의 도시 점령에 즈음하여 행해지게 되었다. 이것이 인류가 여러 가지 사회에 분할 된 일에서 추측되는 최초의 결과인 것이다. 여기서 이야기를 그런 사회의 제도로 돌리기로 하자.

나는 몇몇 사람들이 가장 강한 자의 정복이라든가 약한 자의 단결이라는 다른 기원을 정치적 사회에 인정[26]한 일을 알고 있다. 그러나 이런 원인의 어느 것을 택하든지 내가 증명하려는 사항과는 관계가 없다. 그렇다고 하나 내가 지금 말한 원인은 다음과 같은 이유에 의해 나에게는 가장 자연스러운 것으로 생각된다.

첫째로, 앞에서 말한 강자의 정복인 경우에, 정복권은 결코 하나의 권리는 아니므로, 그것은 다른 어떤 권리도 창설할 수가 없다. 완전한 자유상태에 놓인 국민이 그 정복자를 자진하여 자기의 우두머리로 선출하는 것이 아닌 이상, 정복자와 정복된 국민은 언제까지나 서로 경쟁상태에 머무르게 되기 때문이다. 그때까지는 사람들이 어떻게 항복을 했다 하여도 그것은 다만 폭력에만 입각한 것일 뿐 사실상 무가치한 것이므로, 앞서와 같은 가설 속에서는 참된 사회나 정치체나 최강자의 법 이외의 어떠한 법도 있을 수가 없다.

둘째로, 앞서 말한 약자의 단결하는 경우, 이 강함과 약함이라는 말이 애매하다. 소유 혹은 선점자(先占者)의 권리의 확립과 정치적 지배의 확립과의 사이에 존재하는 중간 시기에 있어서는, 이런 용어의 뜻은 가난하다거나 부유하다거나[27] 하는 말을 쓰는 편이 보다 잘 표현된다. 왜냐하면 인간은 실제로 법률 이전에 있어서는 자기와 동등한 자를 복종시키려면 상대방의 재산을 빼앗든가 자기 재산을 얼마만큼 상대방에게 나누어 주든가 하는 외에는 수단이 없었기 때문이다.

---

26 《사회계약론》 제1편의 2 · 3 · 4. 참조.
27 경제적 관계가 정치적 관계의 기초에 있다는 것, 부자가 정치적 압제자가 되는 것을 뜻하고 있다.

셋째로, 가난한 자는 그 자유 외에는 잃을 것이 하나도 없었으므로 그들이 대신 얻는 것도 전혀 없는데, 자기들에게 남겨진 유일한 재산을 자진해서 내놓았다면 그야말로 어리석기 짝이 없을 것이다. 이에 반해 부유한 자는 말하자면 그 재산의 모든 부분에 대해 민감했으므로, 그들에게 손해를 주는 편이 훨씬 쉬운 일이었다. 따라서 그들은 그런 손해를 모면하기 위해 한층 더 조심할 필요가 있었다. 그리고 요컨대 아마 물건의 발명은, 그로 인해 피해를 입는 사람들보다는 오히려 그로 인해 득을 보는 사람들에 의해 이루어졌다고 믿는 편이 타당한 것이다.

신생 정부는 불변의, 규칙 바른 형태를 조금도 갖추고 있지 않았다. 철학과 경험이 부족했기 때문에 눈앞의 불편만을 알게 되었다. 그러므로 그밖의 불편에 대해서는, 다만 그것이 눈앞에 나타남에 따라 사람들은 그제서야 가까스로 그것을 고치려고 생각했을 뿐이었다. 가장 현명한 입법자들이 온갖 노력을 다했음에도 불구하고, 국가 상태는 언제까지나 불완전했다. 그것은 국가 상태가 거의 우연의 소산이며, 애초에 시작이 나빴기 때문에, 시간이 흐름에 따라 결점을 발견하여 그 대책을 시사하면서도 조직의 결함을 변상하는 일은 결코 할 수 없었기 때문이다. 즉 훗날 훌륭한 건물을 짓기 위해서는 리쿠르고스가 스파르타에서 한 것처럼, 우선 대지를 깨끗이 치우고 일체의 오래된 건축자재를 제거해야 하는데, 사람들은 계속 수리만 했던 것이다. 사회는 우선 약간의 일반적인 협약으로만 성립되었고, 모든 개인이 이것을 지키기를 약속하고, 그들 각자에 대해 공동체가 그 협약의 보증인이 되었다. 그 같은 조직이 얼마나 박약했나, 또 공중만이 그 증인이고 재판관이어야만 했던 것과 같은 과실에 대한 증거나 처벌을 모면하는 일이 위반자에게 얼마나 용이했나, 그것을 경험에 의해 일러 주었을 것이다. 사람들은 여러 가지 방법으로 법망을 뚫었을 것이다. 그리고 불편과 무질서가 끝도 없이 늘어 갔으므로, 마침내 사람들은 공권력(公權力)의 보관이라는 위험한 직분을 몇몇 개인에게 위탁하려고 생각하고, 인민의 의결을 지키게 하는 일을 위정자에게 위임하도록 되었을 것이다. 왜냐하면 연맹이 만들어지기 전에 우두머리가 선출되었다든 가, 법률 이전에 법률의 집행자가 존재했다든가 하는 일은 진지하게 반박할 가치 도 없는 가정이기 때문이다.

다음으로 인간들이 우선 최초로 절대 군주의 품속에 무조건 몸을 내맡겼다거 나, 공동의 안전을 위해 긍지 높고 쉽게 복종하지 않으려는 사람들이 생각해 낸 최초의 수단이 노예상태 속에 뛰어들어가는 일이었다든가 하는 일을 믿는다는 것 도 마찬가지로 논리있는 이야기라고는 할 수 없을 것이다. 실제로 그들이 압박에 대해 몸을 지키고, 말하자면 그들의 존재의 구성요소인 그들의 재산이나 자유나 생명을 보호하는 일이 아니라면, 무엇 때문에 그들은 상위의 인간을 일부러 설정 했던 것인가. 그런데 인간과 인간과의 관계에 있어 일어날 수 있는 최악의 사태는 한편이 다른 편의 뜻대로 되어 있다는 일이므로, 그리고 그들에게는 다른 것과 바 꿀 수 없는 것이므로, 그 보존을 위해서 통치자의 도움이 필요했던 것인데, 그것 을 그들이 처음부터 통치자의 손아귀에 주어 버린다는 것은 양식(良識)에 위배되 는 일이 아니었을까.

그렇게 훌륭한 권리를 양도한 대가로, 통치자는 거기에 상당하는 어떤 물건을 제공할 수 있었던가. 만일 통치자가 인민을 지킨다는 구실하에 그것을 감히 요구 했다 하더라도, 그는 곧 우화(寓話)의 대답[28]을 들었을 것이다. "적이 우리에 대해 더 이상 무엇을 할 수 있겠는가?"

인민들이 통치자를 세우는 것은 자기들을 노예로 하기 위해서가 아니라 자기들 의 자유를 지키기 위해서였다 함은 이론(異論)이 없는 바이며, 또 그것은 모든 국 법의 근본적인 공리이다. 플리니우스는 트라야누스에게, "만일 우리가 군주를 갖

---

28 "우리의 적은 바로 주인이란 말야."라는 대답. 라 퐁텐의 《우화》제6편 제8화 〈노인과 당나귀〉 참 조.

는다면, 그것은 우리가 주인을 갖지 않도록 그에게 미리 방비해 달라고 요구하기 위해서이다."[29]라고 말했다.

정치가들은 자유를 사랑한다는 일에 대해, 철학자들이 자연상태에 대해 한 일과 같은 궤변을 멋대로 늘어놓고 있다. 그들은 자기들에게 보이는 것에 기준을 두고, 전혀 본 일이 없는 다른 것을 판단한다. 그리고 그들은 눈앞에 있는 사람들이 그 예속에 견디고 있는 인내력으로 짐작하여, 인간에게는 예속에 대한 자연적 경향이 있다고 본다. 그러나 그들은 자유란 누구나 미덕과 같은 것으로, 그런 것의 가치는 사람이 스스로 그것을 향수하는 한에 있어서만 느낄 수 있는 것이며, 그런 것을 잃으면 거기에 대한 취미도 빨리 잃어버리게 된다는 것을 생각해 보지도 않는다. 스파르타의 생활을 페르세폴리스의 생활에 비교한 어떤 총독을 향해 블라시더스는 이렇게 말했다.[30] "나는 자네 나라의 더 없는 즐거움을 잘 알고 있다. 그러나 자네는 우리 나라의 기쁨을 알지 못한다."

잘 훈련된 말은 채찍이나 박차를 참고 견디나, 길들이지 못한 준마(駿馬)는 단지 재갈을 들고 다가가기만 해도 갈기를 세우고 발로 땅을 차며 심하게 보챈다. 그것과 마찬가지로 야만인은, 문명인이라면 온순하게 참고 견딜 속박에 대해 조금도 복종하지 않는다. 그리고 그는 평온한 굴종보다도 험난한 자유를 선택한다. 그러므로 인간에게 굴종에 대한 자연적 성향이 있는가 없는가를 노예가 된 인민의 타락에 의해 판단할 것이 아니라, 모든 자유로운 인민이 압박으로부터 몸을 지키기 위해 행한 기적적인 사업에 의해 판단해야 할 것이다. 나는 전자가 그 쇠사슬에 매여 향수하고 있는 평화와 안식을 한결같이 구가하며, "더없이 비참한 노예

---

29 소(小)플리니우스(61~114, 로마의 정치가, 문인)의 《트라야누스 송사(頌詞)》 55, 57에서 인용. 홉스의 《레비아탄》의 주권론에 대한 반론.

30 블라시더스는 기원전 5세기의 스파르타의 장군. 페르시아의 총독은 사치스럽기로 유명했다. 페르세폴리스는 호화로운 부(富)에 빛나는 왕의 수도의 하나. 이 말은 플루타르코스로부터의 부정확한 인용. 루소가 블라시더스를 통해 한 말은 다른 사람의 말이다.

상태를 그들이 평화라 일컫고 있다."[31]는 것을 알고 있다. 그러나 후자가 단 하나밖에 없으며, 그것을 잃은 사람들로부터 그처럼 경멸당하고 있는 그 자유라는 재산의 보존을 위해 쾌락이나 휴식이나 부(富)나 권력, 그리고 생명마저도 희생하는 것을 볼 때, 또 자유로운 몸으로 태어나 사로잡히는 것을 몹시 싫어하는 동물이, 감옥 창살에 머리를 부딪쳐 부수는 것을 볼 때, 또 벌거벗은 많은 미개인들이 유럽인의 관능적인 쾌락을 경멸하고 오로지 자기들의 독립을 지키고자 굶주림과 불, 칼과 죽음까지도 맞싸우는 것을 볼 때, 나는 자유에 대해 논의하는 것은 노예들이 할 일이 아니라고 느꼈다.

몇몇 사람들에 의해 절대적 지배와 모든 사회의 원천으로 간주된 아버지의 권력[32]에 대해서는, 로크와 시드니의 반증(反證)에 의존할 것까지도 없이 다음에 설명하는 점을 주의하는 것만으로 충분하다. 즉 이 세상에서 권력의 부드러움만큼 전제주의의 잔인한 정신으로부터 멀리 떨어진 것은 없으며, 그것은 명령하는 자의 효용보다도 복종하는 자의 이익을 보다 많이 고려하고 있다는 것, 또 자연법에 의하면 아버지는 그의 도움이 필요한 동안만 아이들의 주인이며, 이 기한이 지나면 양자는 평등해지고, 그렇게 되면 아이는 아버지로부터 완전히 독립하여, 아버지에 대해서는 존경만 하면 될 뿐 복종해야 할 의무는 없다는 것이다. 왜냐하면 감사는 분명히 이행해야 할 의무이긴 하지만, 사람이 요구할 수 있는 권리는 아니기 때문이다.

정치사회는 아버지의 권력으로부터 유래하는 대신, 반대로 권력 쪽이 그 주된 힘을 정치사회로부터 끌어낸다고 말해야 했던 것이다. 한 개인이 몇몇 사람으로

---

31 타키투스, 《역사》 제4권 제17장에서 인용.
32 세습적 왕정(王政) 변호의 이론을 가리킨다. 이 경우 특히 영국의 로버트 필머의 《페이트리아아크》를 가리키고, 이에 대해 로크가 《시민 정부론》에서 반박을 했으며, 영국의 공화주의 정치가인 앨저넌 시드니도 이와 싸우기 위해 《통치론》을 썼다.

부터 아버지라 인정된 것은, 그들이 그 개인의 둘레에 모여 있을 때뿐이었다. 아버지가 참으로 자유로이 취급할 수 있는 그의 재산은, 아이들을 그에 대한 의존상태에 머무르게 하기 위한 기반이다. 그리고 아버지는, 아이들이 아버지의 의지를 계속 존경함으로써 아버지를 위해 공헌한 정도에 따라서 그들에게 상속물을 나누어 주면 되는 것이다. 그런데 인민들은 그들의 전제군주로부터 뭔가 이와 비슷한 은혜를 기대할 수 없고, 현재 그들 자신도, 그들이 갖는 일체의 것도 다 군주의 소유이든가 또는 적어도 군주는 그렇다고 주장하고 있으므로, 그들은 자기 자신의 재산 중 가끔 군주가 남겨 주는 것을 하나의 은혜로 받게 되는 것이다. 군주는 인민들의 것을 약탈할 때 정의를 행하며, 그들을 살려 둘 때 은혜를 베풀고 있는 것이다.

이처럼 어디까지나 권리로서 법에 의해 사실을 검토해 가면, 전체정체의 자발적 확립이라는 설에서는 확실성이나 진실성을 발견할 수 없을 것이다. 그리고 양자 중 한쪽만 구속하고, 한쪽에는 모든 것이 있고 다른 쪽에는 아무것도 없으며, 거기다 구속되는 자만의 손해가 그런 계약의 유효성을 나타내기란 어려울 것이다. 이 저주스러운 제도는 오늘날에도 현명하고 선량한 군주들, 특히 프랑스 국왕들의 제도와는 극히 인연이 먼[33] 것으로, 그 일은 그 국왕들의 칙령이 가는 곳마다, 그리고 특히 루이 14세의 이름 아래 또 그 명령에 의해 1667년에 발표된 유명한 칙령[34]의 다음 문장 속에서 볼 수 있다.

"그러므로 주권자는 그 국가의 법률에 따르지 않겠다는 말을 해서는 안 된다. 그 반대의 명제(命題)가 국제법의 진리인 것이며, 아첨하고 추종하는 자들이 때로

---

33 이 글은 루소가 검열을 경계하여 취한 조심성을 나타내고 있는데, 글 속에 포함된 풍자적 의도는 당시의 독자들에게는 충분히 이해되고 있었다.
34 《스페인 왕국의 여러 주에 대한 극히 기독교적인 여왕의 모든 권리에 관한 규약》(1667. 왕실 출판).

이 진리를 공격했지만, 선량한 군주들은 언제나 이것을 국가의 수호신으로서 옹호했기 때문이다. 현자 플라톤과 함께 다음과 같이 말하는 편이 보다 정당하지 않을까. '국가의 완전한 복지는, 군주가 그 신민에게 신복(信服)을 받고, 그 군주는 법률에 복종하며, 그리고 법률은 올바르고 항상 공공의 복지를 지향하고 있다고 하는 것이다.' 라고."

자유는 인간의 갖가지 능력 중에서 가장 고상한 것이므로 잔인한 또는 무분별한 주인을 기쁘게 하기 위해 이 대지의 창조주의 모든 선물 중 가장 귀중한 것을 무제한으로 방기(放棄)하거나, 창조주가 우리에게 금하고 있는 일체의 죄를 서슴없이 범하거나 하는 일은, 인간의 자연을 타락시키고 본능의 노예인 짐승의 수준에 몸을 둔 채 자기 존재의 창조주까지 거역하는 일이 되지 않겠는가. 그리고 이 숭고한 제작자는 자기의 가장 아름다운 작품이 모욕당하는 것을 보기보다 파괴되는 것을 보는 편이 오히려 화를 덜게 될지도 모르지 않는가. 나는 그런 일을 구구히 탐색하지는 않을 것이다.

로크를 모방해서 누구나 자기를 멋대로 취급하는 전제적인 권력에 몸을 굽힐 정도로 자기의 자유를 팔 수는 없다고 단언한 바르베라크³⁵ 의 권위도, 원한다면 무시해도 좋다. 또 그는 덧붙여 말하고 있다. "왜냐하면 그것은 자기가 자유롭게 할 수 없는 자기 자신의 생명을 파는 셈이 될 테니까." 라고.

나는 다만 다음과 같이 물어보겠다. '이 정도로 서슴없이 자기의 품위를 떨어뜨리고도 걱정하지 않았던 사람들이, 어떤 권리에 의해 자손도 같은 불명예로 복종시킬 수 있었는가. 또 자손이 그들의 은혜로써 얻은 것도 아닌 재보(財寶), 더구나 살기에 알맞는 모든 사람들에게 그것이 없으면 생명 자체가 무거운 짐이 되는 재

---

35 프랑스의 법학자(1674~1744). 그로티우스, 푸펜도르프 등의 번역으로 알려졌다. 이 바르베라크에 대한 언급은 1782년판에 처음으로 이루어졌다.

보를, 어떤 권리로써 그들은 자손 대신 버릴 수 있었을 것인가.'

푸펜도르프는 말한다.[36] "사람이 합의 및 계약에 의해 자기 재산을 타인에게 양도하는 것과 마찬가지로, 사람은 그 자유도 누군가를 위해 버릴 수 있다."고. 이것은 몹시 어설픈 추리로 생각된다. 왜냐하면 첫째로, 내가 양도하는 재산은 나와는 전혀 무관한 것이므로, 나는 그것을 남용해도 무방하기 때문이다. 그러나 사람들이 나의 자유를 남용하지 않는다는 것은 나에게는 중요한 일이다. 그리고 내가 강요당하는 나쁜 일에 대해 그 죄를 짊어질 각오가 없이는, 나는 스스로 죄의 도구가 되는 위험을 범할 수 없다. 거기다 소유권은 합의와 인간의 제정(制定)에 의한 것이므로, 누구나 뜻대로 자기가 소유하고 있는 물건을 처분할 수 있다. 그러나 생명이나 자유와 같은 자연의 본질적인 선물에 관해서는 똑같이 취급할 수 없다. 그것은 각자가 향수하도록 허용되어 있으나, 그런 것을 버릴 권리가 있는가의 여부는 좀 의심스럽다. 즉 양자의 한편(자유)을 제거하면, 사람은 자기의 존재를 가능한 한 멸망케 해버린다. 그리고 어떤 현세적인 재보를 가지고 있어도 이 양자의 어느 쪽도 충족시킬 수 없으므로, 가령 어떤 대가를 치르더라도 이것을 버리는 일은 자연과 이성(理性)에 동시에 거역하는 셈이 되는 것이다. 그러나 가령 사람이 재산과 마찬가지로 자기의 자유를 양도할 수 있다 하더라도, 그 권리의 양도에 의해 비로소 아버지의 재산을 향수하는 자식들에게는 그 차이는 대단히 클 것이다. 그런데 자유는 그들이 인간으로서의 자격에 의해 자연으로부터 받는 선물이므로, 그들의 부모는 그것을 그들로부터 빼앗을 아무런 권리도 갖지 않았던 것이다. 그러므로 노예제도를 수립하기 위해서는 자연을 외면해야 했던 것처럼, 이 권리를 영속시키기 위해서는 자연을 변화시키지 않으면 안 되었다. 그래서 노예의 자식

---

36 푸펜도르프, 《자연법과 만민법》 제7편 제3장 제1절. 루소는 《사회계약론》 제1편 '4. 노예상태에 관해'에서 이 문제를 다루었다.

은 태어나면서부터 노예가 되어야 한다고 엄숙히 선고한 법률가들은, 달리 말한다면, 인간은 태어나면서부터 인간이 되지 말라고 결정한 셈이 된다.

그러므로 나로서는 다음 일은 확실하다고 생각한다. 즉 정부는 단순히 전체적인 권력으로부터 시작된 것만은 아니다. 그 같은 권력은 정부의 부패이고, 최후에 다다르게 될 극한에 불과하며, 결국은 정부를 단 하나의 최강자의 법으로까지 이끌게 된다. 하지만 애초에는 그것을 구제할 목적으로 정부가 만들어졌던 것이다. 더구나 가령 정부가 그렇게 하여 시작된 것이라 해도, 이 권력은 워낙 비합법적이었으므로, 그것은 사회의 갖가지 법에 대해서도 또 제도의 불평등에 대해서도 그 기초로서 도움이 될 수 없었던 것이다.

모든 정부의 기본적인 계약의 성질에 대해서 아직 해야 할 탐구에는 지금 깊이 들어가지 않고, 나는 다만 세상의 통념[37]에 따라 여기서는 정치체의 설립을, 인민과 그들이 선출한 통치자 사이의 한 가지 참된 계약이라고 보는 데서 그치기로 하겠다. 그것은 그 양자가 그곳에 규정되고, 쌍방의 결합의 인연을 형성하는 법률을 지킬 것을 상호간에 의무화하는 계약이다. 인민은 사회적인 관계라는 점에서는 그 모든 의지를 단 하나의 의지로 결합했으므로, 이 의지가 설명되고 있는 모든 조문(條文)은 각기 기본적인 법률이 되어 사회의 모든 성원(成員)을 예외없이 의무화하고 있다. 그리고 그 중 하나는 나머지 법률의 집행을 감시하는 임무를 가진 위정자[38]의 선택과 그 권력을 규정하고 있다. 이 권력은 정치구조를 유지할 수 있는 모든 것에 미치나, 그것을 변경하기까지에는 이르지 못한다. 그리고 거기에 법

---

37 특히 《백과전서》에 실렸던 디드로가 집필한 '정치적 권위'에 표현되어 있는 생각. 루소는 여기서는 아직 《사회계약론》의 사상에 다다르고 있지 않다. 즉 복종 계약의 사고방식을 벗어나지 못한 것이다.

38 행정권을 맡게 된 왕을 암시하며, 다음 위탁자는 인민을 뜻한다. 이미 《사회계약론》에서와 마찬가지로 위정자는 권력의 소유자가 아니라 위탁자이고, 인민의 사용인에 불과하다고 말하고 있는 듯하다.

률과 그 집행자들을 존경받게 하는 온갖 명예가, 또 위정자 개인에 대해서는 선정 때문에 그들이 겪어야 하는 고생의 대가로서 각종의 특권이 첨가된다. 그 대신 위정자는 자기에게 맡겨져 있는 권력을 오로지 위탁자의 의향에 따라 행사하고, 각자에게 그 소요하는 물건을 언제나 평화롭게 향수할 수 있도록 하여, 모든 경우에 자기 이익보다는 공공의 이익을 택한다는 의무를 지고 있다.

이 같은 정치구조의 폐해가 피할 수 없는 것임이 경험을 통해 표현되든가, 혹은 인간의 심정에 관한 지식에 의해 예상되기까지는, 그 정치구조의 보존을 감시하는 임무를 맡은 사람들 자신이 그 유지에 가장 큰 이해관계를 갖는 사람들이었으니만큼, 그 정치구조는 더더욱 훌륭한 것으로 보였을 것이다. 즉 위정자의 직분과 그 권리란 기본적인 법률을 토대로 하여 비로소 성립되고 있는 것이기 때문에, 그런 법률이 파괴되는 일이 있으면 그 순간 위정자들은 합법적일 수 없게 되며, 인민은 이미 그들에게 복종할 의무가 없어질 것이다. 그리고 국가의 본질을 구성한 것이 위정자가 아니라 '법률'이었을 것이므로, 각자는 당연한 권리에 의해서 자연의 자유로 되돌아갈 것이다.

조금이라도 주의하여 이 일을 반성한다면, 그것은 새로운 이유에 의해 확인될 것이다. 그리고 그 계약의 본성으로 보아 그것이 취소 불가능한 일이 아님을 알 수 있을 것이다. 왜냐하면 가령 계약자의 충실한 이행을 보장하거나, 또 그들에게 서로의 약속을 이행하도록 강요하거나 할 수 있는 우위(優位)의 권력이 없다면 계약의 당사자만이 자기들의 소송을 판가름하는 심판자로서 머물러, 당사자인 각자는 항상 상대방이 그 조건에 위반하는 일을 알아차린다거나 그 조건이 자기에게 적당하지 않거나 하면 그 자리에서 계약을 파기하는 권리를 갖기 때문이다. 그리고 이 같은 원리에 의해서야말로 기권이라는 것이 근거를 굳힌다는 생각한다. 그런데 우리가 행하고 있는 것처럼 인간의 제도만을 고찰한다고 하고, 만일 모든 권력을 수중에 넣고 계약의 모든 이익을 자기 것으로 하고 있는 위정자가 특히 권위를 버릴 수 있는 권력을 가지고 있다고 하면, 인민은 통치자의 모든 잘못의 대가를 치르고 있는 것이므로 나아가 종속을 파기할 권리를 가져야 할 것이다. 그러나 이 위험한 권력이 필연적으로 일으키는 무서운 불화와 끝없는 혼란은, 그 무엇보다도 다음 사항을 명백히 하고 있다.

즉 인간의 정부는 단순한 이성보다도 좀더 견고한 기초를 얼마나 필요로 했던가, 그리고 주권을 행사하는 위험스러운 권리를 인민으로부터 박탈할 수 있는 신성불가침의 성격을 주권의 권위에 부여하고자 신의 의지가 개입하는 일이 공공의 평화를 위해 얼마나 필요했던가 하는 일이다. 종교가 인간에 대해 이 착한 일만을 행했다 하더라도, 그것만으로도 모든 인간이 종교를 그 폐해마저 포함하여 깊이 사랑하고 채용해야 할 이유로서 충분할 것이다. 왜냐하면 종교는 광신(狂信) 때문에 흘려야 했던 피보다도 훨씬 많은 피를 절약해 주기 때문이다. 그렇지만 우리는 가설의 실마리를 더듬어 보기로 하자.

여러 가지 정부의 형태는 그 기원을 살펴보면, 그 제도가 제정되었을 때 개개인 사이에 존재했던 불평등의 크고 작은 차이에서 비롯된다. 만일 한 사람이 능력이나 덕에 있어서, 또는 부나 신용에 있어서 뛰어났다면, 그 사람만이 위정자로 선출되어 그 국가는 군주정체를 형성했다. 또 만일 상호간에는 거의 동등한 몇몇 사람이 다른 모든 사람들보다 뛰어났다면, 그들은 함께 선출되어 귀족정을 형성했다. 재산이나 재능이 그다지 불균등하지 않고 자연상태를 멀리하는 일이 가장 적은 사람들은, 최고의 행정권을 공동으로 관리하는 민주정을 형성했다. 이런 형태 중 어느 것이 사람들에게 가장 유리했던가는 시간이 증명했다.

어떤 사람들은 끝까지 법률에만 복종했고, 다른 사람들은 마침내 주인에게 복종했다. 시민들은 자기들의 자유를 지키려고 했다. 그러나 신민들은 자기들이 갖고 있지 않은 행복을 타인이 누리는 데 참을 수 없어, 이웃으로부터 자유를 빼앗을 궁리만 하고 있었다. 요컨대 한쪽에는 부와 정복이, 다른 쪽에는 행복과 덕이

있었다.[39]

　이런 갖가지 정부에 있어 모든 위정자의 직분은 처음에는 선거로 결정되었다. 그리고 부가 우위에 서지 않았을 때 우선권이 주어진 것은 자연의 지배력을 나타내는 재능과, 일에 있어서는 경험을, 토의에 있어서는 침착함을 나타내는 연공(年功)에 대해서였다. 헤브라이인의 장로(長老)들, 스파르타의 게론테스, 로마의 원로원, 거기다 우리 나라의 세뇨르(Seigneur)라는 말의 어원 자체가 옛날에 노인층이 얼마나 존경받았던가를 나타내고 있다. 선거의 결과가 나이를 먹은 사람들에게 정착하면 할수록 선거는 점점 빈번해지고, 거기에 따르는 성가신 일이 생기게 되었다. 즉 책모(策謀)가 어느 틈에 파고들어 도당(徒黨)이 만들어지고, 당파의 알력이 심해지고, 내란이 발발하여 마침내는 시민의 피가 국가의 행복이라 일컫는 것의 제물로 바쳐져, 사람들은 바로 이전 시대의 무정부 상태로 재차 빠져들려고 한다.

　야심에 찬 통치자들은 이런 사태를 이용하여 가족 내에 있어서의 자기들의 지위 및 직권을 영구화했다. 인민은 이미 종속과 휴식과 생활의 안락에 익숙해졌고, 또 이미 쇠사슬을 끊을 만한 힘도 없었으므로 자기들의 평안을 확보하기 위해 그 예속을 늘리는 일에 동의했다. 이렇게 하여 세습제를 확립시킨 통치자들은 그 위정자의 직분을 가산(家産)의 하나로 보고, 처음에는 국가의 관리에 지나지 않았던 자기를 국가의 소유자로 보기에 이르러, 동족인 시민들을 노예라 부르고 그들을 마치 가축처럼 자기의 소유물로 생각하며, 나아가 자기를 신과 같은 자라느니, 왕 중에서도 왕이라느니 하고 스스로 일컫는 일에 익숙해져 버린 것이다.

　이런 갖가지 변혁 속에서 어떻게 불평등이 발달해 왔는가를 더듬어 보면, 법률

---

39 전자는 군주제와 귀족제, 후자는 민주제를 가리키며, 신민은 전자에 속하고, 시민은 후자에 속한다.

과 소유권의 제정이 그 제1기이며, 위정자의 직분의 설정이 제2기이며, 마지막 제 3기는 합법적인 권력으로부터 전제적 권력에로의 변화하는 시기였음을 알 수 있을 것이다. 따라서 부유한 자와 가난한 자와의 상태가 제1기에 의해 용인되고, 강자와 약자와의 상태가 제2기에 의해 용인되고, 그리고 제3기에 의해서는 주인과 노예와의 상태가 용인되는 것인데, 이 제3기가 불평등의 마지막 단계이고, 다른 모든 시기가 결국은 귀착하는 한계인 것이며, 마침내는 새로운 여러 변혁이 정부를 완전히 해체하든가 또는 이것을 합법적인 제도에 접근시키게 되는 것이다.

이 같은 진보의 필요성을 이해하기 위해서는 정치체가 설립된 동기보다도 오히려 그것이 실시함에 있어 취하는 형태와 그것이 뒤에 일으키는 갖가지 장해를 고찰하지 않으면 안 된다. 왜냐하면 사회제도를 필요로 하는 악덕은 사회제도의 남용을 피할 수 없는 것으로 한 악덕과 같은 것이기 때문이다. 그리고 스파르타에 있어서만은 법률이 주로 아동교육을 감독하고, 리쿠르고스가 법률을 덧붙일 필요가 거의 없는 순풍미속(淳風美俗)을 확립했기 때문에 이것만은 예외이지만, 일반적으로 법률은 정념만큼 강하지는 않으므로 인간을 억제하기는 하나 변화시키지는 않는다. 그러므로 부패하거나 변질하지도 않고 항상 정확하게 그 제정의 목적에 따라 운영되는 그런 정부는 필요하지도 않은데 설립된 것과 같은 것이며, 또 아무도 법망을 뚫고 들어가거나 하지 않고 위정자의 직분을 남용하는 일이 없는 나라는 위정자도 법률도 필요하지 않을 것임을 증명하기란 쉬운 일이다.

정치상의 차별은 필연적으로 시민간의 차별을 가져온다. 인민과 통치자들 사이에 증대해가는 불평등은 마침내 개개인 사이에서도 느껴지고, 정념이나 재능에 따라 또 사정에 응해 여러 가지 모양으로 변용된다. 위정자는 비합법적인 권력을 빼앗음에 있어, 그 어느 정도의 부분을 나눠 주어야 할 부하를 만들지 않을 수 없다. 거기다 시민들이 압제를 달게 받는다 하더라도 그것은 다만 맹목적인 야심에 이끌려 자기들의 윗사람들보다는 아랫사람들을 바라보고 지배하는 편이 독립보다도 좋아졌다는 것뿐이며, 또 그들이 쇠사슬에 매이기를 동의하더라도, 그것은 다음에 타인들로 하여금 쇠사슬에 매이게 할 수 있다는 것에 불과하다. 인간을 부리려는 야심을 조금도 갖지 않은 자에게 복종을 강요하는 일은 대단히 곤란하다. 또 아무리 교묘한 정치가라도 오로지 자유롭게 있고 싶다고 원하는 사람들을 굴복시킬 수는 없다. 그러나 항상 운명의 위험을 무릅쓰고 그 운명이 자기들에게 유리한가 불리한가에 따라 거의 예사롭게 지배하거나 봉사하는 자세로 있는 야심적이며 비겁한 사람들 사이에서는 불평등이 쉽게 퍼지는 법이다. 이렇게 하여 인민의 눈이 몹시 현혹되고, 그 지도자들이 사람들 가운데서 가장 열등한 자를 향해 "위대해져라, 너와 네 집안이여!" 하고 말만 하면 곧 그 열등한 자가 자기 눈에만 그렇게 보이는 것이 아니라 모든 사람의 눈에도 위대하게 보였고, 그의 자손들은 그로부터 멀어짐에 따라 점점 위대해졌다는 시대가 도래했을 것이다. 원인이 모호하고 불확실하게 되면 될수록 결과는 점점 커지는 것이다. 한 집안에 게으른 자의 수가 많아질수록 그 가문은 점점 고귀하게 되었다.[40]

만일 좀더 세부적으로 검토한다면, 다음과 같은 점을 쉽게 설명할 수 있을 것이다. 즉 가령 정부가 간섭하지 않더라도 개개의 인간이 동일한 사회에 결합되어 좋든 싫든 비교하고, 또 계속 서로 이용해야만 할 관계 속에서 발견되는 차별을 고려에 넣지 않을 수 없게 되면, 당장 개개의 인간 사이에 신용과 권위의 불평등은 피하기 힘들게 된다는 것이다. 이 같은 차별에는 몇 가지 종류가 있다. 그러나 일반적으로는 부와 귀속의 신분 또는 지위와 권력과 개인적인 가치가, 사람이 사회 속에서의 자기 위치를 아는 데 주요한 척도가 되므로, 나는 이런 갖가지의 힘의 일치 또는 충돌이, 국가의 구성이 좋은가 그렇지 못한가를 정하는 가장 확실한 지표임을 증명할 수 있다. 즉 그런 네 종류의 불평등 속에서 개인적인 특질은 다른

---

40 그 지도자들이 운운하는 데서부터 마지막 행까지는 귀족계급에 대한 통렬한 비판이다.

모든 특질의 기원이므로, 부는 그런 특질이 귀착할 최후의 특질임을 설명할 수 있을 것이다. 왜냐하면 그것은 가장 직접적으로 안락을 위해 도움이 되고 가장 쉽게 사람에게 전달되므로, 사람들은 다른 일체의 것을 사들이기 위해 자유롭게 이것을 사용하기 때문이다. 이러한 관찰이야말로 각 민족이 그 원초의 제도에서 얼마나 멀어졌는가와, 또 그것이 어느 정도 부패의 궁극점을 향해 전진하고 있는가를 상당히 정확하게 판단케 할 수 있는 것이다. 우리 모두의 마음을 괴롭히는 그 평판과 명예와 특권에 대한 일반적인 욕구가 어떻게 재능이나 힘을 훈련시키고 또 비교하는가, 또 그 욕구가 어떻게 정념을 자극하고 증대시키는가, 어떻게 그 욕구가 사람들을 경쟁하게 하고 대항하게 하며, 자기 권리를 주장하는 많은 사람들에게 언제나 같은 투기장을 달리게 함으로써 매일 온갖 종류와 실패와 성공 또는 재해를 야기시키고 있는가, 나는 그것을 지적해 보고 싶다. 또 자기 평판을 높이고 싶다는 열망, 항상 우리를 흥분케 하는 그 사람보다도 뛰어나고 싶다는 영광 덕분으로, 우리는 인간 속에 있는 최선의 것과 최악의 것, 즉 우리의 미덕이나 악덕, 우리의 학문과 오류, 우리의 정복자와 철학자, 다시 말해 소수의 선한 것에 대해 다수의 나쁜 것을 가지고 있다는 것을 나는 설명해 주고 싶다.

끝으로 나는 다음 사항을 증명해 보고 싶다. 즉 대다수의 사람들이 어둠과 빈곤 속을 기어다니고 있는데 한 줌의 권력자와 부자가 권세와 부의 절정에 있다는 것은, 후자가 자기들이 향수하는 것을 다만 다른 사람들이 그것을 부족하게 여길 동안만 존중하기 때문이며, 그리고 또 예를 들어 민중이 비참하지 않게 되면 그들은 신분을 바꾸지 않고서는, 행복해지지 않을 것이기 때문이다.

그러나 이런 일의 세부만으로도 상당히 큰 저술[41]의 소재가 될 것이다. 그 저작 속에는 모든 정부의 장점과 단점이 자연상태의 모든 권리와 비교하여 평가될 것

---

[41] 이것이 그가 계획했으나 결국 완성하지 못했던 《정치제도론》을 가리키는 것인지는 확실치 않다.

이고, 그런 정부의 본질과, 시간이 지남에 따라 필연적으로 그런 정부에 도래하게 되는 모든 변혁에 응하여 불평등이 오늘날까지 나타나고, 또 장차 여러 세기에 걸쳐서 나타날지도 모르는 각기 다른 국면이 모두 뚜렷이 나타날 것이다. 또 다수의 사람들이 밖으로부터 자기를 위협하고 있던 것에 대해 취했던 경계 때문에 오히려 내부에서 압박을 받는 일을 볼 수 있을 것이다. 압박이 계속 증대해 가는데, 압박받고 있는 사람들은 압박이 어디까지 다다르는가, 또 그것을 막기 위해서는 어떤 합법적인 수단이 자기들에게 남겨져 있는가를 결코 알 수 없다는 것을 알게 될 것이다. 또 시민의 권리나 인민의 자유가 조금씩 사라져 가고, 약한 사람들의 요구가 반란의 불평으로서 취급되는 것을 볼 수 있을 것이다. 정치는, 공통의 이해관계를 지킨다는 명예를, 인민 중에서 금전으로 고용하고 있는 직업군인에게만 부여하고 있음을 볼 수 있을 것이다. 거기서 과세(課稅)의 필요성이 생기고, 실망한 농민이 평화로울 때도 자기의 밭을 떠나 삽을 버리고 칼을 차는 광경을 볼 수 있을 것이다. 또한 명예에 관한 불길하고 기묘한 규칙[42]이 생겨나는 것을 볼 수 있을 것이다. 조국의 방위자가 늦건 빠르건 조국의 적이 되어 동족인 시민들 위에 계속 단검을 휘두르고 있는 모습을 볼 수 있을 것이다. 그리고 마침내 그들이 자기들 나라의 압박자에 대해 다음과 같이 말하는 것을 듣는 시대가 찾아올 것이다.

그대가 만일 나를 향해 내 형제의 가슴에, 또 내 아버지의 목에, 또 잉태한 내 아내의 배에 단검을 꽂을 것을 명령한다면, 비록 마음에 없다 하더라도 나는 모든 것을 수행하리라.[43]

---

42 군인이나 귀족의 결투에 관한 법령을 말한다. 루소는 파스칼이 《프로방시알》 속에서 비웃은, 귀족의 결투에 관한 기묘한 종교적 변호 등을 생각하고 있는 모양이다.
43 루카누스, 《파르살리아》 제1편 37~68행 참조.

신분과 재산의 극단적인 불평등, 정념과 재능의 차이, 유익한 기술과 해로운 기술, 하찮은 학문으로부터 이성·행복·덕에도 똑같이 반대되는 무수한 편견이 생겨날 것이다. 즉 결집해 있는 사람들을 분리하고 약화시키는 일체의 것, 갖가지 계급에 그 권리나 이해관계의 대립에 의해 상호간의 불신과 증오를 불어넣고, 따라서 그 모든 계급을 억압하는 권력을 강화시키는 일체의 것이 우두머리들에 의해 조장되는 것을 볼 수 있을 것이다.[44]

이 무질서와 이런 변혁 속에서야말로 전제주의가 그 추악한 머리를 차츰 쳐들어 국가의 모든 부분에, 선량하고 건전한 것으로 자기에게 인정되는 일체의 것을 탐식하고, 끝내는 법률과 인민까지 짓밟고 국가의 폐허 위에 자기를 확립하게 될 것이다. 이 최후의 변화에 앞서는 시대는 혼란과 재해의 시대일 것이다. 그러나 결국 모든 것은 전제정치라는 괴물에게 잡아먹히고, 인민은 이미 법률도 갖지 않게 되며, 다만 참주만을 갖게 될 것이다. 이 순간부터 또한 습속이나 미덕은 문제되지 않을 것이다. 왜냐하면 '미덕에 대해 아무런 기대도 가질 수 없는' 전제정치가 지배하는 곳이라면 어디서나 전제주의는 결코 다른 어떤 주인도 허용치 않기 때문이다. 전제정치가 입을 열자마자 그곳에는 고려해야 할 성실도 의무도 없어지고, 극도로 맹목적인 복종만이 노예에게 남겨진 유일한 미덕이 된다.

이것이 곧 불평등의 마지막 도달점이며, 순환을 정지하고 우리가 출발한 기점에 닿는 종극점(終極點)이다. 여기서 모든 개인은 다시 평등해진다.[45] 왜냐하면 바

---

44 루소 연구가인 본에 의하면, 이 구절의 출전(出典)은 타키투스의 《역사》 제1권 21이라고 한다. 그런데 스탈로반스키는 시드니의 《통치론》에서 인용했다고 추정하고 있다.
45 프리드리히 엥겔스가 《반(反)뒤링론》 속에서, 이 글을 변증법에서 말하는 부정의 부정인 훌륭한 예증으로 든 다음부터 유명해졌다. 스탈로반스키는 마키아벨리가 《티투스 리비우스론》 속에서, 갖가지 정체가 그 퇴폐와 퇴폐로의 반동에 의해 계기(繼起)되는 과정을 잡아, 극점으로서의 민주주의적 자유의 퇴폐로부터 독재자의 손으로 옮겨져 동일한 경과와 원인에 의해 전락을 거듭함으로써 무정부상태에 빠지는 일을 나타낸 점을 루소와 비교하고 있다(플레이아드판 전집 제3권 1358~135쪽 참조).

야호로 그들은 무(無)이고, 신민은 이미 주인의 의지 외에 아무런 법률도 갖지 않고, 주인은 자기의 욕정 외에 아무런 규칙도 갖지 않으므로, 선의 관념이나 정의의 원리가 재차 소멸해 버리기 때문이다. 즉 여기서는 만사가 다만 최강자의 법에만, 따라서 하나의 새로운 자연상태에 환원되고 있는 것이다.

이 자연상태가 우리들이 출발점으로 한 자연상태와 다른 점은, 후자가 순수한 자연상태인 데 대해 전자는 과도한 부패의 결과라는 점이다. 게다가 이 두 가지 상태 사이에는 거의 차이가 없으며, 정부의 계약은 전제정치에 의해 심하게 파기되어 있으므로, 전제군주는 자기가 최강자인 동안만 지배자이고, 사람들이 그를 추방할 수 있게 되면 곧 그는 그 폭력에 대해 이의를 제기할 이유가 없어지는 것이다.

마침내는 군주를 죽이거나 왕위에서 내쫓거나 하는 폭동도, 그가 그 전날 신민들의 생활과 재산을 마음대로 처리한 행위와 마찬가지로 법률적인 행위인 것이다. 오직 힘만이 그를 지탱하고 있었으므로, 오직 힘만이 그를 쓰러뜨린다. 모든 일은 이처럼 자연의 질서에 따라 행하여진다. 그리고 이런 짧고 빈번한 혁명의 결과가 어찌되었든, 누구나 타인의 부정(不正)을 한탄할 것은 못 된다. 다만 자기의 방심이나 불운을 원망해야 할 것이다.

이렇게 해서 인간을 자연상태에서 사회상태로 이끌어 왔을 것임에 틀림없는, 잊혀지고 잃어버린 행로를 이렇게 발견하고 추적해 보면, 또 내가 지금 나타낸 중간의 모든 상태와 더불어 시간을 단축하기 위해 내가 생략했든가 아니면 나의 상상이 시사해 주지 않았던 모든 상태를 회복하게 된다면, 주의 깊은 독자라면 누구나가 이 자연과 사회의 양쪽 상태를 떼어 놓는 광대한 공간에 경탄할 수밖에 없을 것이다.

이 완만한 사물의 계기(繼起) 속에서야말로, 그 독자는 철학자들에게서는 해결할 수 없는 도덕상 및 정치상의 무수한 문제의 해답을 볼 것이다. 또 시대에 따라 인간들도 서로 다르므로, 디오게네스[46]가 인간을 한 명도 찾아내지 못했던 이유는, 그가 존재하지 않았던 시대의 인간을 디오게네스가 자기와 동시대의 인간 속에서 구했기 때문이라는 것을 독자는 느낄 것이다. 카토는 자기 시대에 합치되지 않았기 때문에 로마와 자유와 함께 멸망했던 것이다. 그리고 더없이 위대한 이 인물은, 5백 년 전에 태어났더라면 자신이 지배할 수도 있었던 세계를, 그저 놀라게 했을 따름이라고 독자는 말할 것이다.

요컨대 인간의 정신과 정념이 어떻게 하여 모르는 사이에 변질해 가서, 말하자면 본질을 바꾸는 것인가, 또 왜 우리의 욕망과 쾌락은 시간이 지남에 따라 대상을 바꾸는 것인가, 왜 원초적 인간이 점점 소멸해 가고, 사회는 현자의 눈으로 보면 이러한 모든 새로운 관계의 소산이며, 자연 속에 아무런 참된 기초도 갖지 않은 부자연한 인간과 거짓 정념과의 결집을 이미 나타낸 데 불과한 것인가, 대개 그러한 일을 독자는 설명할 것이다. 즉 미개인과 문명인은 심정과 성향(性向)의 근본부터 크게 달랐으므로, 한편에서 최고의 행복이 되는 것이 다른 편을 절망으로 빠뜨릴 정도이다. 전자는 다만 안식과 자유만을 호흡하고 무위도식만을 바란다. 그리고 스토아파의 평정(아타락시아)[47] 마저도 미개인의 다른 모든 물건에 대한 철저한 무관심에는 미치지 못한다. 이에 반하여 문명인은 항상 활동적이고, 땀을 흘리며 돌아다니고, 보다 힘든 일을 찾아 계속 신경을 쓴다. 그는 죽을 때까지 일하며 살아가기 위해서 죽음을 서두르는 일도 있으며, 또는 불후의 명성을 얻기 위해서 현세를 버리기도 한다. 그는 자기가 미워하고 있는 권력자나 경멸하고 있

---

46 그리스 견유학파(犬儒學派)의 철학자(기원전 413~323). 세속적 행복, 부, 권력을 경멸하여 한낮에 등불을 켜 들고 참된 인간을 찾아 아테네의 거리를 돌아다녔다는 전설이 있다.
47 여기서도 루소는 자연인의 행복을 강조한다. 본서 제1부 자연상태의 부분에 묘사된 자연인에 대해 상기할 필요가 있다. 만년의 작품 《고독한 산책자의 몽상》에서도 현실적으로 이 자연인의 행복에 가깝고, 아울러 아타락시아를 생각케 하는 경지를 순간적으로 향락한 행복을 그리고 있다.

는 부자들에게 아첨하면서, 그들에게 봉사하는 영광을 얻기 위해서는 무슨 일이고 가리지 않는다. 그리고 자기의 노예상태를 자랑하고, 거기에 관계되는 명예를 갖지 않는 사람들의 일을 모멸하여 말하는 것이다.

어렵기는 하나 사람들이 부러워하고 있는 유럽의 대신(大臣)의 일은, 야만적인 카리브인에게는 어떤 광경으로 비칠 것인가. 그 태평한 미개인은 훌륭한 일을 한다는 쾌락에 의해 완화되는 일도 없는 그 같은 생활의 두려움보다는, 오히려 잔혹한 죽음 쪽을 좋아할지 모를 일이다! 그러나 그처럼 사람들이 마음을 쓰는 목적이 뭔가를 이해하기 위해서는 카리브인의 정신 속에서 그 권력과 사람들이 자기를 어떻게 보고 있느냐 하는 문제를 상당히 중히 여기고, 자기 자신보다도 오히려 타인의 입증에 의하여 행복해지고, 자기에게 만족할 수 있는 그런 종류의 인간이 있다는 것을 카리브인은 배워야 한다.

실제로 이들 일체의 상위(相違)의 참된 원인은 다음과 같은 것이다. 즉 미개인은 자기 자신 속에서 살고 있다. 반면에 사회인은 항상 자기 외부에 있으며, 타인의 의견 속에서만 살아간다.[48] 이런 경향에서 그렇게 훌륭한 도덕론이 있는데도 불구하고 어째서 선악에 대해 이런 무관심이 생겨나는가, 또 어째서 모든 것이 외관만의 것이 되어 버렸기 때문에 명예나 우정이나 미덕도, 그리고 종종 악덕까지도 마침내는 그것을 자랑으로 하는 비결을 발견하게 되어 그것 모두가 인위적이고 연기가 되어 버렸는가. 요컨대 어찌하여 그렇게 많은 철학이나 인간애나 예절이나 숭고한 격언 가운데 있으면서도, 우리들이 무엇인가를 타인에게는 곧잘 물어보면서 그 문제를 우리 자신에게는 좀처럼 묻지 않으려고 하여, 우리들에게는 기만적이고 경박한 외면, 즉 덕 없는 명예, 지혜 없는 이성, 행복 없는 쾌락만이

---

48 사회에 있어서의 인간의 공허함이나 허위를 지적하는 루소의 말로, 자주 그의 저작 속에서 나타난다. 《에밀》 제2편 참조.

있는 것인가.[49]

나는 불평등의 기원과 발전, 정치적인 사회의 설립과 폐해를 증명하려고 했다. 그런 것이 오로지 이성(理性)의 빛에 의해, 그리고 통치권에 대해 신권(神權)의 재가를 부여하는 신성한 교의와는 관계없이 인간의 자연으로부터 연역되는 한에 있어서 설명하려고 애써 왔다. 그 설명의 귀결로서, 불평등은 자연상태에 있어서는 거의 무이므로, 불평등은 우리들의 능력의 발달과 인간정신의 진보에 의해 그 힘을 갖게 되고 또 증대해 온 것이며, 그리고 마지막으로 소유권과 법률의 제정에 의해 안정되고 정당한 것이 된다는 점이다. 또 단지 실정법만으로 용인되고 있는 인위적 불평등은, 그것이 자연적 불평등과 균형을 이루지 못하고 불일치 했을 때는 반드시 자연법에 위배된다는 결론이 나온다.

이러한 구별은 모든 정치사회의 인민에게 만연되고 있는 그런 종류의 불평등에 대해 어떻게 생각할 것인가를 충분히 결정해 준다. 왜냐하면 자연법은 어떻게 정의한다 해도, 아이들이 노인에게 명령한다든지, 어리석은 자가 현명한 인간을 지도한다든지, 또 수많은 사람들이 굶주림에 허덕이고 있는데 불과 한 줌의 사람들에게는 그것이 남아돌고 있다는 것은 명백히 자연법에 위배되기 때문이다.

---

49 전제사회에 있어서의 권력적인 지배도, 권력에 대한 예속도 똑같은 자기 상실, 즉 소외로 빠진다는 뜻이 될 것이다.

부록 I

볼테르가 루소에게 보내는 편지[1]

나는 인류에게 이의를 제기한 당신의 새로운 저작을 받았습니다. 감사의 뜻을 표합니다. 사람들은, 자기들의 진상을 말해 주는 당신을 기분 좋게 생각할 것입니다. 그래도 당신은 그들을 개선시킬 수 없을 것입니다. 당신은, 무지하고 또 약하기 때문에 많은 즐거움을 기대하는 인간사회의 무서운 광경을 꽤 박진하는 색채로 묘사하고 있습니다. 일찍이 인간을 짐승으로 보이게 하려고 이렇게 재지(才智)를 사용한 일은 없습니다.

당신의 저작을 읽다 보면 사람은 네 발로 걷고 싶어집니다.[2] 그러나 나는 그 습관을 없앤 지 60년 이상이나 되므로, 유감이지만 나로서는 그 습관으로 돌아갈 수 없을 것 같습니다. 게다가 그 자연스러운 걸음걸이는 당신이나 나보다도 거기에 적합한 자들에게 맡겨져 있습니다. 나 역시 캐나다의 미개인을 발견하고자 배로

---

1 이 편지는 루소의 《인간불평등기원론》에 대한 볼테르의 반응을 나타내는 유명한 편지로 알려져 있는데, 《학문 예술론》을 대상으로 하고 있는 부분도 있다. 그러나 정확히 말하면, 볼테르 자신의 당시 사정을 반영하는 기사가 중심이 되어 루소의 제1, 제2 논문 중 어느 하나도 제대로 취급하고 있다고는 할 수 없다. 이 편지는 출판을 목적으로 씌어진 것 같고, 출판된 것은, 루소에게 보낸 편지를 볼테르가 약간 수정한 것이라고 한다(이하 본문의 네 통의 편지는 앞서 말한 R. A. Reigh 편 서간집에 의해 번역되었다).

2 이후 유명해진 문구. 디드로 등 《백과전서》의 패거리들을 야유한 파리소의 희극 《철학자들》에 네 발로 등장하는 루소풍의 하인인 클리스팡의 대사에도 쓰인다.

떠날 수가 없었습니다. 첫째로 나는 병에 걸려 있으므로 유럽의 의사[3]가 한 사람 꼭 필요하며, 둘째로 그 나라가 전쟁[4] 중이기 때문입니다. 거기다 우리 모든 국민의 선례(先例)가 미개인들을 거의 우리와 마찬가지로 사악하게 해버렸기 때문입니다. 나는 당신이 살고 있을 당신의 조국 바로 옆에, 자기가 택한 고독 속에서 평화로운 미개인으로 사는 일을 달갑게 여기고 있습니다.

나도 당신과 함께 문예나 학문이 때로 많은 해악을 자아냈음을 인정합니다.

탓소의 적들은 그 일생을 여러 가지 불행으로 엮었습니다. 갈릴레오의 적들은, 그가 지구의 운동을 알았다고 해서 70세인 그를 감옥에서 신음하도록 했습니다. 갈릴레오에게 그 말을 취소시킨 것입니다.

우리 친구들이 백과전서를 시작하자 곧 뻔뻔스럽게도 그들의 경쟁자로 된 패들[5]이 그들을 이신론자(理神論者)나 무신론자라 부르고, 장세니스트라 부르기까지 했습니다. 만일 내가 자기 일에 대한 보답으로 박해를 받기만 했던 사람들의 동료로 구태여 자기를 손꼽는다고 한다면, 내가 비극 《오이디푸스》를 공개했을 때 나를 함정에 빠뜨리려고 의기양양했던 한 떼의 천한 자들이나, 나를 비방하는 서고(書庫)에 가득 찬 우스꽝스러운 인쇄물이나, 최고형을 받게 될 것을 나로 인해 구제되고서도 은의(恩義)에 대해 명예훼손의 팸플릿[6]으로 보답한 전 제주이트의 사제(司祭)[7]나, 《루이 14세의 시대》라는 나 자신의 저작[8]을 전혀 손을 댈 수

---

3 제네바의 유명한 의사 트롱샹(Théodore Tronchin, 1709~1781)을 가리킨다. 당시 볼테르는 그의 환자였다. 유럽에서 유명한 종두의(種痘醫).
4 1754년 이래 오하이오강 유역에서 프랑스령 식민지 전쟁이 벌어지고 있었다.
5 앞서 말한 《백과전서》에 대항하여 두터운 백과전서를 계획한 듯한 제주이트회를 가리킨다.
6 다음 주(註)의 〈볼테르 마니아〉(1738)를 가리킨다.
7 사제 데퐁텐(P.F.Guyrot Desfontaines, 1685~1745)을 가리킨다. 볼테르와 싸운 것으로 유명한 인물. 처음에 제주이트회의 성직에 있다가, 얼마 후에 성직을 그만두고 번역자·비평가로서 활약, 《쥐르날 드 사방》의 편집장을 지냈다. 본문에 있는 것처럼 남색(男色)의 혐의로 체포되어 감금되었으나, 볼테르가 힘을 써 자유로운 몸이 되었다. 그러나 볼테르의 작품에 대한 비평으로 싸움이 일어났는데, 물론 데퐁텐은 독설에 있어서 볼테르의 적수는 아니었다.
8 라 보멜이라는 남자가 《루이 14세의 시대》의 위작(僞作)을 1753년에 냈던 것을 가리킨다.

없는 무지로 더없이 뻔뻔스러운 망언으로 가득 차 있는 주(註)와 함께 인쇄되어 있다는 그것에 시비를 건 죄 많은 어떤 남자나, 나의 이름으로 이른바 《세계사(世界史)》[9]를 어떤 출판사에 팔아넘긴 다른 남자나, 그리고 이 심한 실책이나 잘못된 날짜나 그릇된 사실이나 잘못 쓴 이름 따위로 가득 찬 보기흉한 물건을 인쇄할 만큼 탐욕스럽고 어리석은 출판사를 당신에게 보이고 싶습니다. 그리고 마지막으로 그 어리석기 짝이 없는 가짜를 내것으로 여길 만큼 비열하고 뱃속이 검은 자들을 보여 드리고 싶은 것입니다. 또 모든 고대인 중에서 찾아볼 수도 없는 그 새로운 종류의 인간들의 타락한 사회를 보여 드리고 싶은 것입니다. 그들은 하인이건 노동자이건, 분수에 맞는 직업에 종사할 수도 없는 주제에 공교롭게 읽고 쓰는 방법을 알고 있기 때문에 문학의 브로커가 되고, 원고를 훔쳐내고, 그것을 개찬(改竄)하여 팔아넘기는 것입니다. 샤플랭[10]이 어리석게도 진지하게 취급한 그 똑같은 주제에 대해, 30년 이상이나 전[11]에 내가 장난삼아 만든 작품이 그 변변치 못한 자들의 부실함과 저열한 탐욕 때문에 오늘날 세상에 유포된 일을 나로서는 탄식해도 좋을 것입니다. 그들은 어리석음뿐 아니라 검은 속셈으로도 그것을 일그러뜨려, 30년이나 지난 뒤 이 작품을 사방에서 팔아넘기고 있는 것이며, 물론 그런 작품은 이제 나의 것이 아니라 그들의 것이 된 것입니다. 더 추가해서 말하면, 마지막으로 어떤 남자가 대단히 귀중한 고문서(古文書)를 뒤져, 내가 왕실 수사관(修史官) 시대에 맡겨 두었던 메모의 일부를 훔쳐낸다는 전율할 일을 결행하여 파리의 출판사에 나의 노작의 결과[12]를 팔아넘긴 것입니다. 내가 은혜

---

9 1753년, 볼테르의 《풍속사론》의 불완전한, 오류투성이인 축쇄판 《샤를마뉴 대제로부터 샤를로스 5세까지의 세계사 개요》가 헤이그에서 출판되었다.

10 Jean Chapelain(1595~1674). 그의 서사시 《오를레앙의 소녀 또는 프랑스 해방》은, 기대를 걸었던 만큼 성공하지 못했다.

11 실제로는 약 20년 전, 즉 1734년 가을에 그의 《오를레앙의 소녀》의 집필이 시작된 모양이다.

12 《루이 15세 시대 개요》를 가리킨다. 단, 이 책의 완본은 1768년에 출판되었으나, 이 무렵 그 일부가 《1741년의 전사(戰史)》라는 제목으로 비밀 출판에 의해 유포되었다.

를 모르는 자에 의해, 사기에 의해, 약탈에 의해 알프스의 산기슭까지, 아니 무덤 가까지 쫓겨다니고 있는 광경을 보여 주고 싶을 정도입니다.

그러나 문학이나 명성에 따르게 마련인 이런 형극은, 언제 어떤 시대에도 지상에 넘쳐 있던 다른 종류의 해악과 비교하면 약간의 화초에 지나지 않는다는 것도 인정해 주기 바랍니다. 키케로나 루크레티우스나 베르길리우스나 호라티우스도, 마리우스나 실러나, 그 방탕아인 안토니우스[13]나, 그 어리석은 자인 레피두스[14]나, 비열하게도 신성하다는 등의 별명을 가졌던 그 얼빠진 참주 옥타비우스 케피아스[15] 등으로부터 추방된 작가는 아니었음을 인정해 주기 바랍니다.

또 마로[16]가 조롱하고 책망했다고 하여 성(聖) 바르테르미 사건이 일어난 것도 아니며, 비극 《시드》[17]가 프롱드의 난(亂)[18]의 원인이 된 것도 아니라는 것을 인정해 주기 바랍니다. 커다란 죄악을 범한 것은 이름난 무지몽매한 패들로 한정되어 있었습니다. 이 세상을 언제나 눈물의 계곡으로 만들고 있고 앞으로도 만들 자는, 낫 놓고 기역자도 몰랐던 타마스 쿨리 칸[19] 이래, 수의 계산밖에 할 줄 모르는 하급 세관원에 이르기까지, 싫증을 모르는 인간의 탐욕과 손을 쓸 수 없는 거만함입

13 마르쿠스 안토니우스(기원전 83~30). 카이사르 시대의 로마 정치가. 카이사르가 죽은 뒤 삼두정치를 조직하고 인망을 모았으나, 클레오파트라나 옥타비아누스의 누이나 클레오파트라 7세 등 여성 관계의 방자한 태도로 자기 편의 신용을 잃고 옥타비아누스에게 패하여 자살했다.

14 카이사르의 부하. 카이사르가 죽은 뒤 제2차 삼두정치를 조직했으나, 욕심을 내어 옥타비아누스와 대립하여 결국 은퇴를 하게 되었다.

15 로마 제정 초대의 황제(기원전 63~서기 14). 안토니우스, 레피두스와 제2차 삼두정치를 조직하고, 후에 두 사람을 실각시킨 다음 실권을 잡고 아우구스투스의 존칭을 얻었다. "비열하게도……." 운운은, 독재의 외관을 두려워하여 통령(統領)에 선출될 것을 피한 사실을 가리키는 것 같기도 하다.

16 프랑스의 프로테스탄트 시인. 신앙상의 풍자 때문에 이단으로 몰려 여러 번 투옥되고, 어쩔 수 없이 국외 망명을 하게 되어 이탈리아에서 죽었다. 다음의 성 바르테르미 사건은, 유명한 구교도에 의한 대규모적인 신교도의 학살(1572년 8월 24일 밤)을 가리킨다.

17 라신과 어깨를 나란히 하는 프랑스 고전 비극의 대작가인 코르네유(1606~1684)의 걸작 비극.

18 2회에 걸쳐 행해진 당시의 내란(1648~1649, 1649~1653).

19 Tahmasp-Kouli-khan(1688~1747). 본명은 Nadir. 무뢰한으로 전투기술에 숙달하여 유능한 장군이 되고, 그 잔혹함 때문에 모두들 무서워 했는데, 자기 부하에게 학살되었다.

니다. 문예는 영혼을 품고 바로잡고 위안하는 것입니다. 그리고 문예는, 당신이 거기 반대하여 쓰고 있는 현재도 당신의 영광을 만들고 있기도 한 것입니다. 당신은 정신없이 영광을 물고 늘어지는 아킬레우스와 같은 자라고 할 수 있고, 또 빛나는 상상력으로, 상상력에 반하여 쓴 말브랑시 신부[20]와 같은 자라고도 할 수 있을 것입니다.

샤뛰이[21]로부터 들은 바에 의하면, 당신의 건강은 대단히 나쁜 모양인데, 고향의 공기 속에서 그것을 회복하고, 자유를 향락하고, 나와 함께 우리의 암소 젖을 마시고, 우리의 목초를 먹어야 할 것 같습니다. 우선 아주 철학적으로, 또 더없는 존경으로 말하는 바입니다.

배상(拜上).

제네바 근교 델리스에서,
1755년 8월 30일,
볼테르

---

20 Nicolas Malebranche(1638~1715). 데카르트의 영향을 받은 프랑스의 철학자. 기회 원인론으로 알려졌다.
21 M. Chappui(1714~1779 ; 볼테르의 편지에는 Chapui로 되어 있다). 루소의 열렬한 숭배자. 《고백록》에 나온다.

부록 II

루소가 볼테르에게 보내는 편지[1]

나야말로 모든 점에서 당신에게 사례를 해야겠습니다. 나의 보잘것없는 몽상(夢想)[2]의 조묘(粗描)를 보여 드리고, 나는 당신에게 적당한 선물을 하고 있다고는 꿈에도 생각지 않았습니다. 다만 의무를 다하고 자신들의 어른을 대하듯, 우리 모두가 당신에게 표해야 할 경의를 나타냈다고 생각했을 뿐입니다. 게다가 당신이 나의 조국에 표해 주는 존경을 가슴 깊이 느꼈으므로, 나의 동족인 시민들과 더불어 감사하는 마음을 나누고 있으며, 그들이 당신에게서 받는 교시(敎示)를 이용할 수 있게 될 때

그 감사하는 마음은 오히려 늘 것이라고 기대하고 있습니다. 당신이 선택한 안주(安住)의 땅을 더없이 아름답게 하여 당신의 조언을 받기에 합당한 국민을 계발해 주었으면 합니다. 그리고 미덕과 자유를 그리는 방법[3]을 아주 잘 알고 계신 당신은, 그런 것을 당신의 저작 속에서뿐 아니라 우리들의 성벽(城壁) 속에서도 소중

---

1 앞에 실린 1755년 8월 30일부터 볼테르가 루소에게 보내는 편지에 대한 회답. 루소는, 볼테르가 두 사람이 주고받은 편지를 언젠가는 공개하리라는 것을 알고 있었다. 실제로 9월이 되자 볼테르는 자기 편지를 공표하는 허가를 루소에게 물어 왔고, 루소도 그것은 명예롭고 서로 유익한 일이라고 대답하고 있다. 그런 것을 미리 계산에 넣고, 루소는 볼테르의 짓궂고 조롱섞인 투에 대해 애써 냉정을 가장한 채 대선배에 대한 정중한 태도로 대했는데, 그것이 오히려 볼테르를 초조하게 했다.
2 루소는 친구인 마르크 샤퓌이 편에 볼테르에게 《불평등론》을 보낸 모양이다.
3 특히 볼테르의 비극 작품을 가리키는 듯하다.

히 취급할 것을 우리에게 가르쳐 주었으면 합니다. 당신에게 다가가는 자는 모두 영광으로의 길을 당신에게서 배우지 않으면 안 됩니다.

나로서는 우리들의 동물성으로부터 잃은 약간의 것을 크게 안타깝게 여기고는 있지만, 그 동물성을 자기 속에서 회복하려고 내가 열망하고 있지 않다는 것을 알고 있을 겁니다. 이 회귀(回歸)는 당신에게 있어서는 몹시 클 뿐만 아니라 해롭기도 한 기적이므로, 그 기적을 행하는 일은 신에게만 알맞는 업(業)일 것이고, 그것을 원하는 것은 악마만이 하는 일일 것입니다.

그러므로 네 발로 돌아가고자 시도하는 일은 없기를 바랍니다. 어떤 사람일지라도 당신과 마찬가지로 그런 일을 잘하지는 못할 것입니다. 당신은 우리를 매우 멋지게 두 발로 서게 해주었으므로 당신을 두 발로 서게 하지 않을 수 없는 겁니다.

나는 문학으로 유명한 사람들에게 귀찮게 따라 다니는 재액(災厄)을 다 인정합니다. 또 인간성에 연결되어 있어, 게다가 우리들의 헛된 지식으로부터는 독립해 있는 것처럼 보이는 모든 악의 사실도 나는 인정합니다. 사람들은 자기들을 향해 수많은 비참이라는 샘물을 개척했으므로, 우연히 그 중의 어느 하나를 어긋나게 했다 하더라도, 그들은 여전히 대부분의 그 비참의 샘물에 깊이 빠져 있는 것입니다.

게다가 사물의 진전 속에는, 속인에게는 인정되지 않더라도 현명한 사람이 잘 반성할 때 그 눈에서 절대로 도피할 수 없는 숨은 관계가 있는 것입니다. 로마의 온갖 불행과 로마인들의 죄악을 자아낸 것은 테렌티우스[4] 도 아니며, 키케로도 아니며, 베르길리우스도 아니며, 세네카도 아니며, 타키투스도 아니며, 학자들도 아

---

4 이하 이곳에 나오는 사람은 모두 로마의 고명한 철학자 · 시인 · 역사가를 가리킨다. 단, 레리우스(집정관), 아우구스투스, 네로, 도미티아누스(이상 로마 황제)는 제외한다.

니며, 시인들도 아닙니다. 그러나 역사에도 기록된 더없이 강력한 그 정부를 조금씩 부패시켜 간 느리고 은밀한 독소가 없었다면 키케로나 루크레티우스나 살루스투스도 결코 존재하지 않았을 것이며, 또는 절대로 책을 쓰지 않았을 것입니다. 레리우스와 테렌티우스의 사랑할 시대가, 일찍부터 아우구스투스와 호라티우스의 빛나는 시대를 가져오고, 최후의 세네카와 네로, 도미티아누스와 마르티알리스의 무서운 시대를 가져온 것입니다.

문학과 학예에 대한 취미는, 국민 속에서는 그들이 증대시키는 내적인 결함에서 생깁니다. 그리고 인간의 모든 진보가 인류에게 있어 위험하다는 것이 진실이라면, 우리들의 오만함을 쌓이게 하여 우리의 방황을 증대시키는 정신과 지식의 진보는 머지않아 우리의 불행을 촉진할 것입니다. 그런데 악을 자아낸 같은 원인이, 더 이상 악이 증대하지 않게 하기 위해 필요해지는 그런 악이 존재하는 시대를 가져옵니다.

그것은 상처입은 사람을 찌른 칼과 같은 것, 뽑으면 그 사람은 숨을 거둘지도 모른다는 생각으로 상처에 그대로 남겨 두고 있는 칼과 같은 것입니다. 나의 일을 말하면, 만일 내가 자기의 최초의 성향을 따르고 있었다고 하고 독서나 저작을 하지 않았다면, 나는 그 때문에 지금보다는 더 행복했을 것입니다. 그러나 이제는 만일 문학이 파괴되었다고 한다면, 나는 내게 남아 있는 유일한 즐거움을 빼앗긴 것이 될 것입니다. 문학에 안겨야만 나는 나 자신의 모든 괴로움으로부터 위안을 받는 것입니다.

문학을 즐기는 사람들 사이에서야말로 나는 우정의 즐거움을 맛보고, 죽음을 두려워하는 일 없이 삶을 향락하는 일을 배우는 것입니다. 보잘것없는 내게 오늘이 있는 것은 그들의 덕분이며, 당신을 뵙게 되는 것도 그들의 덕분입니다. 그러나 우리들 일에 대해서는 이해를, 우리들 저작에 대해서는 진실을 고려한다고 합시다. 그러면 가령 세상을 계발하고, 그 맹목적인 민중들을 인도하기 위해서는 철학자나 역사가나 과학자가 필요하다고 하더라도, 현명한 멤논[5]이 진실을 고했다고 한다면, 수많은 현자의 모임만큼 어리석은 것을 나는 모릅니다.

제발 이 사실을 인정해 주십시오. 위대한 천재들이 사람들에게 교훈을 내리는 일이 올바르다고 한다면, 세상 사람들은 그들 천재들의 교훈을 받아들이지 않으면 안 됩니다. 즉 누구나가 교훈을 주는 일에 손을 내민다면, 누가 그것을 받아들이려고 하겠습니까. 몽테뉴가 말하고 있는[6] 것처럼, 절름발이는 육체의 훈련에는 적합치 않으며, 영혼의 절름발이는 정신의 훈련에는 어울리지 않는 것입니다.

그러나 호학적(好學的)인 현대에는 절름발이가 남에게 걷는 법을 가르치려 하는 광경만이 눈에 띕니다. 민중은 현재의 책을 받아들여도, 그것을 비판하기 위해서이지, 계발하기 위해서 아닙니다. 아직까지 이렇게 많은 (조르주) 단단[7]들을 본 일은 없습니다. 무대에 그들이 잔뜩 등장할 뿐만 아니라, 커피숍에도 그들의 경구(警句)가 울려퍼지고 있습니다.

그들은 그것을 신문지상에 자랑하고, (센) 강변의 서점은 그들의 책으로 넘쳐 있습니다. 게다가 어떤 시시한 문사(文士)가 《고아》[8]를 평판이 좋은 곳에서부터 헐뜯고 있다는 말을 듣고 있습니다. 그는 결점을 알아볼 능력도 없으므로, 미점(美點)을 느낄 힘도 거의 없는 형편입니다.

사회 혼란의 최초의 원천을 조사해 보면, 인간의 모든 악은 무지보다는 오류에서 비롯되지만, 우리가 전혀 모르는 편이, 알고 있다고 생각하는 일보다 우리에게 훨씬 해가 적다는 것을 알 것입니다. 그런데 온갖 것을 알려고 하는 광적인 열망만큼 과오에 과오를 거듭하는 확실한 방법이 또 있겠습니까. 만일 사람들이 지구

---

5 볼테르의 콩트 〈멤논 또는 인간의 지혜〉(1749)의 첫머리에 있는, "멤논은 어느 날, 완전히 현명해지고자 하는 무분별한 계획을 생각해 냈다."를 지적하고 있다.
6 《에세》 제1권 제25장, '철학에 대하여' 참조.
7 몰리에르의 희극 《조르주 단단》의 주인공.
8 정확하게는 《시나의 고아》(1755). 루소의 주석(이 무렵 상연되고 있던 볼테르의 비극).

가 공전하지 않는다는 것을 알고 있다고 주장하지 않았다면, 지구는 공전한다고 말했다는 이유로 갈릴레오가 벌을 받는 일은 결코 없었을 것입니다. 철학자들만이 그 권한을 요구했다면, 《백과전서》는 박해의 손을 불러들이지는 않았을 것입니다.

수많은 난쟁이들이 영광을 열망하지 않는다면, 당신은 당신의 영광을 평화롭게 향수할 것입니다. 또는 적어도 당신은 당신에게 적당한 경쟁자들만을 갖게 될 것입니다.

그러므로 위대한 재능을 장식하는 꽃들에 따르게 마련인 몇 개의 가시를 느끼고 놀라지 않도록 해주십시오. 당신들의 적이 비웃고 욕하는 일은, 승리자들의 행렬에 으레 따르는 빈정거림의 갈채입니다. 당신이 불평하고 있는 표절이 생기는 이유도, 당신의 모든 저작에 대한 공중의 열의 탓입니다. 그러나 그 위조인들 쉽지 않습니다.

왜냐하면 쇠와 납은 금과 혼합되지 않기 때문입니다. 그 일을 당신의 평안과 우리의 교회에 대한 나의 관심으로 당신에게 말하는 것을 용서해 주십시오. 당신에게 해를 가하기보다는, 당신이 선행을 하지 않도록 사람들이 노력하는 헛된 소란함을 경멸해 주십시오.

당신은 비난받으면 받을수록 점점 감탄하게 될 것입니다. 좋은 책은 인쇄된 조매(嘲罵)에 대한 위력 있는 대답입니다. 더구나 당신이 흉내낼 수 없는 저서만을 쓰지 않는 한은, 당신이 결코 쓰지 않았던 그런 저서를 누가 감히 당신 것이라고 보겠습니까.

나는 초대받은 일을 고맙게 생각하고 있습니다. 그리고 만일 내년 봄에 내가 조국에서의 거주를 위해 출발할 만한 상태로 이 겨울을 맞이한다면 당신의 호의를 기꺼이 받아들이겠습니다. 특히 나는 당신의 암소 젖보다도 당신의 샘물을 마시고 싶다고 생각합니다. 그리고 당신의 과수원의 목초에 대해서는, 짐승의 사료가 아닌 백련(白蓮)과, 짐승이 되는 것을 방지하는 영초(靈草)[9] 이외의 것은 그곳에서 발견할 수 없을 것이라는 생각이 듭니다.

진심으로 존경을 바치며,
1755년 9월 10일 파리에서

---

9 백련과 영초 둘 다 그리스 신화에 나오는 식물. 전자의 열매를 먹으면 고향을 잊어버리고, 후자는 마술의 주문을 푸는 영초. 이에 관한 루소 자신의 주(註)로 짐작되는 것이 있다. 로타스와 몰리는 《오디세이아》 속에서 호메로스에 의해 찬양되고 있다. 전자는 신들에게 알맞는 식품을 제공하고, 그것은 율리스(오디세우스)의 친구에게는 대단히 감미롭게 여겨졌으므로 그들을 배로 되돌려보내는 데 폭력을 써야만 할 정도였다. 메르클리우스가 후자를 마녀 키르케의 주문에 걸리지 않도록 하기 위해 오디세우스에게 주었다(뒤푸르프랑, 루소 《전서한집(全書翰集)》 제2권).

부록Ⅲ

필로폴리스의 편지[1]

나는 제네바의 J. J. 루소 씨의 〈사람들간에 있어서의 불평등의 기원과 기초〉에 관한 논문을 지금 막 읽었습니다. 나는 이 기묘한 화면의 채색법에 감탄했습니다. 그러나 데생과 묘사에는 그와 같이 감탄은 하지 않았습니다. 나의 조국이기도 한 제네바에 대해, 그것이 자아낸 탁월한 인물들 속에 그를 손꼽게 하는 일을 축복하는 바입니다.

그러나 나에게는 진실에 몹시 반(反)하고, 행복한 인간을 만드는 데 대체적으로 적합해 보이지 않는 사상을 그가 채용한 일을 안타깝게 생각하고 있습니다.

---

1 제네바의 박물학자 'Charles Bonnet'의 필명. 필로폴리스는 그리스어를 풍자적으로 표현한, '도시를 사랑하는 자'란 뜻. 전원을 찬양하는 루소에 대한 빈정거림인 듯하다. 루소에게 호의적이지 않은 생물학자, 심리학자, 각국의 학자와 편지를 주고받았다. 특히 할러(Albrecht von Haller)와의 편지 왕래로 알려져 있다. 제네바의 상층계급 출신. 정당파의 프로테스탄트로서 계시와 기적을 믿고, 당시의 생물학과 감각론 철학을 신앙에 결부시키려고 노력했다. 《에밀》, 《사회계약론》 이후로는 루소에게 공공연하게 적의를 나타내게 되었다. 제네바 정부의 최고 집행기관에 매달려, 루소를 당시 제네바의 정치적 개혁운동의 한 지도자로 인정하고, 정치와 종교 양면으로부터 그에게 적의를 품고 있었다. 이 편지는 그 적의를 최초로 나타낸 것으로 보인다. 주저로는 《영혼의 기능 분석 시도》, 《생물에 관한 고찰》, 《자연에 관한 사색》 등이 있다. 익명으로 한 이유는, 루소에게 무엇이나 하고 싶은 말을 자유롭게 하기 위해서였다고 보네는 나중에 말하고 있다. 루소는 필로폴리스를 제네바인이라고는 생각하지 않았고, 제네바인이 익명으로 자기를 공격하는 것과 같은 비겁한 짓은 하지 않을 것이라고 생각하고 있었다. 더구나 이 편지는 루소 앞으로 되어 있지 않고, 《메르퀴르 드 프랑스》지의 편집자 루이 드브와시 앞으로 되어 있었다.

사람들이 디종의 아카데미 현상(懸賞)을 획득한 논문[2]에 반대하여 대대적으로 쓴 것처럼, 틀림없이 이번의 새로운 논문에 대한 반론이 많이 씌어질 것입니다. 현재 루소 씨에 대한 많은 반론이 씌어졌고 앞으로도 많이 씌어질 것이므로, 사람들은 그가 한결같이 집착했던 역설을 그에게 있어 한층 더 소중한 것으로 만들 것입니다. 루소 씨를 논박하는 책을 쓰고 싶다고는 조금도 생각하지 않고, 논쟁은 모든 방법 중에서 이 대담하고 독립적인 천재에 가장 힘을 미치지 못하는 방법이라고 굳게 믿고 있는 나로서는 하나의 극히 단순한 추리, 문제 속에 있는 가장 본질적인 부분을 포함한 것으로 생각되는 추리를 깊이 연구하도록 그에게 제의하는 것으로 그칩니다.

그 추리란 다음과 같은 것입니다.

인간의 갖가지 능력에 직접 유래하는 일은 모두 인간의 자연, 즉 본성에서 유래한다고 해야 하지 않겠습니까. 그런데 인간의 모든 능력에서 직접 유래하는 일은 사회상태가 충분히 증명할 수 있다고 나는 믿고 있습니다. 나는 우리의 저자에 대해, 사회의 확립에 관한 그 자신의 생각 이외의 증거를 끌어낼 의도는 전혀 없습니다. 그것은 탁월한 생각으로, 그가 논문의 제2부에서 대단히 훌륭하게 표명한 일입니다. 그러므로 만일 사회상태가 인간의 여러 능력으로부터 발생하는 것이라면, 사회상태는 인간에게 있어서 자연스러운 것입니다. 따라서 그 능력의 발달과 더불어 이 상태를 생겨나게 한 일을 한탄하는 것은, 신이 인간에게 그 같은 능력을 준 것을 한탄하는 것과 마찬가지로 무분별을 면치 못할 것입니다.

인간은 세계 속에 차지할 지위가 요구하는 그대로입니다. 세계에는 통나무집을 만드는 비버가 필요했던 것처럼, 도시를 건설하는 인간이 분명히 필요했던 것입니다. 루소 씨가 인간을 짐승으로부터 본질적으로 구별하는 특질을 성립시키고

---

2 1751년의 《학문 예술론》을 말한다.

있는 그 개선 능력은, 저자 자신이 인정하는 바로는, 오늘날 우리가 보고 있는 지점에까지 인간을 이끌어 갈 예정이었던 것입니다. 절대로 그렇게 되지 않기를 원하는 일은, 인간이 절대로 인간이 되지 않기를 원하는 일에 불과할 것입니다. 구름 속으로 모습을 감춰 버리는 독수리가 뱀처럼 먼지 속을 기어갈 수 있겠습니까.

루소 씨의 미개인, 그가 그처럼 기뻐하며 귀여워하는 그 인간은, 신이 만들려고 생각한 인간은 아닙니다. 그렇지 않고 신은 인간이 아닌 오랑우탄이나 원숭이를 만든 것입니다.

그러므로 루소 씨가 사회상태에 대해 그처럼 집요하게 비판할 때, 그는 인간을 만들고 이 상태를 정한 '분들의 의지'를 자각하지 못하고 항의하고 있는 것입니다. (사회의) 사실(事實)은 '존경할 의지'의 표현과는 다른 것이라고 하는 것입니까. 저자가 르 브룅[3]과 같은 사람의 화필로, 사회상태가 자아낸 전율할 만한 모든 악의 화면을 우리 눈에 그려 보일 때, 그는 그런 것을 볼 수 있는 행성(行星)이 — 우리에게는 알려져 있지 않지만, 어떤 '완전한 영지(英知)'의 소산임이 우리에게 알려져 있는 — 광대무변(廣大無邊)한 전체의 한 부분을 이루고 있다는 사실을 잊어버리고 있습니다.

그러므로 인간은 다르게 존재하고 있었다면 좀더 잘되었을 것이라는 일을 증명하려고 하는 터무니없는 계획은 영원히 버리기로 합시다. 그렇게 규칙적인 벌집을 만들어 내는 벌은, 루브르궁의 전면을 평가하고 싶어할까요. 양식과 이성의 이름으로, 인간을 그 모든 부속물과 함께 있는 그대로 파악합니다. 세계를 나가는 대로 나가게 내버려 둡시다. 그리고 세계가 과거와 마찬가지로 지금도 잘 진행되고 있다고 확신합시다.

---

3 Le Brun. 회화에 있어 프랑스 고전주의의 대표적 화가 중 한 사람. 아카데미의 총재로, 베르사유궁의 장식을 주재했다.

사람들의 눈에 신의 의(義)를 명백히 하는 일이 중요하다면 라이프니츠와 포프가 그 일을 행한 것이며, 이 숭고한 천재의 불후의 작품은 이성의 영광을 위해 세워진 기념비입니다. 루소 씨의 논문은 정신을 위해, 단 자기 자신이나 타인에게도 불만으로 초조해하는 정신을 위해 세워진 기념비입니다.

우리 철학자가 우리를 위해 사물의 기원을 폭로하고, 온갖 선(善)과 미의 다소 빠르기도 하고 늦기도 한 발전을 나타내는 일에, 요컨대 인류가 그리고 있는 우여곡절의 길을 따라 인류의 발걸음을 더듬는 일에 그 재능과 지식을 바칠 때, 이 독창적이고 풍부한 천재의 여러 가지 시도는, 그런 흥미있는 대상에 관해 귀중한 지식을 우리에게 가져다 주는 일이 되기도 할 것입니다. 그렇게 되면 우리는 열의로써 그 지식을 받아들이고, 거기에 합당한 감사와 찬미를 저자에게 바칠 것입니다. 단, 그런 보수는 저자의 탐구의 주요한 목적이 아니었다고 확신하고 있지만.

그러나 여기에 놀랄 수밖에 없는 이유가 있습니다. 그리고 만일 내가 사람들 의견의 다양성의 원천에 대해 사색하도록 그다지 재촉받지 않았다면 나는 한층 더 놀랐을 것입니다. 거듭 말하면, 좋은 정체(政體)의 미점을 그처럼 잘 알고, 그런 미점이 모두 수집되어 있는 일을 자인한 우리 공화국에 바친 아름다운 헌사(獻辭) 속에서, 그런 미점을 그토록 잘 묘사한 작가가 그 논문 속에서 그런 것을 그처럼 재빠르게, 더구나 그처럼 완전히 놓쳐 버린 것[4]은 참으로 놀라운 일입니다. 사람들이 자기의 의견을 올바르다고 생각해 주지 않는 일에 틀림없이 화를 낼 작가가, 그로부터 깊이 사랑을 받고 있는, 또 거기에 합당한 동족들 가운데서 살기보다는, 건강이 허락하면 숲속에 들어가 생애를 마치는 쪽을 진심으로 택하고 있음을 스스로 납득하려고 무익한 노력이 소요되고 있습니다. 사물을 생각하는 작가가 더

---

4 제네바 시회(市會)에 대한 헌사에 있어서의 이상적인 정치의 묘사와, 《인간불평등론》의 본론 제2부의 정치의 타락상과의 심한 대조를 가리키고 있다. 이 모순은 보네뿐 아니라 많은 독자의 주의를 끌었으나, 오히려 그 효과를 루소가 계산에 넣었음은 물론이다.

이상 심한 말은 할 수 없듯이, 헤아릴 수 없을 정도의 부조리를 단독으로 품고 있는 다음과 같은 기묘한 역설을 오늘날과 같은 시대에 내놓는 일을, 사람은 전에도 추측한 일이 있었겠습니까. 즉 "만일 자연이 우리를 성자(聖者)[5]가 되도록 정했다면, 반성의 상태는 자연에 반하는 상태이고, 사색하는 인간은 타락한 동물이다."

내가 이 편지를 쓰기 시작했을 때 이미 비친 일이지만, 내가 의도하는 바는, 루소 씨에 대해 내가 아니더라도 많은 다른 사람들이 할 것 같은 논의, 또 오히려 격렬하게 하지 않는 편이 나은 논의로써 '미개인'의 상태에 대한 '시민'의 상태에 우월성을 증명하는 것은 아닙니다. 그런 것이 문제가 될 줄이야 도대체 누가 상상이나 했겠습니까. 나의 목적은, 오로지 우리의 저자에게 그의 끊임없는 탄식이 얼마나 쓸데없는 일이며 부적당한 일인가를, 또 '사회'라는 것이 우리 존재의 목적 속에 포함되어 있음이 얼마나 명백한가를 깨닫게 하려고 시도하는 일입니다.

나는 루소 씨를 향해, 동향인의 관계에서 허용되는 솔직함으로 말했습니다. 나는 그의 심성의 장점에 대해서는 대단히 높이 평가하고 있으므로, 그가 이런 관찰을 좋은 뜻으로 받아들이지 않으리라고는 한순간도 생각한 일이 없습니다. 진리에 대한 사랑만이 나로 하여금 그것을 말하게 한 것입니다. 그러나 만일 그것을 함으로써 루소 씨의 마음을 상하게 할 만한 내용이 뭔가 나의 붓에서 새어나갔다면 다만 용서를 빌 뿐이며, 나의 의도의 순수함을 믿어 달라고 말할 뿐입니다.

끝으로 '연민의 정'에 대해서 한 마디 하겠습니다. 우리 저자의 덕분으로 대단히 유명해진 그 미덕, 그에 의하면 세계의 유년기(幼年期)에 있어 인간의 가장 아름다운 천성이었던 것 말입니다.

나는 루소 씨에게 다음 문제에 대하여 고찰해 달라고 말하고 싶습니다. 고통을

---

5 이것은 《메르퀴르 드 프랑스》지의 오식(誤植)으로, 루소는 '필로폴리스에게 보내는 편지' 속에서 이것을 이용한다. '성자(Saints)'라고 된 것은 '건강(Sains)'의 잘못.

한 번도 맛본 일이 없는 인간, 또는 모든 '감성(感性)을 가진' 존재가 '연민의 정'을 느끼는 것일까요. 그리고 참살(斬殺)되는 유아를 보고 그 자의 마음이 강하게 흔들릴까요.

루소 씨가 그처럼 풍부한 '연민의 정'을 인정하고 있는 하층민이, 왜 그처럼 파고드는 듯한 눈초리로 형차(刑車) 위에서 숨을 거두는 사형수를 바라볼까요.

동물의 암컷들이 자기 새끼들에 대해 표현하는 애정은 그들의 새끼를 대상으로 하고 있는 것일까요, 아니면 모성 자신을 대상으로 하고 있는 것일까요? 만일 우연히 후자를 대상으로 한 것이라면, 새끼들의 안전은 오히려 점점 확보되는 셈이 될 것입니다. 이것으로 실례하겠습니다.

제네바에서,
1755년 8월 25일
제네바의 시민, 필로폴리스

부록Ⅳ

루소가 필로폴리스에게 보내는 편지[1]

당신은 내가 당신에게 대답해 주기를 원하고 있습니다. 나에게 질문을 던져 왔으니까요. 게다가 문제는 나의 동족들에게 바쳐진 글에 관련되어 있으며, 나는 그 작품을 변호함에 있어서 그들 동족들이 그것을 받아들여 준 명예를 정당한 것으로 할 필요가 있습니다. 당신에게 보내는 편지 속에서 좋든 나쁘든 나에게 관한 일은 언급하지 않겠습니다. 왜냐하면 그 두 가지는 거의 상쇄(相殺)되고 있으며, 나는 그런 일에 그다지 흥미가 없고 공중은 더더구나 흥미를 가지고 있지 않으며, 그런 일은 모두 진실된 탐구에는 아무런 도움도 될 수 없기 때문입니다. 그래서 나는 내가 풀려고 노력한 문제의 본질적인 것으로서 당신이 제시하고 있는 추리로부터 시작하기로 하겠습니다.

당신의 말을 빌리면, 사회상태는 인간의 갖가지 능력, 따라서 인간의 자연(본성)에서 직접 유래되는, 인간이 적어도 사회적이 되지 않기를 원하는 일은 동시에 인간이 인간으로 되지 않기를 원하는 일이 될 것이며, 그리고 인간사회를 향해 항

---

1 루소는 《메르퀴르 드 프랑스》의 지상에 실린 필로폴리스의 편지에 대해 공공연하게 대답하기를 거절하는 이유를, 편집자 루이 드 브와시 앞으로 보내는 편지에서 말했다(1755. 11. 29, 1756. 1. 《메르퀴르 드 프랑스》지에 게재). 그러나 필로폴리스의 편지가 발표된 얼마 후 루소가 이 회답의 원고를 쓴 모양이며, 그가 죽은 뒤 발표되었다.

의하는 일은 신의 소신을 공격하는 셈이 될 것입니다. 이번에는 당신이 내놓은 이의를 해결하기 전에, 하나의 이의를 당신에게 제시하는 일을 용서해 주십시오. 목적을 달성하는 데 가장 정확한 방법을 알고 있다면, 당신에게 이렇게 먼 길로 돌아가게 하지 않아도 될 것입니다만.

몇 사람의 학자가 언젠가 노년기를 촉진하는 비결과, 이 유례없는 발견을 사용하도록 결심하게 하는 방법을 발견한다고 가정해 봅시다. 이 설득은 물론 염려할 정도로 어려운 일은 아닐 것입니다. 왜냐하면 이성, 이 우리의 모든 우열(優劣)함의 큰 매개물이 그러한 우열함을 우리를 위해 빼놓지 않도록 주의해 줄 테니까요. 특히 철학자와 사려분별이 있는 사람들은 정념의 멍에를 떨쳐 버리고 영혼의 귀중한 평온을 맛보기 위해 서둘러 네스토르의 나이[2]에 달할 것이며, 질식시켜야만 할 욕망으로부터 몸을 지키기 위해 만족시킬 수 있는 욕망을 스스로 단념할 것입니다. 자기들의 약함을 부끄럽게 여기면서도 거의 광적으로 언제까지나 젊고 행복하게 있고 싶어하거나, 현명하게 되기 위해 늙은 것을 원하지 않거나 하는 것은 몇 사람의 경박한 자에 한한 일일 것입니다.

그 색다른 기묘한 정신, 즉 역설적인 인물이 그때 다른 사람들을 향해 그들의 공리의 부조리를 비난할 것을 생각하고, 또 그들은 평정을 구하여 죽음을 서두르는 것이며, 너무 사려분별만을 따지다가 노년을 맞이했을 따름이며, 훗날 나이를 먹고 늙어야 한다 해도 가능한 한 서서히 그와 같이 되도록 힘써야 할 것임을 그들에게 증명해 줄 것을 착상했다고 가정해 봅시다.

우리의 궤변가들이 그들 학문의 비결이 가치가 떨어짐을 두려워하여서, 허둥대며 이 귀찮은 논자(論者)의 이야기를 막을 것인가의 여부를 물을 필요는 없습니다. '현명한 노인들이여!' 하고 그들은 자파(自派)인 동료들을 향해 말할 것입니다.

---

2 고령이란 뜻. 네스토르는 호메로스에 의해 묘사된 트로야 전쟁에 종군한 노장의 한 사람.

'신이 그들에게 베풀고 있는 은혜를 신에게 감사드려라. 그리고 신의 의지에 그렇게 잘 따른 것을 계속 스스로 축복하라. 그대들은 분명히 늙고 초췌하며 약하다. 그것은 인간이 피할 수 없는 운명인 것이다. 그러나 그대들의 지력(知力)은 건전하다. 너희들의 손과 발은 모두 제대로 말을 듣지 않게 되었지만, 그대들의 두뇌는 그 때문에 한층 더 자유롭게 되어 있다. 그대들은 돌아다닐 수는 없다. 그러나 신탁(神託)처럼 말할 수 있는 것이다. 그리고 그대들의 고통이 날이 갈수록 쌓이기만 한다면, 그와 함께 그대들의 철학은 늘어간다. 썩 건강하지 못한 탓에, 그대들의 허약함에 결부되고 있는 갖가지 행복을 빼앗기고 있는 그 혈기로 서두르는 청년들을 불쌍히 여겨라. 그대들이 지니고 있는 병 이상으로 많은 약품을 갖추고 있는 수많은 유능한 약제사나, 그대의 맥박을 잘 알고 그대들의 모든 관절염의 이름을 그리스어로 알고 있는 수많은 박학한 의사들이나, 그대들을 즐겁게 임종까지 이끌고 갈 수많은 위로하는 자와 충실한 후계자들을 그대들 주위로 모여들게 하는 병약이란 얼마나 고마운 것인가. 만일 구제의 손길이 필요한 병을 그대들이 자신에게 초래하는 방법을 몰랐다고 하면, 그대들은 얼마나 많은 구제의 손길을 상실했는지 모른다.'

그리고 그대들이 우리의 무분별한 경고자를 거칠게 불러, 대강 아래와 같은 말을 하리라는 것을 상상할 수 없습니까.

'무모한 연설가들이여, 그런 무례한 말은 그만둬라. 그대는 인류를 창조하신 분의 의지를 감히 비난할 것인가. 노년의 상태는 인간의 구조에서 유래되는 게 아닌가. 인간에게 있어서 늙는다는 것은 자연현상이 아닌가. 그대의 선동적인 연설로 그대는 자연의 법도, 나아가서는 그 창조자의 의지를 공격하는 일 이외에 무엇을 하고 있다는 것인가. 인간은 늙는 것이므로, 신이 인간이 늙기를 원하고 있는 것이다. (인생의) 사실은 신의 의지의 표현과는 별개의 것이란 말인가. 젊은 인간은 신이 만들려고 원했던 자는 아니라는 것, 서둘러 신의 명령을 따르기 위해 늙기를 서둘러야 함을 깨달아야 한다.

이상의 것을 가정해 보고 나는 당신에게, 역설적인 인간은 침묵해야 할 것인가, 대답을 해야 할 것인가를 묻습니다. 그리고 후자의 경우라면 내가 말해야 할 일을 나에게 지시해 주기 바랍니다. 그러면 당신의 반대를 해결하도록 노력해 보겠습니다.

당신은 나 자신의 이론으로 나를 공격한다고 주장하고 있는 것이므로, 나의 생각으로는 사회가 인간종(人間種)에게 있어서 자연스러운 것은 노쇠가 개인에게 있어서 자연스러운 것과 마찬가지이며, 인민에게 있어서 예술이나 법률이나 정부가 필요한 것은 노인에게 있어서 협장(脇杖)이 필요한 것과 마찬가지임을 결코 잊어서는 안 될 것입니다. 그 차이는 기껏해야 노년의 상태가 인간의 자연에서만 유래하는 데 반해 사회상태는 인류의 자연에서 유래한다는 것입니다. 단, 당신이 말하듯 직접 그렇게 되는 것이 아니라, 내가 증명했듯이 단순히 어떤 종의 외적 상황에 도움을 받아 그렇게 되는 것입니다 더구나 그 상황은 존재할 수도 있었고 존재하지 않을 수도 있었으며, 또는 적어도 좀더 빨리 일어날 수도 있었고 늦게 일어날 수도 있었으며, 따라서 그 걸음걸이를 빨리 할 수도 있었고, 늦게[3] 할 수도 있었던 것입니다. 그런 몇 가지 상황마저도 사람들의 의지에 의존하고 있으므로 완전한 동등을 확증하기 위해, 나는 종에 그 노년기를 늦추는 힘이 있듯이, 개인에게 그 노년기를 빨리 하는 힘을 가정할 수밖에 없었습니다. 사회상태는, 인간이 도달을 빨리 하는 일이나 늦게 하는 일을 자유로이 할 수 있는 극한의 종점을 가지고 있으므로, 사람들에게 너무 빨리 전진하는 위험과, 그들이 종의 완성으로 잘못 알고 있는 상태의 비참함을 나타내 주는 일은 무익하지는 않은 것입니다.

인간이 짓눌리고 있는 갖가지 불행, 내가 인간 자신의 소산이라고 주장하고 있

---

3 제1부에, 루소가 인간의 진보 발전이 외적 우연에 의존한다고 말한 것과 대응한다.

는 갖가지 불행을 손꼽아 가며, 당신은 라이프니츠와 함께 만사가 선(善)이고, 그처럼 섭리의 올바름이 증명되고 있다고 나에게 단언하고 있습니다. 나는 섭리가 그 정당화를 위해 라이프니츠 철학[4]의 도움을 필요로 한다고도, 또 어떤 다른 철학의 도움을 필요로 한다고도 믿으려 할 것 같지 않았습니다. 당신 자신, 철학 체계라는 것이 어떤 것이든 우주보다도 완벽한 것일 수 있다든가, 섭리를 변호하기 위해서는 철학자의 논거(論據) 쪽이 신이 만든 물건보다도 설득력 있다든가 하고 진지하게 생각합니까? 거기다 또 악의 존재를 부정하는 것은, 악의 장본인을 용서하는 극히 편리한 수단입니다.

라이프니츠와 포프에 의하면, 모름지기 존재하는 것은 선하다[5]는 셈이 됩니다. 사회가 있으면 전체의 선은 그런 사회가 있기를 요구하고, 만일 없다면 전체의 선은 그것이 없기를 요구하기 때문입니다. 그리고 만일 누군가가 숲으로 돌아가 살라고 사람들을 설득했다고 하면, 사람들은 그렇게 하는 것이 좋을 것입니다. 사람은 사물의 자연에 대해, 사물간의 관계에서 끌어내지 않은 선 또는 악의 관념을 적용시켜서는 안 됩니다. 왜냐하면 사물은 그 자체로서는 나쁜 것일지라도, 전체와의 관련에서는 선할 수도 있기 때문입니다.

전체의 선에 협력하는 것은, 가능한 경우에는 거기서 모면하는 일일지라도 허용되는 특수한 악일 수도 있습니다. 왜냐하면 설령 그 악이 사람이 그것을 견디고 있는 한 전체를 위해 유익하다 하더라도, 사람이 그것과 대치하려고 노력하는 반대의 선은, 그것이 이루어지자마자 똑같이 유익한 것이 될 것이기 때문입니다. 있는 그대로가 모두 선이라는 이유에 의해 누군가가 사물의 상태를 바꾸려고 노력

---

4 볼테르가 리스본의 지진에 대해 발표한 유명한 장시(長詩). 《리스본의 재액에 관한 시》에 대한 루소의 반론이며, 이후 두 사람 사이의 사상적 대립이 두드러지게 되었다. 역시 유명한 볼테르에게 보내는 편지(1756. 8. 18)와 같은 발상(發想)이 여기서도 엿보인다.
5 포프, 《인간론(Essay on Man)》의 제1장 294행의 'Whatever is right.'

한다면, 그것은 좋은 일입니다. 그리고 그 사람이 성공하는 것이 좋은 일인가 나쁜 일인가는 그 결말에서 배울 수 있는 일이지, 이성에서 배울 수 있는 일은 아닙니다. 그렇다고 해서 그 점에 있어서 특수한 악이, 그것을 받는 자에게 있어서 현실적인 악이 되는 일에는 조금도 변함이 없습니다. 우리는 문명화하고 있는 것이므로, 우리가 문명화한 것은 어찌되었든 좋은 일이었지만, 그렇게 되지 않는 편이 우리에게 있어 한층 더 좋았을 것입니다. 라이프니츠는 이 명제를 공격할 수 있는 것을 하나도 그의 체계에서 끌어내지 못했을 것입니다. 올바른 의미에서의 낙천주의가 나에게 유리하게도 움직이지 않고, 불리하게도 움직이지 않는다는 일은 명백합니다.

따라서 내가 대답해야만 할 상대는 라이프니츠도 아니고 포프도 아니며, 바로 당신뿐입니다. 당신이야말로 그들이 부정하고 있는 보편적인 악과, 그들이 부정하지 않는 특수한 악을 구별하지 않고, 어떤 것이 존재하는 것만으로 그것이 다르게 존재하기를 원하는 일이 허용되지 않도록 하기에는 충분하다고 주장하고 있습니다. 그러나 만일 모든 것이 있는 그대로서도 선이라고 한다면, 갖가지 정부나 법률이 존재하기 전에는 모든 것이 있는 그대로가 선이었던 것입니다. 그러므로 정부나 법률을 수립하는 일은 적어도 필요 없는 일이었던 것입니다. 그리고 그 무렵이라면 장 자크는, 당신의 이론으로 본다면 필로폴리스를 상대로 유리한 손을 쓸 수 있었을 것입니다. 만일 당신이 이해하고 있는 것처럼 모든 것이 있는 그대로서도 선이라고 한다면, 우리의 결함을 교정하고, 악을 치료하고, 잘못을 바로잡는 일이 도대체 무슨 소용이 있겠습니까.

우리의 강단이나 재판소나 아카데미도 무슨 쓸모가 있겠습니까. 당신이 열이 났을 때 왜 의사를 부르러 보냅니까. 당신이 모르는 가장 큰 전체의 선이란 것이 당신으로 하여금 헛소리를 중얼거리게 하는 일은 없을는지, 토성(土星)이나 낭성(狼星)의 주민의 건강이, 당신이 건강을 회복함으로써 오히려 해를 입는 일이 있을는지 없을는지를 당신이 어찌 알겠습니까. 모든 것이 언제나 잘되어 가게 하기 위해 모든 것을 가능한 한 되는 대로 내버려 두는 것이 좋습니다. 만일 모든 것이 가능한 한 최선의 것이라면, 당신은 어떤 임의의 행동이라도 비난하지 않으면 안 됩니다. 왜냐하면 어떤 행동이라도 그것이 이루어질 때의 사물의 상태에 필연적으로 뭔가 변화를 일으키는 것이고, 그러므로 사람은 무슨 일에 손을 대어도 불편을 일으키지 않고는 안 되며, 가장 완전한 정적주의(靜寂主義)가 인간에게 남겨진 유일한 미덕이기 때문입니다. 결국 만일 모든 것이 있는 그대로가 선이라면 우리의 정치제도 따위가 없어도 되는 라프인이나, 에스키모인이나, 알곤킨족[6]이나, 시카카족[7]이나, 카브리인, 또 그들을 우습게 보고 있는 호텐토트족이나, 그들을 시인하고 있는 어떤 제네바인이 존재하고 있다는 것은 좋은 일입니다. 라이프니츠 자신도 이 점에서 의견이 일치할 것입니다.

인간은, 당신이 말하는 바에 의하면, 우주에서 차지할 지위에 의해 요구되는 그런 것입니다. 그러나 인간은 때와 장소에 따라 대단히 다르므로, 이런 논리를 따르면 특수에서 보편으로, 매우 모순되고 매우 비결정적인 결론을 끌어내지 않을 수 없을 것입니다. 자기가 본 것에서 있어야 할 것을 추론하는 이 같은 이론을 완전히 전복시키려면 지리학상의 잘못이 하나만 있으면 충분합니다. 인디언이라면, '굴 속으로 비집고 들어가는 것은 비버가 할 일이다.

인간은 나무에 매단 해먹 속에서, 그러니까 공중에서 자야만 한다.'고 말할 것입니다. 달단인은, '아니다, 인간은 사륜마차 속에서 자게 되어 있다.'고 말할 것입니다. 우리의 필로폴리스들은 가엾게 여기는 듯한 투로, '가엾은 자들이여, 인간은 도시를 건설하기 위해 만들어져 있다는 것을 너희들은 모르느냐.'고 외칠 것

---

6 캐나다의 민족. 온토내크강과 온타리오호(湖) 사이에 살고 있다고 한다.
7 북미 루이지애나의 미개 민족으로, 납작한 얼굴을 미인의 특징으로 생각했다고 한다.

입니다.

인간의 본성에 대해 추리해야 할 때, 참된 철학자는 인디언도 아니고 달단인도 아니며, 제네바인도 아니고 파리인도 아니며, 그것은 인간입니다.

원숭이가 동물이라는 것은 나도 믿으며, 나는 그 이유를 말했습니다. 오랑우탄도 역시 동물이라는 것, 그것을 당신이 나에게 친절하게 가르쳐 준 것입니다. 그러나 내가 예로 든 사실 뒤에는, 이에 관한 증거가 나로서는 난점이 있는 것으로 생각된다는 것을 털어놓습니다. 당신은 아주 훌륭하게 학문적 추리를 하므로, 때때로 꽤 쉽게 자기들의 동족을 짐승에 포함시킬 우려가 있는 우리 여행가들처럼 경솔하게 이 일에 대한 발언을 하는 일은 없습니다. 그러므로 당신이 이 문제를 결정하기 위해 사용한 방법을 우리에게 가르쳐 주면 틀림없이 공중은 감사할 것이며, 박물학자들까지도 계발하는 셈이 될 것입니다.

편지의 형태를 취한 나의 헌사(獻辭) 속에서, 나는 조국에 대해, 존재할 수 있는 가장 좋은 정치형태의 하나를 갖추고 있는 일을 축복했습니다. 또 나의 논문 속에서, 좋은 정치형태는 극소수밖에 없으리라는 것을 시사했습니다. 그 점, 당신이 느끼게 되는 모순이 어디에 있는지 모릅니다. 그렇게 해도 내가 깊은 애정을 바치고 있음을 당신도 알고 있는 나의 동족들 사이에서보다도, 만일 건강이 허락하면 내가 오히려 숲속으로 가서 살리라는 것을 어떻게 알고 계십니까. 당신은 나의 글에 대해 이와 비슷한 말을 하기는커녕 그 같은 종류의 생활을 결코 택하지 않는 극히 강고(强固)한 이유를 나의 글 속에서 인정해야 했던 것입니다. 나는 어떻게 내가 자신과 비슷하게 타락한 사람들과 더불어 살게 되었는가를 마음속으로 남몰래 통감하고 있습니다.

그리고 현자라도—실제로 있다고 한다면—오늘날에는 사막으로 행복을 찾으러 가지는 않을 것입니다. 그렇게 할 수 있으면 자기의 조국을 사랑하고, 거기에 봉사하기 위해 조국 안에 자기의 주거를 정하지 않으면 안 됩니다. 그런 이점(利

點)을 빼앗겼다 하더라도, 적어도 우정에 둘러싸여 인류의 공통된 조국[8]에, 모든 사람들에게 개방되어 있는 그 넓은 안주의 땅에 살 수 있는 자는 얼마나 행복하겠습니까. 그곳에서는 엄격한 지혜와 들떠 떠드는 청춘이 함께 즐기며, 인정의 깊이, 훌륭한 손님 접대, 감미로움 등 마음 편한 교제의 모든 매력이 지배하고, 가난한 사람도 친구나 자기를 활기있게 해주는 본보기인 미덕이나, 자기를 계몽해 주는 지도자들의 이성을 발견합니다. 이 출세와 악덕과 때로는 미덕의 위대한 무대[9] 위에서야말로 인생의 광경에 대해 결실이 있는 관찰을 할 수 있는 것입니다. 그러나 사실은 자기의 고국에서 각자는 평화롭게 자기의 삶을 끝내야 할 것입니다.

나에게는 극히 정당하다고 생각되는 성찰, 더구나 옳은가 옳지 못한가에 관계없이 단 하나의 문자를 덧붙여 쓰는 것만으로, 당신이 임의로 추가한 것 같은 뜻을 나의 글 속에는 가지고 있지 않은 성찰에 입각하여, 당신은 대단히 엄중하게 나를 비판하는 것 같습니다. '만일 자연이 우리를 성자[10]가 되도록 정한 것이라면 반성의 상태는 자연에 반하는 상태이며, 사색하는 인간은 타락한 동물임을 나는 감히 단언합니다.' 라고, 당신은 나에게 말하도록 하고 있습니다. 털어놓고 말하면, 만일 내가 이처럼 건강과 신성을 혼동하고 있다고 하고, 더구나 그 명제가 진실이라면, 나는 나 자신을 저 세상에서 위대한 성자가 되기에, 또는 적어도 이 세상에서 항상 건강하기에 아주 적합한 인간이라고 생각할 것입니다.

나는 당신의 세 가지 의문에 대답하고 붓을 놓겠습니다. 거기에 대한 반성을 하기 위해 나에게 줄 시간을 낭비하지 않아도 될 것입니다. 그것은 내가 미리 마음을 쓴 일입니다.

'고통을 한 번도 맛본 일이 없는 인간, 또는 모든 감성을 가진 존재가 연민의 정

---

8 프랑스를 뜻하고 있는 것 같다.
9 파리를 가리키고 있다.
10 앞서 말한 '건강'의 오식.

을 느끼겠는가? 그리고 참살되는 유아를 보고, 그 자가 마음이 강하게 흔들리겠는가?

나는 아니라고 대답합니다.

"루소 씨가 그처럼 풍부한 연민의 정을 인정하고 있는 하층민이, 왜 그처럼 파고드는 듯한 눈초리로 형차 위에서 숨을 거두는 사형수를 바라보는가."

당신이 극장에 가서 눈물을 흘리고, '세이드[11]가 아버지를 죽이거나, 티에스트[12]가 아들의 피를 마시거나 하는 것을 보는 것과 마찬가지 이유에 의해서. 연민의 정은 대단히 감미로운 감정이므로, 스스로 그것을 시도해 보려는 것은 이상한 일이 아닙니다. 게다가 사람은 다 누구에게나 피할 수 없는 무서운 순간이 다가왔을 때 자연의 움직임을 연구하고 싶다는 숨은 호기심을 가지고 있는 법입니다. 더구나 2개월간, 거리의 웅변가가 되어 사람들에게 최근의 차형자(車刑者)의 대왕생을 감동적으로 말해 주는 쾌락이 있는 법입니다.

"동물의 암컷들이 자기 새끼들에 대해 표현하는 애정은 그 새끼를 대상으로 하고 있는 것인가, 아니면 모성 자신을 대상으로 하고 있는 것인가."

첫째로 모성은 그 욕구 때문이고, 다음으로 새끼들을 습성에서 대상으로 합니다. 나는 그 사실을 논문 속에서 말했습니다. "만일 우연히 후자였다면, 새끼들의 안전은 그로 인해 오히려 점점 확보될 것입니다. 나도 그렇게 생각하고 있습니다. 그러나 이 공리는 넓혀지기보다도 압축되기를 바랍니다. 왜냐하면 새끼들이 부화하면 곧 암탉은 병아리들이 조금도 필요하지 않다는 듯이 행동하는 것으로 보이나, 사실 암탉의 모성애는 다른 어떤 애정에도 뒤지지 않기 때문입니다.

이상이 나의 대답입니다. 특히 다음 사실에 유의해 주기 바랍니다. 이번 사건에

---

11 볼테르의 비극 《광신 또는 예언자 마호메트》의 등장인물. 맹목적으로 충실한 하인.
12 크레비용(P. J. Cre´billon, 1674~1762)의 극작 《아트레와 티에스트》의 등장인물.

서도 최초의 논문 때의 사건이나 다름없이, 나는 언제나 인간은 본디 선량한 것[13]이라고 주장하는 괴물이며, 나의 논적(論敵)들은 언제나 공중의 교화를 위해, 자연은 악인만 만들었음을 증명하려고 노력하는 신사인 것입니다.

나는 사람들이 조금도 알아주지 않는 자의 더없이 좋은 친구입니다. 실례합니다.

---

13 이 유명한 문구는 이미 《보르도에게 보내는 마지막 회답》에 나오는 데, 《불평등론》의 주(註)에도 나온다.

옮긴이의
말

《사회 계약론》에 대하여

　본서의 저자 장 자크 루소(1712~1778)가 어떤 인물이었고, 또 그가 《사회계약론》 외에 어떤 작품을 남기고 있는가 등에 관해서는 여기서는 새삼 언급하지 않기로 한다. 루소는 많은 독자에게 이미 너무나 잘 알려져 있으므로, 여기서는 《사회계약론》이 씌어지고 출판되었을 당시의 사정 및 그 사상의 특색과, 그것이 지니는 의미 등을 간단히 살펴보고자 한다.

　《사회계약론》은 1949년까지 프랑스에서 81종의 판본이 나왔고, 스페인에서 41종, 이탈리아에서 22종, 독일에서 15종, 영국에서 14종, 미국에서 7종, 러시아에서 5종의 판본이 나왔다. 그밖에 1 내지 3종의 판본을 가진 나라는 세계 주요국의 대부분에 걸쳐 있다고 말해도 좋다. 우리 나라에서도 루소의 이름은 일찍부터 사람들에게 알려져 있고, 루소의 정치사상이 자유 민권운동의 발판의 하나로서 도움이 된 것은 여기서 새삼스럽게 언급할 필요도 없다. 그러므로 먼저 루소가 어떻게 그 정치사상을 형성하게 되었는가 하는 점부터 살펴보기로 하자.

　루소가 도덕과 종교문제에서 더 나아가 사회와 정치문제에 관심을 돌리기 시작한 것은 1743년부터 1744년경, 그가 31, 32세 때였다. 이 무렵 그는 베네치아 주재 프랑스 대사의 비서로서 이탈리아에 머물고 있었다.

　《고백록》에 그가 적고 있는 말을 인용하면, "나는 이 책— '정치제도론' 이라는 제목인데, 이 책의 머리말에 적혀 있는 초고―을 베네치아에 있었을 때 착상했다. 이때 나는 그토록 평판이 좋았던 그 정부의 결함에 주목하는 기회를 얻었던 것이다. 이때부터 습속의 역사를 연구하면서 나의 시야는 매우 넓어졌다. 나는 모든 사물은 결국 정치에 의해 좌우된다는 것, 또 사람들이 어떻게 하려고 해도, 국민은 결코 그 정부의 성질에 의해 한정된 이외의 것일 수는 없다는 것을 깨달았다(《고백록》 9권 28쪽)."고 했다. 이때 시작된 정치에의 관심은 약 10년 후에 《불평등기원론》, 《정치경제론》 등으로 열매를 맺게 되었지만, 그가 최초에 계획한 《정치제도론》을 완성하는 일은 쉽게 진척되지 않았다. 그의 말에 따르면, 이 일이야말로 '내가 최초의 흥미를 가지고 몰두하여 생애를 걸고 성취하려고 생각해서, 나의 명성을 확정하는 것으로 자인하고 있었던 것'이었다.

1755년, 《정치경제론》을 《백과전서》 제5권에 발표한 무렵부터 루소는 디드로, 그림 등의 계몽가들과 사이가 나빠지고, 복잡한 여성 문제로 파리의 사교계에서 은퇴하여 일체의 교우관계를 원하게 되었다. 그래서 소설 《신엘로이즈》(1761)의 원고가 완성된 것을 기회로, 그는 이미 써서 모아 두었던 《정치제도론》의 초고를 어떻게 완전한 것이 되게 할지 재검토하여, 그 결과를 기다렸다가 은퇴하려는 계획을 세웠는데, 그것이 1759년의 일이다.

《고백록》에는 다음과 같이 기록되어 있다. "잘 살펴보니 이 저작(《정치제도론》)에는 몇 해가 더 걸릴지 알 수 없었다. 은퇴하려는 결심을 실행하려고 생각하니, 이 일을 계속하여 완성의 날을 기다릴 용기는 없었다. 그래서 나는 이 일을 포기하고, 여기서 빼놓을 수 없는 부분을 발췌하고는 나머지를 모두 불태우려는 결심을 굳혔다. 그리고 《에밀》의 작업을 방해하지 않도록 하면서 열심히 이 일을 추진하여, 2년이 지나기 전에 《사회계약론》을 마무리했던 것이다(10권 370쪽)."

이리하여 《사회계약론》은 《에밀》과 함께 1761년 여름에 완성되어, 이듬해인 1762년 봄에 《사회계약론》은 네덜란드의 레이서점에서, 《에밀》은 파리의 뒤센서

점에서 출판하게 되었다. 루소에게 불후의 명성을 안겨준 두 명저(名著)가 여기서 탄생되었던 것이다.

위에서 말한 경과가 보여 주듯이, 《사회계약론》은 루소가 10여 년 동안 줄곧 생각해 왔던 계획의 산물이었다. 따라서 《사회계약론》이 그의 사상의 도달점을 보여 주는 작품임은 의심할 여지도 없다. 그러나 그의 정치사상이 《사회계약론》에 이르기까지 《불평등기원론》, 《정치경제론》이라는 형태로 이미 표현되어 있었다는 것도 간과할 수 없다. 이 두 작품과 《사회계약론》과의 관계를 살펴보면, 《불평등기원론》 속에서 루소는 자유롭고 평등한 고립인의 세계로서 '자연상태'를 구상하고, 그 자연상태가 완전히 또 영구적으로 부정된 상태로서 자연상태를 묘사하고 있다. 자연에서 사회로의 이 이행 또는 전환을 가져온 것이 결국 재산의 '불평등'이고 사유재산이라고 보는 것이다. 그래서 《불평등기원론》은 재산의 불평등이 왜 발생하는가를 중심문제로서 다루고 '사회상태', 즉 현실의 사회가 얼마나 구제하기 어려운가를 철저하게 비판하는 것을 내용으로 하고 있다.

그러므로 이 작품은 사회에 향한 매우 날카로운 비판서이지만, 그렇다면 이 모순에 넘친 사회 속에서 어떻게 하면 인간의 자유와 평등을 회복할 수 있는가 하는 문제에는 많은 것을 대답하지 않는다. 즉 권력과 정치조직을 어떻게 하면 변혁할 수 있는가, 그것을 위한 근본적인 원리는 무엇인가 하는 문제는 여기서는 적극적으로 다루어지지 않았던 것이다.

이와 비교하면, 같은 시기에 발표된 《정치경제론》은 정치문제를 주요한 테마로 다루고 있다. 어떤 학자에 따르면 루소가 《사회계약론》에서 기술하고자 하는 모든 이론이 이미 《정치경제론》 속에 포함되어 있다고 하지만, 그러나 《정치경제론》에서 루소가 다룬 문제는 '인민의 행복을 목적으로 하는 정부'의 '가장 중요한 격률'이 무엇인가를 주로 하여 재정문제에 관련하여 기술한 것이며, 국가의 본질론·주권론·정체론 등을 직접 대상으로 한 것은 아니었다. 이런 점에서《정치경제론》이 국가론으로서는 아직 불완전했음을 인정해야 한다. 예를 들면《사회계약론》에서 추구되는 국가조직론 대신 개개인의 덕목(德目)과 '공정함'에 문제의 해결이 추구되거나, 또《사회계약론》에서 강조되는 주권의 비구성성 및 절대성 대신, 전세계와의 관계에서는 국가나 또는 국민의 의지가 하나의 특수의지에 지나지 않음을 지적하는 등의 대목이 있다. 이런 점은《사회계약론》에서 처음으로 극복되어 루소의 독특한 이론 체계 속에 짜 넣어졌던 것이다.

이것으로 미루어 정치사상가로서의 루소의 지위를 확실하게 한 것은《사회계약론》이었음을 알 수 있다. 만일 루소가《사회계약론》을 쓰지 않았더라면, 그는 뛰어난 사회사상가 및 작가이기는 했더라도 뛰어난 정치사상가는 될 수 없었을 것이며, 따라서 또 '근대의 아버지'로서 추앙을 받는 일도 없었을 게 틀림없다.

이젠《사회계약론》의 내용을 살펴보게 되는데, 여기서 주장되고 있는 것은 한마디로 말해 혁명적 민주주의의 국가 이론이다. 그 중심을 이루고 있는 것은 주권자로서의 '일반의지'의 이론과, 국가조직론으로서의 '사회계약론'이다. 이 점을 좀더 자세히 살펴보자.

"인간은 자유로운 존재로서 태어났다. 그럼에도 불구하고 도처에서 사슬에 얽매여 있다. 자기가 다른 사람의 주인이라 생각하고 있는 것 같지만, 사실은 그 사람들 이상으로 노예인 것이다. 어떻게 하여 이런 변화가 생겼을까? 나는 그것을 알지 못한다. 무엇이 그것을 정당화할 수 있을까? 나는 이 문제를 풀 수 있다고 믿는다(본문 중에서)."

이것은《사회계약론》첫머리의 유명한 한 구절인데, 이 글에서 우리는 '자연상태'와 '사회상태'와의 사이에는 결정적인 차이가 있다는 것, 그리고 이 차이의 유래에 관해 '나는 모른다'고 쓰고 있지만 사실은 이것이《불평등기원론》의 과제였다는 것, 또 《사회계약론》의 과제는 '사회상태'의 이 차이를 어떻게 하면 '정당한 것이 되게 할 수 있는가' 하는 점에 있었음을 읽어 낼 수 있다. '시민의 세계', 즉 사회상태 아래에서의 '정당하고 확실한 정치상의 법칙'은 무엇인가. 이것이 이 책이 풀려고 한 문제였다.

자연상태 아래에서의 인간의 자유와 평등, 이것은 《사회계약론》에서도 루소의 변함없는 전제로 되어 있다. 루소는 그것을 인민의 '일반의지' 속에서 발견한다. 이 인민의 의지만이 최고의 결정자이고, 주권·법·권리·정복도 다 이 일반의지에서 끌어내어지며, 그것에 의해 심판된다. 말할 것도 없이 이것은 가장 철저한 인민주권론이며, 이때까지 존재했던 모든 국가관을 뒤집어 놓은 것이다. 루소는 이런 입장에 서서 '정복의 권리'라든가 '노예권'이라든가, 그밖에 기성의 학설과 제도를 매우 날카롭게, 또 선명하게 비판했던 것이다.

이 인민의 일반의지는 절대적이어서 달라지는 일도 없고 예외도 인정하지 않으며, 또 남에게 양도하거나 분할하거나 하지도 못한다. 일반의지의 행사는 곧 주권이므로, 주권도 또한 이런 성질을 받아 결코 양도할 수 없는 것으로서 확립된다. 나중에 말하겠지만 주권의 이 절대성의 이론은 로크가 아니라 오히려 홉스를 이어받은 것이다. 그러나 홉스가 지배자, 즉 군주의 권력의 절대성을 거기에서 끌어낸 데 대해, 루소는 그것을 완전히 역전시켜서 인민 권력의 절대성으로서 파악했던 것이다. 물론 루소의 이론에 내포되는 주권의 절대성은 무제한의 것이 아니고, 공동의 이익에 의한 한계를 지니고 있다. 이것은 당시의 자연법 사상으로서는 자명한 전제였다. 이리하여 루소가 구성한 국가는 권력 분할 위에서는 부르주아적인 입헌군주제 또는 의회주의 국가가 아니라, 전인민을 주권자로 하는 직접 민주정, 인민 독재의 국가였다고 생각된다. 이런 과정에서 보면 당연히 그것은 혁명 또는 인민의 저항권을 논리상 정당화하는 것으로 되지 않을 수 없다. 앞에서 우리가 《사회계약론》의 내용을 혁명적 민주주의의 주장이라고 말한 것은 이런 이유에서였다.

　루소가 생각한 국가는 이렇게 일반의지를 기초로 하는 것이지만, 그렇다면 국가 또는 정치체는 어떻게 형성되는가 하는 것이 다음 문제가 된다. 이미 본 바와 같이 정치체 혹은 사회상태는 자연상태의 대립물로서 인위적으로 형성되는 것이었다. 그런데 그것을 형성하기 위한 실마리는 자연상태 그 자체에서는 찾지 못한다. 디드로와 푸펜도르프의 경우에는 자연상태 아래에서 인간은 자연적인 '사회성'을 지니고 있다고 생각하므로, 정치체의 성립도 또한 이른바 자연상태의 연장으로서 파악되어, 어떤 이유로 권력을 장악한 자의 지배가 정당화하고 영원하게 되지만(복종계약), 루소의 경우는 그렇지는 않다. 루소가 말하는 자연상태는 고립한 개인이 각각 자립적인 생활을 영위한다는 의미에서 자유와 평등을 얻고 있는 상태이다. 그러므로 이 자연상태의 종착점에 들어섰을 때, 각자가 주권자인 각 개인은 서로 결합하여 자연권으로서의 자유와 평등을 최대한으로 확보할 수 있는 사회를 만들기 위한 약속(계약)을 해야 하며, 그밖의 정치체 형성의 길은 생각될 수 없다. 이리하여 루소는 한편으로는 당시의 지배적인 학설인 '계약사상'을 받아들이는 동시에, 다른 한편으로는 그 계약설을 그의 독자적인 사고방식으로 개작하는 것을 필요로 했다.

　루소의 사회계약설의 현저한 특징은, 그가 종래의 복종계약설을 전면적으로 물리친 점에 있다. 복종계약설이란 정치체를 형성함에 있어 어떤 특정한 지배자나 또는 원수(元首)의 존재를 미리 전제로 해두고, 이 지배자와 인민 사이에 계약이 맺어진다고 하는 사고방식이다. 이런 사고방식에 의한 계약의 내용은, 그 당시 지배자에 대한 인민의 복종 조건을 정하는 일이 중요해지지 않을 수 없다. 그 결과 만들어지는 국가는 군주의 절대권력이 지배하는 국가이거나, 혹은 부분적으로 그것이 제한된 국가이며, 인민 정권의 국가일 수는 없다. 이에 대해 루소는, 특정한 상위자나 혹은 원수를 계약 당사자로 하는 사고방식을 배제하고, 사회계약을 주권자인 개개인간의 결합계약으로서 파악하려고 한다. 즉 개개인이 결합함으로써 그들이 주권자인 동시에 국가의 구성원이 되는 계약이 맺어진다고 생각하는 것이다.

루소의 말을 인용하면, "우리들 각자는 신체와 모든 힘을 공동의 것으로서 일반의지의 최고의 지도 아래에 둔다. 그리고 우리는 각 구성원을 전체의 불가분의 일부로서, 한꺼번에 받아들이는 것이다." 이것이 루소가 이해한 사회계약의 본질이다. 계약설을 이 같은 형태로 개작한 것은 루소의 큰 공적이었다. "루소가 계약이론에서 복종계약을 배제했을 때, 그것은 참으로 혁명적인 길이었다."고 일컬어지는 까닭이다.

《사회계약론》은 위에서 말한 두 가지 이론—그것은 하나로서 체계화해 있지만—을 중핵으로 하여 전개되고 있다. 이 전개의 각 단계에서 얼마나 많은 훌륭한 착상이 번득이고 있는지, 얼마나 날카로운 비판의 화살이 쏘이고 있는지, 또 그것이 오늘날의 우리들에게 얼마나 깊은 연관을 가지고 있는지 등은 독자들 스스로가 이 책 속에서 감득(感得)할 것이라 생각한다. 그러므로 다음에는 《사회계약론》과, 그 당시의 정치사상과의 관련에 대해 살펴보기로 한다.

루소가 《사회계약론》의 전신인 《정치제도론》의 초고를 써 모으고 있는 동안, 그가 직접적인 비판의 대상으로 삼은 것은 백과전서파의 정치사상이었다고 생각된다. 백과전서파의 사상은 루소가 성장한 사상적 기반이어서, 디드로와의 교우, 백과전서에의 루소의 협력이 그의 사상 형성에 큰 역할을 한 것은 부정할 수 없다. 그러나 이미 말한 바와 같이 1755년경부터 루소는 백과전서파에서 떨어져 나갔는데, 이것은 비단 사사로운 교제상의 일이었을 뿐 아니라, 사상면에서도 그는 백과전서파와 대결하여 이것을 극복해 갔던 것이다.

백과전서파의 정치사상의 핵심이라고 할 수 있는 것은 인간의 자연적 자유·평등을 인정하는 동시에 인간의 자연적 성질로서의 '사교성'을 주장하여, 국가의 형성을 그 사교성의 소산으로 생각한 점일 것이다. 이 경우, 앞에서도 언급했듯이 국가 형성을 위한 계약이 주권자와 인민 사이의 복종계약으로 파악되어, 이것에 의해 국가통치의 기본법이 만들어지고 인민의 자연적인 여러 가지 권리가 지켜지게 된다. 여기서 말하는 자연적인 여러 가지 권리 중 그들이 가장 중요시한 것이 소유권이었음은 주목할 만하다. 그들의 사회계약의 목적은 자연권으로서의 소유권을 보장하는 데 있었던 것이다.

백과전서파의 이상과 같은 사상은 물론 단독으로 존재한 것은 아니었다. 디드로도 조쿠르도 근대 자연법학, 그 중에서도 푸펜도르프 및 로크에게서 많은 것을 배우고 있다. 그들은 푸펜도르프의 자연법 사상을 소재로 하여 이용하면서 이것을 로크가 추구했던 방향, 즉 자연권을 더 강조하여 보다 더 자유주의적인 계약설을 세우는 방향으로 전개해 갔다고 할 수 있을 것이다. 이런 점에서 푸펜도르프의 프랑스 역서를 출판한 바르베라크가 동시에 로크의 정치사상의 계승자로서 당시의 사상계에 영향력을 가지고 있었던 사실이 주목되어야 한다.

그리고 덧붙여 말하지만, 이 책의 표제를 '사회계약론'이라 하고, 지금까지 귀에 익은 '민약론'이라는 말을 사용하지 않은 것도 이 일과 관계가 있다. 역자는 이 책을 16세기 이래의 계약설의 계열 속에 넣어서 파악하는 것이 지당하다고 생각한 것이다.

따라서 루소가 백과전서파와 대결했다는 것은, 단지 디드로와 조쿠르와 대결했을 뿐 아니라 동시에 백과전서파의 배후에 있었던 당시의 고전 이론, 그 중에서도 푸펜도르프와 로크의 자연법 이론에 대한 비판을 의미하고 있었다. 이 같은 비판의 과정에서 루소는 이런 고전 이론이 물리친 홉스의 사상에 깊이 감동하여 그에게서 많은 것을 배우게 된다.

이에 대해서는 앞에서도 좀 언급했지만, 루소가 홉스에게서 배웠다고 생각되는 점을 여기서 요약해 두자. 우선 자연상태에 대한 사고방식에 있어, 홉스는 자연적 사교성의 이론을 부정하지만 루소는 그것을 계승하고 있다. 그러나 홉스가 자연상태에 상정(想定)한 적대관계를 루소는 인정하지 않고, '자기보존'과 '동정'을 간직한 자연인의 고립상태로서 그리고 있다. 또 한편 루소는 홉스가 묘사한 적대상태를 사회상태 속에 옮겨 놓은 점에서도 홉스의 영향을 받았다고 할 수 있을 것이다. 다음에, 홉스는 자연상태를 적대관계로서 사실적으로 파악한 결과로서 그것을 극복하기 위한 절대권력을 끌어낸 데 대해, 루소는 다른 길을 통해서이기는 했지만 같은 결과에 도착했다. 즉 그는 인간의 '자연적 선(善)'을 전제로 하여 인민의 일반의지만이 절대이며 선이라고 생각했던 것이다. 이 같은 절대권력이 형성되기 위해서는 홉스도 루소도 다 같이 '복종계약'을 부정하는 것이 필요했다. 홉스는 이미 루소보다 앞서 정치체를 만들기 위한 원시계약을 다수자간의 결합계약으로서 이해하고 있었다. 그러므로 루소가 그에게서 배웠다고 하더라도 조금도 이상하지는 않을 것이다.

그러나 이 일은 루소가 홉스를 모방한 것은 아니다. 이것은 헤겔과 마르크스와의 관계에도 비교할 수 있을 것이다. 마르크스가 헤겔에게서 변증법을 배웠으면서도 그것을 뒤집어서 유물 변증법으로 했던 것과 마찬가지로, 루소는 홉스의 주권론을 뒤집어서 인민 주권론으로 전화시켰던 것이다. 홉스의 이론은 루소에게 계승됨으로써 혁명적인 민주주의 이론으로서 재생했다. 이것이야말로 루소의 천재적인 착상이라고 보아야 한다.

그러나 먼저 《사회계약론》의 출현은 원저자 루소에게 많은 행운을 가져다 주지는 않았다. 행운은커녕 《에밀》 및 《사회계약론》이 출판된 후로 루소를 찾아온 것은 계속되는 박해와 불행이었다. 먼저 《에밀》 공판 후 1개월도 채 못 되어 그 종교론이 단죄되자 파리 고등법원에서 《에밀》의 저자에 대해 체포영장이 발부되었으므로, 루소는 어쩔 수 없이 파리 교외의 몽모랑시를 떠나 스위스로 망명의 길을 떠나게 된다. 그러나 루소의 고향인 제네바의 시회(市會)는 파리에서 체포영장이 발부된 며칠 후 《에밀》 및 《사회계약론》의 압수를 명령했다. 또 만일 저자가 제네바에 오는 경우에는 체포하라는 명령을 내리는 동시에, 이 두 가지 책을 시 청사 앞에서 불태워 버리는 강경한 태도를 보였다.

제네바의 시회가 《사회계약론》을 단죄하는 이유로는, 이 책이 "무모하고 불성실하고 신심이 없어서…… 모든 정부를 파괴시키는 경향이 있다(《산에서 온 편지》 본판 2권 177쪽)."는 것이었다. 《고백록》에 따르면 "이 두 번의 체포영장이 신호가 되어 유럽 도처에서 저주의 외침이 더없이 격렬하게 나를 향해 몰려왔다(12권, 하권 892쪽)."라고 되어 있다.

루소는 스위스와의 국경 가까이 와서 이 통지를 받고, 이어 프로샤 영(領)에 옮겨가서 잠시 살았으나, 거기서도 시회와 촌민으로부터 박해를 받아 실의와 병고 속에 만년을 보내야 했다.

이 동안 루소는 제네바의 검찰총장 트롱샹이 시회의 조치를 변호하기 위해 '들판에서 온 편지'를 쓴 데 대항하여, 1764년 《산에서 온 편지》를 발표했다. 그 속에서 《사회계약론》에 관해 직접 언급하고 있는 것은 〈제6의 편지〉이다. 여기에서 루소는 제네바 시회의 탄압정책에 대해서 다음과 같이 쓰고 있다.

"비판은, 아무리 그것이 대담한 것일지라도 결코 음모는 아니다. 어떤 법률을 비판하거나 비난하는 것은, 모든 법률을 뒤집는 일과는 다르다. 그것은 마치 의사의 잘못을 지적한 사람에게, 환자를 죽였다고 말하며 따지는 것과 같은 일인 것이다."

루소는 로크, 몽테스키외 등과 마찬가지로 정치문제를 다루면서도 평화로운 생활과 명예가 주어진 일을 지적하여, 그에 대한 고향 제네바의 조치의 부당함을 주장한다.

"나에 대한 시회의 조치는 물론 나에게 더없이 소중한 굴레를 끊어 버린 점에서 나를 슬프게 한다. 그러나 이 조치는 나의 가치를 떨어지게 할까? 그렇지는 않다. 그것은 가치를 높여서, 지난날 자유를 찾아 고투한 사람들의 위치에 나를 올려놓게 된다. 나의 저서는, 설령 남들이 어떻게 하건, 항상 그 자체의 결백의 증거를 계속 지닐 것이다. 그리고 그것이 받은 조치는, 앞으로 분서(焚書)의 명예를 받게 될 책을 그 오명에서 구제하게 될 뿐일 것이다(《산에서 온 편지》 206쪽)."

《사회계약론》은 루소가 몸으로써 표시한 위와 같은 투쟁에도 불구하고, 많은 사람들이 용납하는 것으로서는 되지 못했다. 궁전과 교회는 물론이고, 백과전서파와 그밖의 문필가들도 루소를 반대했다.

"파리에서 어떤 출판을 하는 사람들은, 만일 그 글 속에서 나를 모욕하는 데 태만하면 당국으로부터 주목을 받을 염려가 있었을 정도였다(《고백록》 12권 하권 892쪽)."고 루소는 회고하고 있다.

그러나 역사는 《사회계약론》의 진가를 명백하게 평가를 해주었다. 《사회계약론》이 간행된 지 27년 후, 루소가 사망한 11년 후에 발발한 프랑스 혁명이 그것이었다. 1790년 12월, 혁명의회는 《에밀》과 《사회계약론》의 저자를 기념하여 "자유로운 프랑스의 국민으로부터 J. J. 루소에게, 진리를 위해 목숨을 바치다(Vitam Impenderd Vere)."라는, 그가 즐겨 자신의 표어로 삼았던 주베날리스의 어구를 새긴 동상을 세울 것을 결의했고, 또 1794년 4월, 국민공회는 루소의 유해를 '위인의 전당'인 팡테옹에 이장할 것을 결정했다. 국민공회의 지도자 로베스피에르는 이에 관해 말했다. "오오, 참된 숭고한 인류의 벗 그대여, 선망과 음모와 전제에 의해 박해당한 그대, 불멸의 장 자크여, 명예는 바로 그대에게 주어져야 하는 것이다(《헌법의 옹호자》 4호, 로베스피에르 전집 4권 123쪽)."라고, 그야말로 루소가 확신하고 있는 것처럼 《사회계약론》은 그 제체(諸體)의 결백의 증거를 밝히는 날을 가졌던 것이다.

《인간불평등기원론》에 대하여

근대사회의 대변혁기에 처음으로 인간이란 무엇인가, 인간과 자연, 그리고 인간과 사회의 관계는 어떤 것인가 하는 근본적 문제에 대해 해답을 준 위대한 고전이 《인간불평등기원론》이다. 오늘날 현대인들이 새삼스럽게 이 문제에 직면해 있다는 점에서 루소의 이 소(小) 논문의 가치는 우리들에게 한층 더 신선한 빛을 발한다. 더욱이 인간과 사회에 관한 루소의 불후의 사상을 집대성한 후기의 작품, 즉 《에밀》이나 《사회계약론》 등은 모두 여기서 출발했으며, 이 속에 포함되어 있는 것이다.

1753년 11월, 디종 아카데미가 두 번째로 모집한 현상논문 〈인간에 있어서의 불평등의 기원은 무엇인가, 그것은 자연법에 의해 정당화할 수 있는가〉라는 논제(論題)는 루소에게 큰 충동을 주었다. 디종 아카데미의 첫 번째 현상논문에 〈학문·예술론〉으로 당선된 이후로 그는 '사회적 불평등'에 대해 새로운 의문을 품기 시작했다. 그런데 이 엄청난 문제에 대한 해답을 구할 기회가 온 것이다. 그래서 루소는 곧 응모하기로 결심하고 평생의 반려인 테레즈와 함께 파리 교외의 별장지 생제르맹으로 1주일간의 여행을 떠났다. 그때의 심경을 그의 유명한 자서전적 문학작품 《고백록》 속에서 다음과 같이 말하고 있다.

"이 여행은 내 생애에 있어 가장 즐거운 여행의 하나였다…… 온종일 숲속을 돌아다니며 원시시대의 모습을 발견하고, 자랑스럽게 그 시대의 역사의 발자취를 더듬었다. 인간의 하찮은 거짓들을 모조리 파괴해 버렸다. 망설임 없이 인간의 본성을 적나라하게 파헤치며 본성을 그르쳐 온 시대와 사물의 진보를 추구하고, 인위적 인간과 자연인을 비교함으로써 인간 본성의 이른바 완성이라는 것 속에 그 불행의 참 근원이 있다는 것을 사람들에게 제시하고자 했다. 내 영혼은 그러한 숭고한 상념에 고조되어, 마치 신(神) 가까이로 날아올라가는 듯했다. 그리고 거기서 나의 동족이 저마다 그의 편견·착오·불행·범죄 등의 길을 맹목적으로 걸어가고 있는 것을 보고, 나는 그들에게 들리지 않도록 작은 목소리로 이렇게 외쳤다. '끊임없이 자연에 대해 불평을 말하고 있는 어리석은 사람들아, 그대들의 모든 불행은 그대들 자신에게서 온 것임을 알라.'고."

이와 같은 시적인 표현에서는 그의 《인간불평등기원론》이 담고 있는 복잡한 내용과 날카로운 논지를 상상하기 어려우나, 적어도 루소가 혼자 조용한 대자연 속에서 '자연상태'에 대해 명상하고, 태고로부터의 인류의 역사에 깊은 반성을 탐색했다는 것을 상상할 수 있다.

파리에 돌아온 뒤에도 매일 저녁 혼자 불로뉴 숲속을 거닐면서 묵상에 잠겼다. 그는 비상한 열의로 이 문제에 몰두했다. 그는 낙선을 각오하고 비타협적인 자세로 날카로운 논리를 전개했다. 예상대로 낙선했으나, 루소는 이 논문을 조국 제네바 공화국에 부치는 긴 헌사를 첨부하여 1755년 세상에 내놓았다. 이 《인간불평등기원론》은 거의 같은 분량의 2부로 나누어져 있다. 제1부의 '자연상태'와 제2부의 '사회상태'가 마치 천국과 지옥 같은 선명한 대조를 이루며 문학적 허구성을 느끼게 해주지만, 루소의 모든 사상의 발상은 이 작품을 주축으로 전개되어 있다.

루소는 이 논문에서 첫째로 인간 불평등의 기원을 찾아내기 위해 자연상태에 있는 미개인, 즉 평등하고 행복한 '자연인'을 가정하여 고찰했다. 자연인에 있어서는 연령과 건강과 체력의 차이 및 정신과 영혼의 차이로 형성되는 자연적·육체적 불평등만이 있을 뿐이며, 이른바 사회적 불평등은 일어나지 않는다. 따라서 자연인은 완전한 자유와 평등과 독립을 누리게 된다. 대인적·대사회적 관계로 생기는 정과 부정, 악과 선의 행위가 성립되지 않는다는 것이다. 자연상태에 있어서 선인도 악인도 없는 이러한 상태를 루소는 인간의 선성(善性)이라고 주장했다. 미개인에게는 자기보존의 충동과 연민의 감정만이 있다. 이 자기 존재에 대한 순수한 애정을 일컬어 루소는 '자기애(自己愛)'라고 했다. 여기서 인간의 애정이 탄생하며, 자기애는 인간애의 원천이 된다. 동족이 괴로워하는 것을 보고 느끼는 연민의 정은 자기애의 자연스런 발전과정이다. 루소는 이런 자연감정을, 사회상태 속에서 사회관계와 대인관계로부터 생기는 자존심, 즉 이기심과 엄격히 구분하고 있다. 자존심은 사회적·인위적 감정이며, 악덕을 낳게 하는 소지가 된다고 했다. 이리하여 언어의 사용이 시작되자 지성도 점점 발달되어, 비로소 도덕 감정이 싹트게 된다.

루소는 자연인과 동물을 구분하는 최대의 특징으로서 인간이 갖고 있는, 자기를 무한히 완성하려는 능력을 들고 있다. 이것은 아직 잠재적 능력의 단계에 머무르고 있으나, 역사적·사회적으로 발달한 이성을 암시하고 있다.

제1부에서 고찰된 위와 같은 자연인의 개념, 즉 자연인의 선성·미덕·인간애·자유·평등의 여러 관념은 제2부에 가서 그 대립 개념인 사회적 불평등과 대치되어 적극적 의의를 갖게 된다. 토지에 담장을 둘러치고 "이것은 내 것이다."라고 선언하는 일을 생각해 내고 그것을 믿을 만큼 단순한 사람들을 발견한 최초의 인간이 정치사회의 창시자였다는 말로 시작되는 제2부 첫머리의 유명한 루소의 비유는, 사회적 불평등의 기원을 단적으로 표현한 말이다. 토지 소유권, 사유 재산, 그리고 부(富)의 확립과 이러한 관념의 발생이 인간의 자연상태를 종결시켰으며, 사회적 불평등을 가져온 근본적 인자라고 루소는 말했다. 이리하여 목가적 자연상태의 평화는 완전히 파괴되고, 전제정체와 인위적 인간의 이기심의 극치인 주인과 노예가 생기게 된 것이다.

다시 루소의 사상을 간추려 보면, 인간이 자연상태에 있었을 때는 거의 없었던 불평등이 인간 능력의 발달과 인간정신의 진보에 따라 증대하고, 소유권과 법률의 제정에 의해 고정되어 마침내 사회적 불평등이 정당화했다는 결론이 된다.

여기서 루소는 인류의 실락원(失樂園)과 타락한 이성의 역사를 시사하고 있다.

문명사회의 인간은 고도의 학문과 세련된 예절 속에서, 인간은 무엇인가 하는 문제를 근원적으로 반문하려 하지 않고 미덕이 없는 명예, 지혜가 없는 이성, 행복이 없는 쾌락만을 가진 비참한 존재로 전락했다고 루소는 보고 있다. 단순하지만 자기에 충족한 삶을 누리고 있었던 미개인과는 달리 문명사회의 인간은 타인의 판단과 의견에 의해 자기존재의 감정을 남에게서 빌려오고 있는, 말하자면 자기 실체를 잃은 허수아비일 뿐이라는 것이다.

루소는 이것이 전제사회에 있어서의 인간의 비참이며, 고질화한 사회적 불평등의 결과라고 말했다.

고전으로 미래를 읽는다 016

사회계약론

초판 발행_1988년 8월 10일
중판 발행_2017년 7월 10일

옮긴이_정성환
펴낸이_지윤환
펴낸곳_홍신문화사

출판 등록_1972년 12월 5일(제6-0620호)
주소_서울시 동대문구 안암로50-1(용두동) 4층
대표 전화_(02) 953-0476
팩스_(02) 953-0605

ISBN 978-89-7055-685-7 03160